Wolfgang Mönninghoff
Enteignung der Juden

WOLFGANG
MÖNNINGHOFF

ENTEIGNUNG DER JUDEN

*Wunder der Wirtschaft
Erbe der Deutschen*

Europa Verlag
Hamburg · Wien

Über die Zeit des Nationalsozialismus
sind im Europa Verlag aktuell erschienen:

»Hitlers Österreich. ›Eine Bewegung und ein Volk‹«
von Evan Burr Bukey

»Literatur in Nazi-Deutschland. Ein biografisches Lexikon«
von Alf Mentzer und Hans Sarkowicz

»Unschuldige Zeugen. Der Zweite Weltkrieg in den Augen
von Kindern« von Emmy E. Werner

Die Abbildungen 1 bis 10 wurden den genannten Quellen entnommen. Die Abbildungen 11 bis 15 stammen aus dem Buch »Boykott. Enteignung. Mord – Die ›Entjudung‹ der deutschen Wirtschaft« von Johannes Ludwig. Die Karte in Abbildung 16 stammt aus dem Atlas »Nationalsozialismus in Norddeutschland« von Kay Dohnke (Europa Verlag Hamburg/Wien 2001).

Die Deutsche Bibliothek – CIP-Einheitsaufnahme
Ein Titeldatensatz für diese Publikation ist bei
Der Deutschen Bibliothek erhältlich.

Erstausgabe
© Europa Verlag GmbH Hamburg/Wien, Juli 2001
Lektorat: Aenne Glienke und Klaus Körner
Umschlaggestaltung: Kathrin Steigerwald, Hamburg
Satz: H & G Herstellung, Hamburg
Druck und Bindung: Wiener Verlag, Himberg bei Wien
ISBN 3-203-80075-6

Informationen über unser Programm erhalten Sie beim
Europa Verlag, Neuer Wall 10, 20354 Hamburg
oder unter www.europaverlag.de

Inhalt

Vorwort *7*

Zum Begriff »Arisierung« *12*
Der Staat als Hehler *17*
Vom »Radauantisemitismus« zur Vernichtung der Juden *23*
Ein antisemitisches Klischee: Der reiche Jude *25*

1933: Machtübernahme und Judenverfolgung *27*
Der April-Boykott *27*
Die Revolution ist zu Ende *37*
Die schleichende »Arisierung« *44*

1935–1937: »Nürnberger Gesetze« und ihre Folgen *54*
Hetze und Verfolgung *56*
1936: Eine trügerische Pause *62*

Warenhäuser *70*
Tietz *72*
Wertheim *74*
Schocken *75*
Alsberg *76*
Horten *78*
Quelle *80*
Neckermann *83*
Modehäuser *85*

Großindustrie *91*
Mannesmann *95*
Flick *98*

Tabakindustrie *107*

Banken *113*
Raubgold *115*
»Arisierung« durch Banken *118*
Dresdner Bank *120*
Oppenheim und Warburg *124*
Reichsbankpräsident Schacht *128*

Kunstsammlungen *135*

Regionale Unterschiede *139*
Hamburg *143*
München *149*

Nürnberg *154*
Trossingen *156*
Leipzig *158*

Schicksalsjahr 1938 *165*
Der »Anschluß« Österreichs *166*
Die Schlinge zieht sich zu *187*
»Der ewige Jude« *193*
Die »Reichskristallnacht« *196*
1939: Völlige Ausschaltung und Emigration *201*

1939–1945: Krieg und Raubkapitalismus *209*
Der letzte Akt *213*

1945–1949: Befreiung und Neubeginn *221*
Lage und Hoffnungen der Überlebenden *221*
US-Besatzungsprogramm: »Wiedergutmachung« *224*
Potsdamer Abkommen *226*
Nürnberger Prozesse *227*
Fehlschlag der Entnazifizierung *230*
Besatzungspolitik als Mangelverwaltung *231*
Rückerstattung *233*
Allianz versichert *235*
Die SBZ *237*
Kalter Krieg und Währungsreform *238*

BRD und »Wiedergutmachung« *241*
Die Affäre Auerbach *247*
Westintegration und Wiederbewaffnung *251*
Treffen Goldmann-Adenauer *253*
Israel-Abkommen *255*
Das Bundesentschädigungsgesetz *257*

Der »Führer« ging – die Nazis blieben *262*
Vom Freundeskreis SS zum Bundesverdienstkreuz *264*

Eine unendliche Geschichte *269*

Zwangsarbeit: »Arisierung« von Arbeitskraft *273*

Schluß *283*

Abbildungen *284*

Bibliografie *299*

Vorwort

Warum schreibt man so ein Buch? Es begann mit Zorn: Der Journalist Claus Jacobi erinnerte 1999 in einer Serie der *Welt am Sonntag* über die Macher des Wirtschaftswunders voller Hochachtung und Bewunderung an Kaufhauskönig Helmut Horten, an seine unternehmerischen Taten und an seine Cleverneß, mit der er 450 Millionen DM fälliger Steuern an den gierigen Sozis vorbei in die Schweiz in Sicherheit brachte. Er schwärmte von der Tatkraft des Jungunternehmers, der bereits mit 26 Jahren das erste Kaufhaus besessen hatte, dem dann schnell weitere folgen sollten. Kein Wort über die Umstände, unter denen Herr Horten 1936 an sein Kaufhaus gekommen war. Er war ein rücksichtsloser »Arisierer«.

Ich bin 1940 in Düsseldorf geboren und aufgewachsen, habe also die Entwicklung des Wirtschaftswunders aus ziemlicher Nähe miterlebt und manchen der Akteure durchaus ganz naiv bewundert. Den musischen Henle, den kunstsinnigen Beitz, den knorrigen alten Flick. Die fabelhaften Autos, die feinen Hotels und Restaurants, die Gerüchte von unvorstellbar luxuriösen Parties in den feinen Häusern. Doch, ich sag's ohne Neid – so hätte ich eigentlich auch gern gelebt. Ich hatte Schnurren gehört über den sagenhaften Geiz von Industriekönig Friedrich Flick, der angeblich immer Butterbrote im Büro aß, statt in Restaurants zu gehen. Als junger Praktikant in den Kammerspielen lernte ich das mäzenatische Tun der Industriellenfamilie ter Meer kennen, und ich nahm mit Respekt zur Kenntnis, daß der Chef der Trinkaus Bank in einem Streichquartett meisterlich das Cello spielte. Ministerpräsidenten luden oppositionelle Autoren zu Lesungen in ihre Häuser, und das gastgeberische Wirken von Gabriele Henkel wurde nicht immer nur belächelt, auch Joseph Beuys ließ sich gern von ihr einladen. Nein, die Stadt war nicht einfach bloß neureich, soff nicht nur aus nachgebildeten Zarenkronen – Vernissagen in der Kunsthalle, Premieren in Schauspielhaus und Oper waren Ereignisse, wo Geist und Geld zusammentrafen und sich auch was zu sagen hatten.

Meine Großmutter sagte immer »Tietz«, wenn wir zum Kaufhof wollten, der hätte früher mal Juden gehört, wußte sie zu erzählen. Da hätte es auch noch ein Café gegeben, Karena, wo sie manchmal ausgeholfen habe. Dem jüdischen Besitzer hätten sie das Lokal demoliert, und seine Frau wäre ins Krankenhaus gekommen. Der Mann hätte sich daraufhin erschossen. Daß es anders war, wurde nur gemunkelt: Frau Marcus sei mit Bauchschüssen eingeliefert worden und hätte den Herren von der Gestapo-Leitstelle schriftlich geben müssen, daß ihr Mann »Selbstmord« begangen habe; in Wirklichkeit wäre er erschossen worden in der »Kristallnacht«. Und so hörte ich zum ersten Mal von der »Arisierung« und auch von der »Kristallnacht«. Nein, mein Geschichtslehrer hat die Nazizeit nicht verschwiegen, Ende der 50er, und er nannte auch Roß und Reiter – Flick, Horten, Neckermann, Quelle. Aber er sagte auch, sie hätten alles wiedergutgemacht. Soweit das eben ging.

Was sich wirklich verband mit den Namen der wirtschaftlichen Crème der Republik, das wußten nur wenige. Der Name ter Meer begegnete mir dann erst 1982 wieder bei Raul Hilberg. Dort fand ich auch die Namen Bütefisch und Ambros – im Zusammenhang mit Auschwitz, wo sie die Bunaproduktion aufgebaut hatten. Die Dresdner Bank hatte tonnenweise mit Raubgold aus Konzentrationslagern und Ghettos gehandelt, das von Schmuck, anderen Wertsachen oder Zahngold stammte. I. G. Farben und Degussa waren nicht nur eifrige »Arisierer« sie bzw. ihre Tochterfirmen stellten auch das tödliche Gas Zyklon B her, das in den Gaskammern eingesetzt wurde. Die Allianz und andere Versicherungsgesellschaften zahlten von Juden abgeschlossene Policen nicht aus. Und Siemens baute einen der weltgrößten Elektrotechnikkonzerne auf und profitierte massiv vom NS-Programm »Vernichtung durch Arbeit«. Selbst der bekannte Deutsch-Bankier Hermann Josef Abs hatte offenbar braune Flecken auf der Weste.

Als 1989 die Mauer fiel, das sozialistische Imperium implodierte, war es plötzlich nicht mehr zu übersehen, daß bei der »Wiedergutmachung« und Entschädigung ganze Opfergruppen »vergessen«

worden waren. Die Diskussion um die Zwangsarbeiter warf ein grelleres Licht als je zuvor auf die Rolle, die Banken und Industrie bei dem Raubzug der Nazis gespielt hatten. Eine Flut an Aktenfunden belegt, wie intensiv die sachliche und personelle Verflechtung zwischen Wirtschaft, Partei und Führung tatsächlich war.

Mehr als zehn Millionen Menschen waren von SS und NS-Hilfstruppen zur Zwangsarbeit ins Deutsche Reich verschleppt worden. In 68 000 Barackenlagern vegetierten sie, bis sie erschöpft starben oder von den Alliierten befreit wurden. Ein Viertel aller Arbeitsplätze in der deutschen Industrie, von BMW bis VW, von Krupp über Telefunken bis hin zu Tausenden Klein- und Mittelbetrieben, aber auch bei der Reichsbahn und den kommunalen Betrieben, war am Ende mit Sklavenarbeitern besetzt. Die deutsche Wirtschaft hatte also nicht nur zunächst die deutschen, sondern dann auch niederländische, belgische, französische, österreichische und schließlich osteuropäische Juden um ihr Vermögen und oft auch um das Leben gebracht – Millionen Menschen wurden zum Nutzen der deutschen Industrie, ihrer Manager, Besitzer und Shareholder durch Arbeit vernichtet.

Und die Regierungen der Bundesrepublik Deutschland waren Meister im Abwehren von Ansprüchen: Sie verhielten sich wie Schwerstkriminelle, die in ganz kleinen Scheibchen nur da etwas zu- und nachgaben, wo sie eindeutig überführt waren und wo es möglicherweise politischen Profit versprach. Zwangsarbeiter z.B. seien deshalb nicht zu entschädigen, weil sie ja nicht aus »rassischen«, politischen, religiösen oder weltanschaulichen Gründen verfolgt worden seien; die Verbringung zum Arbeitseinsatz nach Deutschland sei aus Notwendigkeit in der Rüstung und nicht aus Gründen der Rasse oder der Nationalität erfolgt, hieß es. Zwangsarbeit war also nicht entschädigungsfähig, erstens weil das Opfer Ausländer, zweitens weil es Zwangsarbeiter war. Doch zumindest jüdische Zwangsarbeiter müssen auch als Opfer der »Arisierung« gesehen werden – denn ihr Kapital, ihre Arbeitskraft wurde »arisiert«.

Aber es war nicht nur das Großkapital, das sich an fremdem Eigentum und Leben vergriff. Besonders erschreckend ist die Tatsache, daß sich ganz normale Bürger massenhaft über die Hinterlassenschaften ihrer vertriebenen jüdischen Nachbarn hermachten, daß so manches liebevoll gepflegte und stolz vererbte Mahagonimöbel, so manche Meißner Tasse aus dem Besitz deportierter Juden stammte. Ersteigert oft noch in der Wohnung der eben Deportierten, auf dem Treppenabsatz, dem Bürgersteig.

Der Mehrwert aus Raub und Sklaverei ist großteils noch vorhanden; das Geld, die Sachwerte, die Aktien werden vererbt in diesen Jahren, da die Aufbaugeneration abtritt. Der Entschluß, nach über einem halben Jahrhundert die letzten noch lebenden Zwangsarbeiter endlich zu entschädigen, ist weder freiwillig noch moralischen Prinzipien verpflichtet, er folgt lediglich den Zwängen der Exportwirtschaft. Politik und Wirtschaft hatten absichtsvoll eine Regelung für die Entschädigung von Zwangsarbeitern versäumt oder auf die »biologische Lösung« gesetzt. Die Globalisierung hat sie kalt erwischt: Weil inzwischen zahlreiche deutsche Konzerne im wichtigen US-Markt Tochterunternehmen haben, können sie dort nach US-Recht verklagt werden.

In der Nachkriegszeit ist von den sogenannten Arisierungen, also der unmittelbaren Bereicherung an jüdischem Eigentum zwischen 1933 und 1945, wenig die Rede gewesen. Mehr als ein halbes Jahrhundert nach Ende der Nazidiktatur konzentriert sich die Diskussion über die Schuld der Deutschen beinahe ausschließlich auf den Holocaust. Die systematische wirtschaftliche Existenzvernichtung der Juden wurde dagegen selbst in der Geschichtsschreibung bisher nur am Rande beobachtet. Dabei handelt es sich bei der »Arisierung« jüdischen Vermögens um einen der größten Besitzwechsel in der deutschen Geschichte. Bis heute ist das Ausmaß der von den Großbanken wie etwa auch von kleinen Schustern betriebenen »Arisierung« nicht beziffert.

Dies ist kein wissenschaftliches Buch. Der Autor ist kein Historiker, sondern Journalist. Geschichte muß nicht nur erforscht, sondern auch anschaulich erzählt werden. Den Hauptteil der Darstellung nimmt die Schilderung von »Arisierungsfällen« ein. Angesichts der Vielfalt der Formen und Phasen der Enteignung der Juden erschien es angemessen, das Buch mehrdimensional zu gliedern.

Ein Gesichtspunkt sind die Phasen der Judenverfolgung vom

April-Boykott 1933 bis zur massenhaften organisierten Deportation und Vernichtung ab 1941. Ein zweiter Aspekt ist die »Arisierung« in den verschiedenen Branchen. Viele Untersuchungen zur Geschichte des NS-Regimes konzentrieren sich auf die Entscheidungen in der Hauptstadt Berlin. Tatsächlich hat sich ein Großteil der »Arisierungen« in der Provinz abgespielt. Und hier gab es kein einheitliches, bis in die Einzelheiten hinein von Berlin angeordnetes Vorgehen, wie es ja nie eine Art Master-Plan für die Verfolgung der Juden gegeben hat. Der dritte Gesichtspunkt ist daher der Vergleich der »Arisierungsfälle« in den verschiedenen Regionen Deutschlands.

Das Buch beruht auf dem journalistischen Fleiß vieler Kollegen und auf einer seit Mitte der 90er Jahre erfreulich zunehmenden Zahl von wissenschaftlichen Publikationen. Dem Einsatz und der Findigkeit dieser Historiker bin ich sehr zu Dank verpflichtet.

Wolfgang Mönninghoff   Hamburg, im März 2001

Zum Begriff »Arisierung«

Wenn man heute von »Arisierung« spricht, so ist damit die Enteignung der Juden in Deutschland während der NS-Zeit gemeint. Im Sprachgebrauch der Jahre 1933 bis 1945 wurde meist verhüllend davon gesprochen, ein jüdischer Betrieb oder ein jüdisches Grundstück sei in »arische Hände« übergegangen. In Hans Falladas Widerstandsroman aus dem Jahr 1947 *Jeder stirbt für sich allein* heißt es beispielsweise: »Rosenthals haben früher ein Wäschegeschäft an der Prenzlauer Allee gehabt. Das ist dann ›arisiert‹ worden.«

Der nationalsozialistische Begriff der »Arisierung« bezeichnet die Entfernung der deutschen Juden aus dem Wirtschafts- und Berufsleben. Sie umfaßte die Enteignung jüdischen Besitzes und Vermögens zugunsten von Nichtjuden (»Ariern«) und auch die Einschränkung jüdischer Erwerbstätigkeit und den direkten Zugriff auf jüdisches Vermögen. Zwischen 1933 und 1937 erfolgte die »Arisierung« ohne jede juristische Grundlage in Form einer schleichenden Verdrängung. Betroffen waren vor allem der Einzelhandel und kleinere bis mittelgroße Betriebe, besonders in Kleinstädten und auf dem Lande, deren Besitzer unter dem Druck der Verhältnisse (von der Parteibasis inszenierte Boykotte und »Volkszorn«) in den Ruin getrieben wurden oder sich zu »freiwilligen« Verkäufen unter Wert genötigt sahen. Hier waren vor allem örtliche Parteigliederungen tätig, die von der Regierung kaum behindert wurden. Sie standen aber dem Staatsziel entgegen, die marode Wirtschaft zur Kriegsvorbereitung zu konsolidieren (weshalb jüdische Banken und Industrieunternehmen bis 1938 meist unbehelligt blieben). Hier spielte auch noch eine gewisse Rücksichtnahme auf das Ausland eine Rolle, die aber mit zunehmender Konsolidierung des Regimes immer weniger zum Tragen kam.

Aus dem öffentlichen Dienst und den wichtigsten freien Berufen wurden Juden bereits seit Frühjahr 1933 verdrängt (»Arierparagraph«; Gesetz zur Wiederherstellung des Berufsbeamtentums).

Ende 1937 wurde die »Arisierung« vor dem Hintergrund des Vierjahresplans und der radikalisierenden Auswirkung des »Anschlusses« Österreichs von staatlicher Seite systematisiert und energisch vorangetrieben. Als Beauftragter für den Vierjahresplan bestimmte Hermann Göring, daß die im Rahmen des »Entjudungsprogramms« auf Sperrkonten einzufrierenden Gelder dem Staat, genauer gesagt dem Rüstungsbudget, zuflossen. Ab April 1938 mußten jüdische Vermögen über 5000 RM angemeldet werden; sie unterlagen Verfügungsbeschränkungen (das 1933 auf 12 Mrd. RM geschätzte jüdische Vermögen war 1938 halbiert). Eine Scheinübertragung oder treuhänderische Weggabe jüdischer Betriebe, deren Registrierung ab Juni 1938 vorgeschrieben war, an nichtjüdische Teilhaber wurde unter Strafe gestellt. Von den 1933 bestehenden ca. 100 000 jüdischen Unternehmen im Deutschen Reich (Warenhäuser, Praxen, Werkstätten, Einzelhandelsgeschäfte etc.) waren im April 1938 nur 40 Prozent noch nicht »arisiert«.

Besonders betroffen war dabei der Einzelhandel (von 50 000 Läden waren 9000 in jüdischem Besitz). 1938 wurden auch neue Berufsverbote und Zulassungssperren verhängt und bestehende Anordnungen verschärft (im Frühjahr 1938 waren bereits ca. 60 000 jüdische Arbeitslose registriert, gegenüber ca. 30 000 Ende 1937).

Der Novemberpogrom 1938 (»Reichskristallnacht«) bot einen Anlaß zur Radikalisierung der »Arisierung« mit dem Ziel einer entschädigungslosen staatlichen Zwangsenteignung jüdischer Unternehmen – bis zur völligen »Entjudung« des Reichs. Im Dezember 1938 wurde die »Zwangsarisierung« bzw. Stillegung der restlichen jüdischen Betriebe in Deutschland zum 1. Januar 1939 beschlossen; die Ausübung praktisch aller Berufe wurde den Juden verboten. Juden verloren bei der Entlassung jeden Anspruch auf Rente, Pension und Versicherungen. Wertpapiere und Wertgegenstände waren zu festgesetzten Niedrigpreisen bei staatlichen Stellen abzuliefern. Auch jüdische Patente und jüdisches Grundeigentum wurden zur »Arisierung« freigegeben. Den Abschluß der »Arisierung« bildeten die 11. und die 13. Verordnung zum Reichsbürgergesetz (November

1941 und Juli 1943), nach denen das gesamte Vermögen der nach Osten deportierten bzw. der zu Tode gekommenen Juden dem Reich verfiel. Das Wohnungsinventar wurde umstandslos versteigert.

Der Ausdruck »Arisierung« wurde 1938 zwar auch im Amtsdeutsch verwendet, aber nie klar definiert. Er sollte zur vorgeblichen Versachlichung durch »Entjudung der Wirtschaft« ersetzt werden, was sich jedoch umgangssprachlich nicht durchsetzte. Tatsächlich gibt es keine »jüdischen Banken« und keine »arischen Hände«. Wer Jude war, das bestimmten die Nazis zunächst willkürlich und 1935 durch die berüchtigten »Nürnberger Gesetze«. Die Formen und Bedingungen der »Arisierung« bewegten sich zwischen Enteignung, Nötigung, Zwangsverkauf, freiwilligem Verkauf unter Wert und gelegentlich auch fairem Handel zwischen einem resignierenden Geschäftsmann und einem ehrlichen Erwerber. Die »Arisierung« war der ökonomische Ausdruck der schrittweisen Entrechtung der Juden in Deutschland. Ein besonderes Enteigungsgesetz gab es nicht. Meist waren es Ausführungsverordnungen zu den Rassegesetzen, die eine »Arisierung« zur Folge hatten.

Eines der Ziele des NS-Regimes zwischen 1933 und 1940 war, durch die »Arisierung« die Juden zur Auswanderung zu zwingen. Durch absichtlich niedrig gehaltene Ankaufpreise oder Entschädigungen sowie hohe Abgaben auf die Auswanderung trat eine künstliche Verarmung der jüdischen Bevölkerung ein, der dann das Geld für einen Neuanfang im Ausland fehlte. Gegenstände der »Arisierung« konnten alle möglichen Güter sein, vom Aktienpaket über das Warenhaus bis zur Kunstsammlung.

Die Akten, die diese Vorgänge dokumentieren, unterliegen noch heute laut § 5 Absatz 3 des Bundesarchivgesetzes aus dem Jahr 1988 dem »Steuergeheimnis« und stehen damit erst 80 Jahre nach Abschluß des jeweiligen Verfahrens der Forschung zur Verfügung. Allerdings haben die Finanzminister nach langem Zögern im Jahr 1999 beschlossen, diese Archivalien der Forschung zugänglich zu machen.

Ein Wissenschaftler hat sich als erster um diese Akten bemüht: Der Düsseldorfer Historiker Wolfgang Dreßen hat 4000 von insgesamt etwa 60 000 »Arisierungs-Akten« gesichtet, die vielfach ungeordnet im Archivkeller der Oberfinanzdirektion in Köln liegen.

Hier sind alle »Arisierungs«-Vorgänge erfaßt, die die Juden des Rheinlandes betreffen. Dreßen hat die Verwaltungsvorgänge zur wirtschaftlichen Vernichtung der Juden in der Rheinprovinz für eine Ausstellung dokumentiert, die im Herbst 1999 in Köln zu sehen war. Dazu ist ein Buch mit dem Titel *Betrifft Aktion 3 – Deutsche verwerten jüdische Nachbarn* erschienen.

Die Begehrlichkeit der Nachbarn angesichts der abgewickelten jüdischen Betriebe und des verlassenen Besitzes der Deportierten verbarg sich hinter einer Pseudolegalität: Der »Volksgenosse« erwarb ab 1941 jüdisches Eigentum vom Finanzamt – was konnte daran ungesetzlich sein?

Der Hamburger Historiker Frank Bajohr, der die bislang umfassendste Regionalstudie zur »Arisierung« in Hamburg geschrieben hat, meint: »Als der amerikanische Politikwissenschaftler Daniel Jonah Goldhagen 1996 in seiner Studie *Hitlers willige Vollstrecker* den Holocaust als ›nationales Projekt‹ der Deutschen bezeichnete, eingewurzelt in einem ›eliminatorischen Antisemitismus‹, stieß er bei den meisten Fachhistorikern auf entschiedene Ablehnung. Blickt man im Abstand von mehreren Jahren auf die hitzige Debatte, wird man Goldhagen zugestehen müssen, eine wichtige Frage gestellt zu haben, auch wenn seine Antwort zu einseitig ausfiel: Warum waren so viele gewöhnliche Deutsche an der Ausgrenzung, Enteignung, Deportation und Ermordung der Juden beteiligt und worin bestanden ihre Motive? Diese Frage hatte in der historischen Forschung bislang nur eine untergeordnete Rolle gespielt; man hatte sich in erster Linie auf die Akteure in Staat und Partei und auf Fragen der Entschlußbildung zum Massenmord konzentriert.«

Über die Rückgabe großer Vermögenswerte wurde häufig eine vergleichsweise schnelle Einigung erzielt, wenn auch die Höhe der Entschädigung so gut wie nie befriedigte. Gänzlich unbefriedigend dagegen sind die Entschädigungen wegen der Ausplünderung der »kleinen Leute«, häufig durch ihre unmittelbaren Nachbarn. Über diesem Kapitel systematischer Bereicherung liegt ein merkwürdiger Grauschleier. Die breit gefächerte wissenschaftliche Aufarbeitung hat erst vor wenigen Jahren begonnen. Die Zeitgeschichte hat sich vor allem für die »Arisierungsfälle« des großen jüdischen Besitzes interessiert. Es wurden gelegentlich Namen genannt wie die von

Flick, Horten, Neckermann, Schickedanz als »Ariseure«, Schocken, Warburg, Tietz und anderen als »Arisierte«, bekannt sind die Raubzüge der großen Banken in den eroberten Gebieten. Der Volksmund witzelte: »Hinter dem ersten Tank geht Dr. Rasche von der Dresdner Bank.«

Mit welchen Schwierigkeiten die Forscher vor Ort zu kämpfen hatten, bekam auch der Student Axel Bruns-Wüstefeld zu spüren, als er begann, die »Arisierung« der jüdischen Geschäfte in Göttingen zu erforschen. Er wollte klären, wie Bürger an der Entrechtung der Juden mitgewirkt und von ihr profitiert hatten. In diesem Zusammenhang interessierten ihn die »Juden-Akten« der örtlichen Polizei. Doch das Stadtarchiv verwehrte ihm den Zugang. Alle Argumente wurden mit Hinweisen auf Datenschutzbestimmungen abgeschmettert. Steuergeheimnis, Sozial- und Geschäftsgeheimnis, die Intimsphäre, das Andenken Verstorbener, all das sollte vor Bruns-Wüstefeld geschützt werden. Es handele sich, schrieb Rechtsamtsleiter Wilfried Frohne, um »besonders schutzwürdige personenbezogene Angaben, die ein dichtes Geflecht vielfältiger sozialer, wirtschaftlicher und politischer Beziehungen aufzeigen« – als gälte es nicht, eben dieses Geflecht sichtbar zu machen, wenn die Entstehung des Terrors, der Mechanismus der Barbarisierung einer Stadtgesellschaft aufgeklärt werden sollen. Nach langem Streit erschien das Buch von Axel Bruns-Wüstefeld 1997 unter dem Titel *Lohnende Geschäfte – Die Entjudung der Wirtschaft am Beispiel Göttingens.*

Avraham Barkai hat in seiner grundlegenden Studie zur »Arisierung« jüdischen Besitzes von 1987 darauf hingewiesen, daß die wirtschaftliche Existenzvernichtung der Juden nicht lediglich ökonomisch, sondern auch rassenideologisch begründet war und als konsequente Vorstufe zum Genozid aufzufassen ist. Das aber bedeutet, daß sich kein »Arisierungs«-Nutznießer von der direkten moralischen Mitschuld am Holocaust freisprechen kann.

Der Staat als Hehler

Der Staat hat es seinen Bürgern leichtgemacht, sich jüdisches Vermögen anzueignen. Der nationalsozialistischen Propaganda gelang es zunehmend, im Bewußtsein vieler Deutscher einen Unterschied zwischen »Deutschen« und »Juden«, zwischen »arischen Herrenmenschen« und »jüdischen Untermenschen« herzustellen. Im Rahmen dieser Ideologie war alles Vermögen in »Volksvermögen« zum Nutzen der deutschen »Volksgemeinschaft« zu überführen. Juden, die seit 1935 durch die »Nürnberger Gesetze« nicht mehr zur deutschen »Volksgemeinschaft« gehörten, hatten keinen Anspruch darauf – im Gegenteil: Es war beinahe ein Verdienst, jüdischen Besitz zu enteignen, der nach nationalsozialistischer Doktrin sowieso aus Wucher und Betrug stammte. Da also die Enteignung und Ausbeutung von »Volksschädlingen« zum Wohle des deutschen Volkes geschah, bestätigte sich darin noch einmal und stets aufs Neue die Überlegenheit des »Herrenvolks« über die jeweils ausgebeutete Opfergruppe – ein tödlicher, sich selbst verstärkender Mechanismus, in den nach Kriegsbeginn auch Zwangs- und Sklavenarbeit eingeschlossen waren.

Wer sich jüdisches Eigentum aneignete, erwarb es vielfach nicht direkt von den Opfern, sondern vom deutschen Staat. Die ausführenden Organe waren meistens keine Parteiorganisationen, sondern die örtlichen und regionalen Finanzämter, also Behörden, Garanten staatlicher Legalität.

Die Judenverfolgung im Nationalsozialismus wäre ohne die Mitwirkung, ja, die breite Beteiligung der deutschen Gesellschaft nicht möglich gewesen. Innerhalb weniger Jahre wurden rund 100 000 Unternehmen liquidiert oder wechselten den Besitzer. Dabei handelte es sich zum einen um einen politischen Prozeß, dessen Rahmenbedingungen durch Verordnungen des Staats und Initiativen der NSDAP, vor allem der »Gauwirtschaftsberater«, geprägt wurden. Zum anderen beteiligten sich aber Millionen von Deutschen als Täter und Nutznießer mittelbar und unmittelbar an der »Arisierung«. Die Beziehungen zwischen Juden und Nichtjuden waren im Bereich der Wirtschaft besonders eng. Hier begegneten sie sich in den verschiedensten Funktionen, als Geschäftspartner und

Konkurrenten, Arbeitgeber und Angestellte, Geschäftsinhaber und Kunden, als Verkäufer und Käufer von Unternehmen.

Eine wichtige Rolle bei der »Arisierung« spielten Vermittler, die Verkaufskontakte zwischen jüdischen Eigentümern und »arischen« Erwerbern anbahnten und die »Arisierung« zu einer sprudelnden Einnahmequelle für sich machten: Rechtsanwälte und Makler, vor allem jedoch Banken, die entsprechende Provisionen kassierten und kaufwilligen Erwerbern Kredite zur Verfügung stellten. Sachverständige der Industrie- und Handelskammern (IHK) bewerteten Inventar und Warenlager der jüdischen Unternehmen und beteiligten sich an der Preisdrückerei. Darüber hinaus wurden bei vielen IHK »Arisierungskommissionen« aus nichtjüdischen Unternehmern eingerichtet, die auf das Schicksal ihrer jüdischen Konkurrenten Einfluß nahmen und darüber entschieden, ob ein jüdischer Betrieb überhaupt an einen »arischen« Erwerber verkauft werden durfte oder kurzerhand liquidiert wurde.

Die Verkaufspreise für die »arisierten« Unternehmen lagen in der Regel deutlich unter ihrem tatsächlichen Wert, weil der eigentliche ideelle Firmenwert (»Goodwill«) – das Ansehen der Firma, seine Marktposition, der Kundenstamm, Absatzwege und Markennamen – nicht vergütet werden durfte. Die Warenlager der liquidierten Betriebe wurden an die Unternehmen der zuständigen Fachgruppe verramscht. Nur eine Minderheit der Erwerber war bemüht, dem jüdischen Eigentümer eine angemessene Entschädigung zukommen zu lassen.

Aber nicht nur die Wirtschaftswelt, auch der einfache »Volksgenosse« profitierte von der »Arisierung«, als in den Kriegsjahren das Eigentum deportierter und ermordeter Juden, vor allem Möbel und Einrichtungsgegenstände, aus ganz Europa zusammengeraubt und in zahlreichen deutschen Städten an die Bevölkerung versteigert wurde. Allein in Hamburg und seiner nächsten Umgebung nahmen mehr als 100 000 Menschen an solchen Versteigerungen teil. Ein ehemaliger Auktionator erklärte nach 1945, daß die Gegenstände aus jüdischem Besitz meist zu Schleuderpreisen weggegangen seien und insbesondere bei Wertgut wie Möbeln, Teppichen und Pelzen eine erhebliche Diskrepanz zwischen tatsächlichem Wert und Versteigerungserlös bestanden habe.

»Wie das Beispiel der ›Arisierung‹ zeigt, läßt sich die Haltung der deutschen Gesellschaft gegenüber der Judenverfolgung mit dem passiven Begriff der ›Hinnahme‹ wohl kaum angemessen beschreiben«, so Bajohr, »Herrschaft und Gesellschaft bildeten nicht etwa parallele, beziehungslose Sphären, sondern griffen bei der Verfolgung der Juden in vielfältiger Weise ineinander. War dafür in erster Linie ein antisemitischer Konsens verantwortlich, der sich, wie Goldhagen meinte, bereits vor 1933 ausgebildet hatte oder erst anschließend durch Propaganda und Indoktrination hergestellt wurde? Antisemitische Einstellungen waren in der deutschen Gesellschaft weit verbreitet, vor allem im gewerblichen Mittelstand und – worauf insbesondere Ulrich Herbert hingewiesen hat – unter den akademischen Eliten. Ohne den Antisemitismus wäre der Verfolgungsprozeß nicht zu erklären, der Antisemitismus allein reicht jedoch als Erklärung nicht aus. Gerade die ›Arisierung‹ legt die Schlußfolgerung nahe, daß sich viele auch deshalb an der Judenverfolgung beteiligten, weil diese ihnen die Möglichkeit gab, Interessen unterschiedlichster Art, vor allem materielle Interessen zu verfolgen.«

Die Diktatur erschloß Bereicherungsmöglichkeiten, wie sie in rechtsstaatlich-demokratischen Systemen normalerweise nicht vorhanden sind. Materielle Interessen sind nicht immer klar von ideologischen Motiven trennen. Gerade der Antisemitismus des Mittelstands, von Handwerkern und Einzelhändlern, der sich gegen jüdische Filialunternehmen und Warenhäuser richtete, bildete eine verhängnisvolle Verbindung von Ideologie und Interesse.

Wer sich an jüdischem Eigentum bereicherte, wollte später von den ehemaligen Eigentümern nicht regreßpflichtig gemacht werden, war also an der Aufrechterhaltung nationalsozialistischer Herrschaft unmittelbar interessiert. Solange das politische System funktionierte, waren Sanktionen nicht zu befürchten. Das entsprach durchaus einem Kalkül der NS-Machthaber; sie gingen davon aus, daß die Deutschen sich stärker mit der nationalsozialistischen Herrschaft identifizieren und für den »Endsieg« kämpfen würden, wenn sie erst einmal zu Komplizen des Regimes geworden wären. Propagandaminister Goebbels schrieb im März 1943 in sein Tagebuch: »Vor allem in der Judenfrage sind wir ja so festgelegt, daß es für uns gar kein Entrinnen mehr gibt. Und das ist auch gut so. Eine Bewegung und ein Volk, die die Brücken hinter sich abgebrochen haben, kämpfen erfahrungsgemäß viel vorbehaltloser als die, die noch eine Rückzugsmöglichkeit besitzen.«

Angesichts dieser Zusammenhänge verwundert es nicht, wenn ein jüdischer Kaufmann in Hamburg, der die NS-Herrschaft in einer »privilegierten Mischehe« überlebte, Anfang 1945 feststellte, daß ein Teil der Bevölkerung dem kommenden Sieg der Alliierten mit großen Befürchtungen entgegensah. Er notierte in sein Tagebuch, »daß viele, die jüdische Wohnungen und jüdische Sachen übernommen hatten, heute allergrößte Angst haben, die Juden könnten wiederkommen, ihr Eigentum zurückfordern und die Leute noch wegen Raub und Diebstahl zur Rechenschaft ziehen«.

Unter den Mittelständlern, die in den 80er Jahren stolz ihr 50jähriges Firmenjubiläum gefeiert haben, waren viele, die die Firma seinerzeit vom Finanzamt gekauft haben. Viele von ihnen haben im Rahmen der »Wiedergutmachung« in den 50er Jahren noch einmal zahlen müssen, und diesmal an jüdische Organisationen oder an Nachkommen der ehemaligen Besitzer. Sie verfügen deshalb heute über ein um so reineres Gewissen.

Kaum einmal hat ein Regime so schnell, gründlich und folgenreich neues Recht für sich gesetzt. Binnen weniger Monate waren Gesetze, Verordnungen und Anordnungen erlassen worden, die staatlicher Willkür gegen Juden Tor und Tür öffneten.

Eine Chronik des ersten Jahrs (nach Wolfgang Benz):

1933

30. Januar
Ernennung Adolf Hitlers zum Reichskanzler.
28. Februar
Verordnung des Reichspräsidenten zum Schutze von Volk und Staat (Reichstagsbrandverordnung) setzt Grundrechte außer Kraft.
23. März
Gesetz zur Behebung der Not von Volk und Reich (Ermächtigungsgesetz).

1. April
Boykott aller jüdischen Geschäfte durch die SA. Aktionen gegen jüdische Ärzte, Juristen und Studenten.
7. April
Gesetz zur Wiederherstellung des Berufsbeamtentums. Ausschaltung u. a. aller »nichtarischen« Beamten (Sonderregelungen für jüdische Frontkämpfer).
13. April
Zusammenschluß der jüdischen Organisationen zum Zentralausschuß für Hilfe und Aufbau. Vorläufer der Reichsvertretung der Juden.
21. April
Gesetz über das Schlachten von Tieren: Das Schächten nach jüdischem Ritus wird verboten.
22. April
Ausschluß der »nichtarischen« Lehrer aus den Lehrervereinen; die Zulassung von Kassenärzten »nichtarischer« Abstammung erlischt (Ausnahme: Frontkämpfer); Einführung des »Arierparagraphen« im Deutschen Apothekerverein.
25. April
Numerus clausus für jüdische Studenten und Schüler.
28. April
Die deutschen Sport- und Turnvereine übernehmen den »Arierparagraphen«.
6. Mai
»Nichtarische« Steuerberater werden nicht mehr zugelassen.
7. Mai
Kündigung aller jüdischen Arbeiter und Angestellten der Reichswehr.
10. Mai
Bücherverbrennungen.
2. Juni
Verordnung über die Tätigkeit von Zahnärzten und Zahntechnikern bei den Krankenkassen; eine Inanspruchnahme der Krankenkassen für die Tätigkeit »nichtarischer« Zahnärzte und Zahntechniker ist nicht mehr möglich.
14. Juli
Gesetz über Widerruf von Einbürgerungen und die Aberkennung der deutschen Staatsangehörigkeit (insbesondere auf Juden aus Osteuropa angewendet).
20. Juli
Gesetz zur Ergänzung des Gesetzes zur Wiederherstellung des Berufsbeamtentums ermöglicht auch Entlassung »nichtarischer« Frontkämpfer.

23. Juli
Einführung des »Arierparagraphen« im Reichsverband Deutscher Schriftsteller.
26. Juli
Runderlaß des Reichsfinanzministers: Die Auswanderung von Juden ist erwünscht und darf nicht unterbunden werden, aber die Reichsfluchtsteuer wird erhoben.
10. August
Vertretungsverbot arischer und nichtarischer Ärzte bei Kassenbehandlung.
17. August
Runderlaß des Reichsarbeitsministers: »Arische« Abstammung des Ehegatten der Beamten erforderlich.
22. August
In zahlreichen Orten Badeverbote (an Badestränden, in öffentlichen Bädern usw.) für Juden.
13. September
Vererbungslehre und Rassenkunde wird pflichtmäßiges Prüfungsgebiet für alle Schüler.
22. September
Reichskulturkammergesetz: Für alle Bereiche der Kultur werden Kammern geschaffen; Zugehörigkeit ist Voraussetzung für die Betätigung in einem der Kulturzweige; Juden sind ausgeschlossen.
29. September
Reichserbhofgesetz: Bauer kann nur sein, wer deutscher Staatsbürger, deutschen oder »stammesgleichen« Blutes und ehrbar ist.
30. September
Der Kyffhäuser-Bund (Reichskriegerbund) schließt »Nichtarier« aus.
20. Oktober
Der Nationalsozialistische Deutsche Studentenbund verbietet mit sofortiger Wirkung allen seinen Mitgliedern, jüdische Repetitoren zu besuchen.
31. Oktober
Sämtliche Rechtsanwälte und Juristen müssen dem Bund Nationalsozialistischer Deutscher Juristen angehören, der nur »arische« Mitglieder aufnimmt. Die zugelassenen »nichtarischen« Rechtsanwälte bleiben in der Ausübung ihres Berufs unbehindert.
7. November
Änderung der Personalordnung der Deutschen Reichsbahn-Gesellschaft: Wer »nichtarischer« Abstammung oder mit einer Frau »nichtarischer« Abstammung verheiratet ist, darf als Beamter bei der Reichsbahn nicht berufen werden. Beamte »arischer« Abstammung, die mit einer Frau »nichtarischer« Abstammung die Ehe eingehen, sind zu entlassen.

13. November
»Nichtarier« können weder als Schöffen noch als Geschworene berufen werden.
27. November
Die Aufführung von jüdischen Fest- und Feiertagen in Behördenkalendern wird verboten.
16. Dezember
Rundschreiben des Reichswirtschaftsministeriums zur ungestörten Abwicklung des Weihnachtsgeschäfts (Schutz jüdischer Firmen).

Vom »Radauantisemitismus« zur Vernichtung der Juden

»Kollektive Indifferenz«, so der Historiker Richard Grunberger, »bildete den kräftigsten Strang der Schlinge, die sich unerbittlich um den Hals von Hunderttausenden zog. Die von den Deutschen gern eingenommene Haltung des verlegenen Beiseitestehens während des Prologs zum Holocaust sollte letztendlich den Weg zur Radikalisierung antijüdischer Politik ermöglichen.«

Es gab mit Sicherheit kein teuflisches Drehbuch des NS-Regimes. Statt dessen herrschte die Trial-and-error-Methode. Hitlers Entscheidungen bestimmten zunächst das Schicksal der Juden. Schon am 11. Mai 1933 faßte der britische Botschafter Sir Horace Rumbold als Ergebnis seines Gesprächs mit Hitler zusammen, dieser sei allein für die antijüdische Politik in Deutschland verantwortlich. Der amerikanische Generalkonsul in Berlin, George S. Messersmith, übermittelte den gleichen Eindruck von Hitler nach Washington.

Der bürgerliche Gesellschafts-Antisemitismus war gar nicht so leicht in Hitlers »Erlösungsantisemitismus«, wie ihn Saul Friedländer nennt, zu verwandeln. Zwar rügten selbst manche Kirchenführer die Juden wegen ihrer Mitarbeit »bei allen zersetzenden Erscheinungen der modernen Zivilisation« (Bischof Otto Dibelius), aber eine kollektive Pogromstimmung gab es in Deutschland nicht. Die ersten Maßnahmen bedienten den Sozialneid gegenüber der jüdischen Präsenz in Finanz-, Presse-, Kultur- und Hochschulwesen, stifteten aber nicht zur Massenvernichtung an.

Der »Radauantisemitismus« diente vor allem dazu, die Folterwerkzeuge vorzuzeigen. »Auswüchse« wurden vereinzelt sogar bestraft. So erlebten die Juden ein ständiges Wechselbad und versuchten durch Überanpassung, dem Antisemitismus erst gar keine Nahrung zu geben. Doch je mehr sie zurückwichen, desto mehr rückten die Nationalsozialisten nach.

Die offizielle Politik zielte zumindest bis 1939 primär auf die Auswanderung der deutschen Juden ab. Dafür war im August 1933 zwischen Reichswirtschaftsministerium und Zionistischer Vereinigung ein bis nach Kriegsbeginn funktionierendes Abkommen zum Transfer (Haavara) jüdischen Vermögens (Warenexport) nach Palästina zur dortigen Existenzgründung geschlossen worden. Und nicht ganz ohne Grund gab es im Central-Verein deutscher Staatsbürger jüdischen Glaubens, im Verband nationaldeutscher Juden, im Reichsbund jüdischer Frontsoldaten die trügerische Hoffnung auf »Schadensbegrenzung«. Ruhiges Abwarten oder stolze Verwahrung gegen das antijüdische Flagellantentum waren nicht selten. Der prominente Rabbiner Joachim Prinz äußerte Verständnis für eine Regierung, die den Menschen Brot und Arbeit gebe.

Der polnische Soziologe Zygmunt Bauman hat darauf verwiesen, daß die Täter und ihre Sympathisanten die spätere »Endlösung der Judenfrage« nach 1942 in einen größeren Rahmen stellten und sie als Teil eines »Genozids für eine schöne neue Welt« begreifen wollten, in der Andersartiges, Abweichendes, Krankes und Schwaches keinen Platz mehr haben sollten. Folgerichtig ging insofern die Ermordung der Juden, die »Ausmerzung« von anderen Minderheiten, Systemgegnern und Kranken sowie die ebenfalls rassisch begründete Ausbeutung der östlichen Völker mit der für alle sichtbaren Vorzugsbehandlung der angepaßten Mehrheit der deutschen »Volksgenossen« einher.

Privilegieren und Diskriminieren, Helfen und Vernichten waren in der nationalsozialistischen Gesellschaftspolitik zwei Seiten ein und derselben Medaille, und die Korrumpierung der deutschen Bevölkerung durch die braunen Machthaber tat durchaus ihre Wirkung. Namentlich in den ersten Kriegsjahren gab es dann wirklich so etwas wie eine »Volksgemeinschaft«, besonders, als die ersten schweren Bombenangriffe den Krieg an die »Heimatfront« trugen.

Das Wegsehen und das Nichtwahrhabenwollen wurden dadurch wesentlich erleichtert; ebenso wie es die hochgradige Arbeitsteiligkeit der Judenverfolgung den meisten Tätern erlaubte, sich lediglich als ein Rädchen im Getriebe der Vernichtungsmaschinerie zu sehen und sich damit letztlich von der Verantwortung für das Geschehen freizusprechen.

Ein antisemitisches Klischee: Der reiche Jude

Zentral für die Ausformulierung antisemitischer Stereotypen ist die Vorstellung von der Macht »der Juden«: eine Macht, die bedroht, die die herrschende Ordnung in Frage stellt und die folglich in letzter Konsequenz zerstört werden muß. Diese Denkmodelle wurden im 18. und 19. Jahrhundert im Kontext der Aufklärung formuliert. Sie nahmen ältere, innerhalb der christlichen Theologie begründete Vorstellungen auf, die in der wissenschaftlichen Literatur als »Judenfeindschaft« bezeichnet werden.

Die Beschreibung des Antisemitismus als »kultureller Code« (Shulamit Volkov) rückt die Verknüpfung von Stereotyp, Identität und Handlung in Politik und Alltag in den Vordergrund. Obwohl der Antisemitismus sich auf das Konzept der »Rasse« bezieht, sind Rassismus und Antisemitismus verschiedene Phänomene, sowohl in ihrer Geschichte, in der inhaltlichen Ausformung ihrer Stereotypen als auch in ihren Konsequenzen. Die Differenz findet ihren Ausdruck in der Vorstellung von Macht. In der antisemitischen Perspektive sind Juden Gottesmörder und Weltverschwörer; dazu sind sie reich und beherrschen die Medien: Es ist diese Macht, die – in der antisemitischen Wahrnehmung – gebrochen werden muß.

Ein antisemitisches Stereotyp, das an die Vorstellung von der bedrohlichen Macht »der Juden« anschließt, ist die Verknüpfung von »Juden« und Geld. Diese Verknüpfung hat eine komplexe Geschichte, in die antimoderne und antikapitalistische Motive einfließen. In Leitheften für die Schulung der SS wurde der Jude dreifach denunziert als Ahasver der Wurzellose, als Shylock der Wucherer und als Judas der Verräter.

Der Anteil an Juden in Führungspositionen der deutschen Wirtschaft war tatsächlich höher, als es dem prozentualen Anteil an der Gesamtbevölkerung entspricht: Dabei betrug er nie mehr als ein Prozent – mit bis 1933 ständig fallender Tendenz. Das deutsche Volkseinkommen im letzten einigermaßen »normalen« Wirtschaftsjahr 1928 wird auf 40 Milliarden RM geschätzt, wobei der Anteil der Juden bei 1,5 Milliarden RM lag: Etwa ein Prozent der Bevölkerung verfügte über knapp vier Prozent des Volkseinkommens. Alles andere lag bei Krupp, Thyssen, Stinnes, Flick und ein paar anderen.

1933: Machtübernahme und Judenverfolgung

Der April-Boykott

Die Verdrängung der Juden aus der Wirtschaft begann unmittelbar nach der Machtübernahme Hitlers und wurde nach dem Novemberpogrom 1938 abgeschlossen. Die erste Phase war von Boykotten geprägt, die sich besonders gegen den jüdischen Einzelhandel richteten. Höhepunkt war der Boykott vom 1. April 1933. Der sollte vor allem die wirtschaftliche Diskriminierung und Verdrängung der Juden offiziell legitimieren.

Das Regime wollte das Judentum »an seiner empfindlichsten Stelle« treffen – in der Wirtschaft. Es gab aber bei Parteileitung oder Reichsregierung 1933 keine Pläne zu wirtschaftlichen Umwandlungen oder zu einer systematischen Zurückdrängung der Juden in der Wirtschaft. Das Wirtschaftsministerium wurde wegen der Boykottaktion gar nicht gefragt. Es hätte sicherlich gebremst, denn sowohl das außenpolitische Risiko als auch die Lage der Wirtschaft, besonders im Außenhandel, waren dazu viel zu ernst; man war möglicherweise auf Jahre hinaus auf die wirtschaftliche Tätigkeit der Juden angewiesen. Dementsprechend wurde in keinem der Aufrufe vom März/April 1933 die wirtschaftliche Ausschaltung der Juden verlangt, man konzentrierte sich auf die das Ausland kaum interessierende Ausschaltung von Juden in den freien Berufen sowie auf Schulen und Hochschulen. In Preußen und Mitteldeutschland wurden die jüdischen Richter, Gerichtsbeamte und viele Anwälte, in Berlin auch die jüdischen Lehrer, bereits am 1. April von Amts wegen verdrängt.

Der Staat griff per Gesetz zunächst kaum in die wirtschaftliche Tätigkeit der Juden ein, und so entstand im Rückblick die Illusion einer »Schonzeit«, die im Wirtschaftssektor bis ungefähr 1937/38 geherrscht habe. Wenn Juden ihre Geschäfte verkauften, geschah das – so glaubte man vor allem nach dem Krieg – freiwillig. Deshalb, so wurde kolportiert, seien alle Erwerbungen jüdischen Eigentums korrekt und folglich nicht zu entschädigen.

Durch eine trommelfeuerartige Propagandakampagne wurde die »Volksstimmung« aufgestachelt. Julius Streichers Aufruf vom 31. März 1933 erschien auf der ersten Seite im *Völkischen Beobachter*, bezeichnete die Juden als Kriegsgewinnler, Kriegsschieber, Zuchthäusler, Deserteure und marxistische Landesverräter und gipfelte in den Worten: »Alljuda soll den Kampf so lange haben, bis der Sieg unser ist! Nationalsozialisten! Schlagt den Weltfeind! Und wenn die Welt voll Teufel wär, es muß uns doch gelingen!«

Dann aber bekamen seine Urheber Angst vor der Reaktion im Ausland und vor allzu heftigen Ausschreitungen der SA; sie waren auf unbedingte Einhaltung der Disziplin bedacht. Auf jeden Fall, so hieß es wiederholt in den Boykottaufrufen, müßten alle Geschäfte geschont werden, die Ausländern gehörten oder die nicht nachweisbar jüdisch seien. SA und SS hätten die Geschäfte zu bewachen, aber nicht zu betreten, zu beschädigen oder tätlich vorzugehen, vielmehr müßten sie Sachbeschädigungen durch Provokateure verhindern. »Plakate mit aufreizendem Inhalt sind verboten.«

Bei den Einheiten der SA wurden Aufrufe zur Mäßigung nicht allzu ernstgenommen, sondern als Beruhigungsmittel für das Ausland und das deutsche Bürgertum betrachtet. Bei den Mannschaften und unteren Funktionären war man entschlossen, mit »dem Juden« endlich einmal »abzurechnen« und sich daran nicht durch »feige Rücksichten« irgendwelcher Art hindern zu lassen.

Die von der NSDAP organisierten Aktionsausschüsse ließen Zettel an die jüdischen Geschäfte kleben: »Es ist verboten, dieses Geschäft zu betreten«, »Achtung, Jude! Betreten verboten!« Neben den offiziellen Boykottplakaten (in Berlin auch in englischer Sprache) erschienen »private«, aggressivere Aufschriften der SA: »Jude verrecke!« Posten wurden aufgestellt, Umzüge veranstaltet. Viele, aber nicht alle jüdischen Geschäfte hielten den ganzen Tag geschlossen. Nur die Banken waren vom Boykott ausgenommen, um den Zahlungsverkehr nicht ins Stocken zu bringen.

Die Mehrzahl der Bevölkerung wagte es nicht, die bewachten Geschäfte zu betreten und ihre Mißbilligung der Boykottaktion offen zu zeigen, aber ein nicht unbeträchtlicher Teil – besonders in den Großstädten – widersetzte sich dem psychologischen Druck der »öffentlichen Meinung« und kaufte erst recht bei Juden. Hans J. Robinsohn, jüdischer Mitinhaber eines Modehauses in Hamburg, berichtet: »Die Umsätze betrugen an diesem Tag zehn Prozent des Normalen. Allerdings war die Zahl der Kassenzettel ungefähr ein Drittel des Üblichen – ein Zeichen, daß die meisten Kunden nur aus Opposition gegen das Regime gekommen waren.«

Der Boykott-Tag selbst verlief den Pressemeldungen zufolge »planmäßig«, abgesehen von einem Zwischenfall in Kiel. Dort hatte ein jüdischer Rechtsanwalt namens Schumm beim Verlassen des Geschäfts seines Vaters gegen einen SA-Mann, der ihn tätlich angegriffen hatte, einen Warnschuß abgegeben und war bald darauf im Polizeigefängnis von der »erregten Volksmenge« ermordet worden.

In Berlin, wo die Auslandspresse zahlreich vertreten war, ging es relativ ruhig zu. Auseinandersetzungen gab es, wo Geschäfte zu Unrecht als jüdisch bezeichnet wurden. Umgekehrt hatte man auch einige jüdische Läden zu boykottieren vergessen. Zu Tätlichkeiten kam es – mindestens in der Öffentlichkeit – nicht.

Die *Vossische Zeitung* meldete im Abendblatt vom 1. April 1933: »Die Boykottaktion hat programmäßig heute vormittag zehn Uhr im ganzen Reich begonnen. Beschlossen von der Nationalsozialistischen Partei und toleriert von der Reichsregierung soll diese Aktion eine Abwehrhandlung gegen ausländische Hetze sein. In diesem Sinne haben die verantwortlichen Kreise zu bedingungsloser Disziplin gemahnt.

Die Spannung des Tages liegt spürbar über der ganzen Stadt. Sie zeigt sich in dem stärker belebten Straßenbild, in Menschenansammlungen vor den Geschäften, deren Eingänge mit Boykottposten besetzt oder durch Plakate gekennzeichnet sind. Aber überall herrscht Ruhe. Neben der SA stehen vielfach Polizeibeamte, um Zwischenfälle, die sich in einer so großen Stadt schon aus der Zusammenballung an Knotenpunkten ergeben könnten, zu verhindern. Es kommt wohl hie und da zu kleineren Reibereien. Man sieht zum Beispiel Passanten mit nationalsozialistischem Abzeichen in starker Erregung, wenn jemand trotz der Boykottsperre ein Geschäft betreten will. Aber ein ernsthafter Zusammenstoß hat sich bisher nirgends ereignet.

Der Beginn der Aktion vollzog sich in der Regel ohne großes Aufsehen. Die Geschäftshäuser öffneten wie üblich zwischen acht und neun Uhr. Es waren verhältnismäßig wenige Firmen, die es vorzogen, während des ganzen Tages geschlossen zu halten. Auch die großen Warenhäuser und Einheitspreisgeschäfte, die in erster Linie von der Aktion betroffen werden, hatten zum Teil versucht, den Betrieb zunächst aufrechtzuerhalten. Im Geschäftszentrum der Stadt, in der Leipziger Straße, war das große Wertheimhaus zunächst geöffnet, das Warenhaus dagegen geschlossen. Die SA- und SS-Leute waren in der Frühe an ihren Versammlungsplätzen angetreten, nahmen dort die Plakate in Empfang und zogen damit auf Posten. Die Plakate tragen fast durchweg die einheitliche Aufschrift: ›Deutsche, wehrt euch, kauft nicht bei Juden!‹ Dieser Text war auch auf kleinen Handzetteln an vielen Schaufenstern und Türen zu lesen. Ebenso wurden die Litfaßsäulen in den Dienst dieser Propaganda gestellt. Man sieht vereinzelt auch Fahrzeuge mit Hakenkreuzflagge und Boykottplakaten. Manche der Boykottaufforderungen sind in deutscher und englischer Sprache gehalten.

Gegen elf Uhr änderte sich allmählich das Bild. Die Straßen belebten sich, auch die Boykottorganisation trat nun stärker in Erscheinung. Die Aktion griff über auf die westlichen Geschäftsstraßen, vor allem auf den Wittenbergplatz, die Tauentzienstraße und den unteren Teil des Kurfürstendamms. Kontrollautos der SA hielten an allen Brennpunkten, um ein Eingreifen bei Mißverständnissen zu ermöglichen. Boykottposten stehen auch vor den Eingängen der Gerichte. Man hört, daß der Reichskommissar für das preußische Justizministerium, Hans Kerrl, die nationalsozialistischen Justizbeamten angewiesen hat, darauf zu achten, daß heute keine jüdischen Richter, Geschworenen oder Schöffen erscheinen. Auch den jüdischen Anwälten, die Termine wahrzunehmen hatten, wurde der Eintritt ins Gericht verwehrt. Bei den Terminen, zu denen trotzdem jüdische Anwälte schon vor der Absperrung erschienen waren, wurde die Vertagung herbeigeführt. Vor dem Amtsgericht Schöneberg spielte sich dabei eine Demonstration ab. Die schwarz-rot-goldene Fahne des Gerichtes wurde vor dem Gebäude verbrannt, während die Menge das Horst-Wessel-Lied sang. Auch andere öffentliche Gebäude wurden von der Aktion betroffen. So wurde heute früh die Staatsbibliothek für jüdische Besucher gesperrt.

Alle bisher aus dem Reich eingelaufenen Meldungen bestätigen, daß die Bewegung überall einen geregelten, ruhigen Verlauf nimmt. Die Boykottsperre wird in der Regel eingehalten. Obwohl die Aktion sich vielfach vor einer schaulustigen Menge vollzieht, brauchte die Polizei bisher nirgends einzugreifen.«

In München, der »Hauptstadt der Bewegung«, wo man glaubte, besonderen Diensteifer zeigen zu müssen, begann der Boykott früher: Nachdem schon am 9. März der Kaufhausbesitzer Max Uhlfelder verhaftet und für drei Tage eingesperrt worden war, zog bereits am 23. März eine lärmende Menge an Uhlfelders Kaufhaus im Rosental vorbei. Der Boykott begann auch schon am 31. März, und der *Völkische Beobachter* konnte berichten: »Heute mittag Punkt zwölf Uhr zogen vor allen größeren jüdischen Geschäften und Kaufhäusern, vor allem in der Innenstadt, SA-Posten auf. Wie das Zentralkomitee zur Abwehr jüdischer Greuel- und Boykotthetze für München mitteilt, wurde der vorzeitige Beginn durch die Unvernunft eines Teiles des Publikums notwendig, das sein sauer verdientes Geld den Volksfeinden und hinterlistigen Verleumdern geradezu aufdrängte. Vor den Geschäften, an denen SA-Posten mit Karabinern standen, kam es zu Ansammlungen des Publikums, das jedoch der Aufforderung der SS zum Weitergehen sofort Folge leistete. Bis jetzt ist es nirgends zu Zwischenfällen gekommen. Einige jüdische Geschäfte zogen es vor, freiwillig zu schließen.«

Entgegen den Berichten der gleichgeschalteten Presse, die die »bewundernswerte Disziplin« der SA hervorhob und betonte, daß es zu keinen Zwischenfällen gekommen sei, weil sich z.B. der Hamburger Gauleiter Karl Kaufmann bereits im Vorfeld dafür verbürgt hatte, daß »keinem Juden auch nur ein Haar gekrümmt« werde, sahen sich Juden dennoch gewaltsamen Übergriffen der SA ausgesetzt.

Die Reaktionen der Bevölkerung auf den Boykott waren insgesamt zwiespältig. Die Neugierde hatte offenbar zahlreiche Bürger in die Innenstädte getrieben. Zeitungen berichteten von »Hunderttausenden, die in die Städte gekommen waren, um die Ausmaße des Boykotts zu beobachten«.

Die Ablehnung des Boykotts zumindest in Teilen der Hamburger Bevölkerung schien sogar zwischen den Zeilen der gleichgeschalteten Presse durch. So mokierten sich die *Hamburger Nachrichten* am 2. April über »primitive oder auch abseitige Gemüter, die überhaupt noch nicht begriffen hatten, um was es geht«. Und die Hamburger Polizei räumte ein, »daß in einigen jüdischen Geschäften ein demonstrativer Verkehr durch linksradikale Elemente erfolgte«. Damit waren die Protestkunden gemeint, von denen der Textilkaufmann Hans J. Robinsohn berichtet hat.

Aus dem Verhalten der Bevölkerung zogen die Nationalsozialisten ein ernüchterndes Fazit. So wurde der Boykott in einer Versammlung des NS-Juristenbundes Ende April 1933 in Hamburg offen als Fehlschlag und die Reaktion der Bevölkerung als unbefriedigend bezeichnet. Nicht einmal unter den Parteimitgliedern der NSDAP ließ sich der Boykott jüdischer Geschäfte vollständig durchsetzen.

Der Hamburger Historiker Frank Bajohr: »Bei den Reaktionen der Hamburger Wirtschaft auf den Boykott vom 1. April 1933 zeigte sich allerdings insofern ein partieller Gleichklang mit der offiziellen Propaganda der neuen Machthaber und mancher mittelständischer Radikalantisemiten, als größere Firmen, Vereinigungen und Wirtschaftsverbände anläßlich des Boykotts Telegramme an ihre Geschäftspartner in aller Welt sandten, in denen die Berichte über die Verfolgung von Juden und Ausländern in Hamburg als ›unwahr‹ bezeichnet oder als ›böswillige und erlogene Gerüchte‹ abgetan wurden. Zwar hatte die britische Yellow Press einige sensationsheischende Artikel veröffentlicht, die nicht den Tatsachen entsprachen, doch bot das insgesamt sachliche, wenngleich auch nichts beschönigende internationale Presseecho durchaus keinen Anlaß, darauf mit empörten und die tatsächlichen Verhältnisse exkulpierenden Protestschreiben und Telegrammen zu reagieren. Zu den Verfassern dieser Telegramme gehörten u. a. der Verein der Getreidehändler der Hamburger Börse, der Verein der am Caffeehandel beteiligten Firmen in Hamburg, der Verein der Hamburg-Bremer Teehändler, die Frachtkontor GmbH oder der Rotary Club Hamburg.« Hamburg war als Hafenstadt mehr als andere Metropolen am funktionierenden Außenhandel interessiert und fürchtete um sein Ansehen.

Von einer spontanen Abnahme der »Greuelhetze« im Ausland wurde freilich nicht berichtet, sondern im Gegenteil von der Gründung eines antinationalsozialistischen jüdischen Ausschusses in London, der eine Massenversammlung abgehalten habe, von geplanten ähnlichen Kundgebungen in Paris, von angedrohten Boykottmaßnahmen französischer Wirtschaftsverbände gegen Deutschland und von der Protestkundgebung eines »Aktionskomitees zur Verteidigung der Juden in Deutschland« in Brüssel.

Das Hauptproblem für Regierung und Partei war zu dieser Zeit noch eindeutig Sicherung und Ausbau der Macht, und in diesem Zusammenhang sollte auch der Boykott beurteilt werden. Es galt, den revolutionären Eifer der SA und SS an einem besonders verhaßten Objekt zu befriedigen und ihn in die von der Parteizentrale gewünschten Bahnen zu leiten. Nach »14 Jahren Kampfzeit« bestand für die Führung das Problem der Rückgewinnung des Machtmonopols; die paramilitärischen Verbände mußten wieder an staatliche Autorität und Disziplin gewöhnt werden. Die Widersprüche in den Propagandaaufrufen, die zunächst durch eine Haßkampagne im Volk Stimmung zu machen und sich durch ihren Radikalismus vor den eigenen Anhängern zu rechtfertigen suchten, dann aber immer wieder Ausschreitungen und Gewaltanwendung verboten, zeigen das Dilemma der Parteiführung mit großer Deutlichkeit.

In einem Inserat im *NS-Kurier*, Stuttgart, vom 8. Juli 1933 hieß es: »Vorne: Nationalsozialistische Leitartikel! Hinten: Judenanzeigen! Erklärt mir, Graf Oerindur, diesen Zwiespalt der Natur! Deutscher Mann, deutsche Frau! Weg mit diesen doppelzüngigen Zeitungen der zweifachen Moral. Deine Zeitung ist nur der *NS-Kurier*.«

Im *Dortmunder Generalanzeiger* vom 8. Juli 1933 war zu lesen: »Hamm. Trotz schärfster Aufklärung, trotz aller Propagierung nationalsozialistischer Gedankengänge haben es gewisse Volksgenossen immer noch nicht nötig, sich nationalsozialistisch einzustellen. Deshalb sieht sich der Kampfbund des gewerblichen Mittelstandes in Hamm genötigt, einmal ein Exempel zu statuieren. Bei der letzten Aktion zu Gunsten des deutschen Einzelhandels werden interessante Feststellungen gemacht. Im Bewußtsein ihres unrechten Tuns vermeiden es Volksgenossen, jüdische Geschäfte offen zu betreten, sie benutzen Hintertüren oder das Telephon, um ihre Bestellungen und Käufe zu besorgen.«

Dem deutschen Bürgertum einschließlich seiner Regierungsmitglieder sollte gezeigt werden, daß nun, um die »Volkswut« zu besänftigen, entscheidende gesetzliche Schritte gegen die Juden unternommen werden müßten. Franz v. Papen, Vizekanzler in der Regierung Hitlers von 1933 bis 1934, schrieb 1952 in seinen Erinnerungen *Der Wahrheit eine Gasse,* daß sich auch die konservativen Mitglieder der Reichsregierung damit einverstanden erklärten, »diese ganze revolutionäre Welle durch ein grundlegendes gemäßigtes Gesetz aufzufangen«. Er behauptet sogar: »Diese Absicht wurde auch in den Reihen des Judentums selbst begrüßt, in denen man wünschte, die unliebsamen Folgen der nach 1918 erfolgten stärkeren polnisch-jüdischen Einwanderung, der Barmat, Kutisker usw., etwas zu korrigieren.«

Das erklärte Ziel des Boykotts, die »jüdische Greuelhetze« zum Schweigen zu bringen, wurde nicht erreicht. Zwar mäßigte sich vorübergehend der Ton der ausländischen Presse, aber der Erpressungsversuch gegenüber den deutschen Juden war allzu deutlich, als daß die öffentliche Meinung im Ausland sich hätte beruhigen können. Die englischen und US-amerikanischen Presseberichte über Deutschland blieben nach dem 1. April im ganzen mindestens ebenso scharf wie vorher, ja die internationale Koordination und Wirksamkeit des antideutschen Boykotts begann jetzt erst. So schrieb die *New York Evening Post* am 15. April 1933, die Ausschreitungen hätten die Pogrome im zaristischen Rußland übertroffen: »Eine unbestimmte Anzahl von Juden wurde getötet. Hunderte von Juden wurden geschlagen oder gefoltert. Tausende von Juden sind geflüchtet. Tausende von Juden wurden oder werden ihres Lebensunterhaltes beraubt. Alle 600 000 Juden in Deutschland stehen unter Terror.«

Der April-Boykott war ein Stück »Machtergreifung von unten«. Bis zum Sommer 1933 dauerten die terroristischen Ausschreitungen der SA und anderer NS-Organisationen, die die »nationale Revolution« fortsetzen und endlich Posten für ihre Mitglieder erlangen und Kasse machen wollten.

Anfang April mußten in allen der Hauptgemeinschaft des deutschen Einzelhandels angeschlossenen Verbänden die jüdischen Vorstandsmitglieder zurücktreten, die Nationalsozialisten erhielten in den Vorständen den Vorsitz, eine 51prozentige Mehrheit und die Kontrolle der Geschäftsführung. Im April wurden in Verbänden, Innungen, Industrie-, Handels- und Handwerkskammern, Vereinen und Betrieben kommissarische Leiter eingesetzt, die die Gleichschaltung realisierten.

Wie die *Jenaische Zeitung* vom 3. April 1933 berichtete, »wurde in der soeben abgehaltenen Generalversammlung des Einzelhandelsverbandes Jena ein Antrag, demzufolge nur deutschstämmige christliche Kaufleute Mitglieder des Einzelhandelsverbandes sein dürfen, einstimmig angenommen. Zur Begründung erklärten die Antragsteller, daß es sich hier keinesfalls darum handele, den Einzelnen zu treffen, sondern das durch die Rasse bedingte jüdische Geschäftsgebaren. Es sei erforderlich, eine Gleichschaltung der Verbandspolitik mit der Wirtschaftspolitik der heutigen Regierung herbeizuführen.«

Nach dem *Manchester Guardian* vom 7. April 1933 legte Dr. Paul Silverberg, einer der einflußreichsten Schwerindustriellen, Katholik jüdischer Abstammung, den Vorsitz in der Kölner Handelskammer nieder und zog sich von den Verwaltungen der Gesellschaften zurück, denen er bisher angehört hatte.

Die *Jüdische Telegraphen-Agentur* vom 5. April 1933 meldete: »Der Pressedienst der Stadt Düsseldorf teilt mit: Der Oberbürgermeister hat mit Verfügung vom heutigen Tage angeordnet, daß bei notwendigen Anschaffungen für die städtischen Ämter, Dienststellen und Betriebe Warenhäuser und jüdische Geschäfte nicht mehr zu berücksichtigen sind. Etwaige bestehende Verträge mit Warenhäusern und jüdischen Unternehmern sind mit sofortiger Wirkung zu kündigen. Auch sind alle Aufträge betr. Prozeßführung an jüdische Rechtsanwälte mit sofortiger Wirkung rückgängig zu machen. Ferner ist sämtlichen städtischen jüdischen Ärzten, Apothekern und Chemikern das Dienstverhältnis aufgekündigt worden. Die Betroffenen sind sofort beurlaubt worden.«

Die wirtschaftsnahe *Frankfurter Zeitung*, die sich noch eine liberale Nachdenklichkeit leistete, schrieb am 9. April 1933 in einem Überblick: Wer ›marxistisch‹ vorbelastet und wer jüdisch ist, muß gehen. Wir brauchen nicht zu betonen, daß die bessere Parole hieße:

Wer nichts taugt oder wer den Staatszweck stört, der muß verschwinden. Sich dogmatisch auf eine Parole festzulegen, bringt Schaden, denn wie könnte man erwarten, daß bei solcher schematischen Bereinigung nicht große Fehler gemacht werden? Menschliche Rücksichten haben zur Zeit keine gute Konjunktur. Aber sieht man nicht, den wirtschaftlichen Schaden, der angerichtet werden muß, wenn man sich stur auf die Parole versteift: Juden heraus? Gewiß, ›Radauantisemitismus‹ soll es nicht mehr geben, aber was liegt an einem Wort? Man kann mit sanften Mitteln genau ebensoviel Unheil anrichten wie mit groben. Ein Zurücktreten des Judentums wird ohnehin die sichere Folge der Umwälzung sein.«

Die *Deutsche Allgemeine Zeitung* vom 10. April 1933 bemerkte zu demselben Thema: »Im freien Wirtschaftsleben haben manche Kreise nach dem 5. März noch nicht zum inneren Gleichgewicht zurückgefunden. Die Neigung zur kampflosen Selbstaufgabe ist in höherem Maße verbreitet, als es die neuen Männer selbst annehmen konnten. Verbände und Personen lassen sich ›gleichschalten‹, von denen man es kaum für möglich gehalten hätte. Ihnen und nur ihnen ist ein Vorwurf zu machen, weniger den nationalsozialistischen Parteiangehörigen, die von sich aus irgendwelche Veränderungen, berechtigte oder unberechtigte, durchzusetzen versuchen.«

Es gab zwar noch keine Definition, was ein jüdisches Geschäft eigentlich sei, aber sogenannte »arische« Geschäfte überschlugen sich im Eifer, diese Tatsache in Anzeigen kund zu tun. Die – ehemals jüdische – Schuhfabrik Salamander wies darauf hin, daß sie »unter deutscher Leitung steht, nur deutsches Material verbraucht und nur deutschen Arbeitern Lohn und Brot gibt«. Die Inhaber des Hamburger Schuhhauses Elsner bezeichneten sich als »echt deutsche und christliche Männer«, und das »echt deutsche Tuchhaus Peiniger« wollte auf keinen Fall verwechselt werden »mit ähnlich klingenden Firmen, die sich in der Nachbarschaft ... niedergelassen haben«. Und der Drogeriegroßhändler Iwan Budnikowsky gab in einer Zeitungsanzeige seinen Geburtsort Perleberg, seine evangelisch-lutherische Konfession und seine preußische Staatsangehörigkeit zur Kenntnis, »um falschen Gerüchten über meine Person zu begegnen«. In Anzeigen wurde für »deutsches Tuch«, »deutsche Konfektion« und »deutsche Wolle«, für die »deutsche Registrierkasse«, »deutsche Schreibmaschinen« und das »deutsche Qualitätsfahrrad«, für »deutsche Eier« und »deutsche Butter« geworben.

Nach Beendigung des offiziellen Boykotts ging ein schleichender Boykott weiter. Der Wirtschaftswissenschaftler Avraham Barkai schätzt, daß bereits Mitte 1935 etwa 20 bis 25 Prozent aller jüdischen Betriebe »liquidiert« oder »arisiert« waren, vornehmlich in Dörfern und Kleinstädten. In den Jahren nach dem April-Boykott trat offene Gewalt nur noch vereinzelt auf. Der »Radauantisemitismus«, der die Juden einschüchtern sollte, hatte ausgedient. Es folgten subtilere und zugleich gründlichere Maßnahmen.

Die Revolution ist zu Ende

Es gelang den Behörden im Laufe des Sommers, mit Rückendeckung der Regierung die ungezügelten Eingriffe in die Wirtschaft abzubremsen. Anfang Juli 1933 erklärte Hitler die nationalsozialistische Revolution für beendet. Auf einer Tagung der höheren SA- und SS-Führer in Reichenhall und auf einer Konferenz der Reichsstatthalter sagte Hitler: »Die Revolution ist kein permanenter Zustand, sie darf sich nicht zu einem Dauerzustand ausbilden. Man muß den frei gewordenen Strom der Revolution in das sichere Bett der Evolution hinüberleiten. Man soll aber nicht herumsuchen, ob noch etwas zu revolutionieren ist, sondern wir haben die Aufgabe, Position um Position zu sichern, um sie zu halten und allmählich mustergültig zu besetzen.«

Während Regierung und Parteileitung nach dem 1. April mit Rücksicht auf die wirtschaftliche Lage, das Ausland und das nationale Bürgertum in der Judenfrage vorsichtig verfuhren, wollten viele untergeordnete Parteiinstanzen den antijüdischen Boykott fortsetzen. So kam es bis zum Sommer 1933 noch zu vielen lokalen Ausschreitungswellen, die dann in eine Periode der schleichenden, halblegalen Judenverfolgung übergingen.

Die antijüdische Gesetzgebung im Bereich der Wirtschaft beschränkte sich 1933 auf wenige Gebiete. Das Schächtverbot vom 21./22. April hatte mehr Bedeutung für orthodoxe Juden als für die betroffenen Fleischereien. Kurz darauf wurden die Juden aus den

Steuerausschüssen bei den Finanzämtern und aus der Steuerberatung ausgeschlossen, womit die Grundlage für eine strengere Handhabung der Steuervorschriften gegen sie geschaffen wurde. Darüber hinaus gab es bis 1938 keinerlei gesetzliche Handhabe, Juden aus der Wirtschaft auszuschließen.

Gegen die seit dem Ersten Weltkrieg eingewanderten Ostjuden, die großenteils als Hausierer, Straßenhändler, Schausteller und Handwerker in Deutschland lebten, aber auch schon gutgehende Geschäfte gegründet hatten, richtete sich das »Gesetz über den Widerruf von Einbürgerungen und die Aberkennung der Deutschen Staatsangehörigkeit« vom 14. Juli 1933. Es bestimmte, daß alle Einbürgerungen aus der Zeit zwischen dem 9. November 1918 und dem 30. Januar 1933 widerrufen werden konnten, »falls die Einbürgerung als nicht erwünscht anzusehen ist«. Die Durchführungsverordnung vom 26. Juli 1933 sprach ausdrücklich von Ostjuden.

Das Gesetz bildete außerdem die Grundlage für die Vermögensbeschlagnahme aller Emigranten; es sah nämlich vor, Reichsangehörigen im Ausland die Staatsangehörigkeit abzuerkennen und ihr Vermögen einzuziehen, wenn sie die deutschen Belange schädigten oder einer Rückkehraufforderung nicht nachkamen. Es richtete sich also nicht nur gegen Juden.

Ende September wurden die staatenlosen jüdischen Börsenmakler in Berlin, die großenteils aus dem Osten zugewandert waren, ausgeschaltet.

Aber welche Einbuße an Wirkungsmöglichkeiten diese Bestimmungen für Juden bedeuteten, die führend an der Wirtschaftsgestaltung in Deutschland mitgearbeitet hatten, zeigt das Beispiel Max Warburgs, Inhaber des 1798 gegründeten Hamburger Bankhauses. Er schied aus dem Hamburgischen Wirtschaftsdienst, den er aufgebaut hatte, aus dem Generalrat der Reichsbank, der Hamburg-Amerika-Linie, der Deutsch-Atlantischen Telegraphengesellschaft, der Hamburger Handelskammer, aus der Philharmonischen Gesellschaft und der Hamburger Hochschulbehörde aus. Diese Ausschlüsse bzw. Austritte erfolgten nicht alle auf einmal, teils in verletzender, teils in höflicher Form. Im Kieler Institut für Weltwirtschaft traten sogar zwei Mitvorsitzende aus Solidarität mit Warburg gemeinsam zurück.

Bei dem Versuch, den jüdischen Geschäften die Kundschaft abspenstig zu machen, bewiesen die unteren Parteistellen viel Phantasie, und sie waren nicht wählerisch in ihren Methoden. So wurden immer wieder die Kunden jüdischer Geschäfte in der Presse angeprangert oder mit Anprangerung bedroht. In kleineren Orten wurden zu diesem Zweck auch »Schandpfähle« oder Schaukästen benutzt.
Würzburger Generalanzeiger vom 10. Mai 1933:
»Die Nationalsozialistische Deutsche Arbeiter-Partei Gaubetriebszelle, Abteilung Unterfranken, Würzburg, erläßt folgende Kundgebung: ›Juden sind keine Freunde des deutschen Volkes, der Deutsche ist des Juden Todfeind und umgekehrt ist es das gleiche. Der Deutsche, dem es ernst ist am Wiederaufbau und an der Erneuerung Deutschlands, weiß was er zu tun hat und lehnt es konsequent, ab, die Erzeugnisse von Juden zu kaufen. Es gibt Leute, die besitzen diesen Stolz und dieses Ehrgefühl nicht; sie gehören sogar zu den sogenannten besseren Kreisen der hiesigen Frauenwelt. Die Frauen, die öffentlich oder hintenherum von Juden kaufen, müssen als judenhörig gebrandmarkt werden. In einer Zeit, in der der Jude in der ganzen Welt das deutsche Volk in der verbrecherischsten, charakterlosesten Weise beschimpft und verleumdet, bringen es diese Geschöpfe fertig, für den Verleumder öffentlich einzutreten und sich zu ihm zu bekennen. Es wird ratsam sein und auch verwirklicht werden, daß man in Dachau daran geht, eine Abteilung für weibliche Volksverräter zu schaffen. Ebenso ist es ratsam, alle die Frauen, die jüdische Erzeugnisse kaufen, zu brandmarken, in der Zeitung zu veröffentlichen und zu bestrafen. Wer den Sinn, das Tempo und die Tat der Nationalen Revolution versteht, der weiß bestimmt, daß auch dies noch verwirklicht wird. Deutsche, merkt Euch diese Frauen, die mit dem deutschen Volke nichts mehr gemein haben! Denn eines Tages – und der Tag wird auch nicht mehr so ferne liegen – kommt auch für diese Menschen die Abrechnung.‹«
Dortmunder Generalanzeiger vom 3. Juli 1933:
»Es soll noch einige Metzgermeister in Dortmund geben, die ihre spießbürgerliche Haut noch nicht in nationalsozialistischem Sinne geschält haben. Selbst unter Parteigenossen dieses Faches soll eine

möglichst schnelle Schälung angebracht sein. Es könnte nämlich in aller Kürze der Fall eintreten, daß die noch judenfreundlichen Metzger von ihren eigenen Parteigenossen boykottiert worden. Es wird, wenn alles nichts nützt, eine Veröffentlichung ihrer Namen erfolgen, die einen Ausschluß aus der Partei zur Folge haben wird. Auch das Freundschaftskegeln verschiedener Metzger mit Juden wird aufhören müssen ... Ahnen diese Menschen denn gar nicht, wie schwer sie sich an unserem Führer versündigen und wie sie ihn gröblichst beleidigen, wenn sie seinen aus Liebe zu unserem Volke geführten Kampf gegen das Weltgaunertum der Juden sabotieren? Wir werden gerade bei den Metzgern in Zukunft sehr scharf aufpassen, daß auch nicht hinten herum Geschäfte mit den Juden gemacht werden.«

Wie die jüdischen Unternehmer wurden im April und Mai auch die jüdischen Arbeitnehmer in der Wirtschaft vom Boykott betroffen, und zwar nicht nur indirekt, da sie häufig in jüdischen Betrieben beschäftigt waren, sondern auch direkt. »Zuständig« war hier die Nationalsozialistische Betriebszellen-Organisation (NSBO), die besonders scharf gegen leitende, aber auch gegen einfache Angestellte vorging. Unter ihrem Druck entließen eine ganze Reihe großer und kleiner Firmen ihre jüdischen Angestellten während des April-Boykotts. Sie benutzten dazu häufig das Gesetz über die Betriebsvertretungen und über wirtschaftliche Vereinigungen vom 4. April, das das Einspruchsrecht aller Arbeitnehmer stark einschränkte, denen wegen »Verdachts staatsfeindlicher Gesinnung« gekündigt wurde, obwohl es gegen Juden eigentlich nicht anwendbar war.

Auch das Berufsbeamtengesetz wurde über seinen Geltungsbereich hinaus angewandt, indem Juden in den vom Staat kontrollierten Banken – z.B. Dresdner Bank, Commerz- und Privatbank, Reichskreditbank – entlassen wurden.

Die Leitung verschiedener Warenhäuser und Filialbetriebe wurde brutal unter Druck gesetzt. Bei Karstadt zum Beispiel, wo am 1. April fast alle jüdischen Angestellten entlassen worden waren, aber noch einige in wichtigen Spezialpositionen weiterbeschäftigt wurden, stiftete die NSBO immer wieder Unruhe und ließ sich dabei von Parteiführern außerhalb des Betriebs unterstützen. Am

6. Mai erschien in der *Nationalzeitung*, Essen, ein scharfer Angriff der Gauleitung gegen die Firma. Am 11. Mai gab es in den Epa-Filialen in Berlin, Hamburg und Kiel einen Streik.

Die *Vossische Zeitung* vom 12. Mai 1933:

»Die 13 Berliner Filialen der Einheitspreis-A.-G. wurden gestern nachmittag geschlossen. Die Angestellten der Geschäfte verließen nach einer Kundgebung gegen die Leitung des Unternehmens die Arbeitsplätze. Daraufhin ließ die Gesellschaft die Geschäfte schließen. Es ist bisher noch nicht bestimmt, wann eine Wiedereröffnung erfolgen soll. In den Schaufenstern wurden Schilder folgenden Inhalts ausgehängt: ›Wir Epa-Angestellten fordern den Rücktritt des jüdischen Vorstandes, wir wollen ein deutsches Unternehmen sein.‹«

»Zur selben Zeit, als in den 13 Berliner Verkaufsstellen der Epa die Arbeit niedergelegt wurde, hat das Personal auch in den drei Hamburger Filialen sowie in den Zweigstellen Harburg und Kiel die Betriebe verlassen.«

Wie absurd gelegentlich die Definitionen waren, nach denen »jüdische« Unternehmen beurteilt wurden, zeigt beispielhaft auch der Fall Karstadt: Rudolph Karstadt war kein Jude, allerdings hatte er tüchtige jüdische Fachleute in seiner Führungsetage.

Die gewichtigste Folge der Boykottmaßnahmen war Deutschlands Isolierung im Völkerbund und auf der Weltwirtschaftskonferenz im Juni 1933. Der Völkerbundsrat verurteilte die deutsche Judenpolitik in öffentlicher Sitzung am 30. Mai. Am 19. Juni legte Außenminister von Neurath in einem Brief, den er von der Weltwirtschaftskonferenz in London an Reichspräsident von Hindenburg richtete, die zunehmende Isolierung Deutschlands dar, die durch die Judenpolitik entstanden sei: »Ich habe London kaum wiedererkannt. Ich fand eine Stimmung vor – zunächst in der englischen Welt, dann in den internationalen Kreisen –, die einen Rückschritt der politischen und seelischen Einstellung Deutschland gegenüber aufzeigt, der nicht ernst genug zu nehmen ist. Ich habe schon in der Berichterstattung an den Herrn Reichskanzler einzelne Fälle herausgehoben, die mir als Anlaß oder Vorwand zu diesem Rückschritte entgegengehalten werden. Die Judenfrage, die bereits im Genfer Völkerbundsrat und auf dem Kongreß der Völkerbundsvereine in Montreux benutzt wurde, um uns international zu isolieren und zu schädigen, steht auch heute bei dem noch erheblich wichtigeren Londoner Beisammensein deutlich und in jedem Augenblicke fühlbar im Hintergrund der außenpolitischen Vorgänge. Auch ohne aktuellen Anlaß wird sie gegen uns ausgebeutet, und keine Gegenargumente finden bisher Verständnis.

Zusammenfassend muß ich unsere Lage, so wie ich sie von hier aus ermessen kann, als die einer wachsenden Isolierung kennzeichnen. Der Wunsch unserer Gegenspieler, uns in unseren lebenswichtigen außenpolitischen Zielen einzuengen, wird dadurch unterstützt, daß sie uns moralisch bekämpfen und in diesem rücksichtslosen Kampf auch Kreise und Nationen erfassen, die rein politisch in keinem Gegensatz zu uns stehen.«

Der Umfang des Boykotts deutscher Waren hatte nach dem 1. April zugenommen, und im Juli riefen die britischen Gewerkschaften, zugleich im Namen der Labour Party, zum antideutschen Boykott aus Protest gegen die Zerschlagung der deutschen Gewerkschaften auf. Größere Wirkung hatte die entsprechende Organisation in den USA, der Joint Boycott Council. Er überwachte eingehende Schiffsladungen, den Groß- und Einzelhandel, forderte Geschäftsleute auf, keine deutschen Waren zu verkaufen, und setzte notfalls Boykottposten ein. Im September erließ der Zweite jüdische Weltkongreß in Genf einen Boykottaufruf; ein weiterer folgte zwei Monate später aus London. Auch ein vereinigtes amerikanisch-europäisches Boykott-Komitee wurde ins Leben gerufen (The Non-Sectarian Anti-Nazi League to Champion Human Rights), das mit Flugblättern, Aufrufen und Boykottposten in vielen Ländern tätig wurde. Aber insgesamt konnte man nicht von einer wirksamen Boykottfront sprechen – dafür war auch dazumal die internationale Wirtschaft zu global verflochten.

Und Goebbels ruderte zurück: In einem Interview mit dem englischen Nationalökonomen Sir Walter Layton sagte er – Meldung der *Vossischen Zeitung* vom 7. April –, die »Waffe des Abwehrboykotts« würde durch allzu häufige Anwendung nur stumpf werden. Der Einfluß der deutschen Juden müsse durch ganz andere schrittweise Maßnahmen begrenzt werden.«

Wenn auch der Umfang des antideutschen Boykotts quantitativ

relativ gering gewesen sein mag, so genügte er doch angesichts der Wirtschaftskrise und der Deutschen Devisenknappheit, um merkliche Störungen hervorzurufen. Unmittelbare Folge dieser Situation war der Schutz jüdischer Exportfirmen und Exportbranchen in Deutschland, den es ansatzweise sogar schon am 1. April gegeben hatte, so z. B. für die Leipziger Rauchwarenwirtschaft, da Leipzig als europäisches Pelzhandelszentrum ein nicht zu unterschätzender Devisenbringer war, und für den Kur- und Fremdenverkehrsbetrieb in Wiesbaden, dessen internationale Gäste nicht beim Geldausgaben gestört werden sollten.

Die *Frankfurter Zeitung* vom 1. April 1933:

»Wie wir hören, ist bei den zuständigen Ministerien in Dresden und Berlin unter Führung von Oberbürgermeister Dr. Goerdeler (Leipzig) eine Delegation aus Vertretern der Rauchwarenwirtschaft und der Leipziger Handelskammer vorstellig geworden. Von den zuständigen Stellen wurde den Wünschen der deutschen Pelzwirtschaft wegen eines ungestörten Verlaufs des deutschen Rauchwarenhandels und der -Industrie volles Verständnis entgegengebracht, insbesondere auch mit Rücksicht auf die Bedeutung dieser Branche für den Export und auf die zahlreichen beschäftigten Arbeitskräfte. Im Zusammenhang mit der Aufhebung der Pelzbörse auf offener Straße wird ihre Unterbringung im geschlossene Räumen erwogen.«

Frankfurter Zeitung vom 2. April 1933:

»Wiesbaden, 31. März. – Die Industrie- und Handelskammer hat unter der Leitung des Fabrikanten Hugo Asbach aufs schärfste Stellung genommen gegen den verleumderischen Hetz- und Lügenfeldzug. Das Präsidium stellt fest, daß auch im ganzen Bezirk der Kammer die nationale Revolution in Ruhe und Ordnung erfolgt ist und daß keine nennenswerte Behinderung jüdischer Geschäfte stattgefunden hat. Insbesondere hat auch der Kur- und Fremdenbetrieb in Wiesbaden keine wie auch immer geartete Störung erfahren und ist keinem Kurfremden, gleichviel welcher Nationalität oder Konfession, auch nur ein Haar gekrümmt worden.«

Man hatte offenbar die Absicht und war trotz der »Spontaneität« der Boykottbewegung in der Lage, sowohl den in großen Teilen jüdischen Pelzwarenhandel als auch das Wiesbadener Kurgeschäft vorläufig zu schonen, weil beide sich in starker Abhängigkeit vom Ausland, und zwar vielfach von jüdischen Ausländern befanden.

Die schleichende »Arisierung«

Nach dem Schock vom 1. April 1933 war sowohl bei der jüdischen wie auch bei der übrigen Bevölkerung die Meinung weit verbreitet, es werde schon nicht so schlimm werden. Nach einer kurzen Übergangsperiode würden einigermaßen gesetzliche Zustände sicher wiederkehren. Die meisten Juden wichen dem politischen Druck nicht widerstandslos. Selbst Max Warburg, der in vielerlei Weise politisch tätig gewesen war, schrieb: »Ich muß zugeben, daß ich im Jahre 1933 die Folgen des Umsturzes auch nicht im mindesten übersah ... Ich war aber blind vor der schauderhaften Tatsache, daß es sich nicht nur um die Ränke von ein paar Ehrgeizigen handelte, sondern daß eine mächtige Welle des Volksempfindens Hitler emporgetragen hatte. Ich hielt es für vollkommen ausgeschlossen, daß dieser Mann jemals zum Alleinherrscher eines der schöpferisch befähigtsten, fleißigsten und mächtigsten Völker werden könnte. Ich war entschlossen, meine Firma wie eine Festung zu verteidigen. Meine Familie war entgegengesetzter Ansicht.«

Es handelte sich bei den zentralen Maßnahmen des ersten Jahres um die Ausschaltung aus Wirtschaftsstellungen mit amtlichem Charakter, aus der Führung der Wirtschaftsorganisationen, um das Zurückdrängen von Ostjuden in einigen Wirtschaftsbereichen, gleichzeitig aber um die Eingliederung der übrigen jüdischen Unternehmer in die nationalsozialistisch organisierte Wirtschaft.

Wie die Lage vom Standpunkt eines jüdischen Unternehmers aussah, beschreibt der Hamburger Kaufmann Hans J. Robinsohn so: »Nach den Wirbeln des März und April 1933 trat eine gewisse Beruhigung ein. Man hatte Zeit, sich mit den neuen und unbekannten Faktoren zu beschäftigen. Das bedrohlich Neue war der Zustand, daß man in Zukunft nicht mehr mit dem Schutz des Staates und seiner Organe rechnen konnte, sondern man mit der grundsätzlichen Feindseligkeit der herrschenden Schichten und Personen rechnen mußte. Unbekannt war vor allem, wie sich die wirtschaftlichen Möglichkeiten für offiziell verfemte Betriebe entwickeln würden. Wie würden sich Lieferanten, Konkurrenten, Banken und Kunden einstellen? Unbekannt war weiter, wie sich das Verhältnis zwischen einem jüdischen Arbeitgeber und den von nationalsozialistischen Organisationen geführten Arbeitnehmern gestalten würde. Dies würde den Alltag formen, dies die Atmosphäre ergeben, in der wir das Leben der Behauptung zu führen hatten.«

In einem Rundschreiben vom 14. Januar 1934 wies Innenminister Wilhelm Frick ausdrücklich darauf hin, daß die Reichsregierung sich in der »Ariergesetzgebung« Grenzen gesetzt habe: »Die deutsche Ariergesetzgebung würde im Inland und Ausland richtiger beurteilt werden, wenn diese Grenzen überall beachtet würden. Insbesondere ist es nicht angebracht, ja sogar bedenklich, wenn die Grundsätze des § 3 Berufsbeamtengesetz, des sogenannten ›Arierparagraphen‹ (der das Vorbild für zahlreiche andere Gesetze und Verordnungen geworden ist) auf Gebiete ausgedehnt werden, für die sie überhaupt nicht bestimmt sind. Es gilt dies insbesondere, wie die nationalsozialistische Regierung immer wieder erklärt hat, von der freien Wirtschaft. Ich bitte daher wiederholt, derartigen Übergriffen mit aller Entschiedenheit entgegenzutreten und auch die unterstellten Behörden nachdrücklich darauf hinzuweisen, daß sie ihren Maßnahmen und Entscheidungen nur die geltenden Gesetze zu Grunde zu legen haben.« Nur die Regierung habe die Gesetze zu erlassen bzw. zu ändern. Die Behörden hätten sie ausschließlich anzuwenden, selbst wenn sie vielleicht nationalsozialistischen Auffassungen nicht voll zu entsprechen schienen.

Parteimitglieder durften nach wie vor nicht in jüdischen Geschäften kaufen und keine Rechtsgeschäfte mit Juden abschließen. Oft ließ sich das aber gar nicht vermeiden, zumal für Geschäftsleute, die in bestimmten Branchen wie der Konfektion auf jüdische Lieferanten angewiesen waren. Dabei hatte das Verkaufs- und Herstellungsverbot von Uniformstücken für einige Textilbranchen erhebliche wirtschaftliche Bedeutung, da in der Bevölkerung mehr und mehr Uniformen getragen wurden, andererseits sich aber gerade die Textilwirtschaft nur langsam von der Krise erholte. Hier tat sich eine Lücke auf für tüchtige Unternehmer wie Hugo Boss, aber auch der Hamburger Edelkonfektionär Ladage & Oelke pries seine Leistungsfähigkeit als Lieferant für Uniformen.

Einzelne jüdische Firmen, die Waren exportierten, machten sogar besonders gute Geschäfte, da das Reich sie als Devisenbringer schätzte und gerade sie als jüdische Unternehmen anspornte, ihre Beziehungen zu nutzen, um dem ausländischen Boykott deutscher Waren entgegenzuwirken. Auch die übrigen jüdischen Firmen partizipierten teilweise am allgemeinen Wirtschaftsaufschwung, wenn auch in unterschiedlichem Ausmaß.

Der schwelende und immer wieder aufflammende Boykott und vor allem die fortwährende antisemitische Propaganda der Partei und der Presse taten ihre Wirkung, und so ging beim größten Teil der jüdischen Geschäfte, noch nicht allerdings der Produktionsbetriebe, der Umsatz allmählich zurück. Robinsohn berichtet über sein Hamburger Modehaus, das Einzel- und Großhandel betrieb, daß die Großhandelsumsätze ständig erheblich fielen, weil besonders die Provinzkunden unter dem Druck ihres Personals und ihrer Konkurrenten oder der Abnehmer standen. Da die Postbeamten in der Provinz jede Sendung aus Hamburg mit dem Absender »Robinsohn« an die örtliche Parteiorganisation meldeten, wurde schließlich eine getarnte Versandfirma gegründet. Der Boykott des Einzelhandels war in der Großstadt Hamburg schwerer kontrollierbar als der des Großhandels. Daher hatte das Geschäft ernsthafte Absatzschwierigkeiten erst 1938.

Die Zahl der Firmenliquidierungen oder -verkäufe an »Arier« in den Jahren 1933 bis 1935 ist nicht bekannt. Die Aufgabe von Geschäften und Produktionsbetrieben war – nach einer vorübergehenden Periode der Panikverkäufe im Anschluß an den April-Boykott – erheblich seltener. Das Reich konzentrierte sich im wesentlichen auf fiskalische und monetäre Aspekte und suchte das Vermögen der Juden durch Steuern und Zwangsabgaben zu konfiszieren, delegierte jedoch die konkrete »Arisierung« zumeist an regionale Entscheidungsträger: Außerhalb der Großstädte waren vielfach Bürgermeister, Landräte und die Vertreter der lokalen Parteiorganisation mit der »Arisierung« befaßt, in den Großstädten dominierten neben den lokalen Wirtschaftsbehörden vor allem die NSDAP-Gauwirtschaftsberater den Entscheidungsprozeß; in manchen Städten wie München oder Regionen wie Thüringen und der Saarpfalz hatte zudem die Gauleitung der Partei eigene »Arisierungsstellen« oder formal privatwirtschaftliche Vermögensgesellschaften eingerichtet.

»In den Anfangsjahren des ›Dritten Reiches‹ waren halbwegs faire Unternehmensverkäufe durchaus noch möglich«, meint auch Frank Bajohr. Die Devisenbewirtschaftungspolitik mit Reichsfluchtsteuer und der beim Umtausch von Reichsmark in Devisen durch die Deutsche Golddiskontbank (Dego) fälligen Abgabe setzten allen Versuchen, einen auch nur größeren Teil des Verkaufserlöses ins Ausland zu transferieren, von Anfang an enge Grenzen.

Zwei Beispiele schleichender »Arisierung« sind die Berliner Gastronomie Kempinski und der renommierte S. Fischer Verlag.

Der Name Kempinski stand und steht für eine der besten Hoteladressen: luxuriös, vornehm, traditionsbewußt. Gegründet wurde der Betrieb 1873 von Berthold und Helene Kempinski. Später wurde die Familie Unger Mitbesitzer, beides jüdische Familien, die in der Nazizeit emigrieren mußten. Beides Schicksale, auf die die heutigen Besitzer nur ungern angesprochen werden.

Kempinski war zunächst eine große Weinkellerei und Spirituosenhandlung. Das ebenfalls von Kempinski betriebene »Haus Vaterland« war bis tief in die Provinz ein Begriff: Varieté, Bar, Restaurant unter einem Dach. Eine der ersten Adressen des Berliner Nachtlebens.

Die Kempinski-Hausbank war die jüdische Privatbank Arnhold in Dresden. Das wurde dem Betrieb nach 1933 zum Verhängnis. Denn Arnhold wurde von der Dresdner Bank »arisiert«. Wie im Fall des Kaufhauses Tietz kappte die Dresdner Bank auch diesmal die Kredite noch vor dem Kaufboykott der Nationalsozialisten. Kempinski hatte Schwierigkeiten, seine Lieferanten zu bezahlen, die Geschäfte gingen schlechter. Die Situation verschärfte sich dramatisch durch den April-Boykott. Die Familien Kempinski und Unger mußten verkaufen, um das Unternehmen zu retten.

Die Käufer hießen Paul Spethmann und Werner Steinke. Spethmann war der Finanzchef des Großgastronomen Aschinger, Steinke ein früherer Angestellter des Hauses Kempinski, dem die Familien ihr Vertrauen schenkten. Kempinskis hofften, daß Werner Steinke das Geschäft im Sinne der Familie weiterführen und sich später nach dem Ende des braunen Spuks mit ihnen einigen würde. Doch Steinke fing an zu rechnen und stellte dabei zu allseitiger Überraschung fest, daß der Betrieb kaum noch etwas wert wäre, weil er mittlerweile mit 350 000 Reichsmark verschuldet sei. Bei der Berechnung des Betriebsvermögens und der Sicherheiten blieben die wertvollen Grundstücke im Herzen Berlins jedoch außen vor. So kauften Spethmann und Steinke zu Dumpingpreisen einen angeblich völlig verschuldeten Konzern auf. Die Familie Kempinski emigrierte nach England, ein Großteil der Ungers in die USA.

Kaum war das Geschäft perfekt, floß das Geld wieder. Dem jetzt »arischen« Betrieb gewährte die Dresdner Bank sofort großzügig Kredit, denn natürlich wußte die Bank um den wahren Wert des Unternehmens. Der jüdische Name »Kempinski« blieb erhalten, der »arische« Betrieb florierte.

Einer der letzten Kempinski-Nachfahren, Fritz Teppich: »Nein, es gab gewöhnlich keine einfache Wegnahme. Das waren Verträge unter Druck, zu sehr ungünstigen Bedingungen. Nachdem, wie ich gesagt habe, die Kreditlinien gekappt oder gemildert worden waren; und so weiter und so fort. Das waren Verträge unter Zwang, aber noch nach den bisherigen Gesetzen.«

Walter Unger blieb pro forma geschäftsführender Direktor, bis er 1943 abgesetzt und deportiert wurde; Steinke zog in die Kempinski-Villa.

Nach 1945 behaupteten die beiden »Arisierer«, im Interesse der einstigen Besitzer Kempinski und Unger gehandelt zu haben. Die Namen und Anschriften der Erben waren Steinke und Spethmann bekannt. Aus der ganzen Liste suchten sie sich einen Verhandlungspartner heraus: den schwerkranken Friedrich Wolfgang Unger. Sie zahlten dem krebskranken senilen Mann die Arztkosten. Kempinskis gingen völlig leer aus. Dabei hatte Steinke 1944 zusätzlich die Kempinski-Grundstücke im Zentrum Berlins erhalten, die auch als Ruinen noch ein Vermögen wert waren.

Seit Jahren kämpft Kempinski-Nachfahre Fritz Teppich um eine wahrheitsgemäße Darstellung der Geschichte des Hotels: »Die Familie ist der Meinung, daß jeder Gast, der in einem Hotel mit dem Namen Kempinski schläft oder ißt, sich bewußt sein muß, daß auf ihn von unserem Namen Kempinski das Blut ermordeter Juden heruntertropft. Andauernd. Fortwährend. Deutschland läßt sich im Ausland durch einen ›arisierten‹ Betrieb vertreten, der Juden, Jüdinnen, die dort als Zwangsarbeiterinnen waren, auf dem Gewissen hat.« Die Familie versuchte vergeblich, dem Konzern zu verbieten, unter ihrem Namen zu firmieren. Ohne Erfolg. Nicht die Erben des Firmengründers, sondern jene, die sie um ihr Erbe brachten, profitierten vom jüdischen Namen Kempinski.

Schon 1980 hatte sich Fritz Teppich darüber geärgert, daß die Verantwortlichen des Nobelhotels versuchten, die dunklen Seiten der Firmengeschichte auszublenden. Erregt hatte er sich über eine Firmenchronik, die die Kempinski AG 1987 herausbrachte. Sie verriet weder, daß 1942 im Kempinski jüdische Zwangsarbeiterinnen im Akkord arbeiten mußten, noch daß jüdische Angestellte ins KZ kamen. Das Haus Kempinski zog die Veröffentlichung zurück und beauftragte die Historische Kommission zu Berlin, die Geschichte der Familie Kempinski zu untersuchen.

Fritz Teppich organisierte Proteste: Die *New York Times* berichtete. Sogar das israelische Parlament befaßte sich mit dem Berliner Kempinski. Das israelische Verkehrsbüro sagte einen Empfang im Kempinski anläßlich der Internationalen Tourismusbörse ab. Aus Pappe war die Gedenktafel, die symbolisch aufgehängt wurde. Der Text: »1937 wurde die renommierte Wein- und Restaurantfirma M. Kempinski und Co. ›arisiert‹. Familienangehörige mußten fliehen oder wurden ermordet. Jüdinnen wurden in der ›arischen‹ Kempinski GmbH unter P. Spethmann zu Zwangsarbeit gezwungen, bis zu ihrer Deportation in Vernichtungslager. 1953 übernahmen die Hotelbetriebs AG und P. Spethmann die Kempinski-Reste. 1977 erfolgte die Umbenennung in Kempinski AG.«

Als zweites Beispiel für die schleichende »Arisierung« kann der S. Fischer Verlag dienen. »Am 10. Mai sollen Bücher öffentlich verbrannt werden, symbolisch die Autoren. Aus unserem Verlag Scholem Asch, Döblin, Beer-Hofmann, Schnitzler! Wo führt das hin.« Oskar Loerke, Lyriker und Lektor des S. Fischer Verlags, notierte diese Sätze in sein Tagebuch, als er am 26. April 1933 in Berliner Zeitungen gelesen hatte, die »Deutsche Studentenschaft« wolle mit einer »Aktion wider den undeutschen Geist« alle privaten und öffentlichen Bibliotheken von »jüdischem Geist« und »Liberalismus« säubern. 71 Autoren hatten die Studenten ausgewählt, deren Bücher sie in allen deutschen Universitätsstädten »den Flammen übergeben« wollten. Der Propagandaminister erfuhr davon erst später, wollte auch eine »Feuerrede« halten, doch es war »eine schwache Rede von Goebbels und ein gemachtes, dürftiges Theater«, wie Golo Mann in seinem Tagebuch bemerkt.

Dieser Terror der »Kampfzeit« paßte nicht mehr so recht in das Konzept von Gleichschaltung und Konsolidierung. Zwar trieben die Bücherverbrennungen die Vernichtung des liberalen kulturellen Lebens voran und symbolisierten vor allem das Ausradieren der verhaßten »Asphaltliteratur«, aber die Macht sollte auf dem Verwaltungsweg übernommen werden. Goebbels wollte erst einmal weder das Ausland noch »national gesinnte« Künstler verschrecken. Hermann Göring meinte: »Es ist immer noch leichter, aus einem großen Künstler mit der Zeit einen anständigen Nationalsozialisten zu machen, als aus einem kleinen Pg. einen großen Künstler.«

Tatsächlich gelang es den Nationalsozialisten ziemlich schnell, prominente Künstler als Aushängeschilder zu gewinnen. Richard Strauß, Werner Krauss und Hans Friedrich Blunck wurden zu Repräsentanten der Reichskulturkammer, Gottfried Benn und Gerhart Hauptmann blieben in der Preußischen Akademie der Künste, obwohl der Ausschluß ihre regimekritischen und jüdischen Mitglieder außer Landes trieb. Thomas Mann kehrte von einer Lesereise nicht mehr nach München zurück, Hermann Hesse blieb in seiner Wahlheimat Schweiz, Alfred Kerr, Heinrich Mann, Alfred Döblin und viele andere flohen nach dem Reichstagsbrand. Der politisch engagierte Malik-Verlag wurde geschlossen, und dessen Leiter Wieland Herzfelde gelang es noch, nach Prag auszureisen.

Eine nationalsozialistische Betriebszelle vertrieb die jüdische Familie Ullstein aus ihrem Verlag, der dann »arisiert« wurde. Auch dem jüdischen Verlagshaus S. Fischer drohte dieses Schicksal. Gottfried Bermann-Fischer, der Schwiegersohn und Nachfolger des Verlagsgründers Samuel Fischer, wollte den Verlag am liebsten sofort ins Ausland verlegen, aber Samuel Fischer weigerte sich. Wie viele Juden hielt dieser die Berichte über den Naziterror für übertrieben und für einen vorüberziehenden Spuk. Bermann-Fischer beschreibt in seiner Autobiografie die prekäre Situation: »Der Verlag arbeitete inzwischen nahezu ungestört weiter. Ob man uns in Ruhe ließ, um vor dem Ausland zu demonstrieren, wie ›liberal‹ man war? Aber es war eine unheimliche Ruhe, hinter der Bedrohung lauerte die Ungewißheit über den nächsten Tag, die lähmende Machtlosigkeit gegenüber brutaler Gewalt.«

Obwohl Bermann-Fischer im Programm des Jahres 1933 eine Reihe von »unerwünschten« und jüdischen Autoren präsentierte – Schnitzler und Döblin, Wassermann und Kerr, Beer-Hofmann und Thomas Mann –, wurde er nicht offen von den NS-Behörden angegriffen. Aber das war auch nicht nötig, um den Verlag in wirtschaftliche Schwierigkeiten zu bringen. Der Börsenverein des Deutschen Buchhandels stellte schon im April in vorauseilendem Gehorsam ein »Sofortprogramm« vor, in dem die »nationale Erhebung« begrüßt und bei der »Judenfrage« vollkommene Ergebenheit demonstriert wurde. Im Verbandsorgan, dem *Börsenblatt*, wurden am 13. Mai zwölf Schriftsteller, unter ihnen die S.-Fischer-Autoren Alfred Kerr und Arthur Holitscher, als »schädigend« gebrandmarkt, und nur eine Woche später veröffentlichte das *Börsenblatt* eine Schwarze Liste für die »Säuberung« der öffentlichen Bibliotheken. Das Blatt betonte zwar, die Liste bedürfe »der Reduktion auf das für den Buchhandel erträgliche Maß«, doch die Sortimenter orientierten sich an ihr.

S.-Fischer-Lektor Loerke notierte: »Schwarze und weiße Listen! Auch die Buchhändler haben welche ... Der Bücherabsatz des Verlages war letzte Woche wie abgeschnitten. Die Bücher der neuen Autoren kamen ballenweise zurück ... ich höre nichts mehr außer Gerüchte.«

Trotz allem publizierte der Verlag 1933 noch 47 Neuerscheinungen, und 1934 waren es auch noch 34 neue Titel, aber die Auflagen sanken. Der Umsatz gingt von 1,56 Mio. RM im Geschäftsjahr 1932/33 auf 833 000 RM für 1933/34 zurück, 1934/35 schrumpfte er auf 806 000 RM. Doch nicht nur ökonomische Schwierigkeiten erschwerten die Arbeit im Verlag, auch die Gestapo tauchte häufig überraschend im Verlagshaus auf, um Bücher verbotener Autoren zu beschlagnahmen.

»Zeit der Unruhe und der Verzweiflung. Die wirtschaftliche Vernichtung, also die Vernichtung selbst rückt immer näher,« beschrieb Loerke die Lage des Verlags und seiner Mitarbeiter am Vorabend des 14. Oktober 1934, einen Tag, bevor Samuel Fischer starb.

Mit seinem Tod starb eine Ära. Der »Cotta des Naturalismus« hatte das literarische Leben seiner Zeit dermaßen intensiv geprägt und dominiert, daß auch seine Gegner beeindruckt waren. Ein Nachruf der längst gleichgeschalteten, ehemals führenden *Literarischen Welt*, die nun *Das Deutsche Wort* hieß, erklärte, warum der Verlag bisher relativ wenig behelligt worden war: »Das kaiserliche Deutschland war an keiner Stelle fähig, der in ihrer Art hochbedeutenden kulturellen Leistung des Hauses S. Fischer eine verlegerische Front aus nationalem Geiste zur Seite zu stellen. Die spätere Republik machte den Verlag S. Fischer ... fast zu einer Art ›Staatsverlag‹. Die amtlichen Stellen des neuen Deutschland haben der ›literarischen Hochburg des Liberalismus‹ klaren Kampf angesagt. Es fehlt uns aber im geistigen Neuaufbau unserer Welt bisher durchaus jene geniale Verlegerpersönlichkeit, die – das muß auch der Gegner vorbehaltlos anerkennen – in seiner Welt S. Fischer überragend war.«

Die Verfolgung verschärfte sich, und im Februar 1935 ging erstmals das »Gerücht von Verstaatlichung des Verlages« um (Loerke). Obwohl es Bermann-Fischer schwerfiel, wandte er sich an das Propagandaministerium. Er wollte die Rechte und die Bücher der »verfemten« Autoren mit ins Ausland nehmen, um dort seine Verlagsarbeit fortzusetzen, und den Berliner »Restverlag« verkaufen. Überraschend begrüßte das Propagandaministerium sein Anliegen. »Ja, man interessiere sich für den Übergang des in Deutschland verbleibenden Verlagsteiles in ›zuverlässige‹ Hände.« Bermann-Fischers Vorschlag entsprach den Richtlinien für die »Arisierung« und ersparte dem Ministerium, mit Zwang gegen den international renommierten Verlag vorzugehen.

Nach langen Verhandlungen gelang Bermann-Fischer und dem Geschäftsführer Peter Suhrkamp der Durchbruch: In Berlin leitete ab dem 15. April 1936 Suhrkamp den reduzierten S. Fischer Verlag, den er gegenüber allen NS-Eingriffen abzuschirmen verstand. Von seinen prominenten Autoren erschienen jedoch nur noch Gerhart Hauptmann und Hermann Hesse in Deutschland. In Wien wurde der Bermann-Fischer Verlag gegründet, der als Startkapital 780 000 Exemplare verbotener Bücher aus Berlin übernehmen durfte. Die Verlagsrechte dieser Autoren erwarb eine Holding, die Bermann-Fischer in der Schweiz einrichtete. Eine komplette Emigration des Verlags in die Schweiz hatte der dortige Buchhandel verhindert, weil er den angeblich übermächtigen Konkurrenten fürchtete.

Zunächst in Wien, später dann – nach dem »Anschluß« Österreichs 1938 – in Stockholm und New York –, engagierte Bermann-Fischer sich unermüdlich für die Exilautoren: Thomas und Heinrich Mann, Alfred Döblin, Annette Kolb, Stefan Zweig, Carl Zuckmayer, Robert Musil und viele andere vertrauten ihm ihr Werk an. Mit Bermann-Fischer verließ einer der letzten bedeutenden Verleger Deutschland, außer Peter Suhrkamp blieb noch Ernst Rowohlt, und die nationalsozialistischen »Kulturpolitiker« triumphierten. Oskar Loerke notierte schon am 14. Februar 1935: »Resultat: in zehn Jahren haben wir keine Kultur mehr.«

1935–1937:
»Nürnberger Gesetze« und ihre Folgen

Im Frühjahr 1935 begann eine neue antisemitische Welle, die sehr rasch auch auf die Wirtschaft übergriff und ihren Gipfelpunkt im Herbst mit dem Erlaß der »Nürnberger Gesetze« erreichte. Im März 1935 zeichnete sich in einigen Reden auf Wirtschaftsveranstaltungen und in Presseerklärungen ein schärferer Ton gegen die Juden ab. Gauleiter Grohé behauptete auf einer Kundgebung des Einzelhandels im Rahmen der Kölner Frühjahrsmesse, es sei ebenso gut die Aufgabe des Mittelstandes wie der Behörden, den jüdischen Unternehmungen so schnell wie möglich den Garaus zu machen, indem man keinen Einkauf mehr bei ihnen vornehme. Zur gleichen Zeit sagte der Landesbauernführer Bloedorn auf dem Landesbauerntag in Pommern, die Bauern hätten dafür zu sorgen, daß die Juden kein Geld mehr verdienten und von selbst auswanderten. Es gebe keinen anständigen Juden.

Ende März/Anfang April wurden aus verschiedenen Gegenden Deutschlands Terror- und Boykottaktionen gegen Juden gemeldet, die parteiamtlich untersagt wurden. Daraufhin wurde es noch einmal für einen Monat ruhiger. Bereits am 26. April aber prophezeite *Der Angriff* eine neue antisemitische Welle, und in den gleichen Tagen kündigte Innenminister Frick eine Neufassung des Staatsbürgerrechts an, an dessen Verleihung auch »rassische« Bedingungen geknüpft sein sollten. Ende Mai setzte in verschiedenen Gegenden Deutschlands mit den bekannten drastischen Mitteln eine verstärkte Boykottpropaganda gegen Juden ein, die sich seit Mitte Juni rasch ausbreitete. Die Parteipropaganda trieb vorwärts und wies auf die ersten Erfolge der Aktion hin, so jüdische Geschäftsschließungen; sie forderte eine gesetzlich vorgeschriebene Kennzeichnung jüdischer Firmen und polemisierte gegen die offizielle Haltung, nach der Juden in der Wirtschaft ungestört arbeiten durften.

1935/36 wurden die Gauwirtschaftsberater als Genehmigungsinstanz für »Arisierungen« eingeschaltet und Devisenüberwachung und Devisengesetzgebung noch einmal verschärft.

Auf dem Reichsparteitag im September 1935 in Nürnberg, euphemistisch »Reichsparteitag der Freiheit« genannt, beschloß der während des Parteitags zusammengetretene Reichstag neben dem »Gesetz zum Schutze des deutschen Blutes und der deutschen Ehre« das »Reichsbürgergesetz«. Durch dieses Gesetz – bzw. durch die später ergangenen 13 Durchführungsverordnungen – wurden den Juden sämtliche staatsbürgerliche Rechte genommen. »Reichsbürger« und damit alleinige Träger der vollen politischen Rechte waren nur Staatsangehöige »deutschen oder artverwandten Bluts«, die durch ihr Verhalten bewiesen, daß sie gewillt und geeignet seien, in Treue dem deutschen Volk und Reich zu dienen. Damit waren die Juden vogelfrei und im Namen des Gesetzes der Willkür der NS-Machthaber ausgeliefert.

Gesetz zum Schutze des deutschen Blutes und der deutschen Ehre
Gesetz vom 15. September 1935
(Reichsgesetzblatt I S. 1146)

Durchdrungen von der Erkenntnis, daß die Reinheit des deutschen Blutes die Voraussetzung für den Fortbestand des Deutschen Volkes ist, und beseelt von dem unbeugsamen Willen, die Deutsche Nation für alle Zukunft zu sichern, hat der Reichstag einstimmig das folgende Gesetz beschlossen, das hiermit verkündet wird:

§ 1
(1) Eheschließungen zwischen Juden und Staatsangehörigen deutschen oder artverwandten Blutes sind verboten. Trotzdem geschlossene Ehen sind nichtig, auch wenn sie zur Umgehung dieses Gesetzes im Ausland geschlossen sind.
(2) Die Nichtigkeitsklage kann nur der Staatsanwalt erheben.

§ 2
Außerehelicher Verkehr zwischen Juden und Staatsangehörigen deutschen oder artverwandten Blutes ist verboten.

§ 3
Juden dürfen weibliche Staatsangehörige deutschen oder artverwandten Blutes unter 45 Jahren in ihrem Haushalt nicht beschäftigen.

§ 4
(1) Juden ist das Hissen der Reichs- und Nationalflagge und das Zeigen der Reichsfarben verboten.
(2) Dagegen ist ihnen das Zeigen der jüdischen Farben gestattet. Die Ausübung dieser Befugnis steht unter staatlichem Schutz.

§ 5
(1) Wer dem Verbot des § 1 zuwiderhandelt, wird mit Zuchthaus bestraft.
(2) Der Mann, der dem Verbot des § 2 zuwiderhandelt, wird mit Gefängnis oder mit Zuchthaus bestraft.
(3) Wer den Bestimmungen der §§ 3 oder 4 zuwiderhandelt, wird mit Gefängnis bis zu einem Jahr und mit Geldstrafe oder mit einer dieser Strafen bestraft.

§ 6
Der Reichsminister des Innern erläßt im Einvernehmen mit dem Stellvertreter des Führers und dem Reichsminister der Justiz die zur Durchführung und Ergänzung des Gesetzes erforderlichen Rechts- und Verwaltungsvorschriften.

§ 7
Das Gesetz tritt am Tage nach der Verkündung, § 3 jedoch erst am 1. Januar 1936 in Kraft.

Durch die »Nürnberger Gesetze« hatte der Kampf gegen die Juden eine gesetzliche Grundlage erhalten, aber die Methoden der Judenverfolgung hatten sich durch die Gesetze nicht geändert. Die Willkür herrschte nach wie vor, und Einzelaktionen waren noch immer an der Tagesordnung.

Hetze und Verfolgung

Ein ziemlich genaues Bild des alltäglichen Lebens und der tatsächlichen Stimmung der Bevölkerung in der damaligen Zeit bieten die *Deutschland-Berichte* der SPD. Sie erschienen von April/Mai 1934 bis April 1940 im Auftrag des Exilvorstandes der Sozialdemokratischen Partei. Erich Rinner stellte die Berichte aus Meldungen von geheimen Mitarbeitern in Deutschland zusammen.

1935 war zu lesen: »Die Judenpogrome werden keineswegs gebilligt. Auch Leute, die mit der NSDAP sympathisieren, lehnen diese Art der Judenverfolgung ab. An die Delikte von Juden, die in der Presse groß aufgemacht werden, glaubt kein Mensch. Man macht sich lustig darüber, daß in Breslau ein 78jähriger Jude fünf arische Mädchen ›geschändet‹ haben soll. Ebenso glaubt kein Mensch daran, daß bei der Vorführung des Filmes *Petterson und Bendel* die Juden ›im Schutze der Dunkelheit‹ demonstriert haben sollten. Man weiß natürlich, daß im Schutze dieser Dunkelheit die Partei- und SA-Leute diese ganze Sache inszeniert haben. Auch die Behauptung des Staatskommissars Lippert, daß in den letzten Jahren 65 bis 80 Prozent der Verbrecher Juden gewesen seien, wird nur belächelt. Man sagt in der Bevölkerung: Man faßt eben nur die Juden, die anderen läßt man laufen!

... Auch in Wedding hat man in den letzten Tagen bei den jüdischen Geschäften die Fensterscheiben beschmiert, aber zu größeren Ausschreitungen ist es nirgends gekommen. Die ganze Aktion findet, wenigstens im Berliner Norden, keinerlei Anklang bei der Bevölkerung. Man sagt sich: Das Ganze ist eine abgekartete Sache, die die Bevölkerung davon abbringen soll, wie es in Wirklichkeit bei den Nazis aussieht. Irgendwelche Gegnerschaft ist in diesen Kreisen der Bevölkerung nicht vorhanden. Es heißt: ›Die Juden haben uns doch nichts getan.‹ Ein großes jüdisches Kaufhaus im Wedding geht nach wie vor gut, vielleicht sogar besser als früher. Auch die kleinen Geschäftsleute sind nicht gegen die Juden eingestellt. Sie hängen ja selbst wirtschaftlich wieder zum Teil von ihrer jüdischen Kundschaft ab. Jedenfalls ist die Haltung der gesamten Bevölkerung zur Judenfrage heute ganz anders als bei den Aktionen gegen die Juden im Jahre 1933. Im allgemeinen kann man feststellen, daß die Judenpogrome, die Vorstöße gegen die katholische Kirche und das Verbot des Stahlhelms zusammengenommen mit den Preissteigerungen eine starke Auflockerung der allgemeinen Stimmung hervorgerufen haben. Man wertet in der Bevölkerung alle diese Vorgänge als Ablenkungsmanöver und vermutet hinter diesen Maßnahmen ernste Schwierigkeiten und ›Differenzen im Regierungslager‹.«

Aber die Partei und ihre Gliederungen ließ sich davon nicht beeindrucken, besonders der Nürnberger Gauleiter Julius Streicher erhöhte ständig den Druck auf die Juden. Im Juli 1935 war in den *Deutschland-Berichten* zu lesen: »Der radikal-antisemitische Flügel der NSDAP hat, von Nürnberg aus vorstoßend, in den letzten Monaten starke Aktivität entfaltet. Zur Kenntnis der Weltöffentlichkeit sind im wesentlichen nur die Vorgänge in München, Berlin und Breslau gelangt.

In München wurden Mitte bis Ende Mai Judenpogrome veranstaltet, von denen die Behörden später in öffentlichen Erklärungen abrückten. In Breslau fanden in den letzten Monaten wiederholt Prangerumzüge statt, wurden Rassenschänderlisten veröffentlicht und schließlich sechs ›rassenschänderische‹ Paare von der Gestapo in Schutzhaft genommen. In Berlin wurde Mitte Mai eine Streicher-Propagandafiliale in großem Stil eingerichtet, und ein Ableger des *Stürmer*, der *Judenkenner*, herausgebracht. Die Aktivität der Berliner Radikalantisemiten stieg und fand ihren vorläufigen Höhepunkt in den Berliner Judenpogromen von Mitte Juli. Die judenfeindlichen Kundgebungen waren auch außerhalb des Kurfürstendammes ziemlich stark. Besonders in Neukölln, Moabit und Pankow waren viele Schaufenster beschmiert und mit Plakaten beklebt. Am Hermannplatz stand die Menge zu Hunderten vor einer Eiskonditorei und randalierte. Auf den Bürgersteigen sind vor Geschäften Aufschriften ›Judenknecht‹ zu finden, die mit einem Pfeil versehen sind, der auf das Geschäft deutet. Die judenfeindlichen Bemalungen hat man auch an den Geschäften vorgenommen, von denen man gar nicht einmal genau weiß, ob sie in Händen von jüdischen Inhabern sind. Der Oberbürgermeister Sahm hat den Juden den Zutritt zu allen Bädern verboten. Die Zahl der *Stürmer*-Aushangkästen ist vor allem in den Neubausiedlungen stark vermehrt worden.

Der Reichsstatthalter von Baden, Gauleiter Wagnerr, hat einen Aufruf an die Pg. erlassen, der die Tatsachen auf den Kopf stellt. In dem Aufruf heißt es: ›Seit einiger Zeit ist in Baden wie in anderen Teilen des Reiches ein auffällig herausforderndes Benehmen von Angehörigen der jüdischen Rasse zu beobachten. Infolge davon ist es an mehreren Stellen zu spontanen Abwehraktionen deutscher Volkskreise gekommen. Es ist völlig offenkundig, daß das Judentum diese

Streitfälle sucht, um vor der Welt als gequältes und verfolgtes Märtyrertum dazustehen. Ich fordere deshalb alle Parteigliederungen und meine Parteigenossen auf, ausgenommen im Falle berechtigter Notwehr jüdische Provokationen grundsätzlich unbeantwortet zu lassen, in solchen Fällen aber stets sofort die Polizei zu verständigen und dieser alles Weitere zu überlassen. Parteigenossen, die dieser Aufforderung zuwiderhandeln, haben ein parteigerichtliches Verfahren und nötigenfalls den Ausschluß aus der Partei zu gewärtigen.‹

In Fulda war am 11. Juli Viehmarkt. Plötzlich erschienen etwa 100 SA-Leute und schlugen wahllos auf Händler und Käufer ein. Es gab eine Anzahl Schwerverletzter und große Blutlachen auf dem Marktplatz. Vieh lief ziellos in den Straßen herum und konnte erst nach und nach eingefangen werden. Ganz Fulda war tagelang in Erregung. Eine in Berlin erscheinende jüdische Familienzeitung hat darüber in der erlaubten Form berichtet und mitgeteilt, daß die jüdischen Viehhändler in Fulda durch die Mißhandlung des Viehes das Volk so gereizt hätten, daß es zu Ausschreitungen gegen die Juden kam. Die jüdischen Viehhändler hätten Kühe auf den Viehmarkt gebracht, die einen ganzen Tag nicht gemolken waren und denen fast die Euter vor angesammelter Milch platzten. Über diese Viehquälerei habe sich das Volk empört.

Nun wurden Juden überhaupt nicht mehr zum Viehhandel in Fulda zugelassen, der nächste Viehmarkt wurde von der Organisation des Reichsnährstandes beschickt.

In Wächtersbach bei Gelnhausen, einem Städtchen von 1500 Einwohnern, ist es am 17. Juli ebenfalls zu Prügelszenen auf dem Viehmarkt gekommen. Die jüdischen Viehhändler hielten sich teilweise in den Kellern oder sonstigen Räumen der Bauern bis spät abends versteckt, um dann nach Hause zu schleichen.

In Gießen am Donnerstag, den 18. Juli dasselbe, Zweck dieser Pogrome ist, die Juden vom Viehmarkt fernzuhalten. Die Sache ist bei diesen Märkten so, daß die jüdischen Händler vielfach Qualitätsvieh aus Ostpreußen anliefern, das auf diesen Märkten nach Baden und Württemberg für die Metzger verkauft wird. Dieses Geschäft erweckt den Neid der einheimischen arischen Viehhändler.

... Die Hetze gegen die Juden nahm im Rheinland schon im Mai bedrohliche Formen an. In Köln, Düsseldorf, Wuppertal und Gladbach-

Rheydt wurden die Schaufenster jüdischer Geschäfte eingeschlagen, Türen und Wände in der übelsten Art besudelt, Hetzschriften verbreitet, die Bürgersteige bemalt usw. Der jüdische Friedhof in Rheydt ist völlig verwüstet worden. Nicht allein die Grabsteine wurden umgeworfen; man hat sogar die jungen Bäume einen Meter über dem Boden abgesägt und den fünfzackigen Stern von der Halle abgehauen.

Der *Westdeutsche Beobachter*, der an der Judenhetze im Rheinland führend beteiligt ist, brachte Ende März eine Sondernummer gegen das Judentum heraus. In welcher Weise die antisemitische Welle erzeugt wird, zeigt anschaulich das nachstehende Rundschreiben, das von den verschiedenen Zwangsorganisationen des Kleinhandwerks versandt wurde:

An ... in ...

Der Westdeutsche Beobachter, *das gauamtliche Organ der NSDAP, wird am 23. März ds. Jhrs. neben der täglich erscheinenden Zeitung eine Sondernummer gegen die Juden herausbringen. Im redaktionellen Teil dieser Sondernummer werden in großangelegter sachlicher Weise die Themen behandelt, die dem deutschen Handwerk, als dem zunächst Betroffenen, tagtäglich am meisten auf dem Herzen liegen. Der gesamte redaktionelle Inhalt ist eine eindeutige Stellungnahme des Nationalsozialismus gegenüber dem Judentum in allen seinen Erscheinungen.*

An dieser ausführlichen Stellungnahme nimmt das deutsche Handwerk geschlossen teil, und zwar in der Form, daß jeder deutsche Handwerksmeister mit der Eintragung seines Namens für den gesamtdeutschen Gedanken dieser großen Demonstration eintritt. Zu diesem Zweck sollen die Handwerksmeister in geschlossenen Innungen namentlich aufgeführt werden, welches einen Unkostenbeitrag von 0,70 Mark für jeden Handwerksbetrieb ausmacht. Dieser Betrag wird vom Trägerpersonal des Westdeutschen Beobachters *in zwei bis drei Monatsraten eingezogen. Wie eingangs gesagt, beteiligt sich das ganze deutsche Handwerk im Handwerkskammerbezirk ... an diesem Bekenntnis. Sollten Sie jedoch aus irgendwelchen Gründen dieses Bekenntnis nicht glauben ablegen zu können, so wollen Sie uns bis spätestens 19.3.35 den anhängenden Bescheid zugehen lassen. Bei Nicht-*

eingang innerhalb dieser Frist nehmen wir an, daß Ihnen wie allen anderen Handwerksmeistern diese Eintragung eine selbstverständliche Angelegenheit der Ehre und des Charakters ist.
 Heil Hitler!

Auf Grund dieses Rundbriefs veröffentlichte der *Westdeutsche Beobachter* eine Reihe von Firmen, die alle nicht mehr für Juden arbeiten wollten. Es fehlten jedoch in dieser Liste gerade die als nationalsozialistisch bekannten Firmen. Man opponiert nun in Handwerkerkreisen gegen diesen Schwindel, da auch in diesem Falle die Nazis ein Geschäft machen wollen.

In der Kleinstadt Löbau war es früher nie zu großen Ausschreitungen gegen die Juden gekommen; diese sind dort alteingesessen und mit den Honoratioren des Städtchens durch viele gesellschaftliche Bindungen verknüpft. Jetzt saßen zwei Inhaber von alten Konfektionshäusern, alle beide ganz und gar unpolitische Leute, im Konzentrationslager. Grund: Während des letzten Löbauer Jahrmarktes war die Hitler-Jugend schreiend in die Geschäfte eingedrungen und hatte die Leute beleidigt und bedroht, die dort kauften. Die Inhaber ließen die Polizei kommen. Die half zwar oder tat wenigstens so, als ob sie helfen wollte. Der Endeffekt war aber die ›Sicherung‹ der beiden Kaufleute vor dem sogenannten Volkszorn durch ihre Inhaftierung.«

Die »Gaubeilage« des *Aufbaus* für Hessen-Nassau (Nachrichtenblatt der NSDAP, der NS-Hago (Nationalsozialistische Handwerks-, Handels- und Gewerbeorganisation) und der DAF veröffentlichte am 15. Juni 1935 einen Leitartikel »Judenschwindel«, der gegen das große Berliner Warenhaus Wertheim A.G. gerichtet war. Die Gauamtsleitung Schlesien der NS-Hago habe, so wurde berichtet, festgestellt, daß sich die drei Wertheim-Gesellschaften »Judenknechte« gekauft haben, um die jüdische Aktienmajorität zu tarnen. In dem offiziellen Artikel wurde von »jüdischen Großgaunern«, »schmutzigen Geschäften«, »falschen Vorspiegelungen«, »grinsenden Judenfratzen« usw. gesprochen. Die nächste Folge dieser »Gaubeilage« (15. Juli 1935) enthielt folgende Mitteilung der Gauleitung: »Wie wir von zuständiger Seite erfahren, werden ... erneute Feststellungen hinsichtlich der Besitzverhältnisse der Firmen Wertheim

A.G., A. Wertheim GmbH, Wertheim Grundstücksgesellschaft getroffen. Bis zum Abschluß dieser Feststellungen haben Propagandamaßnahmen gegen die genannten Gesellschaften unter Hinweis auf die nichtarische Eigenschaft der Wertheim-Firmen zu unterbleiben.«

1936: Eine trügerische Pause

1936 und 1937 waren Jahre der politischen und wirtschaftlichen Konsolidierung des »Dritten Reichs«. Wichtige politische Ziele waren erreicht, die Macht gefestigt, die Wehrpflicht eingeführt und das Rheinland besetzt.

Mit der Abnahme der Arbeitslosigkeit waren in den Mittelpunkt der Wirtschaftspolitik immer mehr die Ziele der Aufrüstung und Rohstoffversorgung gerückt. In dieser Situation verfaßte Hitler im August 1936 eine geheime Denkschrift für einen »Vierjahresplan«, die im wesentlichen auf den Ausarbeitungen des I. G. Farben-Direktors Carl Krauch beruhte, der eine Politik der wirtschaftlichen Autarkie vertrat. Ohne Rücksicht auf die Kosten sollte die Selbstversorgung mit synthetischem Treibstoff, Gummi und Erzen für den Kriegsfall sichergestellt werden. Hitler faßte die Ziele dieser Autarkiepolitik in zwei Punkten zusammen:

1. Die deutsche Armee muß in vier Jahren einsatzfähig sein.
2. Die deutsche Wirtschaft muß in vier Jahren kriegsfähig sein.

Göring, der Vertrauensmann von I. G. Farben, trug die Denkschrift in einer Kabinettssitzung am 4. September 1936 mit den Worten vor: »Sie geht von dem Grundgedanken aus, daß die Auseinandersetzung mit Rußland unvermeidbar ist.« Er schloß die Kabinettssitzung mit dem Hinweis: »Alle Maßnahmen haben so zu erfolgen, als ob wir im Stadium der drohenden Kriegsgefahr uns befänden.«

Am 28. Oktober 1936 stellte Göring im Berliner Sportpalast den »Vierjahresplan« als ein Konzept zur Sicherung der Ernährung des Volks dar. Unter der Parole »Kanonen statt Butter« verkündete er lautstark: »Erst schafft eine starke Nation. Zuviel Fett – zu dicke Bäuche. Ich habe selbst weniger Butter gegessen und habe zwanzig Pfund abgenommen.«

Göring wurde zum »Beauftragten für den Vierjahresplan« ernannt und zog immer mehr Kompetenzen des Wirtschaftsministers Schacht an sich. Er schuf ein neues System der Lenkung der Wirtschaft in Gestalt weitverzweigter »Vierjahresplan«-Behörden. Für die Behandlung der Juden in der Wirtschaft hatte der Plan zwar später indirekt einschneidende Konsequenzen, aber zunächst wirkte er in der gleichen Richtung wie Schachts Bemühungen: Anspannung der wirtschaftlichen Kräfte, für die das Kapital und die Erfahrung der Juden benötigt wurden und jede Beunruhigung der Wirtschaft vermieden werden sollte. Gleichzeitig versuchte die Regierung, das deutsche Prestige nach außen zu stärken. Gelegenheit dazu boten 1936 die Olympischen Spiele in Berlin, die einen Strom ausländischer Besucher anlockten.

Es war zwar vor und während der Olympischen Spiele zu keiner sensationellen antisemitischen Großaktion gekommen, der tagtägliche Kleinkrieg gegen die Juden wurde aber keinen Augenblick vermindert oder eingestellt. Daran hatte auch das Überpinseln einiger Aufschriften an *Stürmer*-Kästen und die wegen Lesermangels erfolgte Einstellung des berüchtigten *Judenkenners* nichts geändert. Die *Stürmer*-Kästen, die bisher an der Kopfleiste die Inschrift trugen: »Die Juden sind unser Unglück«, waren in Berlin und Umgebung geändert worden. Meist stand jetzt an der Stelle dieses Satzes der Name der NSDAP-Ortsgruppe, oder es waren irgendwelche »Kernsprüche« angebracht worden. Der *Stürmer* selbst war aus den Kästen verschwunden und durch *Angriff* und *V.B.* oder durch *Das Schwarze Korps* ersetzt worden. Während der Olympischen Spiele wurde von ausländischen Gästen bei Zeitungshändlern der *Stürmer* verlangt. Ihnen wurde erklärt, der *Stürmer* sei ausverkauft.

»Landesfremdenverkehrsverband Harz.
Braunschweig, den 23. IV. 36
Streng vertraulich!
Mitteilung an alle Gast- und größere Beherbergungsstätten!
Anläßlich der Olympischen Spiele wird auch der Harz von zahlreichen Ausländern besucht werden, die leider noch immer eine falsche Auffassung über das neue Deutschland haben. Das Gaststätten- und das Beherbergungsgewerbe steht im Fremdenjahr 1936 deshalb in vorderster Front. Die ausländischen Besucher müssen deshalb

unter allen Umständen davon überzeugt werden, daß die Gastlichkeit Deutschlands von keinem Land der Erde überboten werden kann. Im Benehmen mit der politischen Leitung bitten wir deshalb auch, die Judenfrage sinngemäß zu behandeln.«

Hinter der freundlichen Kulisse gingen die Schikanen weiter, wie die *Sopade-Berichte* zeigen: »Anträge auf (zeitweilige) Befreiung vom Schulunterricht dürfen sich nicht mehr auf Zeugnisse jüdischer Ärzte stützen. Nichtarischen Ärzten ist verboten, ihre Patienten in anderen als in jüdischen Krankenhäusern zu operieren. Jüdische Ärzte dürfen arische nicht vertreten (und umgekehrt). Jüdische Ärzte sollen in einem besonderen Verzeichnis zusammengestellt werden. Jüdische Vormünder sind auch für jüdische Minderjährige nicht mehr zugelassen. Bis zum 1. 4. 1936 mußten die NS-Juristen Sozietäten mit Juden oder Halbjuden lösen, das galt auch für Bürogemeinschaften. Der NS-Rechtswahrerbund hat Maßnahmen gegen die Beschäftigung nichtarischer Justitiare in der Wirtschaft angedroht.«

Der gemeinsame Besuch öffentlicher Gaststätten durch Juden und »Arierinnen« galt als polizeiwidriges Verhalten. Der Verkauf von Grundstücken an Juden wurde als Verstoß gegen die öffentliche Sicherheit betrachtet. Das Adreßbuch des deutschen Buchhandels 1936 enthielt keine jüdischen Buchhandlungen mehr. Der Zusatz »deutsch« bei nichtarischen Firmen war nicht erlaubt. Der Stuttgarter NSDAP-Kreisleiter hatte umgekehrt die Anbringung der Schilder: »Deutsches Geschäft« an allen »arischen« Geschäften angeordnet.

Juden durften seit 1936 keine Helfer in Steuersachen und Devisensachen mehr sein (abgesehen von Ausnahmen bei der Hilfeleistung für jüdische Auswanderer). Sie durften keine Apotheken betreiben, wurden nicht mehr zur Fachprüfung als Wirtschaftsprüfer im Genossenschaftswesen zugelassen und durften auch nicht mehr als Bücherrevisoren bestellt und vereidigt werden. Die Neuerrichtung von Gaststätten wurde ihnen erheblich erschwert.

Im wesentlichen beschränkte sich die Gesetzgebung darauf, Juden aus den halböffentlichen Stellungen des Wirtschaftslebens zu verdrängen und in einigen Bereichen ihre Neuzulassung zu verhindern. Eine Ausnahme bildete die »Arisierung« der Apotheken, die aber enger mit der Gesetzgebung gegen die jüdischen Ärzte und

Veterinäre im Anschluß an die »Nürnberger Gesetze« als mit den Maßnahmen in der Wirtschaft zusammenhing.

Doch es gab jetzt wieder eine Reihe von Erklärungen, die beruhigend auf das Ausland und auf die deutsche Wirtschaft wirken sollten, sie fielen allerdings nicht mehr ganz so eindeutig aus wie vorher, da es offiziell keine »Judenfrage« in der Wirtschaft gegeben hatte. Aufrufe von ähnlich scharfem Ton wie 1933/34, die wilde Aktionen mit Strafen bedrohten, fehlten ab 1936 ganz.

Ende November 1935 sagte Hitler in einem Interview mit *United Press*, die »Nürnberger Gesetze« hätten neue Spannungen verhindern sollen, und ergänzte: »Sollten diese allerdings kommen, so würden unter Umständen weitere gesetzliche Maßnahmen notwendig werden.« Anfang 1936 wurden diejenigen, die immer wieder die Kennzeichnung jüdischer Geschäfte forderten, auf eine spätere offizielle Regelung vertröstet. Das Reichswirtschaftsministerium versprach auch für die Vergabe öffentlicher Aufträge an jüdische Firmen neue Richtlinien.

Über die Haltung der Bevölkerung heißt es in einem geheimen Lagebericht des SD über den April/Mai 1936: »Immer wieder muß festgestellt werden, daß die Bekämpfung jüdischer Warenhäuser an dem Verhalten der Volksgenossen selbst scheitert. Parteigenossen und Nichtparteigenossen scheuen sich nicht, weiterhin, teilweise sogar in Uniform, ihren Einkauf bei Juden zu tätigen.«

Man diskutierte seit dem Erlaß der »Nürnberger Gesetze« die systematische »Arisierung« und trieb sie in einigen Teilen der Wirtschaft energisch vorwärts. Einerseits hielt man offiziell an der Betätigungsfreiheit der Juden in der Wirtschaft fest, andererseits wurde seit dem Herbst 1935 ebenso offiziell die These vertreten, daß Juden und Deutsche getrennt nebeneinander zu leben hatten. Unter diesem Vorzeichen konnten Parteigliederungen den Kampf um einen »judenreinen« Landhandel oder ein »judenreines« Bankwesen führen.

Es gab auch warnende Stimmen, die auf die praktischen Schwierigkeiten bei der »Arisierung« aufmerksam machten: Nicht nur sollten die Arbeitsplätze in den »arisierten« Betrieben erhalten bleiben, sondern nach Möglichkeit auch deren Lieferbeziehungen. Eine Welle von Preisunterbietungen beim Verkauf der Geschäfte hätte das ortsansässige mittlere Gewerbe geschädigt. Daher wurde in der Presse die Errichtung einer Auffanggesellschaft diskutiert, die unbemittelte »Arier« durch Kredite in die Lage versetzen sollte, jüdische Geschäfte zu kaufen.

Während sich das Regime vorher im wesentlichen damit begnügt hatte, die Juden zur Veräußerung ihrer Unternehmungen und Beteiligungen zu zwingen –, natürlich unter entsprechenden Verlusten – mehrten sich jetzt die Fälle direkter Enteignung.

Die *Frankfurter Zeitung* konstatierte eine »allmähliche Verdrängung« der Juden – besonders im Landhandel durch Maßnahmen des Reichsnährstandes und in der Industrie durch Vorenthaltung öffentlicher Aufträge – und machte auf die bereits spürbaren Folgen aufmerksam: Ansteigen der jüdischen Zahlungseinstellungen, Druck auf den Grundstücks- und Effektenmarkt, Preisdruck bei Geschäftsverkäufen, Auftragsausfälle in einigen Zweigen der Fertigwarenindustrie. Weitere Konsequenzen seien die Unterbrechung von Absatzkanälen und der Verlust von Außenhandelsbeziehungen, möglicherweise die Schädigung ganzer Produktionszweige, z.B. in der Textilindustrie wegen des starken jüdischen Anteils am Textilhandel, eine Schwächung der Zahlungsbilanz, dauernder Verlust geschäftlicher Erfahrungen, Beziehungen, Urheberrechte usw. Jedenfalls müsse die Ausschaltung oder Zurückdrängung der Juden ein langdauernder Vorgang sein.

1936 war man von dem Ziel noch weit entfernt. Hinzu kamen einige recht handfeste Enttäuschungen für den Mittelstand, wenn vorher boykottierte jüdische Kaufhäuser »arisiert« wurden und nun plötzlich wieder eine kräftige und ungewohnte Konkurrenz darstellten. So sagte in Osnabrück der Kreisleiter der NSDAP auf einer Versammlung der Fachgruppe Textileinzelhandel, nachdem das Kaufhaus Alsberg »arisiert« worden sei, hätten sich verschiedene Einzelhändler darüber beklagt, daß es überhaupt weiterarbeite. Er verteidigte die Fortführung mit der Rücksichtnahme auf die Angestellten, die Landkunden und die Hypothekenbanken als Treuhänder der kleinen Sparer.

Das Bankhaus Kahn & Co., Mainz, wurde behördlich geschlossen, die jüdischen Inhaber verhaftet. Dem jüdischen Unternehmen Elias Cohn aus Zittau, Reichenberger Straße 22, wurde die Handelserlaubnis wegen Unzuverlässigkeit entzogen, die Geschäftsräume wurden geschlossen. Dem jüdischen Kaufhaus Sobel in Halle wurde wegen Unzuverlässigkeit die Handelserlaubnis entzogen. Das Geschäft mußte innerhalb 14 Tagen geschlossen werden. Die Buttergroßhandlung Weinberger, Berlin, wurde vom Polizeipräsidium zur Einstellung des Betriebes und Schließung der Geschäftsräume gezwungen, weil sie vorwiegend jüdische Wiederverkäufer beliefert hatte. Der Betriebsführer einer jüdischen Firma in Hannover wurde in Schutzhaft genommen und der Betrieb in »arische« Hände überführt, weil er einen »arischen« Schwerkriegsbeschädigten entlassen wollte.

In »arischen« Besitz gingen u. a. das Antiquariat Jacques Rosenthal, München; Modehaus Geschw. Alsberg, Köln; Korsettfabrik Rosenberg & Hertz, Köln; Herrenartikelgeschäft R. Breslauer, Glogau über.

Der Eierhandel befand sich früher fast ausschließlich in »jüdischen Händen«. Durch Prozesse wegen Verstößen gegen die Marktordnung, die Devisengesetze und die Nahrungsmittelvorschriften wurde die »wirtschaftliche Unzuverlässigkeit« der jüdischen Händler festgestellt und auf diese Weise erreicht, daß es seit November 1935 im Import und Großhandel in ganz Deutschland keine »Nichtarier« mehr gab.

Der Volksmund reagierte und dichtete:

> »Jeder schaffe, der es kann,
> sich jetzt Hahn und Hühner an,
> die wir dann mit Liebe pflegen,
> daß sie deutsche Eier legen,
> denn die schönen deutschen Eier
> machen uns vom Ausland freier,
> und die deutschen Legeriesen
> sparen unserem Land Devisen! «

Der Kreisleiter der NSDAP Nördlingen, Hippler, veröffentlichte in der *Rieser Nationalzeitung* Nr. 43 folgende Bekanntmachung: »Der Jude Weissbacher, jüdischer Kaufmann in Nördlingen, hatte die Unverschämtheit, mit Tüchern und Aufschriften, die christliche

Gebetsformeln tragen, zu handeln. Er hat sich nicht gescheut, in den Eingangsschaukasten seines Kaufhauses Versehtücher mit der Aufschrift »Gelobt sei Jesus Christus« und »Jesus Dir leb ich« auszustellen ... Auf Grund dieser Vorgänge muß ich unbedingt noch einmal wiederholen, was meine Redner und ich in Hunderten von Versammlungen der Bevölkerung einzuprägen versuchen: ›Meidet jüdische Geschäfte.‹ Unser Appell wurde zum Teil nicht verstanden und oftmals erst recht nicht angehört ... Bevölkerung des Rieses! Erkenne endlich, daß der Jude nur das Unglück des Volkes gewesen ist! ... Verstehe endlich die jüdischen Geschäfte zu meiden ... Deutsche Frauen und deutsche Männer! Betretet kein jüdisches Geschäft mehr ... An Deutschland versündigt sich der, der heute noch beim Juden kauft, diese Schädlinge am Volke müssen und werden verschwinden.« Daß ein solcher Appell noch im Jahr 1936 nötig war, zeigt, wie resistent letztlich die Bevölkerung gegen den dauernden antisemitischen Beschuß geblieben war. »Gut, der Jude muß weg«, hieß es, »aber ich kaufe weiter beim Kohn!«

Drei weitere Fälle aus den *Sopade-Berichten* von 1936:

»Die Porzellanfabrik Rosenthal-A.G. in Selb ist in eine arische Firma umgewandelt worden. Nunmehr ›arisches Unternehmen sein‹ plakatiert dieses Ereignis in sämtlichen Verkaufsläden. Der Gründer des Unternehmens und seitherige Generaldirektor Philipp Rosenthal ist Jude und deshalb ›nicht mehr tragbar‹. Sein Nachfolger wurde Herr Klass von der Dresdner Bank, der bei den Nazis großen Einfluß hat. Am Stammwerk in Selb hängt jetzt ein *Stürmer*-Kasten und daneben die Liste der jüdischen Geschäfte, bei denen kein Rosenthal-Arbeiter mehr kaufen darf, wenn er seinen Arbeitsplatz nicht verlieren will. Keine der anderen Porzellanfabriken, kein anderes Unternehmen in Selb, hat einen solchen Fabrikanschlag oder eine ähnliche mündliche Androhung gegen die Belegschaft erlassen. Die »Entjudung« hat die Situation der Firma nicht gebessert. Das Auslandsgeschäft ist fast völlig zum Erliegen gekommen.

Bei der Firma Gerson, Haushaltungsgegenstände in Duisburg-Ruhrort, war Ausverkauf. Viele Käufer liefen in das Geschäft, um sich billige Waren zu kaufen. Aus Wut über den Kundenandrang stellte sich SA vor das Geschäft und schrie: ›Kauft nicht bei Juden!‹ Eine Frau kaufte einen ganzen Korb voll Porzellan und wurde beim

Verlassen des Geschäftes von der SA befragt, weshalb sie beim Juden kaufe. Sie antwortete: ›Mein Mann verdient nur sehr wenig Geld und da muß ich eben kaufen, wo es am billigsten ist.‹ Darauf wurde sie geohrfeigt und das ganze Porzellan kaputtgeworfen. Dann begab sich die SA in das Geschäft und fragte Gerson vor aller Kundschaft, warum er Ausverkauf mache. Er erwiderte, daß er sein Geschäft aufgeben müsse, da doch niemand mehr bei ihm kaufen dürfe. Darauf bekam auch er Ohrfeigen.

Besonders rührig sind die Streicherleute im Kampf gegen das jüdische Warenhaus Schocken. Allerdings erfolglos. Wenn es heute gelingt, durch Boykottposten die Käufer einzuschüchtern, so sind diese am anderen Tage wieder zur Stelle. Auch Nazifunktionäre kaufen bei Schocken. Das Fotografieren der Käufer hat man eingestellt, nachdem die Menge einmal einem Fotografen den Apparat aus der Hand geschlagen hat.

Der Judenboykott in Breslau wirkt sich immer mehr auf die Geschäfte aus. In letzter Zeit mußten drei alte und angesehene jüdische Geschäfte veräußert werden. Das Konfektionshaus Petersdorff wurde verkauft, es nennt sich jetzt Dyckhoff (arisch). Sämtliche jüdischen Angestellten wurden entlassen.«

Warenhäuser

Die Idee des Warenhauses, einer Verkaufseinrichtung, die durch Angebot vieler verschiedener Warengruppen den Bedarf breiter Konsumentenschichten befriedigen soll, kam aus Amerika. Zentraler Großeinkauf vor allem gängiger Waren bei möglichst niedrigen Verkaufspreisen machte große Umsätze möglich.

Nicht erst seit der Machtübernahme Hitlers am 30. Januar 1933, sondern schon sehr viel früher war die Haltung der Nationalsozialisten den Warenhäusern gegenüber ausgeprägt feindlich. Bereits am 24. Februar 1920 war das 25-Punkte-Programm der NSDAP verabschiedet und bis 1933 nicht mehr verändert worden. Punkt 16, der sich auf die »Schaffung und Erhaltung eines gesunden Mittelstandes« bezog, sah als Mittel zur Erreichung dieses Ziels die »Kommunalisierung der Großwarenhäuser und ihre Vermietung zu billigen Preisen an kleine Gewerbetreibende« sowie die »schärfste Berücksichtigung aller kleiner Gewerbetreibenden bei Lieferung an den Staat, die Länder oder Gemeinden« vor.

Wahrscheinlich war dieses Programm weniger von ökonomischen Überlegungen bestimmt, es sollte vielmehr als Instrument zum Stimmengewinn bei Wahlen dienen. Innerparteilich hatte die NSDAP bereits einige Zeit zuvor gegen Gebühr Bezugsquellennachweise an Interessenten verteilt. Darin waren der Partei nahestehende »rein arische« Geschäfte aufgeführt.

Der NS-Ideologie zufolge galten die Warenhäuser als eine »jüdische Erfindung«, ein Ergebnis »unersättlicher jüdischer Machtgier«, die es zu bekämpfen galt. Im September 1927 und in der Vorweihnachtszeit desselben Jahres kam es zu ersten handfesten Auseinandersetzungen: Mit sogenannten Aufklärungsfeldzügen wollte die Partei die Verkaufstätigkeit der unerwünschten Großbetriebe stören.

Konrad Fuchs schrieb 1990 in seiner Untersuchung *Jüdische Unternehmer im Deutschen Groß- und Einzelhandel*: »Der Handel (war) nach wie vor eine Domäne der Juden, obwohl sich der Vorsprung gegenüber der nichtjüdischen Bevölkerung inzwischen, d.h. von 1895 bis 1933, in sämtlichen Handelssparten vermindert hatte, sieht man dabei vom Verlagsgewerbe einmal ab. Zahlenmäßig stark war die Stellung der Juden 1933 nach wie vor im Waren- und Produktenhandel. Im Einzelhandel belief sich ihr Anteil auf schätzungsweise 25 Prozent (1928 und 1932), bei den Warenhäusern auf 79 Prozent (1932).«

Als Arbeitgeber spielten die Warenhäuser schon sehr früh eine wichtige Rolle: zum einen wegen der relativ hohen Entlohnung, zum anderen wegen der geregelten Arbeitszeit. In den Warenhäusern waren viele Angestellte beschäftigt, die sicher mit vielen Angehörigen des selbständigen Mittelstands nicht hätten tauschen wollen, sowohl was das Einkommen, die Freizeit als auch die Zufriedenheit mit ihrer Tätigkeit betraf.

Bestimmte Waren, wie verschiedene Südfrüchte, wurden überhaupt erst durch die Warenhäuser dem Massenkonsum zugänglich gemacht, die räumliche Konzentration der Waren im Kaufhaus ermöglichte eine große Zeitersparnis, und eine Reihe von Artikeln war gegenüber dem Einzelhandel erheblich billiger. Der Anteil der Warenhäuser und Einheitspreisgeschäfte – das waren Billigkaufhäuser wie Woolworth –, die meist auf größere Städte konzentriert waren, am Gesamtumsatz des Einzelhandels war bei weitem nicht so hoch, wie die Argumentation des Mittelstands glauben machen wollte. Als infolge der Wirtschaftskrise Ende der 20er Jahre die Kaufkraft so stark zurückging, daß es zu erheblichen Einbrüchen im Umsatz des Einzelhandels kam, nahmen auch die Umsätze der Warenhäuser stetig ab. Nur die besonders preiswerten Einheitspreisgeschäfte hatten erst 1933 den Höhepunkt ihrer Umsatzentwicklung erreicht.

Auch über die Verbandslobby versuchte der mittelständische Einzelhandel, gegen die Warenhäuser anzugehen. Da man annahm, daß Großbetriebe durch die Umsatzsteuer weniger als andere belastet und Konsumvereine offensichtlich begünstigt wurden, forderte der Mittelstand eine Sondersteuer, die schließlich am 15. April 1930 in einer Großbetriebsumsatzsteuer auch durchgesetzt wurde. Wiederholt wurde eine Konzessionierungspflicht für Warenhäuser, ihr rigoroses Verbot oder gar der Nachweis für ihre wirtschaftliche Notwendigkeit gefordert, teilweise erfolgreich in der Verordnung des Reichspräsidenten zum Schutz der Wirtschaft vom 9. März 1932, in der ein zweijähriges Einrichtungsverbot für Einheitspreisgeschäfte in Städten mit weniger als 100 000 Einwohnern ausgesprochen wurde. In einer weiteren Verordnung vom Dezember desselben Jahres wurde ein befristetes Erweiterungs-, Verlegungs- und Einrichtungsverbot von Einheitspreisgeschäften in allen Städten vorgeschrieben. Im Gesetz zum Schutz des Einzelhandels vom 12. Mai 1933 wurde dieses Verbot schließlich unbefristet erlassen.

Die Erwartung vieler Einzelhändler, die bestehenden Warenhäuser würden bald, wie es das NSDAP-Programm verhieß, kommunalisiert, erfüllte sich nicht. Da die Warenhäuser als Großbetriebe viele Mitarbeiter beschäftigten und als effiziente Großverteiler faktisch gebraucht wurden, kam eine Liquidierung nicht in Frage. Dagegen wandten sich auch die Banken, die seit der Zeit der Weltwirtschaftskrise mit immer neuen Krediten für die Liquidität der Betriebe gesorgt hatten. Die nationalsozialistische Lösung der Warenhausfrage hieß daher »Arisierung«. Die ersten Warenhauskonzerne, die in »arische« Hände übergingen, waren die Tietz-Betriebe.

Tietz

Hermann und Leonhard Tietz hatten zwei Kaufhauskonzerne geschaffen, von denen der eine hauptsächlich in West- und Süddeutschland, der andere in Berlin aktiv war; die bedeutendsten Häuser standen dort in der Leipziger Straße, am Alexanderplatz und in der Frankfurter Allee. 1926 übernahm Hermann Tietz den Warenhaus-Konzern Gebr. Jandorf in der Rosenthaler Straße. Ihm folgten Häuser in der Belle-Alliance-Straße, in der Großen Frankfurter Straße, in der Brunnenstraße und in der Wilmersdorfer Straße in Charlottenburg. Das bedeutendste Berliner Haus des Hermann-Tietz-Konzerns war das 1907 gegründete KaDeWe (Kaufhaus des Westens).

Das Unternehmen von Leonhard Tietz begann 1879 mit einem Warenhaus in Stralsund. Zu Beginn des 20. Jahrhunderts gab es Geschäfte im gesamten Rheinland und in Westfalen. Als Leonhard Tietz 1914 starb, hinterließ er einen großen Konzern, und 1929, im 50. Jahr ihres Bestehens, gehörten zur Firma Leonhard Tietz 43 Verkaufshäuser, die über ganz Deutschland verteilt waren.

Walter Kiaulehn schreibt in seinem Berlin-Buch: »Bei Tietz pflegte man eine besondere Spezialität, die Lebensmittelabteilung. Niemals vorher hatte man solche Alleen von rosigen Schweinehälften gesehen, solche langen Reihen von grünschimmernden Fischbassins, die Halden von Kohlköpfen, die langen, schräggestellten Mauern aus leichten Lattenkisten mit grünen Salatköpfen. Eine Kompanie von strahlend sauberen Metzgerburschen in weißen Schürzen, den Wetzstahl an der Seite, eine Hundertschaft von Blondinen, die Obst, Gemüse und Fische verkauften, ein Augenschmaus und billig dazu. Sie schlachteten für sich in jeder Woche 1500 Schweine, 120 Kälber und 100 Rinder. Jeden Freitagmorgen erschienen in den Berliner Tageszeitungen die Lebensmittelinserate von Tietz. Sie waren der Kurszettel der Hausfrau und wirkten preisregulierend für den ganzen Berliner Lebensmittelhandel.«

Der Hermann-Tietz-Konzern war bereits im Sommer 1933 mit Reichshilfe saniert und dabei gleichzeitig »arisiert« worden. Um »Arisierungsfälle« dieser Größenordnung kümmerten sich die Großbanken selbst. 14 000 Beschäftigte stünden auf der Straße, falls Hermann Tietz in Konkurs ginge. Für Industrie und Landwirtschaft würde es 130 Millionen Reichsmark Einnahmeausfall bedeuten, rechnete der NS-Wirtschaftsminister und frühere Allianz-Chef Dr. Kurt Schmitt aus.

Die Hausbanken – allen voran die Dresdner Bank – drohten noch vor dem großen Boykott zum März 1933 mit der Kündigung der Kredite. Am Boykottag kam es vor dem Kaufhaus Tietz zu blutigen Zusammenstößen. Hermann Tietz stand vor dem Konkurs. Die drei Gesellschafter von Tietz Köln hatten sich zuvor in Berlin vergeblich mit den Kollegen des deutschen Warenhausverbandes beraten. In Köln warteten am 31. März die Banker, die im Aufsichtsrat saßen, auf Entscheidungen. Die Kredite wurden nicht verlängert – der Vorstand von Tietz trat notgedrungen geschlossen zurück.

Die Aktien der Familie, Wert ca. 24 Millionen, wurden im Paket für acht Millionen angeboten. Der Kurs fiel sofort von 100 auf zehn, und die Banken kauften. Am Ende erzielte Familie Tietz gerade mal 800 000 Mark, die sie bei der Flucht nicht einmal mitnehmen durften.

Das weitere Schicksal der Tietzschen Kaufhäuser entschieden nach dem 5. April 1933 die Dresdner, die Deutsche und die Commerzbank. Aus Hermann Tietz wurde Hertie (in Hamburg Alsterhaus), aus Leonhard Tietz Kaufhof, »judenfreie« deutsche Konzerne, denen die Banken sofort großzügig Kredit gewährten. Familie Tietz entkam über Holland nach Palästina. Margarete Tietz führte in Tel Aviv ein kleines Gästehaus. Für die anderen sogenannten »Judenkaufhäuser«, für Wertheim und das KaDeWe, fanden sich ebenfalls »Arisierer«. So begann 1936 u. a. der Aufstieg von Helmut Horten.

Wertheim

Die Firma A. Wertheim entstand 1875 in Stralsund; 1884 wurde eine Niederlassung in Rostock eröffnet, 1885 das erste Haus in Berlin in der Rosenthaler Straße. Dann kamen weitere Filialen in der Leipziger Straße, in der Oranienstraße und in der Königstraße. Außerdem wurde ein Warenhaus im schlesischen Breslau eröffnet.

Die Konzentration auf Berlin hing damit zusammen, daß sich das Warenhaus am Massenbedarf orientierte. Es steigerte die Kaufkraft der schlecht verdienenden Masse dadurch, daß es den Preis vieler Waren durch besonders günstigen Einkauf und auch durch eigene Produktion senken konnte.

Nach der Inflation und der Weltwirtschaftskrise und dem damit verbundenen Kaufkraftschwund gerieten nahezu alle Warenhausunternehmen in Schwierigkeiten und in die Abhängigkeit von Banken. Bei Wertheim hatten von 1932 an die Banken das Sagen. Georg Wertheim entschloß sich angesichts dieser Lage, seine Anteile und nahezu sein gesamtes Vermögen auf seine 28 Jahre jüngere nichtjüdische Frau zu übertragen und mit ihr Gütertrennung zu vereinbaren. 1937 trat er aus dem Aufsichtsrat aus und vermerkte lakonisch in seinem Tagebuch: »Georg Wertheim Austritt aus dem Geschäft.« Er starb 1939 mit 83 Jahren. Das Unternehmen mußte auf Drängen der Nationalsozialisten umbenannt werden. Man wählt den Namen AWAG für Allgemeine Warenhandels AG, wobei fanatische Nationalsozialisten in den Buchstaben AW wieder Albert Wertheim lasen. Von den Angestellten und Verwandten Georg Wertheims kamen, sofern sie nicht emigrieren konnten, viele ins KZ und wurden ermordet.

Nach dem Krieg wurde Wertheim in zwei Transaktionen in den 50er und 80er Jahren von Hertie (der »arisierten« Tietz-Gruppe) übernommen; heute ist das Unternehmen damit im Karstadt-Konzern aufgegangen.

Schocken

Merkwürdigerweise stammen die Gründer der großen Berliner Warenhäuser fast ausschließlich aus Kleinstädten. Die Wertheims kamen aus Stralsund, Jandorf aus Hengstfeld in Württemberg und die weitverzweigte Warenhausfamilie Tietz aus dem kleinen Landstädtchen Birnbaum an der Warthe. Auch Salman Schocken kam um die Jahrhundertwende aus der Provinz, aus einem Flecken in Posen, wo er 1877 geboren wurde.

Am 18. März 1901 wurde sein erstes Haus in Zwickau in Sachsen gegründet. Dann kam eine Filiale in Oelsnitz, die mit 800 Quadratmetern Verkaufsfläche bereits zu den bedeutendsten Sachsens gehörte, danach Lugau, Aue, Planitz, Meißen, Zerbst, Cottbus und Freiberg. Mit mehr als 93,5 Millionen RM wurde im Jahre 1931 der höchste Umsatz erzielt. Der Konzern war, anders als die anderen Unternehmen, straff zentralisiert. Der gesamte Einkauf erfolgte durch die Zwickauer Zentrale. Ein Warenprüfungs-Laboratorium sicherte die Qualität der eingekauften Ware und nahm Einfluß auf deren Preise.

Salman Schocken legte großen Wert auf die architektonische Qualität seiner Kaufhäuser. Fassade, Grundriß und Ausstattung der Häuser sollten perfekt auf ihren speziellen Zweck abgestimmt sein. In Erich Mendelsohn fand er einen ebenbürtigen Partner. Er nahm in den 20er Jahren eine Sonderstellung unter den modernen Architekten ein, da er konstruktive Strenge mit formaler Eleganz verband. Zusammen mit Mies van der Rohe, Walter Gropius, Hans Poelzig und anderen begründete er 1924 den »Berliner Ring«, die führende Vereinigung progressiver Architekten in der Weimarer Zeit.

Zur »Arisierung« gezwungen, ging der Schocken-Konzern durch Vermittlung eines holländischen Bankenkonsortiums im Sommer 1938 in den Besitz einer deutschen Bankengruppe über. Zwar waren die Verkaufsverhandlungen unter günstigeren Bedingungen als andere »Arisierungsverkäufe« durchgeführt worden, gleichwohl lag der erzielte Verkaufspreis beträchtlich unter dem Wert, den das Unternehmen, das übrigens ohne die Inanspruchnahme von Bankkrediten arbeitete, darstellte. Die Nürnberger Filiale wurde von der Firma Witt in Weiden aufgekauft.

Salman Schocken machte nach 1945 Restitutionsansprüche geltend. Nach langwierigen Verhandlungen wurden 51 Prozent der Aktien des Unternehmens in den Westzonen an Schocken zurückerstattet. 1953 entschloß sich der damals 75jährige, den erneut aufstrebenden Konzern, der inzwischen um zwei neue Häuser in Heilbronn und Ingolstadt erweitert worden war, zu verkaufen. Er ging für 12,5 Millionen DM in den Besitz des Warenhausunternehmens Horten über.

Alsberg

Das traditionelle Kaufhaus Kortum in der Bochumer Kortumstraße war Kulisse für den ZDF-Erfolg *Der große Bellheim*. Die Geschichte des Kaufhauses, vor allem seine »Arisierung« unter der NS-Herrschaft, ist heute in Vergessenheit geraten. Damals hieß das Kaufhaus Kortum noch Alsberg und war im Besitz der Brüder Siegfried und Alfred Alsberg, den Gründern des imposanten Warenhauses. Beide waren Juden, die nach der Machtergreifung der Nationalsozialisten 1933 enteignet wurden. Ihr Eigentum ging bereits 1934 in »arischen« Besitz über: Das Warenhaus Alsberg wurde von der Firma Kortum übernommen.

Bis heute wird als Gründungsjahr des Kortumhauses 1934 angegeben. Daß das Kaufhaus vor der Übernahme unter den Namen Alsberg schon 13 Jahre existierte, wird gar nicht oder allenfalls marginal erwähnt. »Ich weiß noch genau«, erinnert sich die 77jährige Gertrud Meyer, »wie ich als Kind mit meiner Familie in dem Warenhaus eingekauft habe.« Damals, so die Bochumerin, sei es unter dem Namen Alsberg jedem ein Begriff gewesen, da es das größte und architektonisch eindrucksvollste Kaufhaus weit und breit gewesen sei. Doch dann habe es plötzlich Kortum geheißen.

Wie sich die »Arisierung« vollzog, weiß Jörg Schürmann, der im Rahmen eines Schulprojekts die Vergangenheit des Bochumer Vorzeigebaus erforscht und dokumentiert hat: »Infolge der ›Arisierung‹ des Warenhauses Gebr. Alsberg AG im Jahre 1933«, erzählt der 32jährige Lehrer, »schieden laut Handelsregister neben Siegfried Alsberg und Alfred Alsberg alle weiteren jüdische Mitglieder aus dem Vorstand aus. Das jüdische Personal wurde unter Einhaltung der gesetzlichen Kündigungsfrist auf 1,5 Prozent verringert.« Ferner sei sichergestellt worden, daß vor der Umwandlung in die Kaufhaus Kortum AG die Mehrheit des Aktienkapitals in nichtjüdischen Besitz überging. Obwohl schon 1933 das damalige Direktorium nach der Auflösung des Warenkonzerns Gebrüder Alsberg Antrag auf »Arisierung« gestellt hatte, war Kortum in den Augen der Nazis weiterhin ein jüdisches Geschäft, das es zu boykottieren galt. Schürmann erläutert, daß am 1. August 1935 die Firma in einem Schreiben an den damaligen Oberbürgermeister Stellung zu den massiven Boykotten bezogen habe. Darin unterstrich das Direktorium, daß nun das gesamte Personal deutsch und jeglicher jüdische Einfluß auf das Unternehmen ausgeschaltet sei. »Die Bescheinigung über die erfolgreiche ›Arisierung‹ durch die Industrie- und Handelskammer zu Bochum wurde schließlich zur Demonstration in einem Schaukasten des Kaufhauses ausgehängt.«

Über das Schicksal der jüdischen Vorstandsmitglieder und der jüdischen Belegschaft ist heute wenig bekannt. Sicher ist nur, daß Alfred Alsberg aufgrund seiner Fachkenntnisse bis 1934 weiter im Vorstand mitarbeitete. 1941 wurde er zusammen mit seiner Frau in das polnische Ghetto Lodz deportiert, wo er vermutlich umgekommen ist.

Das Kaufhaus wurde 1943 völlig zerstört und nach dem Wiederaufbau 1949 neu eröffnet. Heute ist es im Besitz der Kirchlichen Zusatzversorgungskasse des Verbandes der Diözesen Deutschlands (KZVK). Diese hat die Immobilie im Herbst 2000 von der Kölner Areal gekauft, die wiederum im Jahre 1995 die Immobilie von der Kölnischen Mode- und Textilhandelsgesellschaft (KMT) der Familie Malmedy erwarb. Wer davor im Besitz der Immobilie war und ob der Besitzer derselbe gewesen ist, der sie im Jahre 1934 übernahm, darüber wird auf Anfrage bei der KMT »grundsätzlich keine Auskunft gegeben«.

Horten

In der *Welt am Sonntag* vom 26. September 1999 schrieb, wie eingangs erwähnt, Claus Jacobi eine erinnerungsselige Geschichte über den ganz besonders erfolgreichen und tüchtigen Kaufhausunternehmer Helmut Horten: »Horten erwarb mit Krediten und der Hilfe eines Kompagnons sein erstes Kaufhaus ...«

26 Jahre alt, Einkäufer für Textilien bei der soeben gegründeten Kaufhof AG, vormals Leonhard Tietz, wie es in Kaufmannskreisen gerne hieß, wenn man die Tatsache der »Arisierung« umschreiben wollte, kaufte Helmut Horten ein Traditionskaufhaus in Duisburgs bester Lage. In einer Anzeige im *Duisburger Generalanzeiger* vom 9. Mai 1936 war zu lesen: »Das ist Horten! Jawohl, Sie haben richtig gesehen: Das Alsberg-Haus hat seinen Hausherrn gewechselt, ist in arischen Besitz übergegangen.«

Zum 50. Jubiläum im Jahr 1996 hatte der Anzeigentext in der Hortenschen Selbstdarstellung übrigens einen eigenartigen Wandel durchgemacht: statt »arisch« stand da nun »anderen«.

Helmut Horten lieh sich insgesamt 150 000 RM und kaufte das im Wert um 39 Prozent reduzierte Warenlager. Damit war jede Mark, die in seiner Kasse klingelte, sofort Reingewinn. Das Haus mietete er von den jüdischen Inhaberfamilien Lauter und Strauß und sparte so weitere Investitionen. Die Miete war umsatzabhängig, aber das war auch das einzige, was an der Transaktion einigermaßen fair war. Natürlich ruhte die Partei nicht, bis die Miete in weiteren

Schritten immer niedriger wurde. Nicht zum Schaden des neuen stolzen Kaufhausherrn, über dessen »herrisches Auftreten« sich die Gefolgschaftsführer der DAF (Deutsche Arbeitsfront) alsbald beklagten.

Schon nach einem halben Jahr konnte Horten ein weiteres Kaufhaus in Wattenscheid »erwerben«. Den Kaufpreis von 65 000 RM hatte er bereits nach viereinhalb Monaten durch einen Reingewinn von 77 000 RM wieder eingespielt, aber das ging selbst den damaligen Machthabern zu weit. Der »Gauwirtschaftsberater« schrieb an die »Gauwaltung der DAF, Sozialabteilung« am 22. Juni 1937:

»Ich würde es für richtig halten, wenn die Deutsche Arbeitsfront ihre Schaufensterplaketten der Fa. Horten vorläufig nicht aushändigt, da bis jetzt nachweisbar der jüdische Vorbesitzer an dem Aufstieg des Unternehmens unter nunmehr arischer Leitung finanziell stark interessiert ist. Wie ich im übrigen höre, soll die Bezahlung der Angestellten nicht sehr günstig sein. Ich bitte Sie, nach dieser Seite doch einmal Prüfungen vorzunehmen, denn ich sehe nicht ein, daß der Jude Hess und Herr Horten hohe Gewinne machen, während die Angestellten schlecht bezahlt werden. Im ganzen betrachtet hat Herr Horten den Kaufpreis bereits heute verdient, hat also praktisch das Kaufhaus umsonst bekommen. Wahrlich ein schönes Geschäft!«

Die Plakette der DAF war wichtig, galt sie doch als Nachweis der »Judenreinheit«. Das Fehlen aber bedeutete Umsatzverlust. Da wurde Horten aktiv und schrieb Bittbriefe an den vormaligen Besitzer, der zunächst nach Baden-Baden gezogen war. Die Miete sank und sank – von ursprünglich 42 000 RM jährlich auf zunächst 32 000 RM und letztlich auf 24 500 RM. Am 23. November 1936 wurde die begehrte Plakette erteilt – gerade rechtzeitig zum Weihnachtsgeschäft.

Sally Hess, der Besitzer des Wattenscheider Geschäfts, flüchtete nach Kapstadt. Wenigstens war er mit dem Leben davongekommen. Die Duisburger Familie Lauter emigrierte in die USA, allerdings ohne die Mutter Amalia Lauter. Die kam ins Judenhaus in der Fuldastraße 1, 1942 dann in die Baustraße 34/36. Am 25. September 1942 wurde die beinahe 70jährige erst nach Theresienstadt und von dort nach Auschwitz deportiert. Ernst Lauter arbeitete zunächst in einer amerikanischen Großschlachterei, hatte später mit einem Einzelhandelsgeschäft für Haushaltswaren wenig Erfolg und starb völlig verarmt im Jahr 1957.

Quelle

Quelle hatte geladen, und alle waren sie ins Fürther Stadttheater gekommen, um im Januar 1995 der 100. Wiederkehr des Geburtstags von Gustav Schickedanz zu gedenken. Der erste Festredner, Bayerns Ministerpräsident Edmund Stoiber, pries Schickedanz, den Gründer eines weltweit agierenden Konzerns mit 17,4 Milliarden DM Umsatz im Geschäftsjahr 1993/94 und mehr als 41 000 Mitarbeitern als leuchtendes Beispiel. Schickedanz' Schwiegersohn Wolfgang Bühler nannte ihn einen genialen Geschäftsmann, und Fürths Oberbürgermeister Lichtenberg feierte ihn als Ehrenbürger, Unternehmer und als Mensch. Die Festredner ließen, umrahmt von Mozart- und Beethovenklängen, das Lebenswerk des im März 1977 gestorbenen Unternehmers Revue passieren. Von der Unternehmensgründung 1927 bis zu seinem Tod. Nur über die Jahre 1933 bis 1945 wurde taktvoll geschwiegen.

In der Tat betätigte sich Schickedanz als Mäzen in den Bereichen Kultur und Sport, und auch im sozialen Bereich engagierte er sich. Der Träger des Großen Bundesverdienstkreuzes verkörperte die Erfolgsstory vom Tellerwäscher zum Millionär. Der Sohn eines Werkmeisters, geboren am 1. Januar 1895, gründete 1927 das Versandgeschäft Quelle. Es begann ein kometenhafter Aufstieg.

Der Versandhandel erwies sich als Goldgrube. Das Konzept »Qualitätswaren zu kleinen Preisen« ging auf. 1934 nannte sich Quelle stolz das größte Wollversandhaus Deutschlands. In der Kundenkartei standen 250 000 Namen. Leib-, Bett- und Haushaltswäsche, daneben Damen- und Herrenkonfektion, Berufskleidung, Decken und Schuhe. Die Waren kamen teilweise aus eigener Produktion. Zusätzlich zu der Rücknahmegarantie bot der Versender von 1935 an auch die Möglichkeit, die Artikel auf Raten zu erwerben.

1936 waren es eine Million Stammkunden, bis zum September 1938 hatte sich deren Zahl verdoppelt. Zu dieser Zeit wurden 600

Mitarbeiter beschäftigt, hauptsächlich Frauen. Der Rekordumsatz 1938 betrug rund 40 Millionen RM. Diese Zahl ist beeindruckend, denn die gesamte Versandbranche mit über 2000 Betrieben in Deutschland setzte 1937 nach Schätzungen rund 700 Millionen RM um. Schickedanz hatte sich also in einem Umfeld, wo kleine und mittlere Betriebe vorherrschen, schon vor dem Krieg ein tüchtiges Stück des Katalogverkauf-Kuchens sichern können; die »heim ins Reich« geholten Länder Österreich und Sudetenland bescherten neue Kunden. Erst 1943 versiegte die Quelle. Ein Luftangriff zerstörte 1943 das Lager, es funktionierte nur noch ein Notbetrieb. Die Kundenkartei ging bis auf einen Rest von 50 000 Adressen in Flammen auf. Vor dem Einmarsch der amerikanischen Truppen in Fürth am 19. April 1945 wurden verbliebene Lagerbestände geplündert.

In firmeneigenen Publikationen liest sich das Engagement während der NS-Zeit so: »Der nationalsozialistische Staat verbot eine Erweiterung von Kauf- und Versandhäusern.« Von den Nationalsozialisten wurde die Vertriebsform des Versandhandels pauschal als »jüdisch« verdächtigt. Doch Schickedanz, der am 1. Dezember 1932, also noch vor der »Machtergreifung«, in die NSDAP eintrat (Mitgliedsnummer 1.355.993), wußte sich zu helfen. Um ja nicht als jüdisch zu gelten, ließ er im April auf die Titelseite der *Neuesten Quelle-Nachrichten* eine notarielle Beglaubigung drucken, daß »dieses Versandhaus ein rein christliches Unternehmen ist und ausnahmslos deutsche Waren verkauft«. Die Prädikate »arisch«, »deutsch« und »christlich« durften nur mit Genehmigung der Partei geführt werden. Dankbar wurde im Quelle-Katalog das »Bildnis unseres Volkskanzlers« Adolf Hitler als mehrfarbiger Kunstdruck für nur eine RM angeboten. Immer wieder stellte man klar, daß jeder anständige Deutsche auch weiterhin »Quelle-Kunde sein darf«. »Wo darf der Deutsche kaufen? Er darf in jedem gut geleiteten deutschen Geschäft kaufen. Dazu gehören auch die Versandgeschäfte, soweit sie deutsche Geschäfte sind.«

Am 1. Oktober 1935 wurde Schickedanz von der NSDAP in den Stadtrat der Stadt Fürth berufen. Dort saß er mit Johann Sandreuther, der in Fürth maßgeblich an »Arisierungen« beteiligt war, an einem Tisch. 1935 übernahm Schickedanz die florierenden Vereinigten Papierwerke (VP) der Gebrüder Rosenfelder mit der eingeführten Marke »Tempo«. Die Rosenfelders waren vor den Pogromen nach England geflohen. 1994 verkaufte die Schickedanz-Holding die Papierwerke an den US-Konzern Procter & Gamble für etwa eine Milliarde DM.

1936 »arisierten« die Vereinigten Papierwerke die Papierfabrik M. Ellern GmbH in Forchheim und Stadtsteinach. Es folgte im Februar 1938 die Firma Ignaz Mayer Weberei-Fabrikate in Nürnberg. Dazu kamen im Laufe der Jahre mehrere Areale in Fürth. Quelle wurde während des »Dritten Reichs« zu einem Handels- und Produktionsunternehmen, zu einem Mischkonzern.

1939 untersuchte die sogenannte Göring-Kommission »Arisierungen« im selbst für Nazi-Verhältnisse besonders korrupten Franken, weil sich dort Parteifunktionäre in hohem Maß bereichert hatten. In dem umfangreichen Bericht wurden »Arisierungen« in den Monaten nach der »Reichskristallnacht« im November 1938 untersucht. Auch der Name Schickedanz kommt in diesem Dokument vor.

Die Gestapo prüfte auch die »Arisierung« der Brauerei Mailänder. Bei diesem erzwungenen Verkauf wurde Zeugen zufolge Schikkedanz dem Direktor der Grüner-Bräu AG, Wilhelm Schülein, vorgezogen, obwohl dieser sich schon länger für die Brauerei Mailänder interessiert hatte. »Die Art und Weise, wie man Schülein aus seinem fast fertigen Vertrage herausdrängen wollte, nur um dem Pg. Schickedanz einen Gefallen zu tun, war alles andere als fein«, gab ein Beteiligter, der Handelskammerpräsident und Gauwirtschaftsberater Otto Strobl, damals der Geheimen Staatspolizei zu Protokoll. In dem von SS-Obersturmbannführer Meisinger gezeichneten Abschlußbericht heißt es: »Auf Wunsch des Gauleiter-Stellvertreters Holz wurde ein Günstling der Gauleitung, Schickedanz, bevorzugt.«

In der Spruchkammerakte über Benno Martin, den früheren Nürnberger Gestapo-Chef, taucht Schickedanz dann 1944 als Mitglied eines Widerstandskreises auf. Alexander Schmidt, Historiker vom Nürnberger Verein »Geschichte für alle«, wertet dies aber als Persilschein. »Allenfalls kann man sagen, daß Schickedanz zu klug war, um auch noch 1944 ein glühender, unkritischer Anhänger des Nationalsozialismus zu sein.« Schmidt stuft Schickedanz als »guten, soliden Geschäftsmann ein, der vom Wegfall der jüdischen Konkurrenz profitierte und seine Geschäfte abwickelte, ungeachtet dessen, was um ihn herum in Deutschland passierte«.

Von den Amerikanern mit Berufsverbot belegt, mußte er es bis 1949 seiner Ehefrau Grete überlassen, die Kontakte zu Lieferanten und Fabrikanten aufrechtzuerhalten. Aber die Quelle sprudelte bald wieder munter. 1949 betrug der Umsatz schon zwölf Millionen DM.

Zum Festakt hatte die Schickedanz-Firmengruppe eigens den früheren US-Außenminister Henry Kissinger engagiert. Der sollte in seiner Festrede an den Einsatz von Schickedanz für die Rechte jüdischer Mitbürger und ausländischer Zwangsarbeiter erinnern. Der Friedensnobelpreisträger Kissinger (geb. 1923) sagte im Fürther Stadttheater: »Das Fürth meiner Jugend war eine kleinbürgerliche Stadt. Jeder kannte jeden. Ich weiß, daß meine Mutter immer sagte, daß die Schickedanz-Familie zu den anständigsten Familien in Fürth gehörte und daß sie keinen Grund hätte, irgend etwas Schlechtes über sie zu sagen.«

Kissinger, der 1938 mit seinen Eltern aus Fürth in die USA ausgewandert war, sagte diese Worte in seiner Heimatstadt auf deutsch. Manch einer wartete darauf, daß der prominente Festredner diese Sätze näher erläuterte. Wohl auch die Familie, die diese Feier im großen Rahmen ausgerichtet hatte. Doch Kissinger wandte sich auf englisch seinem eigentlichen Vortrag zu, der neuen weltpolitischen Situation nach dem Zusammenbruch der der Sowjetunion sowie der US-Außenpolitik gewidmet war. Vom Quelle-Gründer war nicht mehr die Rede.

Neckermann

Ein Konkurrent von Gustav Schickedanz wurde in der NS-Zeit ganz groß: Josef Neckermann. Mitte der 30er Jahre übernahm er in seiner Heimatstadt Würzburg von dem jüdischen Kaufmann Ruschkewitz dessen Textilkaufhaus und ein Kleinpreisgeschäft. 1938 »arisierte« Neckermann dann die Versandfirma Joel in Berlin. Der Betrieb war 1934 von Nürnberg in die Hauptstadt umgezogen.

Nach Abzug von Verbindlichkeiten und einer halben Million RM als Sicherheit für eventuell noch bestehende Forderungen zahlte Neckermann 1,14 Millionen RM auf ein Treuhandkonto eines Berliner Bankhauses ein.

»Später stellte sich heraus, daß der vorige Inhaber, Carl Joel, wenig oder nichts von dem Geld zu sehen bekam«, schreibt Neckermann in seinen Erinnerungen. Kurt Pritzkoleit, ein kritischer Wirtschaftsjournalist, bescheinigt Neckermann eine »makellos weiße Weste«, und in der Tat scheint Neckermann ein Beispiel für vergleichsweise »faire Arisierungen« zu sein. Pritzkoleit: »1938 war er in der Lage, ein Berliner Versandhaus, die Wäschemanufaktur Carl Joel zu erwerben, die ihm durch das zur Dresdner Bank-Gruppe gehörende Bankhaus Hardy & Co. angeboten worden war. Er zahlte dafür in bar 1 079 960 RM auf ein Sonderkonto Joel bei der Bank, übernahm und beglich 600 000 RM Verpflichtungen des Herrn Joel und machte unter verdeckter Bezeichnung eine Rückstellung in der Bilanz der Wäsche- und Kleidermanufaktur Josef Neckermann (früher Wäschemanufaktur Carl Joel) zugunsten des Herrn Joel in Höhe von einer halben Million, die zu dessen Verfügung gehalten wurde.«

Carl Joel jedoch war inzwischen emigriert, nicht nur weil er das Schicksal heraufkommen sah, welches den Juden im »Dritten Reich« bereitet werden sollte, sondern auch weil er angeblich mit den Devisengesetzen in Konflikt geraten war.

Neckermann hatte in Berlin wie in Würzburg Erfolg gehabt, er hatte eine Chance der »Arisierung« wahrgenommen, aber redlich dafür gezahlt; doch Carl Joel machte Rückerstattungsansprüche geltend, und um ihnen Nachdruck zu verleihen, betrieb er bei den amerikanischen Militärgerichten die Einleitung eines Strafverfahrens gegen Neckermann. Mit dem Erfolg, daß dieser zweimal verurteilt und längere Zeit eingesperrt, später aber wegen erwiesener Unschuld freigesprochen wurde.

Ungeachtet dieses Spruchs betrieb Carl Joel seine Restitutionsansprüche vor der Wiedergutmachungskammer weiter und dehnte sie, nachdem er von dem frühzeitig erfolgten Angebot, den nach Ochsenfurt verlagerten Betrieb weiterzuführen, keinen Gebrauch gemacht hatte, auch auf die neugegründete Neckermann-Versand KG aus. Am 5. November 1954 stellte Neckermann auf Grund von Verhandlungen mit dem Hessischen Finanzministerium eine Bankbürgschaft von einer Million DM zur Verfügung, um Eingriffe in das komplizierte und risikogefährdete Getriebe der Gesellschaft auf jeden Fall abzuwenden. Im Januar 1955 wurde Joels Antrag, Sicherungsmaßnahmen gegen die Neckermann-Versand KG zu treffen, nach eingehender Beweisaufnahme vor der Wiedergutmachungskammer Nürnberg-Fürth vom Gericht zurückgewiesen. Und im Februar kam nach fast zehnjährigem, teilweise erbittert geführtem Kampf ein Vergleich zustande, der einerseits Neckermann die kaufmännische Honorigkeit beim Erwerb des Joel-Unternehmens bestätigte, der andererseits aber vorsah, daß eine tragbare Ausgleichszahlung an Carl Joel zu entrichten sei und daß damit die bis dahin unter Treuhänderschaft stehende Firma Wäsche- und Kleiderfabrik Josef Neckermann, Ochsenfurt, wieder in die Verfügungsgewalt Josef Neckermanns zurückkehren solle.

Restitutionsansprüche, auch im Falle einer »freundlichen« Arisierung«, rechtfertigten sich natürlich durch die Tatsache, daß auch diese Verkäufe unter politischem Zwang und unter Wert geschahen. Sie richteten sich gegen die privaten Käufer, die das Risiko dafür trugen, daß sie den »Arisierungsgewinn« nur teilweise erhalten und oft im Krieg wieder eingebüßt hatten.

Modehäuser

Nicht nur im Warenhausbereich, auch in der Modebranche waren jüdische Unternehmer führend. Dafür standen in Berlin Namen wie das Textilhaus N. Israel, das Modenhaus Hermann Cohen, die Textilgeschäfte Mannheimer und Grünfeld, nicht zuletzt das Konfektionshaus Simon. Eines der exklusivsten war das Geschäft von Hermann Gerson, Hoflieferant der Kaiserin, der Prinzessinnen, der Berliner und Petersburger Aristokratie und des begüterten Großbürgertums im gesamten deutschen Osten. Gerson behielt sein Renommee bis lange nach dem Ersten Weltkrieg, als die russische Primaballerina Anna Pawlowa ebenso zu seinen Kundinnen gehörte wie die US-Reiche und -Schöne Gladys Vanderbilt. Die Damen des

Adels wurden nahtlos abgelöst von den Stars aus Operette, Revue und Film.

Die 1857 gegründete Firma H. Sternberg jun. stellte als erstes Unternehmen in Berlin Wäsche und Krawatten fabrikmäßig her, und sie vertrieb sie auch selbst. Sie erwarb später Strumpffabriken in Chemnitz, die als »Etablissement Mayer« firmierten, spezialisiert auf den Export nach Amerika. Nach dem Ersten Weltkrieg nannte sich »Etablissement Mayer« kurz »Etam«. Bald gab es 150 Niederlassungen in Deutschland, dazu kamen eigene Fabrikationsstätten und Detailgeschäfte in Großbritannien, Österreich, Ungarn, Dänemark, Griechenland und Argentinien.

Ein Produktions- und Handelsunternehmen war auch die 1891 als Schuh-Sigle & Cie. gegründete Salamander AG Kornwestheim. Als Generaldirektor leitete Levi die Salamander-Schuh GmbH in Berlin und war zugleich stellvertretender Vorsitzender des Aufsichtsrats der J. Sigle & Cie. Das Unternehmen, das 1916 in eine Aktiengesellschaft umgewandelt wurde, fusionierte 1930 mit den Tochtergesellschaften Salamander GmbH Berlin und A. Lehne GmbH Türkheim. Salamander vertrieb seine Produktion in eigenen Geschäften.

Führend in der Modebranche war seit der Kaiserzeit das Konfektionsviertel um den Berliner Hausvogteiplatz. Es hatte in der ersten Hälfte des vorigen Jahrhunderts mit einer Revolution des Schneiderhandwerks begonnen: Erstmals wurden Kleidungsstücke in Standardgrößen auf Vorrat hergestellt, für anonyme Abnehmer, zu festen Preisen – Kleider »von der Stange«. Auf diese Idee gründete sich der Erfolg eines ganzen Stadtquartiers. Das Konfektionsviertel umfaßte schließlich Hunderte von Firmen, deren Namen an den Fassaden palastartiger Gründerzeitbauten prangten.

Die Unternehmer waren Fabrikanten ohne Fabriken; sie vergaben die gesamte Produktion außer Haus. Tausende von Zwischenmeistern und Zigtausende von Heimarbeiterinnen schufteten für sie in Stube und Küche, sie vervielfältigten die Modelle der Schnittmeister in beliebiger Stückzahl. Daß dies ausgerechnet in Berlin geschah, war sicher kein Zufall. Dort kamen die Tradition preußischer Uniformfertigung, die Phantasie französischer Flüchtlinge und die Fertigkeit ostjüdischer Schneider zusammen, vor allem aber eine Handvoll tüchtiger junger Unternehmer.

Valentin Mannheimer war als 22jähriger aus Magdeburg zugereist, bezog 1837 eine kleine Werkstatt in der Ladenstraße von Schinkels gerade vollendeter Bauakademie und begann zwei Jahre später mit der Herstellung von Damenmänteln im »Stapelgenre«. Rasch avancierte er zum »Mantelkönig«, sein »Berliner Mantel« wurde zum Gütebegriff für Einkäufer aus London und New York. Mannheimer war Chef einer Weltfirma. Die Antwort auf die Pariser Haute Couture, das extravagante Einzelstück, kam aus Berlin, vom Hausvogteiplatz. Die Idee wurde vielfach kopiert. Um den Hausvogteiplatz entstand eine neue Branche, die zur zweitstärksten Industrie Berlins wurde; rund 1000 Firmen gruppierten sich um den Platz der Mode.

Die Eigentümer waren meist jüdische Kaufleute. Fast die gesamte deutsche Damen- und Kindermode wurde hier entworfen und verkauft. Aber auch im Ausland wurde die Berliner Konfektion, durchweg bezahlbare und tragbare Qualitätsmode, die flexibel auf jeden neuen Pariser Trend reagierte, zum Begriff. Großeinkäufer aus vielen Ländern kamen regelmäßig an den Platz.

Die Leute vom Hausvogteiplatz hatten Format und ein großes Selbstbewußtsein. Wer dort nichts wurde, wurde eben woanders was. Nachdem Ernst Lubitsch, Sohn eines Konfektionärs, als Kommis im väterlichen Betrieb tolpatschig gescheitert war, debütierte er auf einer Kreuzberger Bühne mit dem Couplet: »Alles neu macht der Mai, alles neuer macht der Maier.« Dann startete er seine Filmkarriere.

Auch den Kleidermachern wollten die Nationalsozialisten ihr »liberalistisches Eigenleben« schleunigst »abgewöhnen«. Der Einfluß der internationalen Mode sei »geistiges Kokain« für die deutsche Frau, hetzte das SS-Organ *Das schwarze Korps*; die »Vergiftung« werde durch jüdische Modehäuser besorgt. Der artfremde Einfluß der »Pariser Dirne« und des deutschen »Konfektionsjuden« müßten beseitigt werden. Als artgerechtes Vorbild wurden äußerste Spießigkeit und Deutschtümelei verordnet: Trachtenkleid und Haarkranz. Ein »Deutsches Modebüro« wurde im Juni 1933 unter der Ehrenpräsidentschaft von Magda Goebbels eingerichtet.

Durch eine Vielzahl von Gesetzen und Verordnungen wurden »Säuberungen« auf allen Ebenen der Branche und ihrer Organisationen vorangetrieben: Jüdische Unternehmer und Funktionäre wurden ausgeschaltet, Angestellte entlassen; die von den Nationalsozialisten gegründete Deutsche Arbeitsfront übernahm die Kontrolle. Kreditsperren, Stofflimitierungen, Exportbeschränkungen wurden verhängt, aber auch Verbote für Modenschauen sowie generelle Werbebeschränkungen und Richtlinien für die Arbeitsweise. Herbert Curtis aus London, ehemals Prokurist am Hausvogteiplatz, kann sich noch gut daran erinnern: »Da hat man uns Vorschriften gemacht, wieviel Prozent der Stoffe wir zum Nähen an jüdische und nichtjüdische Arbeiter herausgeben sollten. Aber wie kann ein Geschäft mit solchen Vorschriften geführt werden? Einen festen Kunden zu bekommen dauert lange, ihn zu verlieren geht sehr schnell.« In einigen Firmen fanden sich auch Angestellte, die als »aufrechte« Nationalsozialisten die jüdischen Arbeitgeber kontrollierten, ob Auflagen auch eingehalten wurden. In der Firma Leopold Seligmann denunzierte ein Arbeiter der Kürschnerabteilung den Prokuristen, den Einkäufer und den Modellentwerfer, die daraufhin wiederholt verhaftet und ohne Angabe von Gründen einige Tage festgehalten wurden.

Auch die Aufträge wurden spärlicher. Renommierte Firmen gaben schließlich auf, ihre Besitzer verließen Berlin und gingen ins Ausland. Norbert Jutschenka und Hansen Bang gingen nach Amerika, die Eigentümer von Sport-Adam sowie Block & Simon nach England. Für »arische« Angestellte bot sich nun die Möglichkeit, sich mit eigenen Modefirmen selbständig zu machen. Einige sicherten ihren Start mit günstigen Krediten und Staatsaufträgen ab. Andere nutzten die Chance, Firmen mit langer Tradition und einem eingearbeiteten Team zu Spottpreisen zu erwerben.

Berliner Mode kam nun aus »arischer« Hand. In der Pogromnacht November 1938 brannten die Kleiderständer der letzten jüdischen Firmen auf dem Platz. Bis Anfang des Jahres 1939 waren die letzten Firmen »zwangsarisiert«. Insgesamt 200 der besten Modemacher und Konfektionäre hatten bis dahin die Stadt verlassen. Eine 100jährige Tradition war in kurzer Zeit zerschlagen. Von denen, die in der Stadt blieben, wurden viele in Konzentrationslagern ermordet.

Doch nicht jedes Emigrationsland konnte den Verfolgten Schutz bieten. Die Eigentümer der Firma »Robert Lachotzki, Hausvogteiplatz Nr. 12, Kleider und Mäntel en gros« wanderten nach Holland aus. Mit anderen Berliner Konfektionären bauten sie in Amsterdam die holländische Konfektion auf. Nach der Besetzung des Landes wurden sie von den Nationalsozialisten sofort aus ihren Geschäften abgeholt. Robert Lachotzki wurde 1942 in Auschwitz vergast.

Die Arbeitsgemeinschaft deutsch-arischer Fabrikanten (Adefa) verteilte für die Schaufensterdekoration das Adefa-Signum »Deutsche Ware aus arischer Hand«. Der Begriff »Konfektion« war verpönt, von 1936 an verboten.

Aber das nützte alles nichts. Maren Deicke schrieb 1983 im *Zeit magazin*: »Auch nach 1933 wurde in Deutschland international geprägte Mode gemacht und getragen. Denn die nationalsozialistische Ideologie mit ihrer dumpfen Volkstümelei und ihrem verlogenen Trachtenkult hat die Mode der dreißiger Jahre nicht beeinflußt. Wie in Film und Theater, Musik und Kunst gab es auch in der Mode eine tiefe Kluft zwischen Theorie und Praxis. In ihren Parolen forderte die Partei zwar die Rückkehr zu deutschem Brauchtum; im Zuge des wirtschaftlichen Aufschwungs wurden dagegen in Werbung und Angebot Weltoffenheit und Konsum gefördert.«

Der Blut- und Germanenkult schlug in der Mode nicht durch. Die Frauen jedenfalls, für die es Mode und nicht nur Bekleidung gab, orientierten sich weiter an internationalen Trends – und das mit Duldung der Parteileitung.

»Die deutsche Frau raucht nicht und schminkt sich nicht«, das war Volksspott auf die von den Parteiideologen verkündeten völkisch-nationalen Ideale. Die Werbung verkaufte der Frau andere Vorbilder: Für das Reemtsma-Produkt »R6« qualmte eine kühlsinnliche Garbo-Schönheit, BMW präsentierte 1934 elegante Frauen und schnittige Coupés unter dem Slogan »Die Dame und ihr Wagen«. Die französische Kosmetikindustrie umwarb die deutsche Frau.

Paris regte die deutsche Konfektion an, Paris beflügelte die deutschen Hausschneiderinnen, die nach *Vogue*- oder *Ullstein*-Schnitten arbeiteten, und an Paris orientierten sich die ersten Berliner Ateliers: Hilda Romatzki, Annemarie Heise, Gehringer (vormals das jüdische Haus Auerbach und Steinitz) und Schulze-Bibernell, Richard Götz (vormals das jüdische Haus Kühnen) oder der Starkürschner Otto Berger. Sie kiebitzten nicht nur. Mit geschmuggelten Devisen kauften sie sogar die Schnitte der französischen Haute Couture.«

Aber es hat keins der ehemals jüdischen Modehäuser überlebt. Im Juni 2000 schrieb die Berliner Journalistin Esther Slevogt: »Eine baumlose Wüste, spießig, miefig und kaputt wie die Gedächtniskirche war der Kudamm, als ich ihn kennenlernte, Ende der 70er. Nichts mehr zu merken vom Bohème-Geist aus der Zeit vor dem Krieg, von dem uns die Lehrerin erzählt hatte. Es war das ›arisierte‹ Restberlin, das hier auf Weltstadt machte. Später, als ich schon längst hier lebte, spazierte ich oft mit Freundin M., einer Spezialistin in Fragen der ›Arisierung‹, an den Schaufenstern vorbei. ›Hier‹, sagte sie, und zeigte auf einen der wenigen Luxuskleiderläden, ›der ging aus dem Modehaus Gerson hervor.‹ Am Kempinski hängt ja inzwischen eine Tafel, die von der jüdischen Gründerfamilie spricht. Erst ziemlich hoch, damit sie bloß keiner lesen konnte. Inzwischen aber doch in relativer Augenhöhe. Auch ein bekanntes Geschäft für teure Haushaltstextilien, für die sich irgendwann niemand mehr erwärmen wollte, weswegen der Laden schließen mußte, hatte Voreigentümer, die Grünfeld hießen.«

In den Sopade-Berichten ist zu lesen: »Bei dem großen Leinen- und Wäschehaus Grünfeld soll sich folgender Vorgang abgespielt haben: Sämtliche Schaufenster des großen Geschäftshauses waren mit judenfeindlichen Aufschriften beschmiert und mit Plakaten bepflastert. Daraufhin hat der Geschäftsinhaber Grünfeld Reichsbankpräsident Schacht angerufen und ihn darauf aufmerksam gemacht, daß er am selben Tage holländische Einkäufer erwarte und daß er verlange, daß die Beschmierungen beseitigt würden; anderenfalls würde er das Geschäft schließen. Schacht hat Abhilfe zugesagt, und nach einiger Zeit erschien in der Tat ein Polizeihauptmann, der aber nun von Grünfeld verlangte, daß die Firma die Beschmierungen selber entferne. Grünfeld aber stellte sich auf den Standpunkt, daß das nicht in Frage komme und rief in Gegenwart des Polizeihauptmanns noch einmal Schacht an. Schacht ließ dann den Polizeihauptmann selber ans Telefon rufen und verlangte von ihm, daß die Polizei die Beschmierungen entferne. Tatsächlich sei dann zehn Minuten später die Feuerwehr gekommen, um alles abzuwaschen.«

Großindustrie

Die Großindustrie hatte 1933 Hitlers Wahlkampf auch in der Erwartung mitfinanziert, er werde die angeblich drohende kommunistische Gefahr bannen. Die Zerschlagung der freien Gewerkschaften am 2. Mai 1933 und deren Überführung mit den Unternehmerverbänden in die NS-Propagandaorganisation Deutsche Arbeitsfront (DAF) konnte vielleicht noch als Schritt zu einer nationalrevolutionären Wirtschaftsordnung gedeutet werden. Erst das »Gesetz zur Ordnung der nationalen Arbeit« vom 20. Januar 1934 schuf die von der Industrie erwünschte Klarheit, wer »Herr im Haus« war. Das Gesetz erklärte die Arbeitnehmer zur Gefolgschaft der Unternehmer und unterstellte sie deren Befehl, das bedeutete die Durchsetzung des »Führerprinzips« im Betrieb. Die gesamte Organisation, Entlohnung und Bestrafung bestimmte allein der Unternehmer.

Und das »Gesetz zur Vorbereitung des organischen Aufbaus der deutschen Wirtschaft« organisierte die gesamte Wirtschaft in Reichsgruppen, die in den Staatsapparat eingegliedert wurden und direkt dem Wirtschaftsminister unterstanden. Alle Unternehmen mußten ihnen beitreten.

Die innere Verschuldung des Reichs stieg allein bis 1938 auf 42 Milliarden RM an; ein Schuldenberg, den man durch die Beute des kommenden Krieges abzubauen gedachte. Nutznießer dieser Politik war vor allem das Großkapital, das seine Profite wesentlich steigern konnte, während der Mittelstand und die Selbständigen mit einer Besitzgarantie für diese Wirtschaftspolitik gewonnen wurden.

Der »Sozialismus« der NSDAP beschränkte sich also weitgehend auf eine staatliche Nachfrageregulierung. Über den Umweg von Rüstung und Verschuldung garantierte der Staat den Unternehmern den Absatz ihrer Produkte und konnte so den in der Krise zusammengebrochenen Wirtschaftskreislauf wiederherstellen. Neu war dabei nicht die Idee einer solchen Konjunkturpolitik des »deficit spending«, sondern vor allem die rücksichtslose Durchsetzung dieser Maßnahmen auf Kosten der Arbeitnehmer und ihrer Organisationen.

Kurt Pritzkoleit schrieb: »Die Wirtschaft nahm sich Zeit. Sie akzeptierte gern die Morgengaben der Regierung – Herstellung der Lohnstabilität, Abschaffung des Mitspracherechts der Belegschaft, Beseitigung der Gewerkschaften, Befreiung von der ›Last‹ der Tarifverträge und der Bindung des Arbeitnehmers an den Arbeitsplatz, die den Unternehmer wieder zum ›Herrn im eigenen Haus‹ machten.«

Mit der einsetzenden Rüstungskonjunktur entstand eine innige Verbindung von Staat und Wirtschaft, ohne die weder die Wirtschaft hätte wachsen noch die Schwierigkeiten der Kriegswirtschaft ab 1939 hätten überwunden werden können. Die Großen der Wirtschaft konnten sich bald mit dem Titel »Wehrwirtschaftsführer« schmücken. Ein neues Kartellgesetz förderte die weitere Konzentration der Wirtschaft. Von 1933 bis 1936 wurden über 1600 Kartellverträge geschlossen und 120 Zwangskartelle errichtet.

Anfangs hatte sich die Großindustrie bei der »Arisierung« jüdischer Unternehmen noch zurückgehalten, doch bald sah sie hier ein weiteres Feld ihres natürlichen Expansionsstrebens.

Einer der ersten Versuche, einen größeren Betrieb zu »arisieren«, galt der Waffenfabrik Simson in Suhl (Thüringen). Simson war durch die Rüstungsbeschränkungen im Vertrag von Versailles der einzige konzessionierte Betrieb zur Herstellung von Gewehren und Maschinengewehren in Deutschland. Schon 1926/27 hatte die NS-Presse Anstoß daran genommen und behauptet, Simson nutze seine Monopolstellung gegenüber seinen Konkurrenten aus und finanziere mit Geldern der Reichswehr seine zivile Produktion.

Nach der Machtübernahme organisierte die Partei Demonstrationen im Werk, um ein Eingreifen des Staats zu provozieren, und sie versuchte, Artur Simson Korruption und vertragswidrige Übergewinne aus Reichswehraufträgen nachzuweisen. Die Ermittlungen der Staatsanwaltschaft zogen sich bis Ende 1936 hin, führten aber nur zu mageren Ergebnissen. Auch eine Prüfung des Rechnungshofs im Jahre 1933 ergab nur »Bedenken«.

Trotzdem mußte die Familie Simson die Leitung ihres Unternehmens am 1. Februar 1934 abgeben. Sie behielt zwar ihr Kapital und die formellen Besitzrechte, aber das Heereswaffenamt (HWA), die Preußische und Thüringische Regierung sowie die Gauleitung setzten eine Treuhandverwaltung ein, die die Firma führte. Außerdem wurde die »Arisierung« des Werks in die Wege geleitet. Wollte man Simson nicht einfach enteignen, so war es notwendig, einen kapitalkräftigen Konzern zu finden, der auch wirtschaftlich an der Fabrik interessiert war.

Im Oktober 1934 fragte das Heereswaffenamt beim Flick-Konzern an, und Flick verhandelte mit Simson zunächst nur über einen teilweisen Verkauf. Doch die Verhandlungen führten bis zum Frühjahr 1935 zu keinem Ergebnis, weil Simson Flicks Forderungen nicht ohne weiteres akzeptierte. Außerdem wollte der Flick-Konzern das Werk nur übernehmen, wenn er gleichzeitig ein geplantes Stahlwalzwerk als Zulieferbetrieb errichten konnte. Da dieser Plan sich zerschlug, ließ auch Flicks Interesse an Simson nach.

Inzwischen – im Mai 1935 – hatte man Simson, der sich weigerte, sein Werk unter Wert abzugeben, unter dem Vorwurf, er habe übergroße Gewinne aus dem Betrieb gezogen, verhaftet. Das gleiche geschah mit den beiden Rechtsanwälten, die in den Verhandlungen seine Interessen wahrgenommen hatten. Unter diesem massiven Druck erst war Simson zu bewegen, dem Verkauf »prinzipiell« zuzustimmen. Das Reichswehrministerium, das Preußische Innenministerium, der Reichsführer SS und der Bevollmächtigte Hitlers für Wirtschaftsfragen, Keppler, wünschten den Verkauf an Flick, obwohl sich inzwischen auch Kloeckner und Hermann Roechling interessiert gezeigt hatten.

Flick hatte zehn Millionen RM angeboten. Jetzt wurden vom Heereswaffenamt acht bis neun Millionen RM vorgeschlagen. Keppler stellte Flick besonders günstige Aufträge für die Waffenfabrik in Aussicht und versuchte, mit den Riesengewinnen zu locken, die das Werk im letzten Jahr abgeworfen habe. Flick blieb zurückhaltend und wurde im Sommer von Thüringens Gauleiter Fritz Sauckel beiseite gedrängt.

Der Gauleiter von Thüringen ließ sich nun von der Reichsleitung der NSDAP und auch von Hitler Vollmachten geben, um auf dem

Wege der praktisch entschädigungslosen Enteignung einen neuen Plan zu realisieren, den der Umwandlung in eine Stiftung. Keppler und Eberhard (Gauwirtschaftsberater in Thüringen) gelang es nun endlich, bei einer Überprüfung des Werkes doch noch »nachzuweisen«, daß die Hälfte der Gewinne bei Simson »vertragswidrig« gewesen sei. Damit war eine Handhabe geschaffen.

Am 25. Oktober 1935 setzte Sauckel einen Vertrag mit dem HWA durch, der ihm die »Arisierung« übertrug. Die Mitglieder der Familie Simson waren inzwischen zum Teil in die Schweiz entkommen. Durch ihre Bevollmächtigten überließen die Inhaber das gesamte Werk ohne Bezahlung, nur »gegen Verrechnung ihrer nunmehr auch von ihnen anerkannten Schuld«, als Sauckel und zahlten überdies noch 1,75 Millionen RM »Schulden« zurück. Es wird sich hier um Geld gehandelt haben, das nicht mehr transferierbar, also praktisch schon in der Verfügungsgewalt des Reiches war. »Innerhalb eines Monats, nachdem die Sache in die Hand des Gauleiters und Reichsstatthalters gelegt worden war, konnten somit durch die einheitliche Zusammenwirkung von Partei und Staat viele für das Reich verlorene Millionen für die deutsche Volkswirtschaft zurückgewonnen werden. Die Sachbearbeiter des Reichsstatthalters wurden vom Führer und Reichskanzler sofort in ihren Ämtern befördert«, schrieb Erich Buchmann 1944 in seiner Propagandabroschüre *Von der jüdischen Firma Simson zur Nationalsozialistischen Industriestiftung Gustloff-Werke*.

Offiziell übernahm Sauckel die Fabrik im Dezember 1935 und wandelte sie 1936 in die Wilhelm-Gustloff-Stiftung um. Diesen Namen erhielt sie, weil die Simsons ihre letzten Verhandlungen von der Schweiz aus geführt hatten, wo zur selben Zeit Wilhelm Gustloff, der Landesgruppenleiter der Auslandsorganisation der NSDAP in der Schweiz, durch die »internationale Hochfinanz« ermordet worden war.

Die Wilhelm-Gustloff-Stiftung wurde ein NS-Musterbetrieb mit besonderer Altersversorgung und einer gemeinnützigen Wohnungsbaugesellschaft für Werksangehörige. Dies geschah offenbar auch aus Rücksicht auf die Stimmung der Belegschaft. So trat Gauleiter Sauckel in seiner Rede bei der Übernahme des Werkes am 21. Dezember 1935 der Meinung in der Belegschaft entgegen: »Die

Familie Simson hat sich auf notariellem Wege bereit erklärt, diese Übergewinne, die sie dem deutschen Volke letzten Endes abgenommen hat, wieder zurückzugeben. Es ist kein Wort davon wahr, daß dieses Werk ein Geschenk der Familie Simson an die Suhler Arbeiterschaft wäre.«

Später wurden der Stiftung noch drei Werke angeschlossen: im Februar 1936 das stillgelegte Weimarer Zweigwerk der Waggonfabrik vorm. Busch (Bautzen), dann die Maschinenfabriken und Eisengießereien der Heymer und Pilz AG in Thüringen und im April 1938 die jüdische Hirtenberger Patronenfabrik in Niederösterreich. Damit war die Wilhelm-Gustloff-Stiftung einer der ersten großen Konzerne der Maschinenindustrie geworden.

Simson war ein Betrieb von besonderer wehrpolitischer Bedeutung im Stadium der noch getarnten Aufrüstung gewesen. Das erklärt den Eifer, den die beteiligten Partei- und Reichsstellen bei seiner »Arisierung« an den Tag legten. Das Reichswirtschaftsministerium war nicht beteiligt. Der Fall zeigt aber, welche Methoden schon zu diesem Zeitpunkt auch von seiten des Reichs gegen hinhaltenden Widerstand angewendet wurden, wenn das Staatsinteresse es zu fordern schien.

Ein Betrieb im Wert von über zehn Millionen RM war ohne Kapitalaufwand und ohne förmliche Enteignung auf pseudolegalem Wege »arisiert« worden! Die Methoden unterschieden sich nicht erheblich von denen der großen »Arisierungen« der Jahre 1937/38. Ein drastisches Beispiel für die Terrormöglichkeiten der Partei.

Mannesmann

Die Großindustrie hatte sich anfänglich bei den »Arisierungen« zurückgehalten, aber so langsam mischte auch sie im lukrativen »Arisierungsgeschäft« mit. Nehmen wir als Beispiel den Mannesmann-Konzern, der vor dem Krieg als Konzern der Mannesmannröhren-Werke bekannt war. Der Röhrentrust war damals schon eine machtvolle im In- und Ausland tätige Gruppe, die 1928 in ihren deutschen Werken 21 209 Arbeiter und Angestellte beschäftigte. In der Krise sank die Belegschaft auf 14 996 Mann ab (1932); aber schon im ersten Jahr des »Dritten Reichs« stieg die Zahl der Mitarbeiter auf 16 585, kletterte 1934 auf 18 325, überschritt im Jahre 1935 mit 22 436 die Rekordzahl, die im Konjunkturjahr 1928 mit 21 209 Mann erreicht worden war, und stieg 1936 auf 26 013.

Das Unternehmen konnte kräftig an der braunen Konjunktur partizipieren, denn Mannesmann war kein notleidender Konzern, wie es trotz ihrer Größe die Vereinigte Stahlwerke AG Anfang der 30er Jahre war. 1932, als die Krise ihren Tiefpunkt durchschritt, wurden Aktien der Ruhr-Montanindustrie AG, Essen, der Westfalenbank in Bochum, der Bulgarska Trabna Industria AG, Sofia, der Ruhrgas AG und einiger anderer Unternehmen erworben. 1933 nahm der Konzern im Zeichen des Arbeitsbeschaffungsprogramms den Betrieb auf den Erzgruben an Lahn und Dill wieder auf; 1934 wurde der zweite Hochofen in Huckingen angeblasen, eine Koksofenanlage auf der Zeche »Consolidation« errichtet und in den Werken und Zechen umfangreiche Um- und Ergänzungsbauten vorgenommen.

Im Mai 1935 erwarb die Konzernspitze das Röhrenwalzwerk in Buss a. d. Saar, das 1920 an die Aciéries et Usines à Tubes de la Sarre, Paris, übergegangen war. 1936 wurden für Neuanlagen, Modernisierungs- und Ergänzungsbauten – namentlich im Walzwerk Huckingen – 26 Millionen RM aufgewendet, von denen nur 15 Millionen aus Abschreibungen gedeckt werden konnten, und so viele »Kronprinz«-Aktien hinzuerworben, daß das Paket auf 50 Prozent anschwoll. 1937 endlich wurde die Mannesmann South Africa (Pty) Ltd. als eigene Niederlassung in Johannesburg gegründet.

Aber das alles war nur der Auftakt zu einer viel weiter reichenden Expansion. Die Jahre der »Arisierung« brachten dem Konzern reichen Zuwachs. Da gab es in Essen zum Beispiel die Firma M. Stern AG, ein altes, angesehenes Unternehmen, das 1879 in Gelsenkirchen gegründet und 1921 in Essen in eine Aktiengesellschaft umgewandelt worden war. Stern gehörte nicht zu den »Giganten des Ruhrgebiets«, sondern war eine Handelsgesellschaft für Eisen und Metalle. Stern hatte auch in angemessenem Umfang an der Arbeitsbeschaffungs- und Rüstungskonjunktur partizipiert, die 1933 für die deutsche Wirtschaft angebrochen war. Der einzige Fehler der alten und gut renommierten Gesellschaft war der: Die M. Stern AG war ein jüdisches Unternehmen. Vorstandsmitglieder waren Hermann und Max Stern, Felix Raphael und Willy Cohn. Immerhin hatten sie das Glück im Unglück, daß sie über das gesamte Aktienkapital (2,7 Millionen RM) verfügten und es zu je einem Drittel an Mannesmann-röhren-Werke AG, die Hoesch AG und die Rheinmetall-Borsig AG verkaufen konnten.

Von wesentlich größerer Bedeutung war, daß Mannesmann die 75prozentige Mehrheit der Hahnschen Werke AG, Berlin, erwerben konnte, deren Aktien im Besitz der Familie Hahn lagen. Die Gesellschaft – die einzige jüdische ihrer Art, die es vermocht hatte, im Ruhrgebiet Fuß zu fassen – betrieb in Duisburg-Großenbaum ein ansehnliches Röhren-, Eisen- und Stahlwerk. Sie war außerdem maßgeblich beteiligt bei der Arca-Regler AG, Berlin, der Kammerich-Werke AG, Brackwede-Süd, der Hochofenwerk Lübeck AG, Lübeck-Herrenwyk, der Albert-Mund-von-Cölln GmbH, Magdeburg, der Fritz Seiffert & Co AG, Berlin, und der Louis Soest & Co mbH, Düsseldorf-Reisholz, die ihrerseits über die Berliner Niederlassungen der Ges. für Hochdruck-Rohrleitungen und Richard Weber & Co verfügte. Die meisten der Beteiligungen gingen an Mannesmann über. Ausnahmen bildeten die Hochofenwerk Lübeck AG, die Rawack & Grünfeld und die Metallgesellschaft AG, an der sie ein Prozent der Stammaktien besaßen: Die Hahnsche Majorität am Kapital der Hochofenwerk Lübeck AG (nom. 16,3 Millionen RM) wurde von Friedrich Flick übernommen, der seinen Besitz schließlich auf 100 Prozent aufrundete.

Das dritte Unternehmen, das im Zuge der »Arisierung« an Mannesmann ging, war die Wolff Netter & Jacobi-Werke KG a. A., deren Kapital (5,0 Millionen RM) zu 99,5 Prozent in den Händen der Geschäftsinhaber (Regierungsbaumeister a. D. Ludwig Netter und Rechtsanwalt Dr. Julius Seligsohn-Netter) lag. Das Stammhaus der Gesellschaft war 1833 im badischen Bühl errichtet worden und ging vier Jahrzehnte mit gutem Erfolg dem Eisenhandel nach. 1873 wurde der Hauptsitz der Firma nach Straßburg verlegt und im Elsaß mit einem Feinblechwalzwerk, Werkstätten für Eisen- und Blechkonstruktionen und Verzinkerei verbunden. Nach dem Ersten Weltkrieg wurde die Firma von der Siegermacht Frankreich enteignet, und die Inhaber sahen sich in der Zwangslage, samt ihren Arbeitern und Angestellten nach Deutschland zu »emigrieren«. Bei den Beteiligungsgesellschaften – der Eisenbau Schiege AG, Leipzig-Paunsdorf, der Langscheder Walzwerk und Verzinkerei AG, Langschede, der AG Christinenhütte, Christinenhütte, und der Biggetaler Eisenwerk GmbH, Finnentrop – waren die Arbeiter von Wolff Netter & Jacobi aus Straßburg untergekommen. Jetzt waren sie wieder zur »alten Firma« gestoßen, Gliedern ohne Rumpf, einer »Gruppe«, die über keine zentrale Produktionsstätte verfügte, sondern nur über Zweigniederlassungen in Hannover, Finnentrop, Leipzig-Paunsdorf, Bühl, Meggen, Hausach in Baden Langschede. Für die Abwicklung des Handelsgeschäfts besaß sie gerade ein paar Beteiligungsgesellschaften. So kompliziert aber auch das Gefüge der Firma war, sie war zu einem festen Begriff, zum Inbegriff eines Hauses geworden, das sich während eines Jahrhunderts erfolgreich behauptet hatte und verdientermaßen an der Aufbaukonjunktur teilnahm.

Die Umsätze wuchsen von 16 Millionen RM im Geschäftsjahr 1932/33 auf 38 Millionen im Jahre 1935/36. Aber die Gruppe Wolff Netter & Jacobi war ein jüdisches Unternehmen. Nachdem sie noch ein paar Jahre nach 1933 existiert, ja, sogar floriert hatte, wurde die Wolff Netter & Jacobi KG a. A. 1938 vom Mannesmann-Konzern »arisiert«.

Die Manager der Mannesmannröhren-Werke konnten zufrieden sein. Sie hatten nicht nur eine spürbare Expansion ihres Konzerns durchgesetzt, sondern auch den Juliusturm der stillen Reserven bis zum Rand gefüllt. Die Maßhalteparolen der politischen Führung waren an ihnen vorübergerauscht. Wo es um Geld ging, hörte Freundschaft auf, auch mit den Herren des »Dritten Reichs«.

Flick

Friedrich Karl Flick machte drei Karrieren: als Inflationsgewinnler nach dem Ersten Weltkrieg, als Wehrwirtschaftsführer und cleverer »Arisieur« in der Nazizeit und nach kurzer Haft wegen Kriegsverbrechen als Konzernstratege in der BRD.

Am 20. Mai 1932 erschien in den Abendblättern Berlins eine amtliche Erklärung, mit der kein Mensch außerhalb eines kleinen Kreises von Bank- und Börsenleuten etwas anzufangen wußte: »Zu den Pressemeldungen über Finanztransaktionen bei Gelsenkirchen bzw. den Vereinigten Stahlwerken erfahren wir von zuständiger Stelle, daß es sich hierbei lediglich um private Banktransaktionen handelt.« Dr. h. c. Friedrich Flick hatte dem Reich, der so oft und kräftig geschmähten öffentlichen Hand, sein Paket Gelsenkirchener Bergwerks-Aktien verkauft, mit dessen Hilfe er seit Anfang 1930 die Vereinigten Stahlwerke beherrschte, den Konzern, in dem mehr als zwei Fünftel der deutschen Eisen- und Stahlproduktion konzentriert waren.

Er hatte sich die Preisgabe seiner Machtposition gut bezahlen lassen. Denn während die inoffizielle Börsennotierung für »Gelsenberg« auf wenig mehr als 20 Prozent lautete, hatte er sein Paket zum Kurs von 90 Prozent des Nominalwerts, zum mehr als Vierfachen des Marktwerts, an das Reich verkauft. Er hatte das Schreckbild der Überfremdung an die Wand gemalt und streute das Gerücht, der Mendelssohn-Teilhaber Dr. Fritz Mannheimer, dessen Bankhaus enge Beziehungen zum Crédit Lyonnais unterhielt, sondiere im Auftrag dieser größten französischen Bank, ob Flick nicht geneigt sei, sich von Gelsenberg zu trennen. Dann, als die Flüsterparole dementiert worden war, hieß es, das Flick nahestehende Amsterdamer Bankhaus Rhodius-Koenigs verhandle mit den Franzosen.

Das Gerücht genügte bereits dafür, daß die Regierung nur zu gern die Vereinigten Stahlwerke für Deutschland »retten« wollte. Der Erlös des einträglichen Geschäfts sollte von Flick darauf verwendet werden, seine hohen Schulden bei der Dresdner Bank, die nach dem großen Bankenkrach vom Reich übernommen worden war, und übrigens auch bei der Gelsenkirchener Bergwerks-AG, seiner eigenen Gesellschaft also, sowie bei ausländischen Geldgebern abzudecken. Flick war also mit dieser Transaktion mit einem Schlag nahezu schuldenfrei und hatte zudem weiterhin die Kontrolle über fast die Hälfte der deutschen Stahlproduktion behalten.

Friedrich Flick mußte also nur die bereits erwiesenen Fähigkeiten als trickreicher und skrupelloser Konzernbauer mit den Zielen und Wünschen des NS-Regimes synchronisieren. Das Parteibuch von 1937 mit der Nummer 5 918 393 war nicht Bedingung, denn sein Vertrauter Otto Steinbrinck, Parteigenosse seit dem 1. Mai 1933, war bei der SS, wo er es zum Brigadeführer (Generalsrang) brachte. Und auch Vetter Konrad Kaletsch, sein getreuer Generalbevollmächtigter auch nach dem Krieg, war seit 1937 Parteigenosse.

Sein erster Zug galt 1935 den Waffen- und Fahrzeugwerken Simson und Co. in Berlin und Suhl, aber der stets auf den günstigsten Augenblick wartende Spekulant wurde von Parteiinstanzen ausgehebelt. Eine regelrechte »Arisierungsschlacht« aber tobte um das Stahlunternehmen der Familie Hahn (Kurt Hahn war Begründer der Schule in Salem und später Gordonstown). In seinem Versuch, die jüdischen Inhaber aus Betrieben von strategischer Bedeutung – insbesondere im Bergbau und in der Metallerzeugung – zu vertreiben, fand Göring in Friedrich Flick einen begeisterten Mitstreiter. Auf der Suche nach Roheisen für seine Stahlwerke hatte Flick schon lange ein begehrliches Auge auf das Hochofenwerk Lübeck geworfen. Dieses größte Unternehmen in Lübeck lieferte nicht nur Gas und Elektrizität, es besaß auch eine Reihe von Hochöfen an der Ostsee, eine Zementfabrik, eine Kokerei und eine Kupfergießerei. Es befand sich überwiegend im Besitz jüdischer Firmen, namentlich der Hahnschen Werke, des Berliner Metallhandelshauses Rawack & Grünfeld sowie der Bank M. M. Warburg. Das Werk war das einzige größere Industrieunternehmen, an dem die Warburgs beteiligt waren, und Max Warburg war dessen Geschäftsführender Direktor. Eric Warburg erhielt dort einen Teil seiner Ausbildung, Fritz war Mitglied des Aufsichtsrats.

Von Göring ermuntert, wiederholte Flick seinen Versuch, wie im Nürnberger Prozeß ein Ankläger formulierte, das Hochofenwerk Lübeck durch eine »Art von industriellem Piratentum« in seinen Besitz zu bringen. Statt offen ein Angebot abzugeben, machte er sich an den schwächsten der drei Eigentümer heran: Rawack & Grünfeld.

Terror war ein unerläßlicher Bestandteil der »Arisierungskampagne«, da die Nationalsozialisten anfangs befürchteten, die offene Beschlagnahmung jüdischen Eigentums könne im Ausland zu Gegenmaßnahmen führen, z.B. zur Beschlagnahmung deutscher Vermögenswerte. Die Eigentümer wurden so lange psychisch unter

Druck gesetzt, bis sie verkaufen wollten. Man wandte sich an Dr. Ernst Spiegelberg, einen Teilhaber von M. M. Warburg. Die Verhandlung war ein Gemisch aus Höflichkeit und Erpressung. Man riet, er solle sich unbedingt dafür einsetzen, daß Rawack & Grünfeld rasch an Flick verkaufe, »sonst würde die ganze Gruppe in Unannehmlichkeiten geraten«. Ein Argument war, daß Rawack & Grünfeld gegen die Devisengesetze verstoßen habe – damals eine beliebte Hilfskonstruktion, mit deren Hilfe die jüdischen Besitzer verhaftet werden konnten – und daß »diese Angelegenheit bereits von den zuständigen Regierungsbehörden untersucht« werde. Im November wandte sich Flick an Spiegelberg, er werde von hoher Stelle bedrängt, in der Lübecker Sache voranzukommen.

Als Wirtschaftsminister Schacht 1937 zurücktreten mußte, sah Spiegelberg, daß Flick es ernst meinte. Um die Sache zu beschleunigen, wandte er sich an Göring, den »Beauftragten für den Vierjahresplan«. Der ließ mitteilen, der Generalstab erwarte, daß Rawack & Grünfeld »arisiert« werde. Man werde Rawack & Grünfeld erst wieder gestatten, Eisenerz aus Skandinavien und der Sowjetunion einzuführen, wenn Flick im Besitz der Anteilsmehrheit sei. Das Unternehmen ging an Flick.

Im Januar 1938 kaufte Friedrich Flick mit 50prozentigem Notverkaufsnachlaß die im Besitz der Familie Hahn und der Firma M. M. Warburg befindlichen Anteile des Hochofenwerks Lübeck; die übrigen gingen an Mannesmann.

Mit Görings Hilfe gelang Flick später einer der größten Raubzüge seines Lebens. Er jagte der in der Tschechoslowakei ansässigen jüdischen Familie Petschek ihren riesigen Besitz ab. Die »Arisierung« der Petscheks, die in Sachsen, Oberschlesien und in Berlin über ein Drittel der deutschen Braunkohlevorräte verfügten, war mit Abstand die größte Beute aus der »Arisierung«.

Die Petscheks hatten den Kampf um ihre Braunkohle-Gruben nicht so ohne weiteres aufgegeben. Weitsichtig hatte die jüdische Familie ihren Besitz mit mehreren ausländische Dachgesellschaften, darunter einer amerikanischen, verflochten. Aber am Ende bekam Flick, was er wollte und wie er es wollte.

Nach Kriegsbeginn bedrängte Flick seinen Freund Göring mit einem neuen Wunsch: Er wollte die Rombacher Stahlwerke in

Lothringen. Obwohl der Stahlindustrielle Hermann Röchling, der »König der Saar«, auch ein Auge auf den Betrieb geworfen hatte, durfte Flick nach einigem Gerangel zugreifen. Es lohnte sich eben schon damals, »die politische Landschaft zu pflegen«.

Einen anderen Glücksgriff tat Flick im Osten. Nach Art des Hauses hatte er sich einen erstklassigen Interessenwahrer verpflichtet: Der General Walter Witting verdiente sich monatlich 1000 Reichsmark nebenher und sollte dafür die Augen offenhalten, um Flick Tips geben zu können. Da traf es sich gut, daß Witting 1941 zum Generalinspekteur für die Erfassung von Rohstoffen in den okkupierten Teilen der Sowjetunion ernannt wurde. Der General meldete seinem Geldgeber, er sähe dessen »Wünschen mit Interesse entgegen«.

Als Flick im Juli 1943 seinen 60. Geburtstag feierte, hatte der Konzernschmied das größte private Industrieimperium im Reich Adolf Hitlers errichtet. Sein Konzern war größer als der des legendären Gustav Krupp von Bohlen. Flick produzierte mehr Kanonen, mehr Stahl und auch mehr Kohle. »Niemand«, so feierte ihn Goebbels' Wochenzeitung *Das Reich*, »hat die Ernennung zum Wehrwirtschaftsführer mehr verdient als Friedrich Flick.«

Der Flick-Konzern bei Kriegsende

Friedrich Flick KG, Düsseldorf
AG für Montaninteressen, Berlin
Gesellschaft für Maschinenwerte mbH, Berlin
Nordische Holzhandelsgesellschaft mbH, Düsseldorf
Mitteldeutsche Stahlwerke AG (seit Mai 1943: GmbH), Riesa
Eisenwerk Sachsen GmbH, Riesa
Brandenburger Eisenwerke GmbH, Brandenburg
KG Brandenburg und Hennigsdorf b. Berlin, Brandenburg
Spandauer Stahlindustrie GmbH, Berlin-Schoenhausen
Brennabor-Werke AG, Brandenburg
Havelwerk GmbH, Brandenburg
Sächsische Gußstahlwerke Dohlen AG, Freital
Freitaler Stahlindustrie GmbH, Freital
ATG Allgemeine Transportanlagen GmbH, Leipzig
Linke-Hofmann-Werke AG, Breslau
Waggon- und Maschinenbau AG, Bautzen
Scharfenbergkupplung AG, Berlin
Kontinentale Gesellschaft für Handel und Industrie AG, Krakau
Anhaltische Kohlenwerke, Berlin

Braunkohlen- & Benzin-AG, Berlin (15 Prozent)
Merseburger Überlandbahnen AG, Ammendorf bei Halle
Thüringer Kohlen- und Brikett-Verkaufsgesellschaft mbH, Berlin
Rombacher Hüttenwerke GmbH, Rombach/Westmark
Hochofenwerk Lübeck AG, Lübeck-Herrenwyk
Norddeutsche Werkhandel GmbH, Hamburg
Fellawerk AG, Feucht b. Nürnberg
Eisenwerk-Gesellschaft Maximilianshütte, Sulzbach-Rosenberg
Gewerkschaft Wittelsbach, Sulzbach-Rosenberg
Eisenkontor GmbH, Sulzbach-Rosenberg
Maxhütte-Industrie-GmbH, Regensburg
F. Sachs Nachf. GmbH, Plauen i. V.
Kalkdüngerwerk Oberpfalz GmbH, Vilshofen
Exportkontor für Stahlerzeugnisse, Maschinen u. Bahnbedarf GmbH, Berlin
Gewerkschaft des Steinkohlen- u. Eisenstein-Bergwerks »Siebenplaneten«, Dortmund
Harpener Bergbau AG, Dortmund
C. G. Main AG für Schiffahrt, Spedition u. Commission, Mannheim
Mainkette Reederei und Kohlenvertriebs AG, Dortmund
Harpener Kohlenhandels AG, Basel
Essener Steinkohlenbergwerke AG, Essen
Gewerkschaften Aachen I-VII, Essen
Gewerkschaften Augustus I-VII, V Forts., VI Forts., Essen
Gewerkschaften Freudenberg I/III, Essen
Gewerkschaften Uelte I/III, Essen
Gewerkschaft Hermann IV, Essen
Chemische Werke, Essener Steinkohle AG, Essen
Steinkohlenwerk Plötz GmbH, Plötz bei Löbeljün
Dorstfelder Dampfziegelei H. Schulte-Wilhelm & Co KG, Dortmund
Dortmunder Grundstücks AG, Essen
Handelsgesellschaft Essener Steinkohle GmbH, Essen
Hercules Transport GmbH, Essen
Brennstoff-Vertrieb Monopol GmbH, Kamen
Oberrheinische Brikettfabrik GmbH, Mannheim
Ad. Linden Kohlenhandelsgesellschaft mbH, Duisburg
Linden Reederei GmbH, Duisburg

Einen großen Teil seiner produktiven Besitztümer büßte der Flick-Konzern nach dem Krieg in Schlesien, Sachsen, Sachsen-Anhalt und Brandenburg ein. Was ihm jedoch im Westen verblieb, war ein nicht geringes Vermögen, dessen Kern er ab 1943 Zug um Zug nach Westdeutschland transferiert hatte. Daraus wuchs ein neues, gewaltiges, vielleicht sogar größeres Vermögen, als Friedrich Flick jemals in seiner Hand vereinigt hatte.

Flick war viel zu intelligent und gut informiert, um nicht spätestens 1943 zu wissen, daß der Krieg verloren gehen mußte. Er gruppierte angesichts des baldigen Endes seinen Konzern um und nutzte seine Beziehungen zu Göring, damit die entsprechenden Transaktionen nicht in der Presse kommentiert wurden. Diese Neuverteilung orientierte sich schon auf eine spätere Zeit. Der vorsichtige Konzernchef wollte mit diesen Transaktionen vor allem seine gewaltigen Rüstungs- und »Arisierungs«-gewinne verstecken. Der inzwischen schätzungsweise dreifache Milliardär besaß die Aktienmehrheit von nicht weniger als 132 Großunternehmen. Allein der Bruttogewinn seiner Mitteldeutschen Stahlwerke war von bescheidenen 8,3 Millionen RM im Geschäftsjahr 1933/34 auf 53 Millionen RM im Geschäftsjahr 1942/43 gestiegen. Im Jahre 1943 erzielte Flick aus elf seiner Werke einen Reingewinn in Höhe von 182,5 Millionen RM. (Um die Zahlen mit heutigen Verhältnissen vergleichen zu können, sind sie mit zehn zu multiplizieren.)

Eilig führte er dann in den wenigen Tagen vom 21. bis 30. September 1944 weitere entscheidende Tarnmanöver großen Stils durch. Er veränderte das Gesellschaftskapital einiger Firmen, verschmolz andere miteinander, gab ihnen neue Namen und tauschte schließlich diverse Aktienpakete aus.

Dazu traf er sich mit Hermann Josef Abs und dem 1939 aus dem Konzern ausgeschiedenen Otto Steinbrinck, der seit 1942 als Bevollmächtigter für Kohle in den besetzten westeuropäischen Ländern residierte, um mit ihnen seine Probleme in dieser Angelegenheit zu besprechen. Abs sollte der Familie Petschek in den USA die Nachricht zuspielen, daß Flick bereit sei, nach der Beseitigung Hitlers erneut mit ihnen über seine »Arisierungsgeschäfte« zu verhandeln.

Im Juli 1945 begann die amerikanische Untersuchungsbehörde Beweismaterial gegen Flick zu sammeln. Wenig später waren über 10 000 Seiten Dokumentenmaterial zusammengetragen und zahlreiche Personen gehört worden, die mit Flick und seinem Konzern in Beziehungen gestanden hatten und deren Aussagen für eine Anklage gegen Flick von Bedeutung waren.

Am 18. April 1947 wurde vor dem amerikanischen Militärgerichtshof IV in Nürnberg das Verfahren gegen Friedrich Flick, Otto

Steinbrinck, Konrad Kaletsch, Bernhard Weiss, Odilo Burkart und den ehemaligen Vorstandsvorsitzenden der Maxhütte, Hermann Terberger, eröffnet. Die Anklage warf ihnen vor:
  I. Teilnahme am Sklavenarbeitsprogramm des »Dritten Reichs« und die Verwendung von Kriegsgefangenen in der Rüstungsproduktion.
  II. Plünderung von öffentlichem und privatem Eigentum in besetzten Gebieten (Terberger wurde davon ausgenommen).
  III. Verbrechen gegen die Menschlichkeit (Flick, Steinbrinck und Kaletsch).
  IV. Finanzielle Unterstützung der SS (Flick und Steinbrinck).
  V. Mitgliedschaft in der SS (Steinbrinck).

Aber Flick fand milde Richter. Die Motive für ein Abrücken von den alliierten Vereinbarungen von Potsdam wurden in einer geheimen Denkschrift des amerikanischen Hauptanklägers im Hauptkriegsverbrecher-Prozeß, Robert H. Jackson, vom 7. Oktober 1946 ausgesprochen: »Ich bin gegen derartige weitere Prozesse und kann sie der Regierung der USA nicht empfehlen. Von unserem amerikanischen Standpunkt aus bringt ein solcher Prozeß gegen die Industriellen nur sehr wenig Nutzen; das Risiko hingegen, das wir mit ihm laufen, kann ungeheuer groß werden. Ich hege die Befürchtung, daß eine sich über eine lange Zeit erstreckende öffentliche Debatte gegen die Privatindustrie – und zu einer solchen würde es im Laufe dieses Prozesses kommen – den Industriekartellen den Mut nehmen würde, weiterhin mit unserer Regierung im Rahmen der Rüstungsmaßnahmen, die im Interesse unserer zukünftigen Verteidigung getroffen werden müssen, zusammenzuarbeiten.«

Flick sollte für sieben Jahre ins Zuchthaus, wurde aber am 25. August 1950 aus Landsberg entlassen. Die Urteile gegen Krupp und gegen I. G. Farben fielen härter aus. Am 1. Februar 1951 erwies sich jedoch das Flick-Urteil als Hebel, das Krupp-Urteil abzuschwächen und die Strafe zu verkürzen. Der amerikanische Hochkommissar entließ die Verurteilten des Krupp-Prozesses mit folgender Begründung aus der Haft: Die unmenschliche Ausbeutung ausländischer Zwangsarbeiter durch Krupp »war nicht schlimmer als die Haltung der Leiter des Flick-Konzerns und der I. G. Farben gegenüber den dort beschäftigten Zwangsarbeitern. Da diese seit längerer

Zeit begnadigt sind, liegt es im Interesse der Gerechtigkeit, wenn auch Krupp und seinen Mitangeklagten die Freiheit wiedergegeben wird.«

Flick hat auch »wiedergutgemacht«, da jedenfalls, wo es unausweichlich war, zum Beispiel bei den Warburgs, die schließlich über ausgezeichnete Auslandsbeziehungen verfügten und seinen Plänen viele Steine in den Weg rollen konnten. So war er zu einer »Wiedergutmachung« für das Hochofenwerk Lübeck bereit. Er brauchte Geld, um einem im Zusammenhang mit der Umwandlung der Eisen- und Stahlindustrie neu erlassenen Gesetz Genüge tun zu können, und so ließ er über seinen Partner Alfred Rhode bei Spiegelberg anfragen, ob nicht die Familien Warburg und Hahn im Gegenzug zu einer Rückübertragung ihrer Anteile zusätzliches Kapital in sein Unternehmen leiten wollten. Spiegelberg, der nach dem Krieg Kommanditist in der Bank war, regte an, Flick könne das umsatzlose Konto des Hochofenwerks Lübeck bei der Bank Brinckmann, Wirtz & Co. wiederbeleben. Tatsächlich legte die Bank 1950 eine große Anleihe auf, die Flick in den Stand versetzte, seine Maximilianshütte zu modernisieren. Auf diese Weise kam es zu einer sonderbaren Interessenverquickung zwischen verfolgten jüdischen Bankiers und einem weithin bekannten, rechtskräftig verurteilten Kriegsverbrecher.

Tabakindustrie

Schon im Herbst 1933 beteiligten sich die Besitzer der Zigarrenfabrik Hediger aus dem aargauischen Reinach mit 51 Prozent als Gesellschafter am Kapital der in Mannheim ansässigen Zigarrenfabrik Feibelmann, die mit ihren über 1000 Mitarbeitern 1933 zu den Großen der Branche zählte. Doch die Transaktion verlief in einer atypischen Weise: Nach außen erweckten die neuen Mehrheitseigner den Eindruck, man habe das Unternehmen »erfolgreich arisiert«. Doch blieben den alten Eigentümern umfassende Rechte an ihrer Firma erhalten. Bald kursierten Gerüchte, es handele sich hier um ein »getarntes jüdisches Unternehmen«. Der Schweizer Journalist Urs Thaler spricht sogar von einer »schweizerisch-jüdischen Partnerschaft«, mit der man »den Nazistaat glatt ausgetrickst« habe: Die Hedigers hatten die Inhaber von Feibelmann nämlich im Gegenzug an ihrem Unternehmen in der Schweiz beteiligt. In der Frühzeit des Regimes waren solche Geschäfte durchaus noch möglich und üblich, doch die Um- und Auswege wurden von den Behörden rasch versperrt.

In der Tabakverarbeitung beschränkten Maschinenverbote und eine strikt kontingentierte Zuteilung von Rohtabak die Produktion. Wer wachsen und expandieren wollte, konnte das also nur durch den Zukauf von fremden Betrieben tun. Da war die »Arisierung« von Betrieben ein geeignetes Mittel. Allein 109 Fälle von »Arisierungen« jüdischer Zigarrenfabriken, zumeist aus Baden, wo in der Oberrheinebene Tabak in großem Stil angebaut wurde, hat Thaler aus Wiedergutmachungsakten rekonstruiert.

Das Verhalten potentieller Käufer oszillierte zwischen Fairneß und Skrupellosigkeit. Dem kollegialen Verhalten im Fall Hediger/Feibelmann stand die Unbedenklichkeit entgegen, mit der die aargauischen Zigarrenfabrikanten Max und Rudolf Burger vorgingen.

Diese hatten schon 1928 im württembergischen Spaichingen eine Zigarrenfabrik gegründet, in der 1938 rund 600 Mitarbeiter in vier Betrieben der Region monatlich sechs bis sieben Millionen Stumpen herstellten.

In Emmendingen bei Freiburg gab es drei Zigarrenfabriken: Bloch, Odenheimer und Günzburger, alle drei im Besitz jüdischer Familien. Günzburger hatte 1910 mit 30 Arbeitsplätzen ganz klein begonnen, war aber schon 1934 zu einem stattlichen Unternehmen mit sechs Filialen und 1200 Beschäftigten angewachsen. Die beiden Eigentümer Henri Richheimer und Martha Günzburger waren in der ganzen Region geschätzt und beliebt. Sie verfügten sogar nach 1933 über Rückhalt bei örtlichen Behörden und in der Presse. Besonders eng waren ihre Beziehungen zur Belegschaft, sie gewährten branchenunübliche Sonderleistungen und überdurchschnittliche Löhne. Doch als der politische Druck auf die Firma immer stärker wurde, entschlossen sie sich, den Betrieb zu verkaufen und Deutschland zu verlassen. Da traten Burgers auf den Plan und kauften günstig. Die Gebrüder Burger feilschten in den Verhandlungen hartnäckig um jeden Posten und nutzten die schwache Position der Günzburgers aus, indem sie sogar die deutsche Justiz ins Spiel brachten. Sie pflegten nämlich enge Kontakte mit dem Treuhänder Rudolf Behrle, der nicht nur als Mitglied des »Nationalsozialistischen Rechtswahrerbundes« beste Beziehungen zu den einschlägigen Behörden hatte. (Nach dem Krieg gelang es ihnen sogar, Behrle als Zwangsverwalter ihrer deutschen Niederlassungen einsetzen zu lassen!) So wurde das Emmendinger Unternehmen am 1. Februar 1936 unter seinem wahren Wert verkauft, wobei für die Emigranten der Devisenanteil (160 000 SFR) sehr wichtig war. Im Oktober 1936 wurden die jüdischen Angestellten entlassen, und nicht besser ging es den »nichtarischen« Lieferanten. Schon zwischen 1936 und 1938 verdreifachte sich der Reinertrag der Burgerschen Unternehmungen in Deutschland.

Wie vielen anderen »Arisierern« konnte man den Burgers nicht einmal nachsagen, dem Nationalsozialismus besonders nahegestanden zu haben. Sie konzentrierten sich aufs Geschäft, blind für das, was um sie herum geschah; auch für das Konzentrationslager, das in unmittelbarer Nähe der Burger-Villa im September 1944 errichtet wurde. Dort fanden in kaum einem halben Jahr rund 160 Häftlinge unter qualvollen Lager- und Arbeitsbedingungen den Tod.

Henri Richheimer und Martha Günzburger wanderten in die USA aus. Henri Richheimer betrieb mit seiner Frau eine kleine Hühnerfarm, die gerade 1000 US-$ im Jahr abwarf. Das war aber immer noch so viel, daß sie nach 1945 aus den USA ihren einstigen Angestellten Lebensmittelpakete schicken konnten. Aber die Akte Burger Richheimer/Günzburger wurde doch noch einmal aufgeschlagen, nach 1945. Intensive Recherchen brachten den Journalisten Thaler auf die Spur des amerikanischen Anwalts Hans Strauss, der Richheimer und Günzburger nach Kriegsende geholfen hatte, ihre Ansprüche gegenüber Burgers geltend zu machen. Burgers hatten keine Eile, sie spielten auf Zeit. Sie waren sich, so Thaler, auch nach 1945 treu geblieben: Sie haben »immer knallhart verhandelt, zahlten immer nur soviel, wie sie mußten, und nahmen soviel, wie sie bekommen konnten«. Von Unrechtsbewußtsein, von Schamgefühl keine Spur. Der hartnäckige amerikanische Anwalt der Günzburgers, Hans Strauss, erreichte trotz einiger Verzögerungsmaßnahmen mit einer Klage im September 1949 schließlich einen gerichtlichen Vergleich: 100 000 SFR und 20 000 DM für »juristische Ausgaben«. Kaum mehr als ein »Trostpflaster« für die bei weitem zu niedrig bewerteten Fabrikanlagen, Liegenschaften und Warenlager. Mit der Burger abgetrotzten Entschädigung war den beiden Vorbesitzern ein ruhiger Lebensabend im Exil gleichwohl nicht vergönnt, sie starben schon zu Beginn der 50er Jahre.

Die bekannte Tabakdynastie Villiger aus dem Kanton Luzern hatte 1935 die deutsche Firma Geska gekauft und dank den damit erworbenen Tabakkontingenten gewinnbringend fortgeführt. Aus dem erhaltenen Briefwechsel über den Verkauf ist ersichtlich, daß Villiger die Notsituation der jüdischen Eigentümer Strauss nicht ausgenutzt hat. Deshalb war auch der Kaufpreis deutlich höher als sonst üblich. Bei den übernommenen Betrieben der Firma Geska gab es schon keine jüdischen Arbeiterinnen mehr. Aber in den eigenen Betrieben in Deutschland hat Villiger jüdische Tabakarbeiterinnen und Angestellte offenbar noch sehr viel länger beschäftigt als andere. Und trotz Pressionen der Gestapo hat er Angehörige der ebenfalls verfolgten Zeugen Jehovas weiterbeschäftigt – bis zu deren Deportation.

Die in die USA emigrierten Eigentümer, Julius und Ludwig Strauss, forderten 1948 in einem Wiedergutmachungsverfahren in Deutschland von Max Villiger eine Verdoppelung des damals gezahlten Verkaufspreises. Aber in einem Vergleich bezeichneten sie dann doch die damals gezahlte Summe als angemessen, während Villiger ihre Anwaltskosten übernahm.

Ein anderes Beispiel liefert der Zigarettenfabrikant Garbáty. Josef Garbáty-Rosenthals Familie war Mitte des 19. Jahrhunderts aus Weißrußland nach Berlin eingewandert und begann mit der Herstellung selbstgedrehter Zigaretten. 1881 gründete Josef Garbáty eine kleine Fabrik in Berlin-Mitte. Er war so erfolgreich, daß die Firma 1907 nach Pankow umziehen mußte. 800 Arbeiter waren dort mit der Erzeugung von blauem Dunst beschäftigt. Der Unternehmer war fortschrittlich, er wußte, daß Shareholder Value nicht alles ist. So schuf er für seine Arbeiter Sozialeinrichtungen, mit denen er seiner Zeit weit voraus war: Sportklub, Kantine, Wäscherei und Kindergarten. Und 1918 stellte der Unternehmer eine Million RM als Grundkapital für die »Arbeitslosenfürsorge Garbáty« zur Verfügung, zehn Jahre, bevor ein Gesetz zur Arbeitslosenversicherung verabschiedet wurde.

Den Zeitgeist der 30er Jahre traf er mit »Kurmark«, einer Zigarette, deren Packung ein goldgelockter Jüngling zierte. Garbáty hatte sich noch nicht träumen lassen, daß sein Abbild bald unerwünscht war. 1914 hatte Josef Garbáty der Gemeinde Pankow 50 000 RM für kulturelle Zwecke gestiftet. Das Geld sollte zur Errichtung einer Volksbadeanstalt verwendet werden, aber es wurden davon später »Führerbilder« für das Rathaus erworben.

In den 20er Jahren erkrankte er und überschrieb die Fabrik, allerdings ohne die dazugehörigen elf Grundstücke, seinen beiden Söhnen Eugen und Moritz. Eugen Garbáty verkaufte 1929 seinen Anteil für fünf Millionen Gulden an den Zigarettenkönig Reemtsma, zahlbar auf ein Auslandskonto. Eine weitere Million stundete er Reemtsma als Darlehen. Zudem wollte er den Reemtsma-Anteil auf unbefristete Zeit treuhänderisch verwalten, ein durchaus übliches Geschäft, denn Monopolisten waren nicht wohl gelitten, und

Reemtsma tarnte gern seine umfangreichen Zukäufe. Eugens jün_gerer Bruder Moritz behielt seinen Anteil, aber für die Garbátys wurde es immer schwieriger, Tabak auf dem Weltmarkt einzukaufen. Für Fabrik und Grundstücke wurde ein Käufer gesucht, und ein Geschäftspartner Reemtsmas, Jakob Körfer, Parteimitglied seit 1933, meldete Interesse an. Am 29. September 1938 ließ der Rechtsanwalt der Familie Garbáty Jakob Körfer wissen, er sei »als Käufer erwünscht«. Am 24. Oktober wurde der Kaufvertrag unterzeichnet: Moritz Garbáty sollte für seine 50 Prozent sechs Millionen RM erhalten, Eugen ein Abfindungshonorar von einer Million RM für die Reemtsma-Treuhandschaft. Körfer erwarb von Reemtsma direkt später die restlichen 50 Prozent. Am 2. November 1938 genehmigte das Reichswirtschaftsministerium den Vertrag, allerdings mit Auflagen. Der Kaufpreis an Moritz Garbáty wurde auf 4,7 Millionen RM heruntergesetzt, wovon noch eine »Treueprämie« von 300 000 RM für die »arischen« Zigarettenarbeiter abgezweigt wurde. Für die noch Vater Garbáty gehörenden elf Grundstücke bezahlte Körfer einen Spottpreis von 1,7 Millionen RM. Nachdem aber Garbátys Söhne die Pässe und umfangreiche Sonderabgaben für ihre Auswanderung bezahlt hatten, blieb von dem Geld nicht mehr viel übrig. Ihr Vater wollte und konnte nicht mehr fliehen. Er war schon 87 Jahre alt. Ein paar Monate, nachdem seine Kinder in Amerika angekommen waren, starb er in seiner Villa in Pankow.

1999 beschloß die Bezirksverordnetenversammlung von Pankow, Garbáty öffentlich zu ehren und die Berliner Straße, an der nicht nur die Zigarettenfabrik, sondern auch die Villa und das Jüdische Waisenhaus liegen, in Garbátystraße umzubenennen.

Es ertönte der übliche Protest der anliegenden Gewerbetreibenden, die ihre Geschäftsadressen nicht ändern wollten. 7000 Unterschriften kamen zusammen. Ernest Grondziel, ehemaliger Technischer Direktor des VEB »Berliner Zigarettenfabrik« – DDR-Nachfolger von Garbátys-, fand die Diskussion unwürdig, ebenso wie der 70jährige Enkel von Josef Garbáty, der als Kind mit seinen Eltern aus Deutschland geflohen war.

Da hatte der ehemalige Betriebsleiter der DDR-Nachfolgefirma eine Idee: Der noch namenlose Platz vor dem Bahnhof Pankow sollte nach Garbáty benannt werden. Künftig würden alle, die mit der U- oder der S-Bahn in den nordöstlichen Bezirk fahren, am Garbátyplatz aussteigen. Aber keiner hatte mit den Nichtrauchern gerechnet: Der »Nichtraucherbund Berlin«, ansässig im »Haus der Demokratie und Menschenrechte«, erhob Einspruch gegen die Ehrung des »Zigarettenfabrikanten«, der schließlich »profitorientiert« gewirkt habe. »Bei allem Verständnis dafür, ehemalige Bürger jüdischen Glaubens zu ehren, ist jedoch zu fragen, ob und gegebenenfalls wie sich Herr Garbáty um Berlin verdient gemacht hat.« Die Ehrung, so hieß es weiter, müsse von Nichtrauchern, also von zwei Dritteln der Bevölkerung, als Affront gewertet werden.

Zwar räumten die den Menschenrechten verpflichteten Nichtraucher ein: »Vielleicht hätten wir unseren Protest dann vorsichtiger formuliert«, doch »von der Sache her« sei das Veto richtig, und warum man den Nichtraucherbund jetzt in die rechte Ecke stelle, verstand der stellvertretende Vorsitzende Andreas Schmidt auch nicht: Für ihn mache es keinen Unterschied, ob einer Muslim, Christ oder eben Jude sei. Der Vizepräsident der bayerischen »Nichtraucherinitiative«, Günther Krause, formuliert das so: »Das ist wie vor Gericht. Wir sind die Ankläger. Deshalb müssen wir nicht abwägen und den Glauben dieses Mannes berücksichtigen. Schließlich hat er unzähligen Menschen Siechtum und Krankheit gebracht.« Mit der neuen U-Bahn-Station wurde am 16. September 2000 der Garbátyplatz feierlich eingeweiht. Es werden auch Nichtraucher dabei gewesen sein.

Banken

»Was ist der Einbruch in eine Bank gegen den Besitz einer solchen?« fragt Bertolt Brecht in der *Dreigroschenoper*. Im Zuge der »Arisierung« waren bis Ende 1937 rund 30 000 größere Firmen jüdischer Eigentümer aus dem Wettbewerb ausgeschaltet und häufig für ein Spottgeld an die nichtjüdische Konkurrenz verramscht worden. Fünf von sechs Einzelhandelsgeschäften jüdischer Besitzer und zwei Drittel der kleineren jüdischen Betriebe waren zum selben Zeitpunkt bereits geschlossen. An der »Arisierung« waren alle großen Geldhäuser, die Dresdner, die Deutsche und die Commerzbank, beteiligt. Sie vermittelten die Geschäfte. Sie gaben den »arischen« Interessenten die Kredite. Sie sicherten sich die traditionsreichen jüdischen Privatbanken Hardy, Bleichröder und Mendelssohn. Und sie wußten, was sie taten.

1933 waren diese drei großen Geschäftsbanken praktisch bankrott und standen unter staatlicher Aufsicht. Erst nach Anlaufen des Aufrüstungsprogramms gelang es zuerst der Deutschen, dann der Dresdner und dann auch der Commerzbank, sich der staatlichen Kontrolle wieder zu entziehen und von Rüstung und »Arisierung« zu profitieren.

Bereits am 9. April 1933 hatte der ehemalige Vorstandssprecher der Deutschen Bank, Georg Solmssen, gewarnt: »Ich fürchte, wir stehen noch am Anfange einer Entwicklung, welche zielbewußt, nach wohlaufgelegtem Plane, auf wirtschaftliche und moralische Vernichtung aller in Deutschland lebenden Angehörigen der jüdischen Rasse, und zwar völlig unterschiedslos, gerichtet ist.« Eine Stellungnahme mit Weitblick.

»Tatsächlich«, so der Brite Harold James, »leistete die Finanzwelt nur wenig direkten Widerstand. Statt dessen rechtfertigten die Bankiers ihre willfährige Haltung mit der Begründung, sie hätten sich mit der Realität auseinandergesetzt und sie dann, wenn auch erfolglos, soweit wie möglich zu verändern versucht.« Eine englische Untertreibung. Durch ihre Geschäfte im und mit dem Nationalsozialismus war die Deutsche Bank zur größten und einflußreichsten im Lande geworden. Sie hielt etwa ein Fünftel des Gesamtvermögens aller Geschäftsbanken. Sie wickelte 30 Prozent aller Aktientransfers ab. Ihre Vertreter saßen in 379 Aufsichtsräten.

Anfang 1938 forderten die »arischen« Deutsch-Bankiers Hans Rummel und Karl Kimmich von ihren Filialdirektoren »eine weitere Aufstellung Ihrer nicht arischen Kundschaft, die für die ›Arisierung‹ in Frage kommt. Hierbei interessiert uns im einzelnen, wieweit der Arisierungsprozeß des betreffenden Unternehmens gediehen ist und wieweit Sie selbst hierbei mitwirken.«

Kurz vor dem Novemberpogrom 1938 hielt Kimmich fest, daß die Deutsche Bank an der »Arisierung« von 330 Unternehmen mitgewirkt habe. Dabei, so klagte er, seien »die Schwierigkeiten, insbesondere die Personalfrage, nicht gering«.

Dennoch lobte das Reichssicherheitshauptamt 1939 die Arbeit der Banken: »Die ›Arisierungen‹ sind im Bankgewerbe mit Hilfe der Privatbanken, besonders der Deutschen Industriebank, Reichs-Kredit-Gesellschaft und der Deutschen Bank zum Abschluß gekommen.«

In Frankfurt und Berlin sind 1998 etwa 9,5 Kilometer Akten der Deutschen Bank zusammengetragen worden, die die Zeit vor 1950 betreffen. Manfred Pohl, der Leiter des Historischen Instituts der Deutschen Bank, schätzt, daß wohl zehn Jahre nötig sein werden, um das Material wissenschaftlich aufzuarbeiten. Erste Fundstücke betreffen Baufinanzierungen der Bank in Auschwitz oder auch Gestapo-Konten in Berlin.

Bereits eine erste Durchsicht von Akten hat bemerkenswerte Resultate zutage gebracht: Vier schlesische Filialen der Deutschen Bank hatten lokale Unternehmen finanziert, die auf der Großbaustelle Bunawerk der I. G. Farben und zum Teil auch für die Waffen-SS in Auschwitz tätig waren. Einer der Firmen war immerhin ein Kreditrahmen von 400 000 RM eingeräumt worden. Es ist das erste Mal, daß der Deutschen Bank eine solche Kreditvergabe direkt nachgewiesen werden konnte. Für Pohl steht außer Frage, daß die

Filialleiter am Ort die Bedeutung von Auschwitz genau kannten. Wußte die Zentrale in Berlin, wo die Kreditverträge immerhin abgezeichnet wurden, Bescheid?

Die Historiker wurden auch in den Unterlagen der Depositenkasse F. Alexanderstraße in Berlin fündig: Sie stießen auf Konten der Geheimen Staatspolizei, auf denen Versteigerungserlöse aus dem Hausrat emigrierter oder deportierter Juden lagen. Das Geld wurde später an die Finanzverwaltung überwiesen. Dies hatte zur Folge, daß nur in Einzelfällen Konten über das Kriegsende hinaus bestehen blieben. Mitte der 70er Jahre wurden von der Deutschen Bank die Konten von Kunden unbekannten Aufenthalts und, so Pohl, meist ohne Holocaust-Hintergrund abgewickelt. Dabei wurden 323 Konten mit mehr als 100 DM Guthaben von zusammen 150 000 DM an den Staat abgeführt und weitere Konten mit weniger Guthaben der Ertragsrechnung der Bank zugeschlagen. Diese Beträge stünden jedoch noch für jeden Anspruchsberechtigten bereit, der sich melde. Weiteres umfangreiches Material ruht in Ungarn, Rumänien, Bulgarien, Rußland oder Tschechien. Gut zwei Kilometer Akten befinden sich, völlig unsortiert, in Prag. Viel Arbeit für Historiker.

Raubgold

In den Kellern der Reichsbank schwollen die Goldbestände ab 1942 an. Der neue Reichtum der Nationalsozialisten kam aus den Vernichtungslagern im Osten. Dort sammelte SS-Hauptsturmführer Bruno Melmer im geheimen Auftrag das Gold ermordeter Juden ein. In Auschwitz stand die Schmelze direkt neben den Verbrennungsöfen.

Münzen, abgerissener Schmuck, abgenommene Eheringe, herausgebrochene Zahnfüllungen verwandelten sich in makellose Goldbarren. Die Kisten, Säcke und Beutel mit dem Gold lieferte Melmer beim Wirtschafts- und Verwaltungshauptamt der SS ab, das die Ware zur Reichsbank schickte, wo die Barren mit einer Nummer versehen wurden. »Melmer« stand in den Eingangsbüchern. Anschließend ging das Edelmetall an die Degussa, wo man es in handelsübliche Barren umschmolz und in die Reichsbank zurückbrachte. Von dort erwarben es die Geschäftsbanken, darunter die Deutsche Bank. Die Herkunft war den Barren nun nicht mehr anzusehen.

Die Deutsche Bank baute eine Handelsverbindung von Berlin über Wien, Böhmen, Sofia bis nach Istanbul. Auf dem freien Goldmarkt der Türkei ließ sich Gold mit Gewinn verkaufen. Die Deutschen waren auf Gold angewiesen, besonders im Handel mit neutralen Staaten, die die Reichsmark nicht akzeptierten. Sie brauchten es für den Aufbau der deutschen Kriegsmaschinerie.

Und Gold war rar. Wer im Krieg mit Gold handelte, benutzte die neutrale Schweiz als Drehscheibe. Und nur ein Geldinstitut, das am Bankenplatz Zürich einen Unterhändler mit Schweizer Paß hatte, konnte noch Gold transferieren, nachdem sich die Türkei 1944 gegen Deutschland gestellt und die Niederlassungen deutscher Banken geschlossen hatte.

Deutsch-Bankier Hermann Josef Abs hatte mit Alfred Kurzmeyer einen solchen Mann in seiner Abteilung, Generalbevollmächtigter der Deutschen Bank im Rang eines Direktors. Ein Pendler zwischen Berlin und Zürich, zwischen Berlin und dem Rest der deutsch besetzten Welt. Der Mann mit dem Schweizer Paß stand inmitten eines »Netzwerkes enger Vertrauensverhältnisse«, die Abs aufbaute.

»Nützlich«, so die Historikerkommission, waren vor allem Kurzmeyers »gute Beziehungen zu den Nazis«. Denn der Abs-Vertraute handelte zugleich im Auftrag der Deutschen Wirtschaftsbetriebe, einer Holding von SS-Unternehmen, in der Obergruppenführer Oswald Pohl für den Reichsführer SS treuhänderisch die Geschäfte führte. Kurzmeyers Geschäftspartner Pohl wiederum leitete gleichzeitig das Wirtschafts- und Verwaltungshauptamt, jene Schaltstelle des SS-Wirtschaftsimperiums, die das geraubte Gold aus den Vernichtungslagern entgegennahm. In dem Depot, das Abs' Partner Kurzmeyer bis zum Ende des Krieges für die Deutsche Bank in Zürich verwaltete, lagerten 323 Kilo Gold. Daß Gold dabei war, das von ermordeten Juden stammte, ist möglich, im einzelnen aber heute nicht mehr nachweisbar.

Unbestritten aber ist, daß führende Bankiers wie Abs wußten, woher der seit 1940 plötzlich angehäufte Goldbestand der Reichsbank sonst noch stammte, mit dem auch die deutschen Geschäftsbanken handelten: Die Schätze waren Beutegold aus den Notenbanktresoren besetzter Länder, aus den Niederlanden, aus Belgien, aus Frankreich. Abs machte gute Geschäfte, als er im Herbst 1940 staatliche Auslandsanleihen mit Beutegold zurückkaufen sollte, um für das Reich Schulden abzulösen.

Er reiste selbst nach Schweden, trat als Verhandlungsführer der Reichsbank auf und kaufte Anleihen im Nominalwert von etwa 40 Millionen US-$ zum Kurs von 40 Prozent zurück. Abs stimmte sich mit dem Vizepräsidenten der Reichsbank ab und erhielt nach dem Geschäftsabschluß fast 300 000 RM Provision. Wie der Historiker Gall herausfand, sollte Abs anschließend ein ähnliches »Nachfolgegeschäft« einfädeln, das wie schon das erste als »Staatsgeheimnis eingestuft« wurde, dann aber scheiterte. Nur mit den Chefs der Reichsbank hatte Abs darüber reden dürfen.

Wenn Abs also das Vertrauen der Reichsbank-Präsidenten genoß und in ihrem Auftrag Gold gegen Anleihen tauschte, fragen sich die Historiker jetzt, hat er dann von der Reichsbank nicht auch etwas über das Opfergold erfahren müssen?

Es sieht zumindest merkwürdig aus, wie Abs sich verhielt, nachdem die Schweiz das Depot der Deutschen Bank in Zürich 1945 eingefroren hatte, in dem auch 323 Kilo Gold lagen. Als die Deutsche Bank später darüber wieder verfügen durfte, sträubte sich Abs gegen den naheliegenden Vorschlag, das Gold zu verkaufen. Noch 1956 erklärte er, man soll diese »Depots ruhig liegen lassen«. Vier Jahrzehnte lang hielt sich die Deutsche Bank an diese ökonomisch unvernünftige Weisung, zahlte an die depotführende Bank in der Schweiz brav Verwaltungsgebühren, ohne mit dem Gold auch nur eine Mark zu verdienen. Erst 1995, ein Jahr nach Abs' Tod, verkaufte die Deutsche Bank das Gold für 5,6 Millionen DM – und schenkte den gesamten Erlös zwei Jahre später jüdischen Organisationen. Eine Geste aus der Ungewißheit heraus, woher das Gold stammte.

»Arisierung« durch Banken

Zum Bankengeschäft der Nazizeit gehörte die Abwicklung von »Arisierungen«. Die Banken weiteten ihr Geschäft durch Kredite für »Arisierungskäufe« aus (was die Dresdner mit mehr Eifer betrieb als die Deutsche Bank), und sie erstellten Listen jüdischer Kontoinhaber für die »Arisierung«, wozu der Vorstand der Deutschen Bank seine Filialen im Frühjahr 1938 ausdrücklich aufforderte.

In der eigenen Branche ist die Deutsche Bank dem Auftrag des NS-Regimes besonders eifrig gefolgt. »Die Arisierungen sind im Bankengewerbe mit Hilfe der Privatbanken, besonders der Deutschen Industriebank, Reichs-Kredit-Gesellschaft und der Deutschen Bank zum Abschluß gekommen«, vermeldete Ende 1939 das Reichssicherheitshauptamt.

Abs übernahm gleich nach Amtsantritt die »Arisierungen« des Bankhauses Mendelssohn und des Lederproduzenten Adler & Oppenheimer. Lothar Gall und Harold James, beide Mitglieder der Historikerkommission der Deutschen Bank, betonen im Fall Mendelssohn, daß sich die jüdischen Inhaber des Unternehmens von selbst an Abs und die Deutsche Bank gewandt hätten, um unter den herrschenden Bedingungen bei einer vergleichsweise vertrauenswürdigen Bank zu retten, was noch zu retten war: den Namen und die Versorgung des »arischen« Personals.

Daß die Bank sich gegenüber einigen Opfern der »Entjudung der deutschen Wirtschaft«, wie es im NS-Jargon hieß, vergleichsweise anständig verhielt, ist unumstritten. Bloß ändere das, schreibt Harold James, nichts an der »schweren moralischen Schuld«. Derzeit, so James, schätze man die Zahl der durch die Deutsche Bank »arisierten« Unternehmen auf rund 300.

Spielte die Konkurrenz zur Dresdner Bank schon beim Geschäft mit der »Arisierung« im »Reich« eine Rolle, so wurde es zu einem zentralen Motiv bei der Expansion der Bank in die annektierten und okkupierten Gebiete. Gewissermaßen im Windschatten der Wehrmacht war Abs wenige Tage nach dem »Anschluß« Österreichs im März 1938 nach Wien gereist, um die Übernahme der Österreichischen Creditanstalt–Wiener Bankenverein, der größten

Bank des Landes, in Angriff zu nehmen. Dieses Mal paßte der Expansionsdrang der Deutschen Bank den NS-Oberen überhaupt nicht. Doch am Ende bekam Abs, was er wollte: die Kontrolle über die Creditanstalt und damit ein Sprungbrett nach Südosteuropa. »Es galt«, schreibt Lothar Gall, »der Deutschen Bank auch in diesem neuen Gebiet des nun ›Großdeutschen Reiches‹ die führende Stellung zu verschaffen.«

Im überfallenen Polen eröffnete die Bank Filialen in zahlreichen Städten, in Belgien übernahm sie die Banque de la Société Générale de Belgique und den Kaufhauskonzern Grands Magasins à l' Innovation, im Protektorat Böhmen und Mähren schluckte sie unter anderem die Böhmische Union-Bank, bei der die SS das Vermögen der jüdischen KZ-Häftlinge deponierte.

Zur selben Zeit hielt Abs Kontakt zu Widerstandskreisen. Mit Peter Yorck von Wartenburg und Helmuth James von Moltke war er bereits seit Ende der 20er Jahre bekannt gewesen. In einer Stellungnahme für den Berufungsausschuß für Entnazifizierung schrieb 1947 Yorck von Wartenburgs Witwe Marion, Abs habe »stets in Verbindung mit der Widerstandsbewegung« gestanden und das Vertrauen der Beteiligten genossen. Er sei zudem einverstanden gewesen, nach dem Sturz Hitlers einer Delegation anzugehören, die mit England verhandeln sollte. Als er im November 1941 gebeten wurde, sich dem Kreisauer Kreis anzuschließen, lehnte er mit Hinweis auf seine Verantwortung gegenüber der Deutschen Bank ab. Er entschloß sich, wie er später sagte, »kein Held zu sein«.

Schon 1937 hatte er sich entschieden, Karriere unter den Bedingungen der NS-Diktatur zu machen. Nun war seine Entscheidung gegen den Widerstand eine Entscheidung für die Deutsche Bank, von der er 35 Jahre später, auf seiner letzten Hauptversammlung, sagen sollte: »Ich werde mich mit der Deutschen Bank bis zum letzten Atemzug verbunden fühlen.«

»Die Deutsche Bank«, ermittelte die Finanzabteilung der amerikanischen Militärregierung in Deutschland 1947, »benutzte ihre gewaltige Macht, um bei der Durchführung der verbrecherischen Politik des Nazi-Regimes mitzuwirken.«

Die amerikanischen Finanzfachleute empfahlen daher, daß »die Deutsche Bank liquidiert wird, die verantwortlichen Mitarbeiter als

Kriegsverbrecher vor Gericht gestellt und von der Übernahme verantwortlicher Positionen im wirtschaftlichen und politischen Leben Deutschlands ausgeschlossen werden«. Es sollte jedoch anders kommen.

Dresdner Bank

Im O.M.G.U.S.-Bericht der amerikanischen Militärregierung über die Macht der Banken im »Dritten Reich« wurde bereits 1947 von »engsten Verbindungen mit dem Naziregime, der SS und der Nazipartei« berichtet. So verwundert es nicht, daß neben der Deutschen Bank auch die Dresdner am Geschäft mit dem Opfergold beteiligt war. Zur Zeit untersucht das Hannah-Arendt-Institut für Totalitarismusforschung in Dresden, wieviel Gold aus den Konzentrationslagern über die Dresdner Bank ins Ausland gelangte.

Der Dokumentarfilm des Hessischen Rundfunks *Ein braunes Band der Sympathie – Die Dresdner Bank und das Dritte Reich* schilderte 1997 die Schicksale »arisierter« Firmen und ihrer Besitzer.

Seit der Bankenkrise 1931 hielt der Staat mehr als 70 Prozent der Aktien an dem Geldinstitut. Schon früh hatte das Regime deshalb Führungspositionen in der Bank mit treuen Gefolgsleuten besetzt. Die Bank entließ willfährig ihre zahlreichen jüdischen Mitarbeiter, »vom Vorstandsmitglied bis zur Sekretärin«, sagt ein Mitarbeiter vom Dresdner Forschungsprojekt. Aus der einst von Juden gegründeten Dresdner wurde die »Bank der SS« (O.M.G.U.S.-Bericht). Mehrmals räumte die Bank SS-Führungsleuten Kredite zu Sonderkonditionen ein, etwa um die westfälische Wewelsburg zu einer SS-Kultstätte auszubauen.

Im Wettbewerb um Aufträge und Kunden mit dem Hauptkonkurrenten, der Deutschen Bank, erwies sich der enge Kontakt zum NS-Staat als geldwerter Vorteil. Das zeigte sich besonders bei der »Arisierung« jüdischer Unternehmen, von der Dresdner Bank mit Eifer vorangetrieben. Oft schlug das Institut auch selbst Profit aus dem Zwangsverkauf, etwa bei der Übernahme jüdischer Bankhäuser. In den von der Wehrmacht besetzten Gebieten betrieb das Geldunternehmen später eine »extrem rücksichtslose« Expansionspolitik, heißt es im O.M.G.U.S.-Bericht. »Die moralische Hemmschwelle vieler Banker habe sich wahrscheinlich immer weiter zersetzt«, sagt der Historiker Dieter Ziegler aus Dresden.

Vorstandsmitglieder, die zweifelten, haben weggeschaut. Nach dem Krieg konnten viele Bankmanager aus dieser Taktik Kapital schlagen. Nur Vorstandssprecher Karl Rasche wurde in Nürnberg verurteilt. Die meisten anderen Mitglieder der Leitungsgremien konnten sich sofort daranmachen, die von der amerikanischen Militärregierung zerschlagene Bank zu vereinen. 1957 war es soweit, und der neue Aufsichtsratsvorsitzende war der alte: Carl Goetz, der »Abs der Dresdner Bank«. Was er und die anderen Männer im Vorstand von den Verstrickungen des Geldhauses in die Naziverbrechen wußten, bleibt bis heute unklar, so wie auch bei Deutsch-Banker Abs. Sie alle schwiegen.

1996 noch handelte der damalige Vorstandssprecher Jürgen Sarrazin die düstere Seite der Geschichte der Bank weitgehend mit dem Satz ab: »Mit diplomatischem Geschick« habe der damalige Bankchef die Dresdner »um die Klippen der Zeit« gesteuert. Eine genaue Rekonstruktion des Verhaltens in der damaligen Zeit sei unmöglich, da das Institut in Frankfurt kein Firmenarchiv besitze. Über eine für Historiker aufbereitete Dokumentation verfügte die Bank in der Tat nicht. Doch in Berlin existiert das sogenannte Altbankarchiv, eine Ablage alter Ordner von zusammengenommen sieben Kilometer Länge. Niemals hatte sich die Bank darangemacht, die Akten zu ordnen. Als die Dresdner Forscher hier begannen zu recherchieren, stießen sie verwundert auf »höchst wertvolles Material«, so Historiker Henke.

Unter dem Vorstandsvorsitzenden Carl Goetz richtete die Dresdner Bank Konten für die Gewinne der SS-Firmen ein. Die Bank profitierte somit von der »Vernichtung durch Arbeit«. Und sie half ganz direkt bei der Finanzierung der Mordmaschinerie. So versorgte sie Himmlers Sonderkonto für Zwecke der Polizeiführung Monat für Monat mit einem Kredit von einer Million RM. Dennoch wurde aus dem alten Aufsichtsratsvorsitzenden auch der neue. Das Nachkriegsdeutschland Adenauers und Erhards ehrte Carl Goetz mit dem Bundesverdienstkreuz.

Engelhardt

Von Berlin aus steuerte die Dresdner Bank ihre Aktionen gegen deutsche Industrielle, die im NS-Staat zu Freiwild erklärt wurden, weil sie Juden waren. Eines der ersten Opfer in Berlin: der Brauereibesitzer Ignatz Nacher. 1907 hatte er den Engelhardt-Konzern gegründet. Das Bier schmeckte den Berlinern, und Nacher ließ sein Bier als erster in Flaschen abfüllen und mit Kronkorken verschließen. Wer Lust auf ein kühles Blondes hatte, mußte nicht mehr in die Kneipe gehen, und, das war bei den damaligen Verhältnissen in Arbeiterhaushalten wichtig, die Frauen konnten den Konsum kontrollieren. Engelhardt entwickelte sich zum zweitgrößten deutschen Brauereikonzern, zu dem auch Patrizier Bräu, Dortmunder Stiftsbrauerei und Haake-Beck gehörten. Engelhardt boomte trotz Wirtschaftskrise. Noch im Januar 1933 zahlte Engelhardt fünf Prozent Dividende an seine Aktionäre.

Am 20. März 1933 tagte der Aufsichtsrat von Engelhardt. Es ging um den früheren Verwaltungssitz des Konzerns, das Engelhardt-Haus am Alexanderplatz, das Nacher an die Stadt verkauft hatte. Viel zu teuer, wie es nachträglich hieß. Die Presse sprach von 120 000 RM Schmiergeld, die er angeblich gezahlt hätte. In Wahrheit handelte es sich um Nachers Weihnachtsgeschenk für Berlins Arme, 120 000 RM für die Armenspeisung, gezahlt von Nachers Privatkonto. Aber die Verleumdungskampagne lief auf Hochtouren.

Am Ende mußte Ignatz Nacher als Generaldirektor zurücktreten und 25 Prozent der Engelhardt-Aktien im Wert von 2,5 Millionen RM als »Sühneleistung« an Julius Lippert, den späteren Oberbürgermeister von Groß-Berlin, übereignen. Ignatz Nachers Nichte Susanne Thaler erinnerte sich in dem Film *Ein braunes Band der Sympathie*: »Die Dresdner Bank hat sich da in, wie man heute nachlesen kann, ja in hervorragender Weise beteiligt und hervorgetan. Denn im Januar ist Hitler an die Macht gekommen, und schon im selben Jahr haben sie angefangen, Nacher mit den übelsten Tricks aus seiner Stellung nicht nur zu drängen, sondern auch sich seines Vermögens oder seines Besitzes, also der Brauerei, dieses Imperiums, sich zu bemächtigen.«

Der erzwungene Rücktritt Nachers und die »Sühnezahlung« waren lediglich der Auftakt. Ausgerechnet die Zahlung an den Erpresser Lippert sollte Nacher nun endgültig stürzen. Die Aufsichtsratsmitglieder Hölling und Hilar Giebel verklagten nun Nacher, weil er durch seine Zahlungen an Lippert die Aktionäre geschädigt habe, vor allem den Großaktionär Dresdner Bank, dem bereits 23 Prozent gehörten. Im November schon wurde der schwerkranke Ignatz Nacher verhaftet.

Am 26. April 1934 fällte das Landgericht Berlin das Urteil: Dafür, daß Lippert von ihm 2,5 Millionen RM erpreßt hatte, mußte Ignatz Nacher nun 10 000 RM Geldstrafe zahlen. Von dem Vorwurf der angeblichen Schmiergeldzahlungen, der am Anfang der Affäre stand, war längst keine Rede mehr.

Höchstens zehn Prozent des tatsächlichen Werts hat Nacher schließlich für seine restlichen Aktien erhalten. Der Betrag wurde auf ein Konto bei der Dresdner Bank überwiesen und entsprach genau der Summe, die Nacher 1938 für seine Auswanderung zahlen mußte. Die Dresdner Bank überwies das Geld auf ein Sonderkonto des Reichs, und aus dem einstigen Konzernherrn Ignatz Nacher war ein mittelloser Flüchtling geworden.

Im September 1939 starb Ignatz Nacher. Seine Schwägerin, deren Tochter und deren zehnjähriger Sohn Thomas wurden deportiert. In seiner »Vermögenserklärung« fand sich, was der Junge zurückließ, als er in den Tod geschickt wurde: ein ärmliches Kinderzimmer, Spielsachen und Kinderbücher. Ignatz Nachers Adoptivsohn, dessen Frau und die Kinder kamen 1941 ins KZ Westerbork. Sie überlebten.

Bruder Moritz Nacher wurde deportiert und im »Generalgouvernement« Polen erschossen. Sein verbliebenes Bankguthaben – 55 RM – wurde wie üblich pfenniggenau auf das dafür eingerichtete Sonderkonto des Reichs überwiesen. Von Ignatz Nachers Lebenswerk blieb nichts übrig. Einer der reichsten Männer Deutschlands hatte nicht einmal die nächsten Verwandten retten können.

Auch in Frankfurt wurde die Dresdner Bank zusammen mit dem NS-Gauwirtschaftsberater Karl Eckhardt schnell fündig: Der Telefon-Riese Fuld-Konzern, heute Telenorma, wurde kurz drauf geschluckt. Dann Icas, der größte europäische Hausschuhproduzent,

Wert ca. 15 Millionen RM. Den gewann die Dresdner über ihren Strohmann Bruno Seletzky, der später in der besetzten Tschechoslowakei die ebenfalls »arisierten« Skoda-Werke Brünn für sie leiten sollte. Die jüdischen Eigentümer von Icas wurden ins KZ Buchenwald deportiert. Später durften sie in die USA ausreisen. Ihr Vermögen kassierten das Reich und die Dresdner Bank.

Oppenheim und Warburg

Das gab es natürlich auch: Prokuristen, Mitarbeiter und Erwerber, die das ihnen anvertraute Geschäft treuhänderisch verwalteten, auch wenn die Machthaber alles versuchten, solche Arrangements zu verhindern. Zwei Beispiele sind das Kölner Bankhaus Sal. Oppenheim jr. & Companie und in Hamburg das Bankhaus M. M. Warburg. Der Angestellte Dr. Robert Pferdmenges, Freund und Berater Adenauers, hatte die Oppenheim-Bank 1938 übernommen, sie aber nach dem Krieg umstandslos rückübertragen und allen Kunden der Firma mitgeteilt, daß der ursprüngliche Name wiederhergestellt werde und die Bank wieder als Sal. Oppenheim jr. & Companie firmiere.

Sein Gemeinsinn war legendär: Max Warburg, der Vertreter der vierten Generation, war Handelsrichter, gehörte der Bürgerschaft an und hatte mit großem Engagement für die Gründung der Hamburger Universität gewirkt. Warburg gehörte zusammen mit dem Reeder Albert Ballin zu den einflußreichen Beratern Wilhelms II. und wurde spöttisch »Kaiserjude« genannt. Nach dem Krieg wurden die antisemitischen Angriffe immer gröber und gefährlicher. Der Mord an Außenminister Walther Rathenau im Jahr 1922 war Anlaß, Warburg unter Personenschutz zu stellen. Die rechte Presse sah in ihm einen »Vaterlandsverräter«. Was zählte es da noch, daß der deutsche Patriot Warburg die Finanzdelegation bei den Versailler Friedensverhandlungen verlassen hatte, weil ihm die Reparationen der Alliierten unzumutbar hoch erschienen waren? Max Warburg hatte immer gezögert, seine Macht im Kampf gegen den Antisemitismus einzusetzen oder den Einfluß der jüdischen Gemeinschaft in Übersee in die Waagschale zu werfen. An Felix

Warburg hatte er 1929 geschrieben: »Wir müssen unter allen Umständen eine internationale Bekämpfung des Antisemitismus vermeiden, da uns sonst natürlich vorgeworfen wird, daß wir uns vom Ausland her in die inneren Verhältnisse Deutschlands mischen.«

Warburg registrierte die unheilvollen Signale wohl, doch überschritt es seine Vorstellungskraft und die der meisten seiner Schicksalsgenossen, was nach der Machtübernahme 1933 folgte. Mit wachsender Ohnmacht mußte er mit ansehen, wie sein Einfluß schwand, wie sein Lebenswerk zerstört wurde. Und doch harrte er noch lange Zeit aus, setzte auf die Judengesetzgebung, obwohl gerade diese Scheinlegalität dem Unrecht den Boden nur weiter ebnete. Bald mieden viele Freunde und Bekannte den Umgang mit ihm.

Zwischen 1936 und 1938 verlor die Bank 80 Aufsichtsratsmandate. Manchmal gelang es den Warburgs, einen Ersatzmann unterzubringen, in der Regel Dr. Rudolf Brinckmann, und den aus einer angesehenen Juristenfamilie stammenden Dr. Kurt Sieveking. Er gab 1936 aus Solidarität mit den Juden eine einträgliche Anwaltspraxis auf und trat als Syndikus bei M. M. Warburg ein. Jahre nach dem Krieg wurde er Hamburgs Erster Bürgermeister. Besonders Hjalmar Schachts Sturz als Wirtschaftsminister entsetzte die jüdischen Geschäftsleute.

Als angesehene jüdische Namen aus dem Bankgewerbe verschwanden – Gebrüder Arnhold, S. Bleichröder, J. Dreyfus & Co. und nahezu 200 weitere Privatbanken –, gingen deren Kunden zu M. M. Warburg & Co. Max Warburg schrieb: »Wir wurden mehr und mehr die Vertrauensbankiers der jüdischen Geschäftswelt.« Viele »arische« Großbanken finanzierten diese Übernahmegeschäfte, und jüdische Geschäftsleute entschieden sich für M. M. Warburg als Vermittler ihres Vertrauens. So suchten die Teilhaber jener Bank auf der ganzen Welt nach ausländischen Unternehmen, die bereit waren, mit Hilfe von Sperrmarkkonten jüdische Firmen zu erwerben.

Nachdem M. M. Warburg aus dem Reichsanleihe-Konsortium ausgeschlossen worden war, sah sich Max Warburg nach Käufern auch für seine Bank um. Die Verhandlungen fanden in einer Atmosphäre drückender Hoffnungslosigkeit statt. Jüdische Banken konnten liquidieren, an eine »arische« Bank verkaufen oder sich »arisieren« lassen. Max Warburg entschied sich für die »Arisierung«, denn so blieb eine geringe Aussicht, eines Tages nach Deutschland zurückkehren zu können. Anfänglich hofften die Warburgs, 51 Prozent des Kapitals an nichtjüdische Teilhaber veräußern und den Rest behalten zu können. Doch am 4. Januar 1938 erließ Göring eine Bestimmung, der zufolge Unternehmen auch dann »arisiert« werden mußten, wenn sie sich nur zu einem Viertel im Besitz von Juden befanden. Damit war eine vollständige Übergabe der Firma unausweichlich geworden.

Die Verhandlungen fanden im Berliner Büro von M. M. Warburg unter Aufsicht des Reichswirtschaftsministeriums statt. Max Warburg kommentierte das Verfahren: »Die ›Arisierung‹ war der Form nach keine Konfiskation, aber das Endresultat kam ihr gleich. Sie geschah in der Form eines Vertrages, doch unter der Drohung: ›Wenn Ihr nicht zustimmt, dann ...‹«

M. M. Warburg hatte 1938 sogar einen Gewinn erzielt, da immer mehr verzweifelte Juden ihre Aktiva bei der Bank anlegten. Zum Entsetzen der Familie bestand die Stadt Hamburg darauf, daß die Bank ihren angestammten Namen behielt, um auch weiterhin von deren Ruf profitieren zu können. Von den 6,4 Millionen RM, die letztlich an die Familie Warburg flossen, ließ sie drei Millionen als stille Einlage stehen, damit die Bank über genug Betriebskapital verfügte. Von den verbleibenden 3,4 Millionen war ein Viertel, also 850 000 RM, an Reichsfluchtsteuer zu zahlen, dazu eine weitere Million dafür, daß das »Dritte Reich« die »Arisierung« genehmigte. Vom Rest gingen durch ein Disagio 90 Prozent beim Umtausch in fremde Währung verloren – es blieben von ursprünglich 6,4 Millionen lediglich 155 000 RM. Die stille Einlage wurde später in ein bloßes Bankguthaben umgewandelt und bei Kriegsausbruch von den Nationalsozialisten restlos beschlagnahmt.

Max und Fritz Warburg handelten mit den Behörden das Wohnrecht im In- und Ausland aus, das ihnen gestattete, das Reichsgebiet zu verlassen und wieder einzureisen. Neuer Leiter der Bank sollte der »Allzweck-Arier« und Generalbevollmächtigte der Warburgs, Dr. Rudolf Brinckmann, werden. Er hatte sämtliche Abteilungen der Hamburger Bank durchlaufen und wurde erst 1938

Teilhaber, nachdem er bereits viele der von den Warburgs geräumten Aufsichtsratssitze übernommen hatte. Der zweite neue Mann war der Außenhandelskaufmann Paul Wirtz. Er stammte aus einer alteingesessenen Hamburger Familie und hatte zuvor in London an der Spitze des anglo-chilenischen Nitrat-Konsortiums gestanden. Zwar gab es keine schriftliche Abmachung für den Fall, daß die Nationalsozialisten je ihre Macht einbüßten, doch galt das stillschweigende Übereinkommen, daß Brinckmann und Wirtz in dem Fall die Bank den Warburgs wieder übergeben würden. Ein Versprechen, das nach dem Krieg auch eingelöst wurde. Spätere Schwierigkeiten und der Streit zwischen Brinckmann und der Familie Warburg hatten mit den Umständen der »Arisierung« nichts zu tun.

Am 30. Mai 1938 versammelte Max Warburg seine 200 Angestellten der Bank. Soeben hatten die Nationalsozialisten ein monumentales Hitler-Bild in Öl angeliefert, das in seinem Büro aufgehängt werden sollte, nachdem die Porträts aller jüdischen Teilhaber entfernt worden waren. Max Warburg verlas eine Erklärung, in der es hieß, daß er, Fritz Warburg, Erich Warburg und Dr. Spiegelberg die Bank verließen. Max Warburgs Abschiedsrede strahlte trotz allem Hoffnung aus und war frei von Bitterkeit. Ohne es zu sagen, dachte er bereits an ein Deutschland nach Hitler, in dem die Juden wie auch M. M. Warburg & Co. wieder guten Zeiten entgegensehen würden. Dann verließ er das Gebäude und setzte nie wieder einen Fuß über seine Schwelle.

Die Londoner *Times* kommentierte: »Die Umwandlung von M. M. Warburg und Co. gehört zu den aufsehenerregenderen Vorfällen im Zusammenhang mit dem gegenwärtig im Reich geführten Kampf gegen Einfluß und Teilhabe von Juden am Finanzwesen und Geschäftsleben.«

Robert Pferdmenges in Köln und Rudolf Brinckmann sowie Paul Wirtz in Hamburg steuerten beide Bankhäuser erfolgreich durch den Krieg und die schwere Zeit danach. Die Familien Oppenheim und Warburg gewannen bald schon wieder Einfluß; Eric Warburg wurde als Vertreter der fünften Generation 1956 Partner, sein Sohn Max 1982. Die Worte seines Großvaters beim Abschied hatten sich also letztlich bewahrheitet. Nicht als »Abschluß« einer langen

Tradition sei sein Rückzug aus der Bank zu verstehen, hatte er 1938 erklärt, sondern als eine »aus den Verhältnissen zwangsweise sich ergebende Wandlung«.

Reichsbankpräsident Schacht

Eine der merkwürdigsten Figuren im Machtgefüge des »Drittens Reichs« war Hjalmar Horace Greeley Schacht. Schacht hatte seine unbestreitbare Intelligenz, seinen wirtschaftlichen Sachverstand und seine Reputation in den Dienst eines verbrecherischen Regimes gestellt. »Ich wünsche ein großes und starkes Deutschland, und um das zu erreichen, verbünde ich mich sogar mit dem Teufel«, hat er einmal gesagt.

Der Historiker Christopher Kopper hat in seinem Buch über Banken in der Nazizeit festgestellt: »Der machtbewußte Schacht war Anhänger eines autoritären, technokratischen, aber rechtsstaatlichen Herrschaftsmodells und verstand sich keineswegs als unpolitischer Fachmensch. Während seiner ersten Amtszeit als Reichsbankpräsident hatte er ein Vetorecht in allen haushaltspolitischen Fragen durchzusetzen versucht, das ihm die parlamentarische Regierung verweigerte. Nach der Machtergreifung sah er eine persönliche Chance, seinen politischen Ehrgeiz und sein ausgeprägtes Geltungsbedürfnis zu befriedigen. Seine Hoffnung, die finanzpolitische Suprematie der Reichsbank zu verwirklichen und die Wirtschaftspolitik zu kontrollieren, schien sich zunächst zu erfüllen. Schacht erhielt die Funktion eines Generalbevollmächtigten für Kredit-, Banken- und Währungspolitik. Er sollte die finanziellen Bedürfnisse der Aufrüstungspolitik technokratisch realisieren, die sensible Kreditwirtschaft vor einer Vertrauenskrise im In- und Ausland schützen und damit die nationalsozialistische Herrschaft stabilisieren. Hitler hatte ihm Immunität gegenüber den Angriffen der Partei verliehen.«

Aus dieser Position heraus hat Schacht bis zu seiner Verhaftung Kritik an den Exzessen der Naziherrschaft geübt, wohl weniger aus Zivilcourage denn aus Überzeugung von der eigenen Unentbehrlichkeit.

Im August 1934 hatte Reichsbankpräsident Dr. Hjalmar Schacht das Reichswirtschaftsministerium übernommen, übrigens ein Verstoß gegen die im Reichsbankgesetz festgelegte Unabhängigkeit der Notenbank. Damit war zwar kein grundsätzlicher Wandel in der Judenpolitik des Ministeriums eingetreten, das bereits unter seinem Vorgänger Schmitt zu den retardierenden Kräften in dieser Frage gehört hatte. An die Spitze des Ministeriums trat nun ein energischer und profilierter Finanzfachmann und Politiker. Schachts »Neuer Plan« verstärkte bereits bestehende Tendenzen der deutschen Wirtschaftspolitik erheblich: Es wurde ein volles Moratorium auf alle auswärtigen Schulden erklärt. Jedes einzelne Außenhandelsgeschäft mußte von staatlichen Stellen genehmigt werden. Mit dieser Kontrolle des Außenhandels wurden die Nahrungsmittelimporte zu Gunsten von rüstungswichtigen Rohstoffimporten gedrosselt. Des weiteren wurden mit den von Deutschland ökonomisch abhängigen Staaten (Türkei, Griechenland, Bulgarien, Rumänien und Ungarn) bilaterale Handelsverträge abgeschlossen, die einen devisenlosen Zahlungsverkehr verabredeten. An die Stelle der Bezahlung für deutsche Importe trat eine Gegenleistung in Ware – mit Verrechnungseinheiten als Preismaßstab. Um devisenbringende Exporte in andere Länder zu steigern, wurde zur Dumpingpolitik gegriffen. Die von 1933 bis 1935 entstandenen Außenhandelsverluste in Höhe von fünf Milliarden RM wurden den Unternehmen aus den Exportausgleichskassen ersetzt, in die alle Unternehmen einen bestimmten Prozentsatz ihres Umsatzes einbezahlen mußten.

Der »Neue Plan« zeigte zunächst gewisse Erfolge. Das Außenhandelsvolumen stieg beispielsweise um 19 Prozent. Bereits Anfang 1936 zeigten sich erneut erhebliche Engpässe. Die Importmenge ging um zwölf Prozent zurück, die Reserve an Arbeitskräften war erschöpft, und die Produktionskapazitäten der Industrie reichten nicht mehr aus, um das gewünschte Tempo der Aufrüstung zu gewährleisten.

Schacht war zwar mit den gesetzlichen Maßnahmen gegen die Juden von 1933 einverstanden, ihm schwebte eine juristisch garantierte Sonderstellung minderen Rechts für sie vor, aber er war ein entschiedener Gegner illegaler Maßnahmen und insbesondere einer gewaltsamen Ausschaltung der Juden aus dem Wirtschaftsleben.

Als er das Ministerium übernahm, ließ er sich von Hitler bestätigen, daß die Juden sich in der Wirtschaft genauso wie bisher betätigen könnten. In seiner Aussage im Nürnberger Hauptprozeß fügte er am 17. Oktober 1946 hinzu: »Ich habe mich in der ganzen Zeit meiner Führung des Wirtschaftsministeriums in diesem Sinne verhalten. Ich muß allerdings sagen, daß es nahezu alle paar Wochen einen Krach mit irgendeinem Gauleiter oder sonstigen Parteifunktionär gab in irgendeiner Judenfrage. Auch konnte ich Juden natürlich nicht vor körperlichen Mißhandlungen und dergleichen schützen. Aber auf wirtschaftlichem Gebiet habe ich allen Juden, die sich an mich wandten, zu ihrem Recht verholfen und habe mich in jedem einzelnen Fall, wo ich allerdings manchmal mit meinem Rücktritt drohen mußte, bei Hitler gegen die Gauleiter und Parteifunktionäre durchgesetzt.«

Tatsächlich konnte ihm wohl nur der geringste Teil der Drangsalierungen von Juden zur Kenntnis gelangen. Die meisten sahen eine Intervention bei Schacht wohl sowieso für zwecklos an; oft war auch der politische Druck zu stark. So kam es beim Sommerschlußverkauf 1935 in Stettin zu Krawallen in jüdischen Geschäften, und einige Firmen wandten sich telegraphisch hilfesuchend an den Reichswirtschaftsminister. Unter dem Druck der Presse, die für die Demonstrationen »staatsfeindliche Elemente« verantwortlich machte, wurde das Telegramm dann zurückgezogen. In Arnswalde (Brandenburg) wurde der Vorstand der Reichsbankfiliale im *Stürmer*-Kasten angeprangert, weil seine Frau in einem jüdischen Geschäft gekauft hatte. Schacht ließ die Reichsbankfiliale in Arnswalde elf Tage lang schließen, bis sich der Gauleiter öffentlich entschuldigte.

Auch in einem anderen Fall, als der *Stürmer* ein Mitglied des Reichsbankdirektoriums (Hülse) als »jüdisch versippt« angegriffen hatte, erreichte Schacht über Hitler eine Entschuldigung. Es gelang ihm auch, im Reichsanleihe-Konsortium, von dessen rund 50 Mitgliedern ursprünglich etwa ein Drittel jüdisch gewesen waren, drei jüdische Bankhäuser bis Anfang 1938 zu halten, darunter die Firmen Warburg und Mendelssohn. Max Warburg schreibt, Schacht habe sich »in all diesen Jahren nicht gescheut, mit mir zusammenzutreffen und die laufenden Angelegenheiten mit mir zu besprechen. Ich hatte mit ihm ein paar Unterhaltungen über die Judenfrage.

Schacht war viel zu klug, um nicht bereits einige Zeit vor der Münchner Konferenz das Unglück vorauszusehen, dem die Regierung zusteuerte; er war sich auch der verheerenden Wirkungen bewußt, welche die Maßnahmen gegenüber der jüdischen Bevölkerung im Ausland auslösten. Er trat für eine humanere Behandlung der Juden ein, er befürwortete Erleichterungen bei der Auswanderung.«

Allerdings sagte er Warburg auch bereits 1934, er könne ihm nicht viel versprechen, da er sich schon zu oft die Finger verbrannt habe. Ganz ähnlich ist das Urteil Richard Mertons, Sohn des Gründers der Metallgesellschaft in Frankfurt: »Soweit ich feststellen konnte, war er von Anfang an skeptisch und hoffte, durch seine überlegene Wirtschaftsführung das, was er bei den Nazis als Irrsinn erkannte, langsam abbiegen zu können. Er war nicht nur in Privatunterhaltungen, sondern auch bei den Reden außerordentlich offen in seiner Kritik.« Er habe versucht, Merton und der »jüdisch verseuchten« Metallgesellschaft immer wieder zu helfen, aber seine Möglichkeiten und Beziehungen seien mehr und mehr begrenzt worden.

Angesichts der Haltung des Reichswirtschaftsministeriums einerseits, die von einigen anderen Ministerien unterstützt wurde, dem Vorwärtsdrängen der Partei und ihrer Gliederungen andererseits, die ihren natürlichen Rückhalt im Propagandaministerium hatten, konnten Konflikte auch in der »Judenfrage« nicht ausbleiben. Das Jahr 1935 brachte einen neuen Höhepunkt in dieser Auseinandersetzung.

Am 3. Mai 1935 hatte Schacht eine Denkschrift für Hitler verfaßt, in der er darauf hinwies, daß »der jüdische Weltboykott« gegen Deutschland an Wirksamkeit verloren habe, daß die »Judenfrage« aber verschärft wieder Bedeutung erlangt habe durch »Bekämpfung einzelner Juden außerhalb des Gesetzes, ja gegen ausdrückliche Regierungsverordnungen, die dem Juden im Wirtschaftsleben eine Betätigungsmöglichkeit gewährleistet haben«. Trotzdem lief im Mai und Juni die große Boykottbewegung an.

In seiner Rede in Königsberg am 18. August sagte Schacht: »Die Juden müssen sich damit abfinden, daß ihr Einfluß bei uns ein für alle Mal vorbei ist.« Aber: »Nach wie vor ist nach dem Stande der

Gesetzgebung wie nach den verschiedensten Erklärungen des Stellvertreters des Führers, des Reichsministers des Innern und des Reichsministers für Volksaufklärung und Propaganda (vom Wirtschaftsministerium ganz zu schweigen) den jüdischen Geschäften die Ausübung ihrer geschäftlichen Tätigkeit gestattet.« Die schriftliche Verbreitung der Rede, die über den Deutschlandsender zu hören war, wurde von Goebbels untersagt. Daraufhin ließ Schacht sie in der Reichsbankdruckerei in 250 000 Exemplaren herstellen und über die Reichsbankfilialen verteilen.

Für den 20. August 1935 berief Schacht eine Chefbesprechung der zuständigen Ministerien über die Judenbehandlung in der Wirtschaft ein, in deren Protokoll es heißt: »Reichsbankpräsident Dr. Schacht führte aus, daß das gesetzlose Treiben gegen das Judentum bald ein Ende haben müsse. Andernfalls werde ihm die Lösung der vom Führer und Reichskanzler gestellten Aufgabe, die für die Wehrhaftmachung notwendigen Rohstoffe zu beschaffen und die zur Arbeitsbeschaffung notwendigen Devisen hereinzuholen, völlig unmöglich gemacht.

Von zahllosen Einzelfällen gesetzloser Art wolle er einige anführen: z.B. würden jüdische Auslandsvertreter ›arischer‹ deutscher Firmen von Streicher namentlich festgestellt, und den Firmen werde dann nahegelegt, die Juden zu entlassen. Nun dürfe man nicht vergessen, daß in manchen Ländern jüdische Vertreter sehr am Platze seien und sich als besonders geschickt erwiesen. Außerdem hätten die Firmen häufig, um die jüdischen Angestellten aus Deutschland zu entfernen, diese zu Auslandsvertretern gemacht. Der jüdische Vertreter der Allianz-Versicherung in Ägypten sei von Parteiangehörigen aufs schwerste schikaniert worden; infolgedessen gehe das große Geschäft jetzt an England. In steigendem Umfang, besonders in Ostpreußen, bedrohe die Arbeitsfront Arbeiter, die bei Juden kauften, mit dem Verlust ihrer Arbeitsplätze. Welche gesetzliche Grundlage bestehe hierfür? Gemeindebehörden kauften vielfach nicht mehr bei Juden.

Selbstverständlich sei dieses gesetzlose Treiben auch nicht ohne Gegenwirkung. So habe kürzlich ein großer französischer Abnehmer eine Order bei der Schuhfabrik Salamander annulliert. Die Firma Bosch habe ihr Südamerikageschäft fast ganz verloren. Häufig höre man den Einwand, die deutschen Firmen müßten eben völlig darauf verzichten, bei Juden zu kaufen. Wer das etwa behaupte, kenne die Welt nicht. Gerade der Handel mit selteneren Produkten liege in der Welt fast völlig in jüdischen Händen.«

Reichsinnenminister Wilhelm Frick meinte in dieser Besprechung, daß die Judenfrage langsam und legal gelöst werden müsse; er habe erneut einen Erlaß gegen wilde Einzelaktionen herausgegeben. Auf jeden Fall aber müsse der Einsatz von Polizei gegen SA vermieden werden. Als Ministerialrat Wilhelm Haegert vom Propagandaministerium betonte, für Parteigenossen sei das Kaufen in jüdischen Geschäften verboten, erwiderte Schacht, ihm als Nichtparteigenossen sei es jedenfalls nicht verboten, er kenne ein solches Gesetz nicht. Selbst höchste Stellen kauften in jüdischen Geschäften. Als Ergebnis der Sitzung vermerkte das Protokoll »Einverständnis« über drei Punkte:

»a) Es soll Vorsorge getroffen werden, daß neue jüdische Geschäfte nicht zugelassen werden.

b) Es ist dafür zu sorgen, daß soweit wie irgend möglich nur deutsche Geschäfte öffentlich Aufträge erhalten.

c) Staatsminister Adolf Wagner wird sobald als möglich neue Anregungen dem Reichsbankpräsidenten unterbreiten, die ein legales Fortschreiten der Bekämpfung des Judentums ermöglichen.«

Man einigte sich auf der Basis eines legalen Vorgehens, womit die Angelegenheit der Verwaltung überlassen wurde. Schacht hatte sein Ziel zunächst erreicht. Etwa zehn Tage später erschienen die öffentlichen Polizei- und Parteiaufrufe gegen wilde Aktionen.

Als Schachts Vorstellungen von solider Staatsfinanzierung mehr und mehr in Widerspruch zu Hitlers Rüstungspolitik gerieten, wurde er 1937 als Wirtschaftsminister und Generalbevollmächtigter für die Wehrwirtschaft und 1939 auch als Reichsbankpräsident entlassen. 1944, nach dem Attentat auf Hitler (Schacht hatte Kontakte zum Widerstand), wurde er verhaftet und verbrachte die Zeit bis zum Kriegsende in Gefängnissen und im KZ. Danach wurde er als Kriegsverbrecher inhaftiert, in Nürnberg wegen Kriegsvorbereitung angeklagt, aber freigesprochen.

Wie viele andere aus der nationalkonservativen Verwaltungselite hatte sich Schacht in der Einschätzung geirrt, daß sich die antisemitische Politik von Staat und Partei auf vermeintlich rechtsstaatlichem Wege kanalisieren und auf einzelne Sektoren wie die Kulturpolitik und den öffentlichen Dienst beschränken ließe.

Kunstsammlungen

Bis Ende 1937 waren rund 30 000 größere Firmen jüdischer Eigentümer an »Arier« verramscht worden und somit als Konkurrenz ausgeschieden. Fünf von sechs Einzelhandelsgeschäften und zwei Drittel der kleineren Betriebe jüdischer Besitzer waren liquidiert oder »arisiert«. Juristischen Zwang gab es direkt – noch – nicht, aber es wurde eine Drohkulisse errichtet, der nur die ganz Starken standhalten konnten. Bis Ende 1936 waren 110 000 Juden emigriert, in den Jahren 1934 bis 1936 hatte das »Reich« allein 153,3 Millionen RM Fluchtsteuer eingenommen.

Auch mehr als 50 Jahre nach Ende des Zweiten Weltkriegs ist das Problem der sogenannten Beutekunst nicht gelöst. Am Anfang stand die »Arisierung« jüdischer Kunstsammlungen.

Die Versteigerung im Herbst 1937 war ein Ereignis: Aus dem gesamten Reich waren Museumsdirektoren nach Berlin gereist, um Kunstwerke aus der kunstgewerblichen Sammlung Budge zu erwerben. Das Palais in Darmstadt erstand mehrere Figuren aus der Manufaktur Kelsterbach. Das Museum für Kunst und Gewerbe in Hamburg kaufte einen silbernen Löwen-Hochzeitsbecher aus dem Jahr 1564, außerdem einen Nautilus-Pokal von Thomas Stoer d. Ä. (Nürnberg, um 1600). Das Kunstgewerbemuseum Berlin erwarb fünf Objekte, darunter einen Augsburger Jungfernbecher aus der Werkstatt des Elias Zorer (um 1590). Sie sind immer noch im Museum und inzwischen Gegenstand von Restitutionsverhandlungen geworden. Das Schweriner Museum erwarb eine hervorragende Böttger-Steinzeugfigur.

Die Zeithistorikerin Anja Heuss: »Die Sammlung von Emma Budge aus Hamburg war die größte und wertvollste Sammlung, die in Berlin während der Zeit des Nationalsozialismus versteigert wurde. Sie umfaßte vor allem Spezialsammlungen an Porzellan und kirchlichen Textilien und wurde mit insgesamt einer Million RM bewertet.« Emma Budge (1852–1937) hatte ihre Sammlung testamentarisch der Stadt vermach; als sie jedoch in ihrem eigenen Familienkreis erleben mußte, wie die Juden immer mehr diskriminiert wurden, änderte sie ihr Testament: »Gezwungen sehe ich mich zu dieser Aufhebung und zur Neuordnung durch die Veränderung meiner eigenen finanziellen Verhältnisse und der allgemeinen wirtschaftlichen und auch politischen Verhältnisse in Deutschland, welche Veränderungen es mir widersinnig erscheinen lassen, eine von mir früher zugunsten der Stadt Hamburg angeordnete Verfügung weiter bestehen zu lassen.«

Ständig wurden neue Verordnungen erlassen, um den Transfer jüdischen Eigentums einzuschränken. So konnte Emma Budge nicht mehr sehen, wie ihre Erben über das Vermögen würden verfügen können. Sie überließ es deshalb ihren Testamentsvollstreckern, nach ihrem Tod über die Kunstsammlung zu verfügen. Definitiv schloß sie jedoch einen Verkauf oder gar eine Donation an die Stadt Hamburg aus. Und als Emma Budge am 14. Februar 1937 in Hamburg starb, ließen ihre Testamentsvollstrecker die Sammlung in Berlin versteigern, um so Geld flüssig zu machen für diejenigen Erben, die noch auswandern konnten und wollten. Der Erlös der Versteigerung mußte aber auf ein Sperrkonto eingezahlt werden und ist nach Auskunft der Erben nie an sie weitergeleitet worden.

Es gab in Berlin zahlreiche bedeutende jüdische Familien, deren Sammlungen fester Bestandteil der Stadtkultur waren. Die Sammler waren Akademiker, Bankiers, Kaufleute, Mediziner und Anwälte und gehörten zum assimilierten Judentum in Berlin. Wie der jüdische Kaufmann Eduard Arnhold, der neben deutschen Malern des 19. Jahrhunderts auch Werke der französischen Moderne besaß, die bis dahin in Berlin relativ unbekannt waren. Arnhold übergab seine Sammlung als Dauerleihgabe dem preußischen Staat. Der Maler Max Liebermann besaß eine umfangreiche Kunstsammlung, die neben seinen eigenen Werken zahlreiche französische Impressionisten enthielt. Auch diese Sammlungen wurden später von den Nationalsozialisten enteignet.

Unter dem Druck der wirtschaftlichen Verhältnisse trennten sich die meisten Juden zwischen 1933 und 1938 von ihren Kunstsammlungen; teils ging es ums nackte Überleben, teils um die Finanzierung der Auswanderung. Der Berliner Kunsthandel versteigerte jüdische Sammlungen aus dem ganzen Reich. Die Käufer auf diesen »Judenauktionen« – so wurden diese Versteigerungen unverhohlen genannt – wußten genau, was und von wem sie kauften. Die Vorbesitzer wurden zwar gewöhnlich nicht namentlich genannt, doch die Kunstwerke aus »nichtarischem« Besitz wurden deutlich gekennzeichnet.

Der Breslauer Max Silberberg hatte in den 20er Jahren Kunst der klassischen Moderne und des 19. Jahrhunderts gesammelt, unter anderem Werke von Paul Klee, Ernst Barlach und van Gogh. Die Sammlung wurde 1935/1936 in vier Auktionen bei Paul Graupe in Berlin versteigert. Insgesamt wechselten 143 Gemälde und Zeichnungen von Barlach, Corinth, C. D. Friedrich, Liebermann, Picasso, van Gogh, Maillol, Matisse, Millet, Pissarro die Besitzer. Dazu kamen zehn Plastiken von Barlach, Kolbe, Maillol, Matisse, Renée Sintenis und August Gaul.

1938 »verkaufte« Silberberg zwei Ölgemälde an das Schlesische Museum in Breslau, ein »Frauenporträt« von Manet und »Köpfe« von Honoré Daumier. Die restliche Sammlung, die u. a. ein Aquarell von Paul Klee und mehrere Zeichnungen von Liebermann, Klimt und Otto Müller enthielt, wurde vom Oberfinanzpräsidenten beschlagnahmt und zum Teil dem Schlesischen Museum zur Verwahrung übergeben. Ihr weiteres Schicksal konnte bisher nicht geklärt werden. Silberberg hielt sich wohl noch 1941 in Breslau auf und wurde dann wahrscheinlich deportiert und ermordet.

In der Petersburger Eremitage ist eine Zeichnung von Cézanne wieder aufgetaucht, die bis dahin als verschollen galt. Sie war im März 1935 in Berlin versteigert worden. Aus derselben Versteigerung stammt auch die Zeichnung von van Gogh mit dem Titel »Olivenbäume« von 1889. Der Auktionskatalog von 1935 führte sie unter dem Titel »L' Olivette« auf. Die Zeichnung wurde vom »Verein der Freunde der Nationalgalerie« erworben und dem Kupferstichkabinett übergeben.

Die Sammlungen Budge und Silberberg stehen für viele Sammlungen, die bereits vor dem Novemberpogrom 1938 unter Druck von den jüdischen Eigentümern verkauft wurden. Die »Arisierung«

des Kunsthandels ist bisher in der Kunstraub-Literatur noch nicht ausreichend erforscht worden. »Diese Welle der Arisierung regulierte sich allein über den Markt; sie fand ohne das Eingreifen der Gestapo und vor der Gründung der Kunstrauborganisationen Rosenbergs, Hitlers und Görings statt. Auch die Reichskulturkammer beobachtete in dieser Zeit zwar sorgfältig den Markt, steuerte ihn aber nur wenig«, so die Expertin Anja Heuss.

Die Erwerbungen auf diesen »Judenauktionen« sind rechtswidrig. Das Vermögensgesetz von 1990 für das Gebiet der ehemaligen DDR sieht grundsätzlich eine Restitution für diese Kunstwerke vor. Obwohl die Rechtslage in der Bundesrepublik recht eindeutig ist, kam es dennoch relativ selten zu Restitutionen, da die Wege der Kunstwerke nur sehr schwer zu verfolgen sind. »Das Auktionswesen«, so Anja Heuss weiter, »erfüllt damals wie heute häufig die Funktion, diese Wege durch lückenhafte Angaben zur Provenienz zu verschleiern. Da bisher die relevanten Akten nicht zugänglich waren, die das Auktionswesen in Berlin beleuchten, fängt in vielen Fällen die Recherche nach jüdischem Kulturgut jetzt erst an.«

Regionale Unterschiede

Die »Arisierung« erfolgte nicht reichseinheitlich und wies durchaus regionale Unterschiede auf. Deutlich wird das an einem Vergleich zwischen den Städten Hamburg und München. Hamburg, die stolze, weltläufige Hafenstadt, schmückte sich immer damit, den Nationalsozialisten hinhaltenden Widerstand geleistet zu haben. Hamburg, so hieß es immer, sei während der NS-Zeit einen liberalen Sonderweg gegangen. Die Hanseaten hätten Hitler im Grunde verachtet, und dieser habe die Stadt deswegen auch gemieden. Und der Antisemitismus sei an ihrem Bürgersinn abgeprallt. Gern verwiesen die Stadtväter auf Hamburger Juden, die nach der Rückkehr aus der Emigration ihrer Heimatstadt Musterzeugnisse ausstellten. 1947 behauptete der Bürgermeister Rudolf Petersen, es sei eine »Tatsache, daß Hamburg nicht in dem Maße von den Verbrechen und Maßlosigkeiten des Nationalsozialismus betroffen worden ist wie fast alle übrigen Teile des deutschen Reiches«.

München dagegen litt nach dem Krieg unter dem Ruf, »Hauptstadt der Bewegung« gewesen zu sein. Aber die Annahme, München sei weitaus stärker nationalsozialistisch und antisemitisch geprägt gewesen als Hamburg, ist nicht berechtigt. »Zwar war München eine frühe Hochburg der NSDAP, doch nahm der Rechtsradikalismus in der politischen Kultur der bayerischen Landeshauptstadt, geprägt vom katholisch-konservativen und sozialdemokratischen Milieu, keine dominierende Position ein. In der Endphase der Weimarer Republik blieben die Münchner Wahlergebnisse der NSDAP nicht nur hinter dem Reichsdurchschnitt, sondern auch hinter den NSDAP-Stimmenanteilen in Hamburg zurück. So erhielt die Partei bei den Reichstagswahlen im Juli 1932 auf Reichsebene 37,3 Prozent, in Hamburg 33,7 Prozent und in München 28,9 Prozent. Nicht der katholische Süden, sondern der protestantische Norden und Osten gehörten 1932/33 zu den Hochburgen der NSDAP. Die Verleihung des Titels ‹Hauptstadt der Bewegung› mag sich in besonderer ideologischer Prinzipientreue ausgedrückt haben, sie bedeutete jedoch nicht eine besondere Verankerung des Nationalsozialismus in der Bevölkerung«, so Frank Bajohr.

Aber die Partei war in München in der Durchführung antijüdischer Maßnahmen immer ein gutes Stück beflissener als Hamburg und das Reich. Oberbürgermeister Karl Fiehler hatte bereits Anfang 1933 radikale antisemitische Maßnahmen eingeleitet: Jüdische Firmen wurden durch Weisung des Oberbürgermeisters und Stadtratsbeschluß seit Anfang 1933 von öffentlichen Aufträgen ausgeschlossen, in Hamburg definitiv erst 1937/38. In München begann bereits 1934 die systematische Erfassung jüdischer Betriebe, in Hamburg erst 1937/38, und die Handelskammer hatte sich geweigert, solche Listen anzufertigen. Allerdings mit der negativen Auswirkung, daß nun die »Arisierung« völlig in Parteihänden lag. Während die Hamburger Verwaltung sogar bis 1937 gelegentlich zugunsten jüdischer Firmen intervenierte – hauptsächlich aus Gründen der Arbeitsplatzsicherung –, gab es solche Aktivitäten der Münchner Stadtverwaltung nicht. In München verweigerte die Stadtverwaltung einzelnen Juden bereits 1933 die Ausstellung von Reisepässen und führte Anfang 1936 das Kriterium der »rassischen Unzulänglichkeit« ein, das die Paßausstellung für Juden faktisch ausschloß. In Hamburg gab es derartige Restriktionen erst 1937/38 im Zuge reichsweiter Anordnungen. Wurde in München den Juden bereits 1933 die Benutzung städtischer Badeanstalten verboten, gab es 1937 in Hamburg ein Zutrittsverbot für sogenannte Familienbadetage. In München war die Umbenennung jüdischer Straßennamen bis 1938 abgeschlossen, während sie in Hamburg zwar vorbereitet, aber erst nach den entsprechenden Erlassen des Reichsinnenministeriums 1938 vorgenommen wurde.

Während die Industrie- und Handelskammer in München seit 1934 bereitwillig über jüdische Firmen Auskünfte erteilte und damit deren Verdrängung erleichterte, verhielt sich die Hamburger Handelskammer sehr restriktiv. In beiden Städten wurden jüdische Bürger Opfer gewalttätiger Übergriffe, aber in München waren bereits Anfang 1933 zahlreiche jüdische Geschäftsleute verhaftet worden, und die NSDAP organisierte sogenannte Weihnachtsboykotte gegen jüdische Geschäfte, besetzte 1935 einzelne Ladenlokale sogar gewaltsam, wobei Angestellte und Kunden verprügelt wurden. Vergleichbare Aktionen gab es in Hamburg nicht. München eilte fast allen antijüdischen Maßnahmen des Reichs voraus, es gab sogar Konfrontationen mit Verantwortlichen auf Reichsebene, denen eine unnationalsozialistische Haltung vorgehalten wurde. In Hamburg vollzogen sich viele antijüdische Maßnahmen mit einer gewissen Zeitverzögerung.

Die Hamburger verhielten sich zunächst reserviert gegenüber den braunen Horden; deren »Radauantisemitismus« kam gar nicht gut an. Das Absingen von Liedern wie »Wenn das Judenblut vom Messer spritzt« wirke auf die Hamburger »wie kälteste Ernüchterung«, notierte die örtliche SA-Führung und verbot ihren Mitgliedern das Gegröle. Max Warburg hatte schon 1930 bemerkt, daß Hitler bei Besuchen in der Hansestadt seine antisemitischen Ausbrüche mäßigte, um beim örtlichen Publikum nicht anzuecken. Im September 1930 hatte Hitler Wilhelm Cuno, dem Leiter der HAPAG, versichert, die Nationalsozialisten seien keineswegs auf eine Verfolgung der Juden aus, sondern wollten lediglich deren politischen Einfluß vermindern. Cuno war daraufhin von diesem »gemäßigten« Hitler so angetan, daß er ihm Gelegenheit gab, vor Hamburgs »National Klub von 1919« zu sprechen, wo er antisemitische Themen mied und besonders hervorhob, welche Vorzüge die Eroberung des Ostens für Hamburg haben würde.

Die Boykottaktion gegen jüdische Ladenbesitzer am 1. April 1933 mußte die Partei ebenfalls als Fehlschlag registrieren. Und noch im Januar 1938 beklagte der Sicherheitsdienst der SS, daß die antisemitische Propaganda der Nationalsozialisten »bei einem großen Teil der Bevölkerung jegliche Wirkung vermissen« lasse.

Doch aus dem Hamburger Patriziat kam auch begeisterte Zustimmung: »Wir sind ganz gehoben und selig wandeln wir umher wie im schönen unglaubhaften Traum. Hitler ist Reichskanzler! Es ist wahr! Marxismus lebe wohl! Kommunismus lebe wohl! Parlament lebe wohl! Jud lebe wohl! – Jetzt kommt *Deutschland*!« Mit dieser Eintragung in ihr Tagebuch feierte eine Hamburgerin den 30.

Januar 1933. Sie entstammte einer der angesehensten hanseatischen Familien und war mit dem Mitinhaber eines bekannten Großhandels- und Reedereiunternehmens verheiratet. Emerentia Krogmann, geborene des Arts, war an diesem Tag mit dem späteren Ersten Bürgermeister Carl Vincent Krogmann nach Berlin gereist, um die Machtübergabe mitzufeiern.

Daß Hamburg zunächst wie eine Enklave schien, in der es den Juden besser ging als anderswo, hatte einen banalen Grund: Die früher wohlhabende Handelskapitale war in der Weltwirtschaftskrise zum Notstandsgebiet geworden, abhängig von Subventionen aus dem Reich. Gauleiter Kaufmann wollte da mit allzu rüden antijüdischen Aktionen keinen Boykott des Hafens oder der Exportwirtschaft riskieren. Als aber durch die massive Aufrüstung 1938 die Folgen der Weltwirtschaftskrise auch in Hamburg überwunden waren, begann die Partei, ortsansässige Juden in großem Stil zu enteignen. Und Hitler hat keine deutsche Stadt – ausgenommen Berlin und die NS-Hochburgen München und Nürnberg – so oft besucht wie das vorgeblich so liberale Hamburg: 14mal.

Die Arbeitsteilung in Hamburg funktionierte gut. Bürgermeister Krogmann gab den groben Parteiklotz, Gauleiter Kaufmann beschwichtigte die hanseatische Kaufmannschaft, die sich bei allzu rabiatem Antisemitismus zunächst etwas peinlich berührt zeigte. Sie setzte sich aber auch nicht entschieden für ihre jüdischen Freunde und Kollegen ein, so sagte später der Bankier Alwin Münchmeyer: »Wir taten nichts und dachten uns wenig dabei.« Vor allem aber tat sich die Hamburger Kaufmannschaft nach der Besetzung Österreichs und später der Tschechoslowakei durch eine rüde Eroberungspolitik hervor.

Nachdem sie schon beim »Anschluß« Österreichs tatkräftige Hilfe geleistet hatten, brachen ein Jahr später hamburgische Kaufleute und Wirtschaftspolitiker zu ihrem nächsten Raubzug auf. Diesmal in die okkupierte Tschechoslowakische Republik. »Seit Mitte April 1939 zirkulierten in Hamburg Listen mit attraktiven ›Arisierungs‹-objekten in Böhmen und Mähren, und mehrere Kaufleute und Seehafenindustrielle avisierten der Industrie-und Handelskammer ihre Übernahmeinteressen. Man einigte sich auf beschleunigte ›Arisierungs‹-Aktionen im Dienst der hamburgischen Interessen, um vor der bis Mitte 1940 erwarteten währungs- und zollpolitischen Einverleibung des Protektorats ›in den deutschen Wirtschaftskörper‹ vollendete Tatsachen zu schaffen. Dabei gelangen vor allem dem Reemtsma-Konzern spektakuläre Transaktionen. Die Übernahme der Vereinigten Holzindustrie AG Preßburg sowie weiterer holzverarbeitender Betriebe verschaffte Philipp F. Reemtsma eine Schlüsselposition in der Holzindustrie der früheren Tschechoslowakei, und die Deutsche Bank bzw. die Böhmische Union-Bank kaufte für ihn anschließend in der Slowakei und Ungarn den größten Forstbesitz zusammen, der sich in Südosteuropa jemals in deutscher Hand befunden hatte. Das Spektrum der teilnehmenden Firmen reichte von renommierten Überseehäusern über Versicherungen (Deutscher Ring) bis zur Seehafenindustrie und zur Kosmetik und Nährmittelbranche (Gustav Ruth Temperol-Werke, Deutsche Maizena-Werke AG, P. Beiersdorf &. Co. AG – eine Firma, die sich wegen ihres jüdischen Gründers noch 1933 antisemitischer Angriffe zu erwehren hatte!). Erstmalig war die gesamte Hamburger Wirtschaft in einem besetzten Land aktiv, und erstmalig hatte sich die Industrie- und Handelskammer als koordinierende Stelle etabliert, während sich die Institutionen des Wirtschaftsbeauftragten auf die Absicherung des ›Arisierungs‹-Geschäfts gegenüber den Protektoratsbehörden beschränkten«, weiß der Historiker Karl Heinz Roth.

Hamburg

1933 hat es in Hamburg etwa 1500 jüdische Unternehmen gegeben, Im- und Exportkontore, Fleischereien, Händler mit Rohprodukten, Schneiderwerkstätten und Textilhäuser. In der von den Hamburgern hochgeschätzten Einkaufsstraße Neuer Wall haben sich bis November 1938 noch 41 jüdische Geschäfte und Kontore gehalten. Die beiden bedeutendsten Modehäuser am Neuen Wall, Gebrüder Robinsohn und Hirschfeld, waren schon seit Jahrzehnten in der Hansestadt ansässig.

1893 hatten die Gebrüder Hirschfeld ein Textilgeschäft am Neuen Wall gegründet. Hirschfelds stammten aus Westpreußen, eine Familie mit zwölf Kindern – sechs Jungen und sechs Mädchen. Außer in

Hamburg gründeten sie Geschäfte in Bremen, Lübeck, Hannover und Leipzig, gutgehende Häuser der Spitzenklasse allesamt.

Das Modehaus mit Damen- und Kinderkonfektion war so erfolgreich, daß die Gebrüder Hirschfeld sich 1929 entschlossen, das Eckhaus Schleusenbrücke/Neuer Wall, das sogenannte Leinenhaus, von Meissner & Sohn zu erwerben und in den Schleusenhof zu integrieren.

Zudem initiierte Benno Hirschfeld zusammen seinem Freund und Konkurrenten Robinsohn, dem Optiker Julius Flaschner und dem Porzellanhaus Waitz die Interessengemeinschaft Neuer Wall, um eine straßenüberspannende Weihnachtsbeleuchtung zu ermöglichen, die auch heute noch jedes Jahr installiert wird. Vom Jungfernstieg aus wurde man im ersten Lichtbogen durch ein beleuchtetes Herz mit dem Slogan »Von überall zum Neuen Wall« begrüßt. Am 9. November 1938 wurde die Firma der beiden hochangesehenen Brüder Hirschfeld in der Pogromnacht zerstört.

Durch die Gunst von Parteileitung und Wirtschaftsministerium konnte Franz Fahning, bis dahin Abteilungsleiter bei Karstadt in Duisburg, das erfolgreiche Geschäft »erwerben«. Heute residiert hier das französische Luxusgeschäft Hermès. Franz Fahning verkündete am 30. November 1938, das Geschäft der Gebrüder Hirschfeld sei nunmehr in »arischen« Besitz übergegangen. Er hatte für 800 000 RM ein Geschäft samt Grundstück mit einem Verkehrswert von 4,5 Millionen RM erworben. 100 000 RM gingen als »Arisierungsabgabe« an den Staat, 80 000 waren fällig für die Glasschäden. Vom Rest wurden 150 000 RM »Judenvermögensabgabe« einbehalten, dazu 100 000 RM »Auswanderungsabgabe«. Weniger als zehn Prozent des Verkehrswertes also blieb für die Familie. Und das Geld wurde bei der Finanzdirektion eingefroren.

Rudolf und Otto Hirschfeld kamen zunächst ins KZ und konnten dann aber nach Uruguay emigrieren. Benno Hirschfeld wurde wenige Tage vor der Kapitulation im Konzentrationslager Buchenwald umgebracht, sein jüngerer Sohn, der Textilkaufmann Kurt Manfred Hirschfeld, wurde im KZ Neuengamme ermordet. Der zweite Sohn Hans, der bei Borgward Motorenschlosser gelernt hatte, überlebte die Nazizeit quasi im »Auge des Sturms«: Er war zeitweilig in den Daimler-Benz-Flugmotorenwerken tätig, in Genshagen südlich von Berlin. Später arbeitete er in Hamburg beim Flugzeugbau von Blohm und Voss. Seine Qualifikation als Spezialist für Motorenprüfstände war offenbar so hoch, daß ihm nichts passierte, obwohl er sich durchaus nicht duckte oder versteckte. Ganz im Gegenteil, er unternahm sehr handfeste Versuche, seinen Vater aus dem KZ frei zu bekommen. So reiste er einmal mit seiner Mutter nach Auschwitz, um dort persönlich ein Paket für seinen Vater abzugeben, dessen Empfang der sogar bestätigte. Ein anderes Mal schrieb er direkt an Hermann Göring und wies darauf hin, daß er für die Luftwaffe Motoren baue, während sein Vater im KZ sitze, er möge doch bitte dafür sorgen, daß sein Vater entlassen würde. Natürlich half das nicht, aber ihm selbst geschah nichts.

1950 wurde das Gebäude am Neuen Wall durch die überlebenden Familienmitglieder zurückerworben, wobei sich zwei Familienzweige das Gebäude teilten. Die 1939 rechtzeitig emigrierten Familienmitglieder, die nicht nach Deutschland zurückkehren wollten, entschlossen sich 1956, ihren Anteil zu verkaufen.

Das Finanzamt forderte sogar Lastenausgleich für das Grundstück, ungeachtet der Tatsache, daß es den Eigentümern zwölf Jahre lang entzogen war. Auf den Einspruch wurde nach sechs Monaten lapidar geantwortet, »auch ein entzogenes Grundstück wird so behandelt, als ob es nie entzogen worden wäre«.

Fahning sen. kaufte 1956 die Hälfte des Grundstücks zum Neuen Wall hin und mietete das gesamte Gebäude von der Familie Hirschfeld. Auf den Wunsch nach Realteilung der Gebäudehälften, um Mietstreitigkeiten aus dem Weg zu gehen, reagierten die Fahnings Ende 1988, nach Scheitern zahlreicher Mietverhandlungen, mit der Forderung nach einer »freiwilligen Teilungsversteigerung zwecks Aufhebung der Grundstücksgemeinschaft«.

Nach der Genehmigung der Realteilung durch die Freie und Hansestadt Hamburg wollte die Familie Hirschfeld diese gerichtlich durchsetzen, zur Verhinderung einer Teilungsversteigerung. Doch das Gericht entschied negativ – die Fahnings verkauften im September 1991 ihren halben Grundstücksanteil sowie das Geschäft an den Spekulanten Dr. Jürgen Schneider, der an dem Erhalt der Firma Fahning kein Interesse hatte, sondern nur das prachtvolle Grundstück im Herzen der Stadt sah.

dpa meldete am 30. Juni 1995: »Das traditionsreiche Hamburger Modehaus hat jetzt als Folge der Schneider-Pleite den Konkurs anmelden müssen. Die Geschäftsaufgabe, von der 53 Mitarbeiter betroffen sind, ist nach Angaben des Rechtsanwalts von Geschäftsführer Dieter Fahning eine mittelbare Folge der Millionenpleite des Frankfurter Immobilienkaufmanns Jürgen Schneider, der alleiniger Gesellschafter des Modehauses war. Die Verhandlungen über den Fortbestand des Unternehmens mit den Konkursverwaltern waren unter anderem daran gescheitert, daß Fahning seinen Vertrag als Geschäftsführer zum Jahresende gekündigt hatte, sagte Fahning-Anwalt Wolfgang Witte. Die Banken hätten die Weiterführung des Modehauses unter einem anderen Geschäftsführer abgelehnt und wollten nicht Bürgschaften von insgesamt 4,5 Millionen DM übernehmen. Fahning wollte unterdessen seine Kündigung ›wegen Querelen mit dem Betriebsrat, die von Konfrontation statt von Zusammenarbeit geprägt waren‹, nicht zurücknehmen, sagte Witte. Die Deutsche Angestellten-Gewerkschaft (DAG) bezeichnet die Schuldzuweisung an den Betriebsrat als ›beispiellose moralische Diffamierungskampagne‹. Fahning habe laut DAG die Zusammenarbeit mit dem Betriebsrat verweigert und noch im Mai ›wider besseres Wissen‹ behauptet, daß sein Unternehmen von der Schneider-Pleite nicht betroffen sei.«

Auch das Haus Robinsohn wurde nicht verschont. Hans J. Robinsohn berichtet, daß bereits am 10. November 1938 in seinem Modehaus in Hamburg ein Treuhänder eingesetzt wurde, der sich redlich um eine »freundliche Arisierung« bemühte. Der Verkaufsvertrag kam zustande, wurde aber nicht genehmigt, da das Reichswirtschaftsministerium das Geschäft einer Käufergruppe zuschustern wollte, zu der ein Fachschaftsleiter aus dem Stab von Hitler-Stellvertreter Rudolf Heß gehörte. Der Vater und der Onkel von Hans J. Robinsohn, 75 und 70 Jahre alt, wurden unter dem Verdacht der »Rassenschande« verhaftet. Der Onkel wurde im Juli 1939 ohne Begründung entlassen, der Vater von einem Hamburger Gericht aus Mangel an Beweisen freigesprochen. Alle Inhaber emigrierten, nachdem sie Grundstücke und Geschäft weit unter dem Einheitswert verkauft und für das gesamte Inventar der Firma 60 000 RM erhalten hatten.

Ein treffendes Beispiel für die »schleichende Arisierung« ist das Hamburger Optikergeschäft Campbell & Co. Julius Flaschner hatte das 1816 gegründete Traditionshaus Campbell im Jahr 1900 gekauft und zur Blüte gebracht. Früh schon geriet er ins Fadenkreuz der Gestapo, denn seine Frau war eine Verwandte des ehemaligen Berliner Polizeichefs Bernhard Weiß, der durch sein energisches Eintreten für die Weimarer Republik zu den besonders verhaßten Gegnern der Nationalsozialisten gehörte. Im März 1933 tauchte Weiß vorübergehend bei Flaschner unter. Die Hamburger Finanzbehörden leiteten im Januar 1934 ein Ermittlungsverfahren wegen Devisenhinterziehung ein. Flaschner floh, wurde steckbrieflich gesucht und von der Lieferantenliste der Fürsorgebehörde gestrichen. Das Verfahren wurde aber 1935 wegen erwiesener Unschuld eingestellt.

Den Anstoß zu den Ermittlungen hatten Denunziationen von Konkurrenzfirmen gegeben, die selbst als Behördenlieferanten zugelassen werden wollten. Ein Konkurrent Flaschners teilte der Fürsorgebehörde am 6. Juni 1934 mit: »Über Flaschner ist mir bekannt, daß er ein Vetter des früheren Polizeipräsidenten Isidor Weiß in Berlin, der sich jetzt im Ausland aufhält, ist.« Und die Orthozentrische Kneifer GmbH machte geltend, sie wolle nicht »noch hinter jenen rangieren, deren Minderwertigkeit durch die Flucht und steckbriefliche Verfolgung durch die Staatsanwaltschaft endlich notorisch erwiesen ist. Ich weise auf die Firma Campbell Neuer Wall hin, die sich jetzt noch dazu in Händen eines polnischen Juden durch Schiebung befinden soll.«

Nach der »Reichskristallnacht« wurde auch das Geschäft von Julius Flaschner »arisiert«. Ein faires Arrangement mit seinem Prokuristen wurde hintertrieben – der Gauleiter sorgte selbst dafür, daß ein Parteigünstling das Geschäft erwerben konnte.

Das Ehepaar Flaschner entschloß sich zur Emigration. Ihre Ausplünderung war von den Behörden gründlich vorbereitet worden. Genaue Listen mit erlaubtem Umzugsgut wurden verfertigt. Man prüfte sogar, ob die aufgeführten Unterhosen auch gebraucht waren – falls nicht, würde ihre Mitnahme als Devisenvergehen geahndet werden. Das Haus in der Abteistraße samt Inventar wurde vom Auktionshaus Schopmann versteigert. Ein Millionenvermögen wurde vom Staat vereinnahmt. Beauftragte der Devisenstelle und der Zollfahndung spionierten den jüdischen Emigranten nach, um verborgenes Vermögen aufzuspüren. Ergebnis im Fall Flaschner: »Er hat ein kleines Zimmer in der Nähe seiner beiden Schwiegersöhne gemietet. Das Zimmer ist mit zwei einfachen Betten ausgefüllt. Als Garderobenschrank dienen zwei auf dem Korridor der Wohnung stehende Schrankkoffer. Irgendwelche Einkünfte scheint Flaschner nicht zu haben. Meine diesbezügliche Frage verneinte er mit dem Hinweis darauf, daß er sowieso keine Arbeitserlaubnis erhalten würde. Zwecks Unkostenverteilung nehmen die beiden Flaschners das Mittagessen getrennt ein. Während Frau Flaschner bei dem einen Schwiegersohn zum Mittag erscheint, nimmt Herr Flaschner das Mittagessen bei dem anderen Schwiegersohn ein.« Spioniert hatte übrigens der eigene Steuerberater, der sich allerdings bemühte, ein realistisches Bild zu zeichnen. Am härtesten hatte Julius Flaschner seine Ausbürgerung getroffen.

Die am Neuen Wall existierenden jüdischen Geschäfte wurden alle liquidiert oder »arisiert«. Der Wettlauf zur Bereicherung war voll entbrannt. Dazu im Jahr 2000 der Präses der Hamburger Handelskammer, der Reeder Nikolaus Schües: »Man kann das aus der heutigen Sicht nur tadeln, denn der honorige Kaufmann hat sich dann an solch einer Versteigerung nicht beteiligt, er hätte die Versteigerung ja nicht verhindern können, aber er hätte gesagt, da mache ich nicht mit. Und das ist eben das, was wir heute tief bereuen und bedauern müssen.«

Hans Hirschfeld nimmt die Hamburger Kaufmannschaft in Schutz: »Ja, natürlich fand ein unglaublich großer Wettlauf statt, wer kann sich die besten Rosinen sichern. Aber es waren tatsächlich am wenigsten die Hamburger Kaufleute, die sich darum bemüht haben. Das waren eher Leute wie Franz Fahning, bisher Abteilungsleiter bei Karstadt in Duisburg. Der sah als Parteigenosse seine große Chance. Der hat davon gehört, daß es ›Arisierungen‹ gibt und daß man über diese »Arisierungsmöglichkeiten« zu einer eigenen großen Firma kommen kann. Das Geld kann man sich ja von den Banken besorgen.«

Aber – es ging und geht nicht nur um Geld. Frank Bajohr erklärt: »Aus der Sicht des betroffenen jüdischen Eigentümers war die ›Arisierung‹ lediglich Teil einer wesentlich längeren persönlichen Verfolgungsgeschichte. Schon der Entschluß zum Verkauf des persönlichen Eigentums ging keineswegs in allen Fällen auf ökonomische Motive und wirtschaftliche Ausgrenzungsmaßnahmen zurück. Die Situation eines jüdischen Unternehmers hing nicht allein von seiner Firmenbilanz ab. Er erlebte Ausbildungsbeschränkungen und die Diskriminierung seiner Kinder in der Schule hautnah mit, die Nürnberger Gesetze stempelten ihn zum Staatsbürger zweiter Klasse, er durfte Parkanlagen, Schwimmbäder, Theater und viele Kurorte nicht mehr betreten, wurde aus Vereinen und Vereinigungen ausgeschlossen und zu gesellschaftlichen Anlässen nicht mehr eingeladen. Obwohl die Mehrheit der jüdischen Unternehmer Deutschlands bis 1939 noch emigrieren konnte, verloren fast alle von ihnen im Holocaust Familienangehörige, Verwandte und Freunde. Daß solche Verluste die materiellen Einbußen weit in den Schatten stellten, liegt auf der Hand. Die ›Arisierung‹ beendete nicht nur alle Integrationshoffnungen, sondern erschütterte auch Selbstwertgefühl und Selbstdefinition. Die weniger begüterten Juden verzeichneten zwar geringere materielle Verluste und damit auch geringere Einbußen an sozialen Statussymbolen. Doch auch ihnen gingen mit vielen Gegenständen Orientierungspunkte verloren, die für Erinnerung und Identität von zentraler Bedeutung sind. Die wenigen Gegenstände, die jüdische Emigranten überhaupt ins Ausland mitnehmen durften, wurden deshalb von ihnen häufig wie Reliquien verwahrt. Fast alle jüdischen Kinder, die 1938 per Kindertransport nach Großbritannien auswandern durften, sind heute noch im Besitz des Silberlöffels, den mitzunehmen ihnen gestattet war. Und auch die Trümmer einer Kinderpuppe werden sorgsam aufbewahrt, wenn sie als Geschenk ermordeter Familienangehöriger eine der wenigen Gegenstände sind, die noch an diese erinnern.«

München

Ein ebenso finsteres Kapitel ist die »Arisierung« namhafter jüdischer Geschäfte in München. Das Kaufhaus Uhlfelder im Rosental war darunter, das Textilhaus Bamberger & Hertz, das vom Inhaber dem Abteilungsleiter Johann Hirmer übertragen wurde, das Textilhaus Moritz Cohen an der Löwengrube, das der Loden-Frey-Chefeinkäufer Herbert Stiehler übernahm. Herbert C. Styler nannte sich der neue Inhaber nach dem Krieg, zusammen mit Frau Ysabel war er Liebling der Klatschspalten. Der Geschäftsführer der Reichskulturkammer für Bayern, Witte, wollte das Volkskunsthaus Moritz Wallach erwerben. Als der Inhaber seinen Konditionen nicht sofort zustimmte, schrieb er: »Wenn Sie nicht binnen 48 Stunden unterschreiben, übergeben wir Sie der Gestapo.«

Am 18. Juli 1937 war im *Völkischen Beobachter* folgende Anzeige zu lesen: »Die altbekannte Firma Heinrich Cohen Löwengrube 23, Fachgeschäft für Modestoffe, Spitzen und Besätze ist am 1. Juli 1937 in arischen Besitz übergegangen. Das Geschäft bleibt unter unserer fachmännischen Leitung in völlig unveränderter Art bestehen. Wir werden dieselben eleganten und hoch-modischen Artikel sowie erstklassigen Qualitäten wie seither weiterführen und unserer Kundschaft in Zukunft eine noch größere Auswahl bieten. Wegen Neugestaltung der Verkaufsräume bleibt das Geschäft am 22., 23. und 24. Juli geschlossen. Wieder-Eröffnung am 26. Juli, vormittags 8 Uhr. Herbert Stiehler K.G. vormals Heinrich Cohen, gegr. 1821.« Das war das Ende eines renommierten über 100 Jahre alten Geschäfts.

Schon im April 1937 hatte das Ende der seit 116 Jahren existierenden Firma Cohen begonnen. Heinrich Cohen hatte an die Industrie- und Handelskammer geschrieben, er stehe mit Herbert Stiehler in Verkaufsverhandlungen. Am 22. April 1937 teilte Heinrich Cohen auf einem Formblatt, mit dem die IHK die »rassische Eigenschaft« eines Unternehmens bestimmen wollte, mit: »Staatsangehörigkeit: deutsch – Abstammung: jüdisch.« Wieder war München Vorreiter: Der Fragebogen von 1936 war ein Vorläufer des vom Reichswirtschaftsministerium erst 1938 offiziell eingeführten Formblattes. Nach dem Krieg wollte die IHK davon nichts mehr wissen, sie hätte »auf den Prozeß der »Arisierung« keinen Einfluß gehabt«. Im Unterschied übrigens zur Hamburger Handelskammer, die in einem offiziellen Papier über ihre Haltung in der Nazizeit 1998 sogar den beinahe theologischen Terminus »bereuen« benutzte. Und der jetzige Vorsitzende Nikolaus Schües nannte die Arisierung in einem Interview umstandslos und direkt »Raubmord«.

Herbert Stiehler, nach eigenen Angaben Chefeinkäufer bei Loden-Frey, der zum Nachweis für seine fachliche Qualifikation »Zeugnisse in jeglicher Form« beibringen könne, übernahm den Betrieb Cohen. Am 13. Juli 1937 erfolgte der Eintrag ins Handelsregister, und mit Datum vom 1. Juli 1937 gingen zwei Briefe an Kunden, Geschäftspartner und Lieferanten, um über die vollzogene Übernahme zu informieren. Stiehler brachte »zur Kenntnis, daß wir die Firma Heinrich Cohen, München mit allen Aktiven und Passiven käuflich erworben haben. Das Geschäft wird in unveränderter Weise weitergeführt. Wir bitten Sie, das der Firma Heinrich Cohen seither erwiesene Vertrauen auch auf uns zu übertragen. Mit Deutschem Gruß! Herbert Stiehler KG vormals Heinrich Cohen«.

Gleichzeitig bedankte sich Heinrich Cohen in einem beigefügten Brief und begründete seine Geschäftsaufgabe: »Wegen vorgerückten Alters und mangels leiblicher Erben habe ich mich entschlossen, mein seit 1821 im Familienbesitz befindliches Geschäft zu verkaufen, wobei alle meine bewährten Mitarbeiter in den neuen Betrieb mit übergehen und das Geschäft genau in der gleichen Art wie bisher weitergeführt wird, so daß seine Eigenart in modischer Beziehung ganz erhalten bleibt. Ich benütze die Gelegenheit, Ihnen für das mir in den vielen Jahrzehnten bewiesene Vertrauen verbindlichst zu danken und ich bitte Sie, dieses Vertrauen auch meinem Nachfolger, Herrn Herbert Stiehler übertragen zu wollen.« Heinrich Cohen meldete sein Gewerbe, das er seit Januar 1899 betrieben hatte, am 3. Juli 1937 ab, »ohne Angabe von Gründen« –, wie ein städtischer Beamter 1965 dem Bayerischen Landesentschädigungssamt gegenüber feststellte.

Am 13. Dezember 1938 gründeten die vier Kommanditisten der Herbert Stiehler KG, Herbert Stiehler, Oskar Stau, Georg Frey (Gesellschafter der Münchner Lodenfabrik J.G. Frey) und Richard Maier, eine weitere Firma, die Stiehler & Co. Geschäftssitz war die Windenmacherstraße 4, das Nachbarhaus der Herbert Stiehler KG (Löwengrube 23). Beide Geschäfte residierten also in zwei Häusern, die in Wahrheit noch Heinrich Cohen gehörten.

Wie leichtfertig auch renommierte Zeitungen in bezug auf die Firmengeschichte berichten, zeigte 1978 ein Artikel, der zu Stiehlers oder »Stylers« 75. Geburtstag in der *Süddeutschen Zeitung* erschien: »Da Styler aber nicht nur leben, sondern sehr gut leben wollte, kam es in den dreißiger Jahren zu erfolgreichen Verhandlungen mit dem Inhaber des Münchner Seidenhauses Heinrich Cohen, mit Oskar Stalf und Georg Frey. Das Ergebnis: der ›Großhandel Styler & Co mit Ex- Import und Fabrikation exklusiver modischer Neuheiten‹. Der Chef entwarf alles selbst – von der noblen Einrichtung bis zum Dessin –, der marmorne Modepalast, Ecke Löwengrube/Windenmacherstraße, wurde über München hinaus zum Begriff höchster Eleganz.«

Und für eine Selbstdarstellung in dem »Buch mit alten Firmen der Landeshauptstadt München« verlor Styler völlig jeden historischen Maßstab, indem er das Gründungsjahr der Cohenschen Firma 1821 dreist annektierte, natürlich nicht ohne auf den Opferstatus als Ausgebombter und Geplünderter hinzuweisen – soweit ging die Geschichtsvergessenheit doch nicht, und das hat er mit vielen »Volksgenossen« gemein: »Die beiden Styler-Firmen in München bestehen seit 135 Jahren – Gründungsjahr 1821. Die Firmen wurden im Kriege neunmal nacheinander zerbombt und unter Mitarbeit treuer alter Angestellter wieder aufgebaut. Im Hause sind mehrere Mitarbeiter in leitender Stellung beschäftigt, welche 50 Jahre und länger mit dem Hause verbunden sind. Das Verkaufshaus am Odeonsplatz importiert Modellstoffe aus allen Textilzentren der Welt und wird zum Teil vom eigenen Großhandel und von der eigenen Fabrikationsabteilung beliefert. Filialbetriebe im Ausland wie z.B. in Wien etc. wurden teils durch Kriegsereignisse zerstört, teils geplündert oder gerieten durch andere Nachkriegseinwirkungen in Verlust. Das Stammhaus in München befindet sich in stetem Wiederaufbau und steht heute als das führende Haus für Qualitätsstoffe wieder an erster Stelle. Alleininhaber: Generalkonsul Herbert C. Styler.«

Der Konsul des Königreichs Thailand, seit 1959 Président du Conseil permanent de l' Uninco (Union Internationale du Corps Consulaires), Commandant des Ordens der Krone von Thailand, Komturkreuz des Ordens Ste. Marie de Bethlehem, Großes Verdienstkreuz des Deutschen Ordens, Großkreuz des Ordens St. Jean d'Acre et St. Thomas war eine der schillerndsten Figuren des Münchner Gesellschaftslebens der 50er und 60er Jahre. Der Züchter von Rassemöpsen und Sammler von Ausgrabungen vorchristlicher Zeit erlitt mit seinen beiden Firmen Anfang 1960 Schiffbruch. Ein Vergleichsverfahren zur Abwendung des Konkurses wurde am 19. Februar vom zuständigen Gericht abgelehnt, im November 1960 wurden beide Firmeneintragungen von Amts wegen gelöscht.

Uhlfelder war wie alle Kaufhäuser ein besonderes Ziel des antisemitischen Boykotts. Am 9. März 1933 wurde der Besitzer Max Uhlfelder verhaftet und für drei Tage eingesperrt; am 23. März 1933 zog der NS-Kampfbund an seinem Geschäft vorbei und brüllte aggressive antijüdische Parolen. Überall klebten großflächige Plakate: »Kauft nicht bei Juden«, »Juden raus« und »Massenkundgebung gegen den jüdischen Lügenfeldzug«. Der *Völkische Beobachter* berichtete am 31. März: »Heute Mittag Punkt zwölf Uhr zogen vor allen größeren jüdischen Geschäften und Kaufhäusern, vor allem in der Innenstadt, SA-Posten auf. Das Rosental, wo sich die beiden großen Ramschgeschäfte Epa und Uhlfelder befinden, war von einer dichten Menschenmenge belagert. Fast ausnahmslos verzichteten die Volksgenossen, nachdem sie von den SA-Posten in höflichster Weise über die Gefährlichkeit und Niedertracht des Juden aufgeklärt wurden, auf einen Einkauf in diesen Warenhäusern. Mit Gewalt wurde niemand daran gehindert, sein gutes deutsches Geld den Rassefremden nachzuwerfen, jedoch waren Käufer verschwindend geringe Ausnahmen. Ihre Namen wurden in den meisten Fällen festgestellt. Man merkt deutlich, daß die Aufklärungsarbeit am deutschen Volke endlich ihre Früchte trägt.«

Noch mehrmals, u. a. im Mai 1935, wiederholten sich die Demonstrationen. Zudem mußten jüdische Kaufhausbesitzer in München eine besondere Warenhaussteuer entrichten. In der Pogromnacht demolierten in München die gewalttätigen, johlenden Horden neben den übrigen »nichtarischen« Geschäften wie Tietz, Rothschild, Eichengrün, Bamberger & Hertz natürlich auch das Haus Uhlfelder. »Die großen Schaufensterscheiben wurden eingeschlagen«, berichtet Heide Grunwald in ihren Erinnerungen an die Uhlfelders, »die ausgestellten Waren wurden auf die Straße geworfen, zertreten und zerfetzt, zum Teil auch geplündert. Ebenso geschah es mit der Inneneinrichtung und allen darin präsentierten Dingen. Die Rolltreppe, die Uhlfelder vor ein paar Jahren als erstes Kaufhaus Münchens hatte einbauen lassen, wurde mit Brechstangen zerstört. Alles war übersät mit Trümmern und Glasscherben.«

Max Uhlfelder floh zuerst in die Schweiz, dann nach Indien und zuletzt in die USA, wo er endlich wieder seßhaft wurde. Er baute sich eine neue Existenz auf als Im- und Exporteur. Seiner Schwester, ihrem Mann und Sohn hatte er nicht mehr helfen können. Sie wurden nach Kowno in Litauen verschleppt und dort am 25. November 1941 umgebracht. Das Kaufhaus im Rosental wurde mehrmals von Bomben getroffen und am 25. April 1944 restlos zerstört.

1952 kam Uhlfelder nach München zurück und ließ das Haus Rosental 9 wieder aufbauen. Er verkaufte schließlich die Grundstücke nicht an den ursprünglich vorgesehenen Konzern, sondern um einen weit niedrigeren Preis an seine Heimatstadt. Er hatte erfahren, daß München hier einen Erweiterungsbau des Stadtmuseums errichten wollte, und das schien ihm die optimale Verwendung für sein Eigentum zu sein. Am 4. März 1958 ist Max Uhlfelder gestorben. Er wurde, wie er es sich gewünscht hatte, im Familiengrab im Neuen Israelitischen Friedhof an der Garchinger Straße begraben. Am Stadtmuseum aber erinnert nicht einmal eine Tafel an das Leben und Schicksal von Max Uhlfelder.

Nürnberg

In der »Stadt der Reichsparteitage« sollten auf Verlangen Streichers die jüdischen Ladengeschäfte aus den Hauptgeschäftsstraßen verschwinden. Mit der Aktion »Juden aus den Hauptstraßen« waren vor allem die Königstraße, die Karolinenstraße und die Kaiserstraße gemeint. Dort waren die größten und repräsentativsten Geschäfte der Stadt, vorwiegend Textilgeschäfte, Galanteriewarenhandlungen, Warenhäuser. Es hatte den jüdischen Geschäften nichts genützt, daß sie auf »Anregung der Gauleitung« während des letzten Parteitages eine Woche lang geschlossen hatten.

Einige Firmen bereiteten den Umzug vor. So hingen in den Läden der Firma Salberg bereits im Januar Plakate, daß hier zu vermieten sei. Das Seidenhaus Lehmann, bislang das größte Nürnberger Modegeschäft mit einem großen Laden in einer der Hauptgeschäftsstraßen, zog am 1. März in eine kleine Nebenstraße.

Schon 1933 war den Juden in Nürnberg verboten worden, Fluß- und Hallenbäder zu besuchen. Sie durften nur noch in die städtischen Brausebäder gehen. Im Dezember 1937 wurde auch diese Erlaubnis zurückgezogen. Oberbürgermeister Liebel hatte in der Ratssitzung erklärt: »Man kann keinem Deutschen zumuten, daß er eine Wanne besteigt, in der sich vorher ein Jude befunden hat.«

Die größte Aktion gegen die jüdische Geschäftswelt in Nürnberg war der Weihnachtsboykott von 1937. Noch am »Kupfernen Sonntag« wurden die großen Warenhäuser von Kaufwilligen regelrecht belagert, und die Polizei mußte immer wieder eingreifen, um die Käufermassen zu ordnen. Wiederholt mußten Geschäfte geschlossen werden, damit die darin befindlichen Kunden erst einmal bedient werden konnten.

Der Gegenschlag blieb nicht aus: Wenige Tage später erschien in den Nürnberger Zeitungen ein Aufruf von Gauleiter Streicher. Er behauptete, ein jüdisches Blatt in Bukarest hätte »Drohungen« gegen den Gauleiter ausgestoßen und darauf hingewiesen, daß es immer noch Bukarester Firmen gebe, die Nürnberger Spielwaren kauften. Streicher forderte dazu auf, als Antwort die Ladengeschäfte von Juden zu boykottieren.

Zwei Tage später setzte der Boykott ein. Vor allen jüdischen Ladengeschäften wurden große, etwa zwei Meter hohe rote Plakate aufgestellt. Dort hieß es, daß »wir Nationalsozialisten den Juden bisher Gastrecht gewährt haben und daß auf die unverschämte Drohung des Bukarester Blattes die Antwort erfolgen müsse: ›Kein Deutscher kauft bei Juden!‹« – Gleichzeitig marschierten vor allen jüdischen Geschäften Zivilposten auf, um die Eingänge der Geschäfte zu überwachen. Den Ladenbesitzern wurde nicht gestattet, ihre Läden zu schließen, sie mußten während der Geschäftsstunden für die ganze Dauer des Boykotts über geöffnet bleiben.

Am »Silbernen Sonntag« mußten die jüdischen Geschäfte genauso wie die »arischen« geöffnet bleiben. Die Angestellten mußten zur Arbeit kommen, aber die Kunden hatten keinen Zutritt. Manche

Posten verwehrten Kunden den Eintritt bloß mit dem Hinweis: »Ich muß Sie darauf aufmerksam machen, daß es sich hier um ein jüdisches Geschäft handelt!« Andere stellten sich den Kunden in den Weg und ließen sie nicht durch. Und wieder andere zwangen die Leute, die sich doch durch die Wachposten drängen wollten, zur Tür hinaus. In einzelnen Fällen wurden Kunden angespuckt und beschimpft. Aber die Kundschaft war nicht sehr beeindruckt. So bekam ein Posten auf seinen Hinweis: »Ich muß Sie darauf aufmerksam machen, daß es sich um ein jüdisches Geschäft handelt« von einer Dame zu hören: »Das weiß ich, aber ich kann es nicht ändern!« Die Posten rekrutierten sich aus erst vor kurzem eingetretenen Parteimitgliedern, aus SA-Männern und Angehörigen der »Werkscharen«, wie sich die Aktivisten der Deutschen Arbeitsfront nannten. In vielen Fällen hatten die »arischen« Arbeitgeber, bei denen die Posten beschäftigt waren, ihre Leute für diese Zeit ohne Gehaltsabzüge freigestellt.

Das Warenhaus Schocken war in eine Aktiengesellschaft umgewandelt worden, und es hieß, englisches Kapital stecke in der Firma. Schocken wandte sich an das Konsulat Großbritanniens, und auf britische Intervention hin wurde eine Milderung des Boykotts versprochen. Die Milderung sah so aus, daß statt des einheitlichen roten Boykottplakats ein Plakat angebracht wurde, auf dem stand: »64 Prozent des Aktienkapitals der Firma Schocken befindet sich in englischen Händen, der Rest ist in jüdischem Besitz. Deshalb bekämpfen wir dieses jüdische Geschäft!« Der Boykott dauerte bis zum 24. Dezember. Die Boykottaktion wurde außerhalb Frankens sorgfältig verschwiegen. Weder der *Völkische Beobachter* noch die *Frankfurter Zeitung* brachten eine Notiz über den Boykott. Selbst in den einschlägigen Fachblättern wurde mit keinem Wort darüber berichtet.

Trossingen

Zu seinem 80. Geburtstag 1965 war das Städtchen beflaggt; die Festansprache hielt ein Bundesminister; die Bundeswehr war verantwortlich fürs Büfett. Alles rühmte den Erfolg des Jubilars, seinen

Bürgersinn, seine Wohltaten: Fritz Kiehn hatte es weit gebracht. Der Zigarettenpapierhersteller sei einer »der erfolgreichsten Industriellen des mittelschwäbischen Raumes«, lobten ihn hochrangige CDU-Politiker. Die Universität Innsbruck machte den »großzügigen Mäzen« zum Ehrensenator.

1908 hatte Fritz Kiehn als ein mittelloser Vertreter aus dem Westfälischen im Gasthof von Trossingen ein kärgliches Zimmer gemietet. Drei Jahre später heiratete er die Wirtstochter, nahm am Ersten Weltkrieg teil und schaffte nach 1918 binnen kurzem den Aufstieg zum mittelständischen Unternehmer. Mit der Königsidee von »Efka-Zigarettenpapier« zum Selbstdrehen machte er gerade in wirtschaftlich schlechten Zeiten gute Geschäfte.

Lokale Honoratioren wie die Familie des Instrumentenbauers Ernst Hohner standen den Nationalsozialisten zunächst distanziert gegenüber. Fritz Kiehn aber war schon 1926 Parteimitglied geworden, zog die SA-Uniform an und nutzte seine Chancen. Schnell stieg er in der Parteihierarchie bis zum »Führer der württembergischen Wirtschaft« und zum SS-Obersturmbannführer auf und gehörte bald zu Himmlers Freundeskreis SS. Am Ende des »Dritten Reiches« verbarg sich Himmler in der pompösen Fabrikantenvilla Kiehns, bevor er im äußersten Norden des Reiches bei Dönitz vergeblich Zuflucht suchte.

Der Aufsteiger war getrieben von rasendem Ehrgeiz, er wollte es den Hohners und allen anderen, die stets auf ihn herabgesehen hatten, zeigen. Von 1932 bis 1945 saß Kiehn im Reichstag, 1933 wurde er Kreisinspektor und Präsident der Württembergischen Wirtschaftskammer: Er entließ Mißliebige und koppelte Staatsaufträge an Spenden für die Partei. Himmlers SS ließ er 221 000 RM zukommen. Er lehrte an der SS-Führerschule und wurde 1938 als SS-Hauptsturmbannführer Mitglied im »Persönlichen Stab Reichsführer SS«.

Die Kontakte zum NS-Establishment brachten ihm nicht nur für die eigene Fabrik Aufträge und Zuteilungen und enormen Prestigegewinn, sondern auch ganz besondere Möglichkeiten der Bereicherung. Kaum war er zum Magirus-Aufsichtsrat ernannt, nutzte Kiehn sein Insiderwissen zum Aufkauf der Aktien. Kiehns Geschäftsgebaren war derart rabiat und korrupt, daß es ihm sogar ein Verfahren vor dem Parteigericht einbrachte; seine SS-Kontakte halfen ihm wieder heraus. Bei der »Arisierung« konnte er dann drei namhafte Firmen an sich bringen; allein die Eislinger Papierfabrik erwirtschaftete einen jährlichen Profit von 50 Prozent des Kaufpreises. Sein politischer Opportunismus brachte ihn dazu, mit Juden und Freimaurern Geschäfte zu machen, er half verfolgten Sozialdemokraten und Kommunisten, vor allem wenn sie aus Trossingen waren. Trossingen profitierte von seinem nie erlahmenden Mäzenatentum.

Er floh nach dem Krieg vor den Franzosen, wurde aber verhaftet. Sein anschließendes »Martyrium« – wie er es sah – dauerte dreieinhalb Jahre. Er war als prominenter Nazi interniert, kam aber im Entnazifizierungs-Verfahren fast ungeschoren davon. 100 000 DM verhalfen zu Persilscheinen und Aktenschwund zur rechten Zeit. Als »Minderbelasteter« konnte Kiehn sein Unternehmen weiterführen – und bekam noch vor Rechtskraft der Entscheidung einen Landeskredit von drei Millionen DM. Einzig der SPD-Politiker Fritz Erler wandte sich gegen die Begünstigung dieses »Konjunkturritters«.

Bald ging es mit ihm wieder aufwärts. Seine neuen Freunde hießen Siegfried Zoglmann, Rolf Dahlgrün und Bruno Heck, der ihn auch privat mit Bundeskanzler Adenauer bekannt gemacht hatte. Eine deutsche Karriere wie Tausende andere auch. »Der vom Standpunkt politischer Gerechtigkeit oft und zu Recht gescholtene Integrationskurs des ersten Bundeskanzlers gegenüber ehemaligen Nationalsozialisten«, so resümieren Hartmut Berghoff und Cornelia Rauh-Kühne in einer Studie über Fritz Kiehn, »zeitigte somit Resultate, die für die innere Stabilität der jungen Republik nicht überschätzt werden können.« Für Erler war es ein beklagenswertes Beispiel für die Restauration in der Bundesrepublik.

Leipzig

Kurt Herrmann verfaßte am 10. Oktober 1931 auf seinem Rittergut Federow in Mecklenburg einen Lebenslauf. Danach war er 1888 als Kind eines Handwerksmeisters in Leipzig geboren, lernte Maurer,

wurde Bauingenieur und heiratete 1914 die Tochter des Kommerzienrats Bernhard Meyer. Dem gehörten drei Flugzeugwerke, eine Motorenfabrik, ein Verlagshaus und eine Buchdruckerei.
»Außerordentliche Erfolge haben mir ein bedeutendes Vermögen eingebracht«, notierte er stolz, »ich bin alleiniger Besitzer der Rittergüter Federow, Schwarzenhof und Speck in Mecklenburg, ferner gehört mir das Rittergut Kobershain bei Leipzig.« Auf den mehr als 70 Quadratkilometern Grundbesitz tummelten sich »400 Stück Rindvieh, 80 Pferde und 600 Schweine«. In den unter »meiner Leitung und in meinem Besitz befindlichen Firmen« waren Ende 1931 etwa 12 000 Angestellte und Arbeiter beschäftigt. Die Zeiten waren unsicher, die Weltwirtschaftskrise forderte ihre Opfer, aber schon damals gab es eine fast uneinnehmbare Festung südlich des Bodensees, Liechtenstein. So ist es nicht verwunderlich, daß Kurt Herrmann »an die fürstliche Regierung in Vaduz das Gesuch um Aufnahme in das Staatsbürgerrecht von Liechtenstein« stellte und ferner »die löbliche Ortsvorsteherschaft der Gemeinde Eschen« ersuchte, ihn als Bürger aufzunehmen. Am 18. Oktober 1931 fand in der Gemeinde Eschen eine Abstimmung über die Aufnahme von Kurt Herrmann, seiner Frau Erna geb. Meyer und seiner beiden Kinder Heinz und Jutta statt. 125 Bürger waren dafür, einer stimmte dagegen. Gewichtigstes Argument: das Vermögen des Rittergutsbesitzers überstieg »den Betrag von 5 000 000 Mark«, wie sein Züricher Anwalt versicherte.
Es war nicht die Liebe zur Bergwelt, die ihn die Gastfreundschaft des verschwiegenen Fürstentums suchen ließ: Entsprechend der Verordnung über die Reichsfluchtsteuer vom 18. Juli 1931 teilte er dem Finanzamt am 31. Juli 1931 mit, er habe im Dezember 1927 in Vaduz die Securitas Aktiengesellschaft gegründet, die wiederum über das gesamte Aktienkapital der bereits im September 1926 von ihm gegründeten Internationalen Verlags AG in Zürich verfüge. Zugleich zeigte er ein Versäumnis an: Er habe vom 1. Januar 1924 bis zum 31. Dezember 1929 »schätzungsweise 5 000 000 Mark« Einkommen aus gewinnbringenden Privatgeschäften gehabt, über die er »keine Bücher geführt habe« und die er infolgedessen »auch nicht mehr belegen« könne. Das Leipziger Finanzamt schätzte die »unversteuerten Einkünfte für 1925–1930« sogar auf zehn Millionen

RM. Für die »dem Finanzamt bisher nicht angezeigten Beträge« nahm Herrmann die »Steueramnestie«, die mit der Verordnung vom 18. Juli 1931 erklärt worden war, »in Anspruch«.

Der Mittelpunkt seiner geschäftlichen Betätigung blieb weiterhin das Deutsche Reich, wo 1933 auch die »richtigen Leute« am Ruder waren. Das Ethnologisch-Anthropologische Institut der Universität Leipzig bestätigte ihm, daß von seinen Vorfahren »kein einziger nachweisbar jüdischer Abstammung oder mosaischer Religion« war; er meldete sich »zur Eingliederung« in die Reichskammer der bildenden Künste, wurde in den »Reichsjagdrat« berufen sowie in die Reichspresse- und die Reichskulturkammer aufgenommen. 1938 ernannte ihn der preußische Ministerpräsident Hermann Göring zum Preußischen Staatsrat.

Doch das Finanzamt hatte ein langes Gedächtnis – Herrmann wurde wegen des Verdachts der Steuerhinterziehung verhaftet und am 11. September 1936 in das Gefängnis Berlin-Moabit eingeliefert. In einem Brief an Görings Staatssekretär Paul Körner beklagte er sich nicht nur über die Willkürmaßnahme der Leipziger Steuerbeamten, er berief sich auch auf den »Führer«, der gar »nicht wünscht, daß sogenannte Steuersünden vor 1. März 1933 erneut aufgerollt und den heutigen staatstreuen Wirtschaftsführern vorgeworfen werden«. Sein Sinn stehe ihm nun wirklich nicht nach »Geld raffen wollen«. Das belegten freiwillige Spenden nach dem 1. März 1933, »die sich auf über RM 600 000 belaufen«. Beweis genug, »daß ich restlos zum Führer stehe und es nicht nötig habe, den Staat um den ihm zustehenden Steueranteil zu betrügen«. Heute noch verteidige er durch seine Betriebe für rund 60 000 »Volksgenossen« ihr tägliches Brot. Für die »Rücksprache mit dem Richter« notierte er, er sei schließlich »unbestraft, ausgezeichnet mit der Gunst des 1.) Führers, 2.) Generaloberst Göring, 3.) Minister Goebbels«, und die von ihnen empfangenen Auszeichnungen (»Fotos mit Widmung, goldenes Etui, Manschettenknöpfe«) wolle er keinesfalls aufs Spiel setzen.

Nach nur zwei Tagen Haft wurde er am 13. September 1936 entlassen. Er schickte ein Telegramm an Hermann Göring: »Ihnen, hochverehrter Herr Generaloberst, meinen unermeßlichen Dank und tiefste Ergebenheit.« Göring hatte seine Entlassung erwirkt und die Verhaftung des unbotmäßigen Leipziger Steuerfahnders Paulwilly Oberländer angeordnet.

Kurt Herrmann setzte schließlich mit seinen Firmen Millionen um, war Jagdfreund von Göring und sogar Gast an der Hochzeitstafel von Hermann und Emmy Göring am 10. April 1935. 1940 schenkte er Hitler das Gemälde »Schloß am Wasser« von Karl Blechen zum Geburtstag, und er gab regelmäßig und großzügig: 50 000 RM an den »Herrn Reichsjägermeister Göring« und 50 000 RM an den »Herrn Reichskanzler Adolf Hitler«, 10 000 RM an den »Herrn Reichsminister Goebbels«. Zu Weihnachten 1942 schickte er Hitler einen Scheck über 100 000 RM »mit der Bitte, diesen Betrag zu Wohlfahrtszwecken nach eigenem Ermessen verwenden zu wollen«.

Die Kontakte zahlten sich aus: 1938 »arisierte« Herrmann den bedeutenden Leipziger Musikalienverlag C. F. Peters. Und mit Schreiben vom 16. Juli 1938 sorgte Generalfeldmarschall Göring dafür, daß die von Herrmann im selben Jahr erworbene Berliner Juwelierfirma Gebr. Friedländer, Unter den Linden 67, »sofort umgestellt und unverzüglich als ›arisches‹ Unternehmen in Gang gebracht wird«. Vom 2. November an hieß das Unternehmen Deutsche Goldschmiedekunst-Werkstätten Inh. Kurt Herrmann.

Herrmann reiste während des Kriegs »im Sonderauftrag des Herrn Reichsmarschall« durch »die besetzten Gebiete« und erhielt für seine Missionen auch die nötigen Mittel. Mal wurde die Reichskreditkasse in Paris angewiesen, »den Gegenwert von RM 500 000 in ffrs ... an Herrn Staatsrat Kurt Herrmann auszuzahlen«, mal erlaubte die Devisenstelle den Umtausch von 300 000 RM »zugunsten des Herrn Dr. Kurt Herrmann, z. Zt. Paris«, Verwendungszweck: »Einkäufe im besetzten Gebiet im Auftrage des Herrn Reichsmarschalls«.

1942 bediente sich Herrmann preiswert aus dem von den Nationalsozialisten in Frankreich geraubten Vermögen der Familie Rothschild. Für die »Überlassung französischer Juwelen« an die Deutsche Goldschmiedekunst-Werkstätten überwies er an die Reichshauptkasse genau 1 619 887 RM und 5 Pfennige. Die Pretiosen wurden ihm, wie es später ein Mitarbeiter im »Stabsamt des Reichsmarschalles Göring« bestätigte, zum »Materialwert« überlassen.

Eine Aufstellung seiner Einkommen für die Jahre 1939, 1940 und 1941 zeigt, daß er im Jahre 1941 rund 15,4 Millionen RM vor Steuern einnahm, davon rund 8,2 Millionen RM als nicht näher erklärten »Sondergewinn«. Die Goldschmiedekunst-Werkstätten, für die er 350 000 RM bezahlt hatte, schlugen mit über einer Million RM Einnahmen zu Buche, der Musikalienverlag C. F. Peters mit rund 300 000 RM.

Der Universalverlag, den er von seinem Schwiegervater geerbt und durch Zukäufe ausgebaut hatte, war jedoch das Herzstück des Herrmannschen Imperiums. Insgesamt erschienen dort, ungeachtet zeitweiliger Papierknappheit, 25 Titel, sieben Modezeitschriften (*Mode und Heim, Mode und Wäsche*) und 18 sogenannte Versicherungszeitschriften (*Nach Feierabend, Sonne ins Haus*), deren Bezieher mit dem Abonnement zugleich eine Versicherung gegen Unfall und für den Todesfall abgeschlossen hatten.

Seine ausländischen Gesellschaften, die Internationale Verlags AG in Zürich und die Securitas AG in Vaduz, so jedenfalls informierte er das Reichswirtschaftsministerium 1941, sollten »deutsches Kulturgut in die Schweiz und über diese hinaus in das Ausland bringen«. Außerdem hätten die Gesellschaften »das Recht, ihr Betriebsvermögen ganz oder teilweise in Grundstücken und Wertschriften anzulegen«, wovon beide Aktiengesellschaften ausgiebig Gebrauch machten.

In Liechenstein war er so gut wie nie, bloß als er sich im Juni 1944 zur Musterung einfinden sollte, war er »durch einen Sonderauftrag des Herrn Reichsmarschall Hermann Göring in Holland«. Dort kaufte er für Göring Diamanten ein. Als sich das Ende des Krieges abzeichnete, begann Kurt Herrmann mit Vorsorgemaßnahmen: Am 1. März 1945 verfügte er über rund neun Millionen RM und fast 14 Millionen an Wertpapieren. Nachdem er gehört hatte, daß Banken nur noch bedingt für Guthaben hafteten, die in Filialen auf den vom Feind eroberten Gebieten lagen, wies er Mitte März 1945 einen Bevollmächtigten an, »sämtliche Guthaben von mir sowie den Firmen aus den Gebieten Berlin und Leipzig in der Richtung nach Bamberg-Schweinfurt zu verlagern«. Zugleich ordnete er an, das Rittergut Federow für den Fall der Einquartierung von Truppen »von Teppichen, Steppdecken, Bildern etc.« zu räumen,

»da erfahrungsgemäß diese Sachen alle heruntergewirtschaftet werden und später nicht mehr brauchbar sind«.

Ende März wurde Kurt Herrmann zum letzten Mal in Leipzig gesehen. Er schaffte es, auf dem Weg über Österreich nach Liechtenstein zu kommen. Das erste amtliche Dokument, mit dem Herrmann seine Nachkriegsexistenz begründet, ist eine »Bestätigung« der Regierung des Fürstentums. Darin heißt es, er habe am 24. Oktober 1931 die liechtensteinische Staatsangehörigkeit erhalten, seit dem 1. Oktober 1931 »einen ständigen Wohnsitz in Eschen« gehabt und sämtliche Steuern »pünktlich und regelmäßig« bezahlt. Kurt Herrmann, Preußischer Staatsrat, Träger des Kriegsverdienstkreuzes, Jagdfreund von Hermann Göring, Rittergutsbesitzer und Unternehmer, hatte nicht nur über Nacht aufgehört, Deutscher zu sein. Er war es seit 1931 nicht mehr gewesen.

Im »Waldhotel« in Vaduz wurde er am 20. September 1945 von zwei Beamten der Schweizer Verrechnungsstelle aufgesucht, die nach »Kriegsbeutegut« suchten, das in die Schweiz oder nach Liechtenstein geschafft worden war. Die beiden Beamten wußten, daß er »erst am 30. April 1945 in Liechtenstein eingereist war und vorher seinen geschäftlichen und persönlichen Mittelpunkt in Deutschland gehabt hatte«.

Aus dem »Arisierer«, Freund und Förderer der Machthaber war über Nacht ein Widerstandskämpfer geworden: Gegen die Ernennung zum Preußischen Staatsrat habe er sich gewehrt, eine Nichtannahme hätte aber sein »Leben aufs Spiel gesetzt«. Die Nationalsozialisten hätten nach der Übernahme der Regierung versucht, »mir das Geschäft zu entziehen, wogegen ich kämpfen mußte«; die »Belästigungen, die mein Betrieb in Deutschland durch die Nazi-Regierung erlitten hat«, hätten dazu geführt, daß er »einen größeren Teil meines Betriebes« in die Niederlande verlagern wollte. Er habe sich »um Politik nicht gekümmert« und nur »unpolitische Unterhaltungszeitschriften und unpolitische Modezeitschriften« verlegt. Der »Verkehr« mit Göring habe sich auf »notgedrungene Bittgänge im Interesse der Existenz meines Betriebes, dessen Angehörigen und meiner Familie« beschränkt.

Herrmann wies darauf hin, »daß ich seit 1931 liechtensteinischer Staatsangehöriger bin und meine deutsche Staatsangehörigkeit bei der Einbürgerung verloren habe«. Wenn er den deutschen Behörden seine Einbürgerung in Liechtenstein verheimlicht und sich bis 1945 seines deutschen Passes bedient habe, »so erfolgte dies nur im Interesse des Schutzes meines Unternehmens in Deutschland und meiner Person selber. Meine Einstellung war stets gegen die Nazimethoden. Ich möchte nicht hier Einzelheiten über die von mir unterstützten Unternehmungen und Bestrebungen, die gegen die Naziregierung gerichtet waren, besonders hervorheben.«

Und er wollte natürlich alles wiederhaben: den Universalverlag in Leipzig, das Rittergut Kobershain bei Leipzig, den Musikalienverlag C. F. Peters in Leipzig, die Deutschen Goldschmiedekunst-Werkstätten einschließlich »2 Kisten mit Waren-Vorräten (Gold, Silber, Juwelen ...)«. Eine Braunschweiger Anwaltskanzlei organisierte sein Entnazifizierungsverfahren, um sein in den Westzonen blockiertes Vermögen freizubekommen. In einer »Erklärung« wurde aus dem stillen Nazi-Gegner ein Verfolgter und aktiver Widerständler: »Ich war seit 1912 ausschließlich Privatindustrieller und hatte seit der Machtergreifung der Nationalsozialisten andauernd deren Angriffe gegen mein Leben, Hab und Gut abzuwehren. Die Widerstandsbewegung und das Attentat auf Hitler im Juli 1944 wurden von mir finanziell unterstützt. In Ablehnung der Nazi-Politik habe ich bereits am 24. Oktober 1931 meine deutsche Staatsangehörigkeit aufgegeben, mich in Liechtenstein eingebürgert und dortselbst ein Domizil errichtet.«

Der Entnazifizierungsausschuß stufte ihn »ohne Maßnahmen« in die harmlose »Kategorie IV« (»Mitläufer«) ein. Zwar habe er jüdische Firmen »arisiert«, sich dabei aber »keine Vorteile verschafft« und »einwandfrei kaufmännisch verhalten«.

Schicksalsjahr 1938

Für die Mehrzahl der Deutschen war das Jahr 1938 rückblickend das letzte normale, das letzte Friedensjahr. So wie damals wollte man in den 50er Jahren wieder leben. 1938 war das letzte Jahr von Hitlers außenpolitischen Triumphen, im März der »Anschluß« Österreichs, im Oktober der Einmarsch ins Sudetenland. Für die Juden wurde das Jahr 1938 zum Schicksalsjahr.

Die Nazi-Führung hatte Ende 1937 beschlossen, die Juden in den nächsten Monaten endgültig aus dem Wirtschaftsleben auszuschalten, die »Arisierungen« zu vollenden. Der »Anschluß« Österreichs behinderte das Vorhaben nicht, sondern beschleunigte es sogar. Die »»Reichskristallnacht« vom 9. November 1938 markierte den Übergang von der bisher verhaltenen und indirekten Judenverfolgung zum offenen Pogrom und zur rücksichtslosen »Arisierung« des noch verbliebenen jüdischen Besitzes.

Die unfreiwilligen Verkäufe an habgierige »Arier« fanden in einer angespannten Atmosphäre statt. Jüdische Geschäftsleute warteten auf ihre Visa und wußten nicht, ob ihnen die Auswanderung gelingen würde. Sie verkauften ihre Geschäftsanteile unter Wert. Das Ergebnis waren Kapitalverluste bis zu 70 Prozent. Um Kaufverträge abschließen zu können, brauchten Notare die Genehmigung der zuständigen Ortsbehörde. Schienen die Bedingungen dem jeweiligen Vertreter der NSDAP zu günstig, wurde der Vertrag zur Neuverhandlung zurückverwiesen. Nach Abschluß dieses gesetzlich sanktionierten Raubes hatten die Geschäftsleute die 25prozentige Reichsfluchtsteuer zu zahlen. Rechnet man noch die üblichen Gebühren und den ruinösen Wechselkurs dazu, dann ließen sich allenfalls zehn bis 20 Prozent des verbliebenen Erlöses aus dem Lande bringen; offener Diebstahl wäre beinahe erträglicher gewesen. Zur Rechtfertigung hieß es lakonisch, die Juden hätten ihre Firmen durch Betrug und unredliche Geschäfte erworben und errafft. Deutsche Unternehmen, die von der »Arisierung« profitierten, verstrickten sich immer tiefer in die Machenschaften des Regimes. Die Ausplünderung war die Vorstufe zu physischen Vernichtung.

Ein Erlaß vom 4. Januar 1938 definierte als jüdische Unternehmen diejenigen, die in jüdischem Besitz waren oder von Juden beherrscht wurden, wenn also entweder ein Mitglied des Vorstands oder ein persönlich haftender Gesellschafter oder auch ein Viertel des Aufsichtsrats im Sinne der »Nürnberger Gesetze« jüdisch war.

Am 14. Juni 1938 bestätigte die 3. Verordnung zum Reichsbürgergesetz noch einmal im einzelnen die Kriterien, nach denen ein Unternehmen als »jüdisch« zu bezeichnen war. Im Verlauf des Jahres nahmen die Angriffe deutlich zu, bis sie im Pogrom der »Reichskristallnacht« vom 9. November 1938 ihren vorläufigen Höhepunkt erreichten. Es folgte am 12. November eine »Verordnung zur Ausschaltung der Juden aus dem deutschen Wirtschaftsleben«, und noch am selben Tag wurde allen Juden eine »Sühneleistung« in Höhe von 25 Prozent ihres Vermögens auferlegt.

Die verschärfte Treibjagd gegen Juden war nicht zuletzt Reaktion auf den Ausgang der Evian-Konferenz im Juli 1938. Die Vertreter von 32 Ländern sperrten sich gegen die Zuwanderung deutscher Juden. Italien erließ im Oktober Rassengesetze. Rund 17 000 polnische, im Reich lebende Juden wurden von Warschau mit Ausweisungsverfügungen belegt und im Gegenzug aus Deutschland umgehend über die polnische Grenze verbracht. Tausende von Juden irrten wochenlang im Grenzgebiet umher, wurden mal von den Deutschen, mal von den Polen zurückgejagt. Unter ihnen die Eltern jenes Halbwüchsigen Herschel Grynzspan, der im November 1938 aus Verzweiflung in Paris auf den deutschen Gesandten Ernst vom Rath schoß.

Der »Anschluß« Österreichs

In Österreich sollten die Machthaber die »Gleichschaltung« eines ganzen Landes in wenigen Monaten vollziehen und auch in der Judenverfolgung all das von heute auf morgen nachholen, was sie im

Altreich binnen fünf Jahren durchgesetzt hatten. Aber auch ein scheingesetzliches, an Verfügungen und Verordnungen gebundenes Vorgehen war dem gewünschten Tempo hinderlich, deshalb wählte man den Weg der »spontanen Massenaktion«, der unverhüllten Gewalt. Die Gesetze und Verordnungen folgten auf die schon vollzogenen Tatsachen und sanktionierten nur das schon geschehene Unrecht.

Etwa 200 000 Personen jüdischen Glaubens lebten 1938 in Österreich, 92 Prozent davon in Wien; weitere 100 000 galten auf Grund ihrer Abstammung als »Rassejuden« oder »Mischlinge«. In den Folgejahren kamen etwa 65 000 von ihnen ums Leben, 135 000 konnten fliehen. Damals verfügten die Juden in Österreich einem Bericht der US-Regierung zufolge über Vermögen von umgerechnet insgesamt 15 bis 20 Milliarden RM.

Die Zeitungsredaktionen wurden bereits am 14. März gezwungen, ihre jüdischen Mitarbeiter zu entlassen; jüdische Zeitungen mußten ihr Erscheinen ganz einstellen. Ein Ausreiseverbot für Juden wurde erlassen, das erst im Mai wieder aufgehoben wurde. Die Turn- und Sportvereine mußten alle jüdischen Mitglieder ausschließen, und jüdische Turnverbände durften der deutsch-österreichischen Turn- und Sportfront nicht mehr angehören. Die Theater hatten alle jüdischen Leiter und Bühnenmitglieder zu entlassen, und die in öffentlichen Diensten tätigen jüdischen Ärzte wurden sofort beurlaubt, ebenso die jüdischen Richter, Staatsanwälte und Lehrer.

Bereits am 13. März erschienen in den Büros zionistischer Vereinigungen in der Wiener Marc-Aurel-Straße Polizei und SA-Hilfspolizei. Vorgefundene Gelder wurden beschlagnahmt, die Büros versiegelt. Nach und nach fanden derartige Haussuchungen in den Lokalen aller jüdischen Vereine und auch im Haus der Israelitischen Kultusgemeinde statt. Sie waren überall mit der Beschlagnahme des Bargeldes und des Mobiliars verbunden. Später wurden die Räume sämtlicher jüdischer Organisationen für einige Monate geschlossen. Ein großes Haus der Kultusgemeinde auf dem Schottenring wurde beschlagnahmt. Die in den öffentlichen Garagen untergebrachten Autos der Juden wurden beschlagnahmt, aber die Garagenmiete war weiter zu zahlen.

Allein in den ersten drei Tagen nach der Angliederung wurden etwa 500 Verhaftungen vorgenommen. Verhaftet wurden Juden aller Stände, neben Kaufleuten vor allem Angehörige der freien Berufe: Anwälte, Ärzte, Gelehrte, Künstler. Zum Beispiel der Bankier Siegfried Bosel, der 82jährige Gelehrte Professor Salomon Frankfurter, der 75jährige Gelehrte Dr. Armand Kaminka, der Medizinprofessor an der Wiener Universität Carl Lothberger, der Physiologe und Nobelpreisträger Otto Löwy, der HNO-Spezialist Professor Heinrich Neumann, Baron Louis Rothschild, der Schriftsteller Felix Salten, die Warenhausbesitzer Brüder Schiffmann, Prof. Dr. Julius Schnitzler, Ludwig Stössl, Schauspieler am Josefstädter Theater, und zehn führende Mitglieder der B'nai B'rith-Loge. Nach Dachau kamen Dr. Desider Friedmann, der 60 Jahre alte Präsident der Wiener israelitischen Kultusgemeinde, und der Bühnenschriftsteller und Komiker Fritz Grünbaum. Die *Times* schätzte, »daß in den 14 Tagen vor Pfingsten 1938 allein in Wien 4000 Verhaftungen stattgefunden haben«. Der 82jährige Sigmund Freud mußte vor der Ausreise der Behörde attestieren, nicht mißhandelt worden zu sein. Er fügte seiner Unterschrift hinzu: »Ich kann die Gestapo jedermann auf das beste empfehlen.«

Da es für die Mehrzahl der Juden, die auswandern wollten, unmöglich war, ein Aufnahmeland zu finden, schoben Gestapo und SA in den Nächten Trupps von 30 bis 50 Juden ohne Geld, ohne Papiere, fast ohne Gepäck über die Grenzen der benachbarten Länder ab: in die Tschechoslowakei, nach Ungarn, Jugoslawien. Sie drohten den Abgeschobenen für den Fall der Rückkehr mit dem Konzentrationslager. Aber die benachbarten Länder schafften die »Menschenfracht« nach Österreich zurück, so daß die Opfer oft drei- bis viermal hin- und hergeschoben wurden, ehe sie im Konzentrationslager oder in der Illegalität landete.

Am 30. März bestimmte der kommissarische Präsident der oberösterreichischen Rechtsanwaltskammer in Linz, daß »arische« Anwälte keine Juden mehr vertreten durften. Mitte Juni folgte die Wiener Anwaltskammer dieser Entscheidung. Ende April wurde verfügt, jüdische Kinder sofort von den »arischen« zu trennen und in eigenen Schulen zu unterrichten. Zu gleicher Zeit wurden 70 jüdische Waisenkinder im Alter von sechs Monaten bis 14 Jahren auf Grund einer behördlichen Verfügung aus dem jüdischen Kinderheim im Tierschanzpark entfernt, um »arischen« Kindern Platz zu machen. Alle jüdischen Trafikanten (Kioskbetreiber) mußten bis zum 14. Mai, sieben Uhr abends ihre Läden geräumt haben. Diese Maßnahme traf 300 Menschen in Wien, vielfach Kriegsinvaliden und Witwen oder Waisen jüdischer Gefallener.

Anfang April, nachdem die jüdischen Anwälte mit Brachialgewalt aus allen Strafgerichtshöfen hinausgedrängt worden waren, erließ das Reichsjustizministerium eine Verordnung, nach der jüdischen Rechtsanwälten und Verteidigern die Ausübung ihres Berufes »vorläufig untersagt werden kann«. Ende Juni befahl die Advokatenkammer etwa 800 Wiener Rechtsanwälten, sofort die Ausübung ihres Berufes einzustellen und innerhalb von zwei Wochen ihre Kanzleien zu liquidieren.

Jüdische Beamte wurden nicht wie ihre »arischen« Kollegen auf Hitler vereidigt und schieden damit bereits im März automatisch aus dem Dienst aus. Am 7. Juni gab das offizielle Deutsche Nachrichtenbüro bekannt, das Gesetz zur Wiederherstellung des Berufsbeamtentums finde nunmehr auch auf Österreich Anwendung. Am 3. April wurde die »Entjudung der Universitäten« angeordnet. Die jüdischen Professoren und Dozenten, etwa 35 bis 40, wurden ausnahmslos entlassen. Im Juni wurde für jüdische Studenten ein Numerus clausus von zwei Prozent festgesetzt. Für die auf den 10. April festgesetzte Volksabstimmung wurden die Juden vom Stimmrecht ausgeschlossen.

Am 2. April verfügte der Wiener Magistrat, jüdische Firmen und Ladenbesitzer hätten sämtliche Stände in den Markthallen und auf den öffentlichen Märkten zu räumen. Reichsstatthalter Arthur Seyß-Inquart hatte am 30. April verkündet, die kommissarischen Verwalter und Überwachungspersonen in jüdischen Firmen dürften alle rechtsverbindlichen Handlungen vornehmen. Darüber hinaus sollten kommissarische Verwalter, die »bis jetzt ihre Tätigkeit mit Sorgfalt ausgeübt hätten«, weder haft- noch schadenersatzpflichtig gemacht werden können. Diese Kommissare sollten die jüdischen Firmeninhaber, von denen sie dazu noch bezahlt werden mußten, zu einem raschen Verkauf ihres Geschäfts zwingen. Darin wurden sie von der »Arisierungszentrale« unterstützt, der »Vermögensverkehrsstelle«, ohne deren Zustimmung kein jüdisches Kapital übertragen werden durfte. Diese Stelle beschäftigte 200 Beamte.

Am 3. Juni erging eine Anordnung des Gauleiters Bürckel, die durch den Auszug von Juden freiwerdenden Wohnungen seien mit »verdienten Parteigenossen zu besetzen«. Einen Monat später wurden die Juden gezwungen, die Mieterschutzwohnungen – unter Mietschutz stehende und daher preiswerte Wohnungen – zu räumen. Da gleichzeitig den Hauswirten untersagt wurde, an Juden zu vermieten, blieben die Hinausgesetzten obdachlos.

Kurz vor Pfingsten wurden alle im Staats- und Zivildienst stehenden jüdischen Angestellten »rückwirkend auf den 13. März« entlassen. Dazu kam eine Ende Juni erlassene Bestimmung, nach der auch jüdische Firmen ihre jüdischen Angestellten zu entlassen hatten, selbst wenn es sich um Frontkämpfer handelte.

Im Juli – man hatte sich inzwischen weitgehend der jüdischen Inlandsvermögen bemächtigt – wurde die Anmeldung und Ablieferung aller in jüdischem Eigentum befindlichen ausländischen Werte verfügt. Die Parteistellen wußten über jüdische Konten trotz des Bankgeheimnisses gut Bescheid.

Seit dem »Anschluß« herrschte offener Straßenterror. Der Pöbel brüllte: »Juda verrecke!« und »Juden heraus!«. Bald begannen die »Requirierungen«, d. h. Plünderungen jüdischer Geschäfte, die Erpressung jüdischer Geschäfts- und Privatleute. In den Läden erschienen Vierzehn- und Sechzehnjährige, von jungen SA-Männern angeführt, und »requirierten« Lebensmittel, Schuhe, Anzüge, Stoffe usw. Fast alle jüdischen Geschäfte der Innenstadt (Kärntnerstraße, Rotenturmstraße, Mariahilferstraße, Am Graben usw.) wurden heimgesucht. »Requiriert« wurden die großen Lager der Firmen Krupnik, Kleiderhaus Gerstl, Teppichhaus Schein, Juwelengeschäft Scheer, Herrenkleidergeschäft Katz. Die Plünderung des Warenhauses Schiffmann in der Taborstraße dauerte drei Tage. Arbeiter mit Hakenkreuzbinden leerten die Lager, Männer im Braunhemd hielten die neugierige Menge fern. Vor den noch geöffneten jüdischen Läden brachte man Plakate an, schmierte Inschriften auf das Pflaster, überpinselte die Schaufensterscheiben mit Beschimpfungen. Die Polizei sah weg.

Jüdische Putzkolonnen wurden durch die Straßen getrieben,

Männer und Frauen, die man zwang, Inschriften aus der Schuschnigg-Zeit von den Mauern zu scheuern. An den Häusern wurden die Schilder von jüdischen Advokaten und Ärzten zerschlagen. In Synagogen und Bethäusern zerstörte man die Inneneinrichtungen, Thorarollen wurden zerrissen und verbrannt, der Thoraschmuck weggetragen. In vielen Wohnungen mit jüdischen Bewohnern fanden »Kontrollbesuche« jugendlicher SA-Leute statt. Bei der Gelegenheit verschwanden Bargeld, Schmuck, Effekten, Sparbücher und Autos.

Die nationalsozialistischen Machthaber sahen zu, behaupteten aber, alles geschehe gegen ihren Willen. Am 14. März warnte die Parteileitung vor wilden Aktionen. Am 17. März behauptete der Chef der Sicherheitspolizei in einer zweiten Warnung, die Exzesse würden von »kommunistischen Parteigängern unter Mißbrauch der parteiamtlichen Uniformen« verübt, am 20. März mißbilligte auch Gauleiter Josef Bürckel in einem Erlaß die Vorfälle, ohne daß zunächst eine Änderung eintrat. Erst am 27. April, also sieben Wochen nach der ersten Warnung, setzte Bürckel SS-Abteilungen ein, um wenigstens das Straßenbild kurz vor der beginnenden Reisesaison wieder einigermaßen in Ordnung zu bringen. Es kam aber immer wieder zu Ausschreitungen, vor allem im Zusammenhang mit der Ausstellung »Der ewige Jude«, die im August nach Österreich gebracht wurde.

Besonders Hamburger Kaufleute und NS-Funktionäre bemühten sich um gute Geschäfte in Wien. Wenige Tage nach der Ernennung des mit Hamburgs Gauleiter Kaufmann befreundeten Gauleiters Bürckel zum Reichskommissar reiste eine Hamburger Delegation nach Wien, um ihre Interessen vorzutragen. Man wollte bei der »Verarisierung« und Rationalisierung der Außenhandels-, Speditions- und Kommissionärsfirmen aus den »Reservebecken Hamburgs schöpfen«. Hamburgs Reichsstatthalter Kaufmann zeigte Hamburgs Kaufmannschaft den Weg zu neuen Quellen der Bereicherung: In Wien sei die »Durchführung des wundervollen Wortes ›Arisierung‹ ganz einfach«, und es liege nun an ihnen, das erfolgreich abgeschlossene wirtschaftsbehördliche »Vorpostengefecht zur siegreichen Schlacht auszugestalten«, rief er den Mitgliedern des Nationalen Klubs nach seiner Rückkehr zu.

Die Zahl der Selbsttötungen in den Reihen der Wiener Juden stieg täglich an. Der Korrespondent der Sopade-Berichte: »In der Woche nach der Machtergreifung zählte man in der ersten Wochenhälfte täglich etwa zehn Selbstmorde und Selbstmordversuche, in der zweiten Wochenhälfte täglich 20, am Samstag stieg die Ziffer auf 50. Am 21. März fanden auf dem Zentralfriedhof, jüdische Abteilung, 54 Beerdigungen statt, am 22. März 112. In normalen Zeiten waren sechs bis acht Beerdigungen der Durchschnitt. Dabei waren der ehemalige Redakteur des *Neuen Wiener Tagblatts* Peter Curanda und seine Mutter; der Röntgenologe Dr. Wolfgang Denk, Leiter der Wiener chirurgischen Universitätsklinik, Rechtsanwalt Dr. Jarolav Fantl und seine Frau, der Kulturhistoriker und Dramatiker Egon Friedell, Großkonfektionär Gerstl, der Generaldirektor der Delka-Schuhgeschäfte, Klausner, der Tiroler Großindustrielle Friedrich Reitlinger mit seiner Tochter, der Mathematiker und Versicherungsstatistiker Albert Smolenskin mit seiner Frau, der Hauptredakteur der *Neuen Freien Presse*, Dr. Kurt Sonnenfeld mit seiner Frau und seinem Kind, Rechtsanwalt Dr. Moritz Sternberg, seine Frau und sein Sohn; die Schriftstellerin und Übersetzerin Marianne Trebitsch-Stein.«

Endlose Reihen von vertriebenen Juden aus der Provinz standen vor den jüdischen sozialen Anstalten, die aber bald bis auf fünf Speiseräume von den Behörden geschlossen und aller Mittel beraubt wurden. Die Freigabe der Büros wurde an die Bedingung geknüpft, daß die jüdische Gemeinde 550 000 RM an die Behörden ablieferte. Einige der Büros wurden daraufhin im Mai wieder geöffnet. Gleichzeitig wurde den Juden die Auswanderung dadurch unmöglich gemacht, daß man ihnen die Pässe abnahm. 30 000 Auswandererpässe waren zunächst bewilligt worden. Aber es war schwer, die Einreiseerlaubnis in andere Länder zu erhalten. Bei der Kultusgemeinde waren bald 80 000 Menschen für die Auswanderung registriert, beim Palästinaamt etwa 10 000.

Die Wiener waren so habgierig, daß es sogar dem NS-Reichskommissar Bürckel zuviel wurde. In einem Brief an Hermann Göring äußerte er die Befürchtung, »daß die herrliche Geschichte des Nationalsozialismus und seine Erhebung in Österreich durch das, was sich in den ersten Wochen an Raub und Diebstahl ereignet hat, eine gewisse Trübung erfahren hat«. Zeitweise wurde sogar die Gestapo eingesetzt, um gegen allzu maßlose Wiener »Arisieure« vorzugehen.

Objekte der Begierde waren kleine Handelsbetriebe, Wohnungen und Warenlager jüdischer Kaufleute. Kommissare übernahmen jüdische Geschäfte, in größeren Betrieben etablierten sich NS-Betriebsgemeinschaften. Etwa ein Viertel der insgesamt 146 000 Betriebe wurden auf diese Weise ausgeplündert, verkauft oder in den Ruin getrieben. »Wilde Arisierungen« gefährdeten eine geregelte wirtschaftliche Tätigkeit. Joseph Bürckel befürchtete, daß es »unmöglich ist, die nötige Zahl von arischen Männern zu finden, die gleichermaßen charakterlich und fachlich geeignet ist«, die jüdischen Betriebe weiter zu führen.

Die »Arisierung« jüdischen Vermögens, so der österreichische Zeitgeschichtler Gerhard Botz, »war eine der größten quasirevolutionären wirtschaftlichen und gesellschaftlichen Umverteilungen in Österreich«. Durch »Arisierungen« und Zwangsdeportationen ihrer Besitzer wurden etwa 60 000 meist große Wohnungen für »arische« Wiener »frei«. Zum Vergleich: Das international gerühmte Wohnbauprogramm des »Roten Wien« hatte in den 30er Jahren insgesamt 64 000 Wohnungen geschaffen. »Dies erklärt«, so Historiker Botz, »warum das NS-Regime unter den Wienern eine so breite Unterstützung gefunden hat.« Durch den Wohnungsraub konnte schließlich beinahe eine Viertelmillion Wiener mit Unterkünften versorgt werden. Die rausgeworfenen Juden wurden erst in andere Quartiere gesteckt, dann in Sammellager gepfercht, ehe sie, sofern ihnen nicht die Flucht gelang, in Konzentrationslager deportiert wurden.

Doch das »Reich« wollte die einträgliche »Arisierung« der jüdischen Wirtschaft nicht der Gier der Wiener allein überlassen: Im Mai 1938 wurde eine zentrale »Vermögensverkehrsstelle« eingerichtet, die sich um einen »ordentlichen Ablauf« von »Arisierungen« kümmerte. So wurden im Sommer 1938 etwa 26 000 Betriebe enteignet. Ein Teil der Unternehmen wurde unter »arischer« Hand weitergeführt, der andere liquidiert.

»Entjudung der Firma Gerngroß« lautete der Auftrag der NSDAP-Reichsleitung an die Vermögensverkehrsstelle im Wiener Ministerium für Wirtschaft und Arbeit, Strauchgasse 1. Die Nationalsozialisten hatten es eilig mit der »Arisierung« des großen Kaufhauses: »Ich wäre Ihnen dankbar, wenn Sie den Antrag einer baldigen Entscheidung zuführen würden, damit Gelegenheit gegeben ist, die Übernahme noch rechtzeitig vor dem Einsetzen des Weihnachtsgeschäfts zu bewerkstelligen. Heil Hitler!« »Der Parteigenosse Ludwig besitzt in politischer und charakterlicher Hinsicht absolut die Qualitäten, die heute an einen nat.soz. Betriebsführer zu stellen sind«, schrieb der Personalamtsleiter der Kreisleitung Osnabrück-Stadt am 24. Januar 1939 an die Vermögensverkehrsstelle in Wien. »Ich befürworte aus diesem Grunde auf das Wärmste sein Vorhaben, sich bei der Arisierung der Firma Gerngroß ... zu beteiligen.« Am 15. Februar 1939 traf schließlich die Genehmigung für die Übernahme bei Alfred Ludwig und seinen Kollegen Wilhelm Ackmann und Egon Koch ein. Gerngroß war nach wenigen Monaten in »arischer« Hand. Vorgeschlagener neuer Firmenname: »Kaufhaus der Diener«.

Großbetriebe wurden durch österreichische Banken wie die Creditanstalt und die Länderbank »arisiert«. Sie waren Gesellschafter der Wiener Kontrollbank für Industrie und Handel, die bis zum Juli 1941 etwa hundert Großunternehmungen »arisierte«. Leiter der Kontrollbank war der bis in die 90er Jahre hoch angesehene und an der Universität Wien lehrende Walther Kastner, der nach einem dreiviertel Jahr 99 Betriebe als »arisiert« melden konnte: Von den Wiener Hotels Bristol und de France über das Schuhhaus Delka, von der Bergbauunternehmung Montana der Familie Kahane bis zur exportorientierten Firma Bunzl & Biach, vom prachtvollen Jugendstil-Sanatorium Purkersdorf bis zur Feinwaschanstalt Habsburg. Zu Verhandlungen mit den Brüdern Bunzl war Kastner nach Vaduz und Zürich gereist, und nach der Besetzung Jugoslawiens versuchte er, auch die dort ansässigen Bunzl-Gesellschaften unter Kontrolle zu bekommen.

Die Bunzls schätzten übrigens Kastners fachliche Befähigung auch nach 1945, sie beriefen ihn als Berater in den Aufsichtsrat. Ernest Beaumont, Enkel von Firmenmitgründer Hugo Bunzl: »Seine, sagen wir, unappetitliche NS-Geschichte war jedem bewußt. Unser Zugang zu ihm war pragmatischer Natur, er war ein hervorragender juridischer Ratgeber mit hervorragenden Verbindungen.«

Viktor Bunzl: »Kastner und ich haben einmal über seine Vergangenheit gesprochen, er hat gesagt: ›Ich war ein Nazi, aber ich habe persönlich nichts angestellt.‹ Auch dem Haus Rothschild war er nach eigenen Angaben zu Diensten: »Der sehr bedeutende Kunstbesitz Rothschilds in Österreich wurde während der NS-Zeit gesondert verwaltet, erhalten und nach Kriegsende zurückgegeben. Als Dank für die Sicherung konnten Zuwendungen von einigen Kunstwerken ersten Ranges an das Kunsthistorische Museum erwirkt werden ... Ich habe die Gattin von Alphons Rothschild, Clarisse, bei Verfolgung einiger Rückstellungsansprüche nach 1945 anwaltlich vertreten.«

»Der Wohlstand der Zweiten Republik gründet sich zu einem beträchtlichen Teil auf den geraubten Gütern der Juden, deshalb fiel es den Wienern so schwer, auch nur einen symbolischen Entschädigungsbetrag zu leisten«, stellt Historiker Gerhard Botz fest. Bis in die 90er Jahre hatten österreichische Regierungen wenig Interesse, dieses dunkle Kapitel aufzuarbeiten.

Banken und Industrie

Anfang 1938 gab es in Österreich 92 Privatbanken mit »nichtarischen« Eigentümern, fünf davon befanden sich zu diesem Zeitpunkt bereits in Liquidation. Den jüdischen Gesellschaftern der 87 noch aktiven Institute wurde die Bankkonzession entzogen, insgesamt 78 Banken wurden dem Wiener Giro- und Kassenverein zur kommissarischen Verwaltung bzw. zur Schließung übergeben. Rund ein halbes Dutzend wurde »arisiert« und verdienten NSDAP-Mitgliedern zur Weiterführung überlassen.

Um den Raub als »legal« zu tarnen, schufen die Nationalsozialisten Gesetze nach Maß. Sie novellierten die Konzessionsverordnung und ordneten an, Bankiers, die »von dem Besuch einer Börse auf mehr als sechs Monate« ausgeschlossen sind oder »aus einem anderen Grunde nicht mehr vertrauenswürdig« erscheinen, sei die Bewilligung zum Betrieb des Bankgewerbes zu entziehen. Juden war das Betreten der Börse zu diesem Zeitpunkt natürlich längst untersagt.

Das Bankhaus Gebrüder Gutmann wurde von der Kontrollbank liquidiert. »Arisiert« wurden das angesehene Bankhaus Ephrussi & Co. (vom langjährigen Prokuristen des Hauses, Carl August Steinhäusser), das Bankhaus Breisach & Co. (von den Prokuristen Willibald Winter und Ernst Schneider), das Bankhaus Gebr. Kanitz (von der Berliner Bank Comes & Co.). Die Bank Frid & Thiemann wurde von den »arischen« Prokuristen Adolph de Antoni und Hans Hacker übernommen und firmierte bis Ende der 80er Jahre unter dem Namen Antoni, Hacker & Co., bis sie von der Deutschen Bank erworben wurde. Die Enteignung der österreichischen Juden, und damit auch der Bankiers, funktionierte so perfekt, daß das österreichische »Arisierungs«-Administrationssystem später Modell für das »Altreich« wurde.

Das Bankhaus M. Thorsch & Söhne in der Hohenstaufengasse 17 in Wiens 1. Bezirk war 1870 gegründet worden, es wurde in den 20er Jahren zu einer der führenden Privatbanken der Stadt. Im März 1938 hatte Inhaber Alphons Thorsch Glück im Unglück: Der Bankier hielt sich mit seiner Familie in Genf auf, wo er vor dem Völkerbund eine Rede halten sollte. Nach dem »Anschluß« beschlagnahmte die Gestapo den gesamten Familienbesitz der Thorschs. Bereits am 27. April 1938 gab es eine 15seitige Vermögensaufstellung: Immobilien, eine 80 Gemälde umfassenden Kunstsammlung, eine wertvolle Bibliothek, das Bankhaus – alles wurde säuberlich aufgelistet. Laut NS-Gutachten wurde ein »Vermögen von 7,3 Millionen Reichsmark« enteignet. Der »Reichsfluchtsteuerbescheid vom 15. 12. 1939 für Alfons und Marie Thorsch« setzte »die Reichsfluchtsteuer mit 1,82 Millionen Reichsmark, fällig geworden am 25. Juli 1938«, fest. Auch Österreichs größte Privatbank, S. M. v. Rothschild, wurde liquidiert. Das prachtvolle Bank-Palais in der Renngasse übernahm das »arische« Bankhaus Schoeller, die verwertbaren Geschäfte landeten bei der Bank E. v. Nicolai & Co., die eigens für »Arisierungen« gegründet worden war.

Es hatte lange vor dem Einmarsch in Österreich bereits Gespräche und Kontakte mit großen deutschen Banken gegeben. Die Dresdner Bank etwa hielt eine 95-Prozent-Beteiligung an der österreichischen Mercurbank, und Hermann Josef Abs von der Deutschen Bank verhandelte schon vor dem »Anschluß« mit der Creditanstalt – Wiener Bankverein (CA) geheim über einen umfangreichen Beteiligungs- und Kooperationsvertrag. Das Kreditgeschäft in Deutschland stagnierte zwar, die Banken waren aber sehr liquide und suchten daher nach lohnenden Investitionsmöglichkeiten. Vor allem aber sahen sie in Österreich ein Sprungbrett nach Süd- und Osteuropa, denn in den ehemaligen Kronländern waren die führenden österreichischen Banken immer noch sehr gut vertreten. »Das war schon wehrwirtschaftliche Strategie: Expansion nach Süd- und Osteuropa sowie Zugriff auf wichtige Industrien«, so der Historiker Christopher Kopper.

»Arisierung des Bankpersonals auf allen Ebenen«, so in den 90er Jahren der Management-Consulter John Rees über die Ausrichtung der von der Deutschen Bank beherrschten Creditanstalt auf die neuen Machthaber ab März 1938. Wörtlich zitiert er einen Nachkriegsbericht der Alliierten, wonach allein für die Kündigung NS-kritischer Bankangestellter eine Million RM Abfindung gezahlt und »einige führende Anti-Nazi-Angestellte in Konzentrationslager geschickt wurden«.

Im August 1938 meldete die CA, Management und Aufsichtsrat seien rein »arisch« besetzt: Die jüdischen Mitglieder des Vorstands waren bereits Anfang April zurückgetreten. »NS-Autoritäten suchten und beschlagnahmten in der Creditanstalt und Länderbank systematisch alle Konten, die sie Juden oder anderen Verfolgten zuordnen konnten«, wie John Rees feststellte, der von der New Yorker Anwaltskanzlei der Bank Austria mit einer ersten Sichtung der Bankarchive beauftragt wurde. Ein bankinterner Brief belegt, daß man dem Regime bei der Suche aktiv zur Hand ging: Die CA-Filiale am Wiedner Gürtel nahm an, Bankkundin Elsa F. habe den NS-Stellen ein Sparbuch verschwiegen, und fragte daher das CA-Rechtsbüro, »ob wir das Finanzamt oder Gestapo davon unterrichten sollen«.

Und zu den »Arisierungen« stellte Rees fest: »Wir können dokumentieren, daß die Creditanstalt bei der ›Arisierung‹ von elf österreichischen Unternehmen als Zwischenstelle oder Broker eine Rolle gespielt hat.« In vier Fällen war die Beteiligung aus der Liste bekannt, die die »Arisierungsabteilung« der Kontrollbank 1941 erstellte: Schuhhaus Delka, die Hotels Bristol und Imperial, eine Lampen-

und Metallwarenfabrik AG in Wien sowie das Bekleidungshaus Tiller. Weitere »Arisierungen« wurden laut John Rees in den bankeigenen Archiven identifiziert: unter ihnen das Kaufhaus A. Gerngroß, eine Firma Internationaler Getreide- und Warenhandel, SAMUM Vereinigte Papier-Industrie, Mürztaler Holzstoff sowie die Papierfabriken Bunzl & Biach.

Zur »Arisierung« der Hotels Bristol und Imperial wurde festgestellt, daß die Akten dem Bankgeheimnis unterliegen und dem Gericht daher nicht präsentiert werden könnten. Die CA war auch als Kreditgeberin an »Arisieure« engagiert: Laut Vorstandsprotokollen vergab sie dafür rund 50 Kredite im heutigen Wert von mehr als 100 Millionen ÖS.

Hermann Göring wollte die Industriebeteiligungen – vor allem Bergbau- und Hüttenindustrie sowie den Maschinen- und Fahrzeugbau – in den Besitz seiner Reichswerke Hermann Göring bringen. Während die Deutsche Bank mit Rücksicht auf ihre internationale Reputation eher vorsichtig agierte, war Rasches Dresdner Bank in der Wahl der Mittel nicht zimperlich: Gleich nach dem »Anschluß« ließ der SS-Sicherheitsdienst den jüdischen Wiener Bankier Louis Rothschild am Flughafen verhaften und von der Gestapo einsperren. Praktisch mit der Pistole auf der Brust zwang man ihn, neben dem Bankhaus auch seine Beteiligung an der Witkowitzer Bergbau- und Eisenhütten-Gesellschaft in Böhmen, einem der modernsten Stahlwerke Europas, zu verkaufen. Die Familie forderte zehn Millionen £, die Dresdner Bank bot 2,75 Millionen. Aus Angst vor weiteren Repressalien gegen den inhaftierten Baron Louis willigten die Rothschilds in den Verkauf für 3,6 Millionen £ ein – gegen die Zusage, daß der Baron freigelassen würde. Dresdner-Bank-Vorstand Karl Rasche bedankte sich schriftlich bei der Gestapo, da es durch ihre Mithilfe gelungen sei, »den Kaufpreis um einen Betrag zu verbilligen, der bei etwa einer Million Pfund liegt«.

Hitlers Wirtschaftsexperten waren zwar der Meinung, daß es zu viele Banken gab, und förderten den Konzentrationsprozeß. Andererseits aber gab es zu wenige qualifizierte verdiente Parteigenossen, die als »Ariseure« in der Lage gewesen wären, eine Bank zu führen.

Am 18. Mai war die »Vermögensverkehrsstelle für Juden« errichtet worden, im August gründete Adolf Eichmann, SS-Obersturmführer und später Organisator des Holocaust, die »Zentralstelle für jüdische Auswanderung«. Er zog ins Palais Rothschild in der Prinz-Eugen-Straße. Juden wurden so viele Abgaben (Reichsfluchtsteuer, Judenvermögensabgabe, Sühneleistung) auferlegt, bis ihr Besitz restlos aufgezehrt war – erst dann händigte man ihnen den Paß aus.

Bei der Vermögensanmeldung zum 27. April 1938 hatte die Eigentümerfamilie des Bankhauses Gebrüder Breisach noch knapp 354 000 Reichsmark besessen, knapp ein Jahr danach hatte der in die Schweiz geflüchtete Eduard Breisach nicht einmal mehr jene 7900 RM, um die Paßabgabe zahlen zu können. Der Referent der Vermögensverkehrsstelle: »Die Aktiven des Eduard Breisach erscheinen zur Gänze verwendet, von der Berechnung einer Paßabgabe ist daher Abstand zu nehmen.«

»Arisierung ist ein Euphemismus. Es war einfach Diebstahl«, sagte der Industrielle Karl Kahane, der für die Montana AG, einen der größten Industriekonzerne der Zwischenkriegszeit, 1000 £ bekam. Von 26 000 jüdischen Unternehmen wurden 5000 »arisiert«, mehr als 21 000 zwangsweise aufgelöst. »Arisiert« wurden die Kuffner'sche Brauerei, Preßhefe- und Spiritusfabrik durch die Harmersche Gutsinhabung, die ihr den Namen Ottakringer Brauerei gab. 77 kleine und mittlere jüdische Privatbanken wurden vom Wiener Giro- und Cassenverein kommissarisch übernommen.

Die wohlhabende Industriellen- und Bankiersfamilie Gutmann besaß Immobilien, dazu eine der wertvollsten Kunstsammlungen des Landes, und sie war vor allem an Bergwerk- und Hüttenunternehmen in der Tschechoslowakei beteiligt. Die Gutmann-Bank wurde 1938 der kommissarischen Verwaltung der Kontrollbank unterstellt, die 128 der wichtigsten Industrie- und Handelsunternehmen zu »arisieren« hatte. »Für die Arisierung im Wege der Kontrollbank wurde der Grundsatz aufgestellt, daß zwar die jüdischen Veräußerer nur den Liquidationswert erhalten dürfen ... die Erwerber jedoch den Verkehrswert zu zahlen haben ... Die Differenz war an das Reich abzuführen«, beschrieb der damals in der Kontrollbank für »Arisierungen« zuständige Jurist Walther Kastner seine gewinnbringende Idee. Walther Kastner war übrigens nach dem Krieg auch für die Restitution »arisierter« Unternehmen verantwortlich – Fachmann bleibt Fachmann!

Am 10. November 1938 zog der Leiter der Vermögensverkehrsstelle Zwischenbilanz: Die sieben für die »Arisierung« bestimmten Banken waren »alle entjudet«, von den 78 zu liquidierenden bereits 31 »stillgelegt«. In der Ausstellung »Die Entjudung der Wirtschaft in der Ostmark« im Frühjahr 1940 wurde dann die endgültige Vollzugsmeldung gefeiert.

Walther Kastner, dem von ranghohen Nationalsozialisten ein »in jeder Beziehung politisch und charakterlich einwandfreies Verhalten« attestiert wurde, ein Mann, der seine »Einstellung zum nationalsozialistischen Staat in vorbildlicher Weise unter Beweis gestellt« habe, erfuhr auch im Alter als emeritierter Universitätsprofessor zahlreiche Ehrungen. Altbundespräsident Rudolf Kirchschläger bei der feierlichen Übergabe der Sammlung Kastner 1975 in Linz: »Seine Lebensgeschichte liest sich so spannend, daß man glauben möchte, so Vielartiges kann ein einzelner Mensch doch eigentlich nicht tun. Ob er einen Beruf aus Liebe oder einen Beruf aus äußerem Zwange wählte, er hat immer Höchstleistungen erbracht.«

Kastner wurde von sämtlichen Finanzministern bis zu seiner Pensionierung 1982 hofiert, von der SPÖ-Ministerin Hertha Firnberg erhielt er 1972 das Große Silberne Ehrenzeichen. 20 Jahre danach sollte er auf Antrag der Juristischen Fakultät das Ehrendoktorat erhalten, wogegen allerdings die Assistenten erfolgreich protestierten. Er hatte frühzeitig für den Fall vorgesorgt, daß der Krieg nicht zu gewinnen war. Um späteren Regreßansprüchen von enteigneten Juden vorzubeugen, hatte er die Kontrollbank schließen lassen. »Als der Arisierungsauftrag erfüllt war, legte ich den Gesellschaftern die Liquidation der Kontrollbank nahe, was akzeptiert wurde. Ich hatte Zweifel, ob der Nationalsozialismus den Weltkrieg gewinnen werde, für den Fall eines schlechten Ausganges schien es aber zweckmäßig, die Kontrollbank nicht mehr als die für Arisierung verantwortliche Rechtsperson aufrecht zu halten; ehemalige Gesellschafter konnten hierfür nicht in Anspruch genommen werden ... Der Arisierungsauftrag hatte sich als Regieträger günstig ausgewirkt.«

Kunstraub

In den USA wurden Bilder unbestimmter Herkunft entdeckt, Kunstwerke in renommierten amerikanischen Museen und Kunststiftungen, die vieles angekauft hatten, ohne zuvor genau zu klären, woher die Gemälde stammten. Im November 1997 mußte eines der führenden Auktionshäuser, Sotheby's, ein Bild des niederländischen Malers Jacob van Ruisdael aus der Weihnachtsauktion nehmen, nachdem die US-Zeitung *Boston Globe* die fragwürdige Herkunft des Ölgemäldes ermittelt hatte. Das 1647 entstandene Gemälde stammte aus der Sammlung des 1979 verstorbenen deutschen Industriellen Günter Henle, der das Gemälde 1964 erworben hatte. Im Auktionskatalog fand sich sogar ein Hinweis, wem van Ruisdaels Gemälde »Dünenlandschaft mit zwei Figuren an einem Zaun« davor auch einmal »gehört« hatte: »Erworben 1941 für die Galerie in Linz«.

Hinter dieser harmlosen Notiz verbirgt sich eine der größten Diebestouren der Geschichte, der »Ankauf« von fast 5000 Gemälden für das geplante »Führermuseum« in Linz. »Was bei anderen Sammlungen erst in Jahrhunderten entstehen konnte«, rühmte Hitlers Leibfotograf und Kunstberater Heinrich Hoffmann 1943 das Projekt, »wird hier in wenigen Jahren von einem Mann vollbracht, dessen leidenschaftliche Liebe zur Kunst jede Schwierigkeit zu überbrücken weiß.«

Die Gier der Museumsleiter nach Kunst aus jüdischem Besitz war um nichts geringer als jene der Nazi-Größen, wie der Historiker Theodor Brückler in einem Beitrag zu dem Sammelband *Kunstraub – Kunstbergung und Restitution in Österreich 1945 bis heute* schreibt: »21 der bedeutenden österreichischen Museen und Sammlungen konkurrierten gegeneinander mit Wunschlisten für Erwerbungen aus Beständen jüdischer Kunstsammlungen, darunter stellvertretend Bondy, Lederer, Rothschild, Zsolnay, so daß selbst Nationalsozialisten entsetzt waren.«

Aus der Steiermark kam 1938 die Klage, sie sei bei der Aufteilung der beschlagnahmten Kunstwerke zu kurz gekommen. Der Direktor des Wiener Kunstgewerbemuseums empörte sich darüber, daß sein Museum »unter der Vorspiegelung von Zuteilungen mit der Bestandsaufnahme der großen jüdischen Sammlungen Rothschild und Bondy beauftragt worden sei, schließlich aber nichts erhalten habe«. Jeder wollte profitieren und die eigenen Sammlungen auffüllen, kein Argument war zu billig, um nicht Anspruch auf Raubgut anzumelden.

Auch Herbert Haupt, der Archivar des Kunsthistorischen Museums (KHM) in Wien, sprach von einem regelrechten Wettlauf um das Beutegut: »Alle wollten beteiligt werden, niemand widerstand der Versuchung. Alte Rivalitäten zwischen den Landesmuseen und den staatlichen Wiener Sammlungen brachen wieder auf. Mit unverhohlener Mißgunst blickte man in Graz, Salzburg und Innsbruck auf die lange Wunschliste vor allem des Kunsthistorischen Museums.« Das Ausmaß des Kunstraubs zeigt ein *Bericht über die Überwachung jüdischen Auswanderergutes.* Danach war »infolge der Massenabwanderung der Juden besonders im Sommer 1938 eine Unzahl von Hausbeschauen notwendig«. Und: »Insgesamt wurden bis Ende 1938 nicht weniger als 9 500 Hausbeschauen vorgenommen. Hierbei wurden viele Tausende Kunstgegenstände und andere kulturell wertvollen Objekte (Musikmanuskripte, Archivalien, Autographen etc.) von der Ausfuhr zurückgestellt.«

Der Bericht schließt nach 680 Seiten: »Von den derzeit 12 000 in den einzelnen Sammlungen vorhandenen Objekten aus der Zeit von 1938 bis 1945 sind 772 Gegenstände als ›bedenklich‹ einzustufen, das sind ca. sechs Prozent von der Gesamtzahl.« Bis auf vier, die Haupt als »vermutlich« bedenklich klassifiziert, seien sie sogar »eindeutig« bedenklich. Hinzu kommen noch 143 Gegenstände, die, in der Nachkriegszeit »erworben«, als »moralisch bedenkliche Widmungen« anzusehen wären. Es handelt sich dabei um Schenkungen, die der Staat emigrierten Juden beziehungsweise deren Erben als Gegenleistung für die Ausfuhrbewilligung der Kunstsammlungen abnötigte.

Dorotheum

In der Hietzinger Villa von Bernhard Altmann, Mitbesitzer der Altmannschen Wollwarenwerke, waren exquisite Möbel aus Zitronenholz, japanische Vasen, Silberleuchter, persische Teppiche sowie

Gemälde von Rembrandt, Waldmüller und Klimt zu besichtigen. Aber nicht nur das Interieur, auch ganz persönliche Dinge der Menschen, die da gelebt hatten, die goldene Herrenuhr, die Puderdose, Pullover, Bettjäckchen, Smokinganzüge, Dirndlbluse und Damenskischuhe Größe 38, konnten ersteigert werden. Am 17. Juni 1938 begann die Auktion. Das berühmte Wiener Leihhaus Dorotheum hatte einen mehr als 60 Seiten dicken Katalog mit 1390 Positionen gedruckt: Ein Sessel aus Zitronenholz notierte mit 30 RM; die Kreidezeichnung »Damenbildnis« von Gustav Klimt mit 25 RM (1250 öS); der Waldmüller mit 3000 RM (150 000 öS).

Das Zentralmeldeamt hatte die Altmanns drei Wochen vor der Auktion mit dem Vermerk »Nach Paris geflüchtet« aus der Kartei gestrichen. Von dort aus bemühte sich Bernhard Altmann, seinen Bruder Fritz aus Dachau freizubekommen, wo er als »Geisel« zur »Arisierung« der Wollfabrik festgehalten wurde.

Ein Wiener Arzt, der die Dorotheums-Einkaufsrechnungen seines Großvaters aus NS-Jahren gefunden hatte, sagte der österreichischen Zeitschrift *Profil*: »Ich bin mit schönen antiken Stücken aufgewachsen, deren Besitzer vertrieben oder im KZ ermordet worden sind. Solche Möbel stehen sicher in Tausenden österreichischen Wohnungen, und man hat ›nichts gewußt‹ oder nicht wissen wollen.« So auch im Dorotheum, einer urwienerischen Institution, die jedes Jahr Antiquitäten, Kunst und Alltagsutensilien um rund 1,5 Milliarden öS versteigert.

Die Rechtsabteilung teilte lakonisch mit: »Nach der Okkupation Österreichs war das Dorotheum gezwungen, illegal beschlagnahmtes Gut zu versteigern und den Erlös der Besatzungsmacht auszuhändigen.«

Daß die Pfandleihanstalt, 1707 vom Kaiser gegründet, braune Flecken hat, wurde öffentlich, als US-Anwalt Ed. Fagan Klagen von Holocaust-Geschädigten androhte. Das Dorotheum beauftragte Historiker mit Recherchen über seine NS-Vergangenheit.

Nach Aufzeichnungen von Heribert Katzele, ab 1940 Leiter der Kunstabteilung, brachten die Geschäfte mit »Judensachen einen Überschuß von ca. RM 4 000 000«. Das sind nach heutigem Wert 200 Millionen ÖS, ca. 65 Millionen DM. Weiter hielt Katzele fest: »Während der Naziherrschaft wurde das Dorotheum zur Denunziation seiner Kunden geradezu verpflichtet. Käufer und Verkäufer, deren Umsatz den Betrag von 1500 RM überstieg, mußten mit gesonderter Liste gemeldet werden.« Wenn diese Listen gefunden würden, wären auch die Erwerber der »Judensachen« bekannt.

Der Wiener Kunsthändler Curt Spira: »Das Dorotheum ist erst in der NS-Zeit groß geworden.« Bei wertvolleren Antiquitäten und Kunst, so Spira, war bis 1938 nicht das Dorotheum führend, sondern die jüdischen Auktionshäuser Kende und Glücksellig. Durch die »Arisierung« der jüdischen Auktionshäuser wurde jede Konkurrenz aus dem Weg geräumt. Der 1940 als Generaldirektor eingesetzte Anton Jennewein, ehedem illegaler NS-Gauleiter in Salzburg: »Seit der Wiedervereinigung mit dem Deutschen Reich konnte das Dorotheum der Gestapo, den Zollfahndungsstellen und den Finanzämtern bei der Verwertung beschlagnahmter Vermögenswerte aus jüdischem Besitz wertvolle Dienste leisten.« Diese Verwertung jüdischen Besitzes, so Jennewein, »hat durchwegs mit einem äußerst günstigen Ergebnis abgeschlossen, so daß dem Reich namhafte Erlöse zur Verfügung gestellt werden konnten«.

Zunächst lieferten alle möglichen Parteidienststellen »Judensachen« ein, später übernahm das die Vugesta, die Verwertungsstelle für jüdisches Umzugsgut der Gestapo. Auch im Dorotheum Klagenfurt gab es einen Markt für NS-Raubgut: Aus dem Hafen Triest wurde wie in Hamburg Fluchtgepäck angeliefert.

Die Versteigerung von NS-Beutegut direkt an Ort und Stelle blieb kein Einzelfall. Auktionskataloge dokumentieren, wie der Vertreibung die restlose Versteigerung folgte. Und alles fand seine Abnehmer. Bis heute sind Listen der Hausratsauktionen erhalten, die im Auftrag der Stadt Wien durchgeführt wurden – in den Listen sind penibel Rufpreise und erzielte Meistgebote eingetragen. Mitte August 1938 kam zum Beispiel das unter den Hammer, was ein jüdischer Arzt in seiner Wohnung in der Zelinkagasse 9 zurücklassen mußte: Sein kleiner Wecker Marke Junghans kletterte von zwei RM auf fünf, seine Bücher über Geburtshilfe gingen für vier RM weg, seine »3 Herrennachthemden besch. gestopft, 3 kurze Unterhosen« fanden für drei RM einen Käufer. Von den 630 RM Gesamterlös kassierte das Dorotheum zehn Prozent Versteigerungsgebühr. Von den Käufern nahm es 20 Prozent Provision.

Daß jüdisches Eigentum zum Kauf stand, wurde konkret angekündigt, als 1941 bei zwei Auktionen Tafelsilber und Porzellan »aus ehemaligem Rothschild-Besitz« unter den Hammer kam. Mit dem Hinweis auf Rothschild-Besitz wurde geworben, um zusätzliche Käufer anzulocken. Für Kostbarkeiten wie eine 5760 Gramm schwere Silberterrine betrug der Rufpreis nach heutigem Wert ganze 18 000 ÖS. Bei den Großrazzien im März 1938 und nach dem Novemberpogrom im selben Jahr wurden in jüdischen Wohnungen in großem Stil Juwelen beschlagnahmt. Wieviel, macht der vertrauliche Dorotheums-Historikerbericht deutlich: Schmuck aus diesen Razzien wurde bis 1945 versteigert. Allein 1940 fanden acht Juwelen-Auktionen statt. Eines der Prunkstücke bei der Novemberauktion war ein Kollier mit Brillanten im Gesamtgewicht von 43 Karat. Rufpreis: 30 000 RM, das entspricht heute 1,5 Millionen ÖS. An die Pfandleihanstalt Berlin wurden Edelmetalle und Schmuck geliefert, die Juden zwangsweise bei »öffentlichen Ankaufsstellen« veräußern mußten. Je Gramm Gold wurden dafür 1,56 RM gezahlt. Generaldirektor Jennewein: »Durch die Judenschätzung wurde der für 1939 aufscheinende Geschäftsausfall wohl wettgemacht.« Der Geschäftsausfall lag darin, daß mit Kriegsbeginn der Schleichhandel begann und immer weniger Wertgegenstände ins Leihhaus getragen wurden.

Für den Wiener Juristen Heinrich Gallhuber war die Rolle des Dorotheums kein Ausnahmefall: »Man sieht daran, wie Institutionen bei Verfolgung ihrer Geschäftsinteressen zu Handlangern des Regimes wurden.« Viele Mitarbeiter dürften ganz gern mitgemacht haben: 30 waren bereits vor 1938 »alte Kämpfer«, weitere 16 hatten vor dem »Anschluß« illegal aktiv für die NSDAP gearbeitet. Man war ehrgeizig, wollte zum »führenden Kunstauktionshaus im Deutschen Reich« aufsteigen. Hans Herbst war sowohl in der NS-Zeit als auch nach dem Krieg Chefexperte der Kunstabteilung: »Der deutsche Kunsthandel konnte während des ganzen Krieges in Österreich zu unvorstellbar niedrigen Liquidationspreisen in großem Stil einkaufen.« Besonders weit kam man den Einkäufern für das geplante »Führermuseum Linz« entgegen. Dem Berliner Kunsthändler Wolfgang Gurlitt wurde 1943 kühl erklärt, als er anbot, in Wien für das »Führermuseum« mitzusteigern: »Unsere Aufträge beim

Dorotheum werden seit vielen Jahren von der Generaldirektion dieser Anstalt selbst wahrgenommen.«

Kunst, die unter den sogenannten »Führer-Vorbehalt« fiel, wurde von Auktionen zurückgezogen und ging zum Schätzpreis an die »Führer-Sammlung« oder an die Museen, die ebenfalls billig einkaufen wollten. Die Familie Bernhard Altmann hat Villa und Strickfabrik nach 1945 zurückbekommen – leer.

Doch es waren nicht nur Kunstschätze und prachtvolle Villen samt Inventar, die gierige Käufer fanden. Besonders trostlos ist die völlige Enteignung jüdischer Nachbarn vor ihrer Deportation. Wie im »Altreich« wurde das Inventar von kleinbürgerlichen Wohnungen häufig vor Ort versteigert. Das gesamte Eigentum wird »zugunsten des Landes Österreich eingezogen«, »7 Kaffeeschalenuntertasserln, 3 Häferln, 1 Nudelbrett, 1 Kinderbesteck, 3 Schwimmtrikots, Schafwolle, 1 Mistschaufel.« In der Entwendung von Holzpantoffeln, Badethermometern oder Kompottschüsseln zeigt sich die systematische Ausplünderung durch das System sowie die Bereicherung aller. Bis nach Beirut gelangte das Mobiliar der jüdischen Familien aus Wien.

Österreich, das sich in den Jahren nach dem Krieg geweigert hat, die Zeit davor »zum Inventar der eigenen Geschichte zu zählen«, hatte in seinen Ämtern noch lange und beharrlich Beamte auf den Mobilien derer sitzen, die das Land verlassen mußten. Die Verwaltungsbeamten des Depots sind vor Ort geblieben. Sie versahen nach 1945 weiter ihren Dienst und versäumten nicht, ihre Pflicht im Sinne des damals gewissermaßen zur Staatsdoktrin gewordenen Ausspruchs eines österreichischen Innenministers auszuüben. Man möge, empfahl der Sozialist Oskar Helmer in bezug auf Entschädigungszahlungen und Rückgabe geraubter Güter, »die Sache in die Länge ziehen«. Das Mobiliendepot weigerte sich nach 1945 beharrlich, Auskunft über die in seinem Besitz befindlichen Gegenstände zu geben. »Judenmöbel« überschrieb noch 1969 ein Beamter eine Liste aller »arisierten« Objekte im Depot, und 1969 wurde im Wiener Dorotheum ein großer Posten von Gegenständen versteigert, obwohl die Wohnadressen der ehemaligen Besitzer bekannt waren. Geltendes Recht war damals, daß man als Betroffener selbst nach geraubten Kunstgegenständen, Möbeln oder Hausrat zu forschen hatte. Erst mit dem Umbau des Mobiliendepots in den Jahren zwischen 1993 und 1998 und den Bemühungen neu berufener Historiker- und Restitutionskommissionen, geraubtes Gut zurückzugeben, wurde die Erfassung der bis dahin noch im Depot befindlichen Gegenstände möglich.

Eine Ausstellung mit dem Titel »InventArisiert« zeigte im Jahr 2000 exemplarisch, wie sich die neue Macht des alltäglichen Lebens bemächtigt hatte. Das Mobiliendepot hat, verläßlich wie sonst kaum eine Institution, über die Vorgänge der »Arisierung« und die Aneignung im Interesse des Staates Buch geführt. Das Inventar, der Katalog der beweglichen Dinge, gibt Auskunft über die Bewegungen der Geschichte. »Aus dem Vermögen des Juden ...«, steht auf den Karteikarten, die später auch alle Verschiebungen der Gegenstände festhalten.

Die Schlinge zieht sich zu

Im Dezember 1937 hatte Hermann Göring als geschäftsführender Reichswirtschaftsminister angeordnet, daß die »antijüdische Säuberungsaktion in der deutschen Wirtschaft« bis März 1938 beendet sein müsse. Dieser Termin wurde zwar nicht streng eingehalten, aber die Terminsetzung beschleunigte alle wirtschaftlichen Maßnahmen gegen die Juden. In Berlin wurde Mitte Januar von der Fachgruppe Textil, Bekleidung und Leder in der Wirtschaftsgruppe Einzelhandel der Verein »Arbeitsgemeinschaft deutscher Unternehmen der Spinnstoff-, Bekleidungs- und Lederwirtschaft (Adebe)« gegründet, der sich in erster Linie das Ziel gesetzt hatte, alle Geschäftsverbindungen zwischen deutschen und jüdischen Unternehmen dieser Branche zu zerstören und eine »Deutsche Kleiderkultur« zu pflegen.

Die Adefa, die »Arbeitsgemeinschaft deutscharischer Fabrikanten der Bekleidungsindustrie« beschloß in einer Mitgliederversammlung, daß ihre Adefa-Mitglieder jüdische Vertreter und Verkäufer nicht empfangen, daß sie ihre Waren nicht an den jüdischen Handel oder an jüdische Konzerne weiterverkaufen und Einkäufe bei jüdischen Lieferanten oder Zwischenhändlern nicht vornehmen durften. Die Mitglieder der Adefa kennzeichneten ihre Erzeugnisse mit dem Anhänge-Etikett »Ware aus arischer Hand«. Die jüdischen Lieferanten und Vertreter der Konfektionsbranche waren somit allein auf jüdische Kundschaft angewiesen. Und dieser Kundenkreis wurde von Monat zu Monat kleiner.

In der Werbegemeinschaft des deutschen Lederwarenfaches, Sitz München, wurden die »arischen« Fabrikanten und Fachhändler zwangsweise organisiert. Sie mußten sich verpflichten, nur von »arischen« Firmen zu kaufen und ihre Waren mit dem »Arier-Etikett« »Gülden Vlies« zu versehen, einem goldenen Vlies auf wappenförmigem grünen Grund, das nur von Mitgliedern der Werbegemeinschaft geführt werden durfte.

Im Februar 1938 beschloß die Reichsregierung eine Novelle zum Gesetz über das Versteigerungsgewerbe, die den Ausschluß der Juden aus diesem Gewerbe anordnete. Die den jüdischen Versteigerern erteilten Erlaubnisse erloschen am 31. Juli 1938. In Sachsen wurde verfügt, alle »arischen« Geschäfte einheitlich durch Transparentschilder zu kennzeichnen, die auf rotem Grund in weißen Buchstaben das Wort »arisch«, ein graues Hakenkreuz und den Stempel der Gaudienststelle Handwerk und Handel zeigen sollten.

Die großen Schokoladenfabriken Riquet, Felsche und Sarotti entließen alle ihre jüdischen Vertreter und stellten die Belieferung jüdischer Detailhändler ein, nachdem der *Stürmer* sie heftig angegriffen hatte.

Dieser zähe Kampf blieb auf die Dauer nicht ohne Erfolg. Zum 1. April hatten etwa 40 der größten Berliner Konfektionsfirmen die Schließung ihrer Betriebe oder die Überführung in »arische« Hände beschlossen, darunter die alten Häuser Leopold Seligmann, Berlin W 8, Mohrenstraße 44, Markwald & Scheidemann, Berlin SW 19, Jerusalemerstraße 23, Alex Hiller & Co., Berlin W 8, Mohrenstraße 42/44, Kurt Loepert & Co., GmbH, Berlin SW 19, Jerusalemerstraße 13, Hugo Kafka, Berlin SW 19, Hausvogteiplatz 9 und zahlreiche andere. An ihre Stelle traten »arische« Unternehmungen, die schnell lebhafte Umsätze machten, obwohl die Kapitaldecke sehr dünn war.

Die Kleinhändler arbeiteten nur ungern mit den »rein arischen« Firmen, weil ihnen dort langfristige Zahlungsziele selten gewährt werden konnten und die Forderungen der Großhändler durch die Banken eingetrieben wurden. Der Kleinhandel wandte sich dennoch von den jüdischen Lieferanten mit ihren langen Zahlungszielen ab, weil auch auf ihn energischer Druck ausgeübt wurde und die Finanzämter bei Buchprüfungen darauf hinwiesen, daß die Geschäftsbeziehungen zu jüdischen Lieferanten allmählich vollständig abzubrechen seien.

Aber die »arischen« Geschäftsleute sahen in der »Arisierung« nicht nur einen Erfolg, der ihnen lästige Konkurrenz vom Halse schaffte. In den Sopade-Berichten ist zu lesen: »Selbst indifferente Geschäftsleute wenden sich gegen die angewandten Praktiken und verteidigen vielfach die Juden. Ein Geschäftsmann sagte zu einem hundertprozentigen Nazi; ›Wenn Ihr die Juden schon aus dem Lande haben wollt, dann seid wenigstens so anständig, ihnen ihr Geld mitzugeben, damit sie sich im Ausland eine neue Existenz gründen können.‹ Bei solchen Debatten setzen sich auch Handwerker und kleine Kaufleute, die noch vor ein oder zwei Jahren gegen die Judenkaufhäuser geschrien haben, für die Juden ein. Manche Geschäftsleute vertreten die Ansicht, ob das Kaufhaus nun Tietz oder Union, Knopf oder Monopol heiße, sei doch gleichgültig. ›Die Warenhäuser bleiben eben Schmutzkonkurrenzfirmen gegen den Mittelstand, ob sie jüdisch oder arisch sind‹. ›Die Enteignung der jüdischen Geschäfte, von der wir uns viel versprochen haben, ist ein Schlag ins Wasser‹, sagte die Inhaberin eines alten Stoffgeschäftes. ›In die Judengeschäfte setzen sich eben andere hinein, und die Konkurrenz bleibt. Sie wird sogar gefährlicher, weil die Arier die Geschäfte zu einem Pappenstiel kaufen und dann mit besonders billigen Preisen die Kundschaft anziehen.‹«

Von ehemals rund 600 000 Juden in Deutschland waren Anfang 1938 bereits 225 000 ausgewandert. Die Zahl der Juden in Deutschland wurde zu diesem Zeitpunkt nur noch mit etwa 375 000 angegeben. Vom einem weitverbreiteten und tiefverwurzelten Antisemitismus war aber immer noch nicht viel zu merken.

Der Wechsel im Wirtschaftsministerium wurde deutlich fühlbar. Besonders wichtig im Hinblick auf die Rüstung waren Maßnahmen in Metallindustrie und Metallhandel. Die Firmen Wolf, Netter & Jacobi-Werke, Berlin, und die offenen Handelsgesellschaften Wolf,

Netter & Jacobi in Frankfurt und Berlin waren rückwirkend mit dem 1. Januar 1938 in den Besitz der Mannesmann-röhrenwerke übergegangen. »Arisiert« wurden die Hahnschen Werke AG in Großenbaum bei Duisburg und ihre Tochtergesellschaft, die Kammerichwerke AG in Bielefeld. Die bedeutende Schrott- und Eisenhandelsfirma Stern AG, Essen (Aktienkapital 2,7 Millionen RM) wurde von einem Montankonsortium übernommen, dem Hoesch und Mannesmann angehörten. In der Tabakindustrie gingen in »arische« Hände über: die Zigarrenfabriken Heinrich Jakobi (Mannheim), die in 25 Betrieben rund 2300 Personen beschäftigten, und die Firma J. Neumann AG (Berlin) mit 4 Fabriken, 50 Filialen und rund 2800 Beschäftigten.

In Berlin wurden die großen Bankhäuser S. Bleichröder (Bismarcks Hausbank) und Gebrüder Arnhold »arisiert«. Im Einzelhandel und Gastwirtsgewerbe wurde die seit Jahren betriebene »Arisierung« in beschleunigtem Tempo fortgesetzt: die Gaststätten Café Wien und Zigeunerkeller, Kurfürstendamm, dazu die Einzelhandelsgeschäfte Arthur Wasservogel, eine Seifenfirma mit zahlreichen Filialen in Berlin und anderen Städten, dann Betten-Lustig und das Modenhaus Kersten & Tuteur. Es wurden sogenannte »Arisierungskommissare« eingesetzt, die die Verkaufsverhandlungen jüdischer Geschäftsinhaber überwachen sollten. Der neue Inhaber durfte im allgemeinen nur Inventar und Warenlager kaufen, wobei das Inventar ganz niedrig angesetzt wurde und der Warenbestand nach einem bestimmten Wertschlüssel angerechnet werden mußte. Sogenannte »ideelle« Werte eines Betriebes oder eines Geschäfts durften grundsätzlich beim Verkauf nicht berücksichtigt werden. Es gab also nichts für einen festen Kundenstamm und gut ausgebildetes Personal sowie einen guten Ruf.

Die Verkaufssumme wurde nicht in bar ausgezahlt, das Geld kam auf ein Bankkonto, um der bestens informierten Devisenstelle die Möglichkeit zu geben, das Vermögen des jüdischen Vorbesitzers zu überwachen. Jede Abhebung, die über eine für den täglichen Lebensbedarf unbedingt notwendige Summe hinausging, mußte gemeldet werden. Der Betreffende hatte dann den exakten Nachweis zu führen, wofür das Geld verwandt wurde.

Frühere jüdische Firmen, die bereits »entjudet« waren, wurden aufgefordert, ihre Namen zu ändern. Der Verlag Ullstein wurde z.B.

in »Deutscher Verlag« umgetauft. Im *Überblick*, dem Organ des Reichsverbandes der Mittel- und Großbetriebe des deutschen Einzelhandels, äußerte der Gauwirtschaftsberater des Gaus Berlin, Dr. Heuser, im Januar 1938 »Gedanken zur Arisierungsfrage«. Er sagte dort, es werde grundsätzlich abgelehnt, »überschuldete und unwirtschaftlich arbeitende Betriebe zu arisieren«. Das führte einmal dazu, daß jüdische Inhaber gutgehende Geschäfte verkauften, solange ihre Firma noch halbwegs auf der Höhe war. Andererseits bemühten sich aber nationalsozialistische Provinzgrößen auch darum, Käufer fernzuhalten und die jüdischen Geschäfte durch Boykottmaßnahmen und amtliche Schikanen solange zu behindern, bis die »freiwillige« Aufgabe oder ein Bankrott unvermeidlich war.

So war in einer Bekanntmachung des Gauwirtschaftsberaters Bösing vom Gau Saar-Pfalz im Februar 1938 zu lesen: »Die Überführung derjenigen jüdischen Firmen in ›arischen‹ Besitz, deren Bestand für eine geordnete Wirtschaft und zur ausreichenden Versorgung des Gaues Saarpfalz notwendig war, ist im wesentlichen abgeschlossen. Es besteht daher seitens der Gauleitung kein Interesse mehr an einer Arisierung jüdischer Betriebe; Kaufliebhaber für jüdische Firmen müssen also in Zukunft damit rechnen, daß Übernahmeverträge, die trotzdem noch abgeschlossen werden, nur noch in ganz bestimmten Ausnahmefällen, wo ein Bedürfnis ganz einwandfrei festgestellt werden kann, die Billigung der Gauleitung finden. Dazu ist folgendes zu bemerken: Ein Interesse an der Arisierung eines jüdischen Betriebes bestand und besteht von Seiten der Allgemeinheit nur dann, wenn der Betrieb als solcher für die Produktion oder die Versorgung notwendig ist. Es kann aber nicht Aufgabe der Partei oder sonst einer öffentlichen Stelle sein, mitzuhelfen, einen an sich völlig überflüssigen jüdischen Betrieb noch kurz bevor er an innerer Schwäche zusammenbrechen würde, zu versilbern. Es geht auf die Dauer nicht an, daß unter dem Vorwand der Erhaltung eines Arbeitsplatzes für deutsche Volksgenossen der Jude weiterhin seine Geschäfte machen kann, oder daß er für seinen Betrieb, den er nicht mehr halten kann, auch noch schweres Geld erhält. Selbstverständlich wird kein jüdischer Betrieb gezwungen, seine Pforten zu schließen. Wer es auch weiterhin nicht lassen kann, zum Juden zu laufen, der mag das vor sich und seinem Gewissen verantworten. Die

Judenfrage ist letzten Endes keine Frage des Geldbeutels, sondern eine Charakterfrage.«

Gegen die jüdischen Ärzte erfolgte ein neuer Angriff: Der Verband der Angestellten-Krankenkassen, die Dachorganisation mehrerer Ersatzkassen, hatte ab 1. Januar 1938 alle jüdischen Ärzte aus der Ersatzkassenpraxis ausgeschlossen. Davon wurden in Berlin etwa 800, im ganzen Reich etwa 3000 jüdische Ärzte betroffen. Die Bestimmung hatte weiter zur Folge, daß die Tätigkeit der jüdischen Ärzte auch für die Wohlfahrtsämter und eine Reihe weiterer Ersatzkrankenkassen aufhörte.

Ein großer Teil der noch in Deutschland lebenden Juden war für eine Auswanderung zu alt. Um sich deren Vermögen zu sichern, hatte das Regime besondere Vorkehrungen getroffen: Das »Gesetz über erbrechtliche Beschränkungen wegen gemeinschaftswidrigen Verhaltens« vom 5. November 1937 gab dem Regime die Handhabe, Hinterlassenschaften aus jüdischer Hand zu beschlagnahmen. Nach § 1 dieses Gesetzes konnten Personen, die ausgebürgert worden waren, nicht Erben eines deutschen Staatsangehörigen sein. Außerdem war es verboten, ihnen Schenkungen zu machen. Da es immer mehr zur Regel wurde, ausgewanderten Juden nach einer gewissen Zeit die Staatsbürgerschaft zu entziehen, legalisierte dieses Gesetz die Enteignung eines großen Teiles der deutschen Juden.

Auch für die Aushändigung von Reisepässen an Juden wurden im Januar 1938 neue Bestimmungen erlassen: Für Vergnügungsreisen ins Ausland, Ferienreisen usw. wurden an Juden keine Pässe mehr ausgehändigt. Sie erhielten Auslandspässe nur noch in Ausnahmefällen, etwa für »unaufschiebbare Geschäftsreisen« – sofern sie dem Reich Devisen einbrachten – oder zum Besuch eines ausländischen Kurorts, falls »ein amtsärztliches Zeugnis beigebracht werden kann«. Diese amtsärztlichen Zeugnisse werden jedoch in vielen Fällen verweigert, weil Devisen ausschließlich für kranke deutsche »Volksgenossen« vorhanden seien. Für jüdische Kranke, denen die deutschen Bäder versperrt waren, eine große Härte. Juden hatten kein Anrecht mehr auf die Steuerermäßigung für Kinder. Auch die Steuerfreiheit für Heirats- und Geburtsbeihilfen wurde ihnen entzogen.

Gerichtsurteile teils eingeschüchterter, teils böswilliger deutscher Richter gegen jüdische Angeklagte bewiesen immer wieder, daß die deutschen Juden einem erbarmungslosen Justizterror ausgeliefert waren. Ein Leipziger Rechtsanwalt wurde zu zwei Monaten Gefängnis verurteilt, weil die noch nicht 45 Jahre alte »deutschblütige« Hausverwalterin (Juden durften keine Dienstmädchen unter 45 Jahren beschäftigen) »monatlich mindestens vier- bis fünfmal in der Wohnung des Angeklagten Mahlzeiten mit dessen Zustimmung zubereitet hatte«. Die »arische« Frau eines jüdischen Gastwirts in Leipzig hatte am 1. Mai ohne das Wissen ihres Mannes die Hakenkreuzfahne gehißt. Der jüdische Ehemann wurde zu einem Monat Gefängnis, die Frau zu 90 RM Geldstrafe verurteilt, die der Mann zu bezahlen hatte. Ein jüdischer Prokurist der Frankfurter Asbestwerke, Dr. Willy Kurt Grünebaum, wurde von einem nationalsozialistischen Betriebsobmann tätlich angegriffen und setzte sich zur Wehr. Er wurde zu 15 Monaten Gefängnis verurteilt, weil er sich einer »groben Herausforderung und Verletzung des völkischen Empfindens« schuldig gemacht habe.

»Der ewige Jude«

Ein wichtiges Instrument, den Antisemitismus fest in der Volksseele zu verankern und als politisches Instrument zu schärfen, war die Ausstellung »Der ewige Jude« im Bibliotheksbau des Deutschen Museums in München. Der Deutschlandsender teilte mit, es seien 420 000 Besucher von November 1937 bis Januar 1938 gezählt worden. In Verbindung mit dieser Ausstellung veranstaltete das Reichsinstitut für Geschichte des neuen Deutschlands – Forschungsabteilung Judenfrage – an der Universität München eine Vortragsreihe mit Themen wie: »Dreyfus, der ewige Jude«, »Die Juden in der Weltpolitik«, »Das Haus Rothschild«.

»Ähnlich wie in der antibolschewistischen Ausstellung werden die Besucher in der verlogensten Weise beeinflußt«, berichtete ein Gewährsmann der Sopade, »der Eintritt kostet 50 Pfg., für Mitglieder der DAF 35 Pfg. In den großen Münchner Betrieben befanden sich die Billetts in den Lohntüten, der Betrag war vom Lohn abgezogen worden. In allen staatlichen und städtischen Betrieben wurde der Kartenverkauf gleichfalls erzwungen. Große gelbe Plakate schreien in den Straßen, und überall ist das Gesicht des ewigen Juden zu sehen. Das riesige verzerrte Judenbild auf dem Dach des Deutschen Museums ist bei Nacht mit Scheinwerfern beleuchtet. Die Ausstellung selbst ist mit größter Raffiniertheit zusammengestellt und bleibt nicht ohne Eindruck auf den Besucher. Im ersten Raum sieht man u. a. große Modelle von Körperteilen, so z. B. das jüdische Auge, mandelförmig mit stechendem Blick, die jüdische Nase, den jüdischen Mund, die Lippen usw., dann die verschiedensten Rassentypen. Da sind drei Bilder von Trotzki, betitelt: ›Die jüdische Geste‹, da sind zwei Meter große Photographien von Chaplin usw., alles in der abstoßendsten Form. Im zweiten Saal sieht man alte jüdische Dokumente, das Buch Esther, Kupferstricharbeiten, Übersetzungen in Streicher-Manier.

Die politischen Juden haben ihren eigenen Platz. Da sieht man Marx, Lassalle, Radek, Paul Singer, viele Russen, deutsche Reichstagsabgeordnete, darunter Dr. Hertz, Stampfer, Dr. Hilferding usw. Von Paul Singer wird behauptet, daß er einmal zu den Arbeiterinnen seines Betriebes gesagt hätte, wenn sie bei ihm nicht genug verdienten, so sollten sie eben auf die Straße gehen. Jüdische Ärzte und Wissenschaftler werden gezeigt, darunter sind aber nicht zu finden: Ehrlich, Haber, Wassermann, Hertz. Ein Raum zeigt alle Requisiten einer Freimaurerloge: Skelette, Ketten, Kerzen. In einem anderen kann man jüdische Damenmoden sehen. Das sind einfach Moden aus früherer Zeit, die allgemein getragen wurden, die aber heute lächerlich aussehen, weil man nicht mehr an sie gewöhnt ist. Jüdische Literatur wird unter Zellophanpapier gezeigt. Schaufenster mit Stoffen und großen Aufschriften: ›Ausverkauf‹ sollen den ›jüdischen Geschäftsschwindel‹ darstellen. Künstler und Journalisten, Philosophen und Ärzte, alle werden in bösartigen Karikaturen gezeigt. Da sieht man ›Max Reinhardt wie er kam und wie er ging‹.

Im letzten Raum wird ›Die Filmkunst der Juden‹ gezeigt. Neben Bildern, Filmplakaten usw. sieht man einen Film, der wohl das wirkungsvollste Machwerk der Ausstellung ist. Einen Film, den niemand verteidigen kann und der in seiner Kitschigkeit auch niemals von ernsten Menschen anerkannt worden ist. Er läuft hier als Beweis für die jüdische Verderbtheit. Am Schluß des Filmes erscheint

Rosenberg auf der Leinwand. Er sagt: ›Sie sind entsetzt über diesen Film. Ja, er ist ganz besonders schlecht, aber diesen wollten wir Ihnen zeigen ...‹«

Die Frankfurter Universität hatte im Januar als erste deutsche Hochschule die von ihr an Juden verliehenen Professorentitel aberkannt. Ein besonders häßliches Kapitel war die antisemitische Propaganda in den Schulen: »Die Erkenntnisse in der Rassen- und Judenfrage müssen sich durch den Unterricht aller Altersstufen wie ein roter Faden hindurchziehen. Es gibt unter den Unterrichtsfächern unserer Schulen keines, aus dem sich nicht für die Judenfrage wertvolle Erkenntnisse in ungeahnter Fülle schöpfen ließen ... Es wird aus den Reihen der Erzieher nun die Frage laut werden: ›Wie sollen wir unseren Schülern den Juden darstellen?‹ Darauf gibt es nur eine Antwort: ›In seiner ganzen Ungeheuerlichkeit, Fürchterlichkeit und Gefährlichkeit.‹« Es wurde empfohlen, abschreckende Bilder von Juden an die Wände der Schulzimmer zu heften und die Kinder zur Führung eines »Judenmerkheftes« anzuleiten, für das als Beispiel der Mustersatz angeführt wird: »Der Jude geht der schweren Arbeit aus dem Wege. Er lebt vom Schweiße seines Wirtsvolkes. Er ist ein Schmarotzer, wie die Mistel auf dem Baum.«

Die »Säuberung des deutschen Kulturlebens« von jüdischen Elementen nahm immer groteskere Formen an. So ordnete das Propagandaministerium z.B. an, daß Musik jüdischer Komponisten und von Juden ausgeführte Musik nicht mehr auf Schallplatten aufgenommen werden durfte und daß bereits hergestellte »jüdische« Schallplatten bis zum 31. März 1938 zu vernichten seien. Komponisten wie Offenbach, Mendelssohn, Mahler, Rubinstein usw. mußten also aus dem Repertoire der Schallplattenindustrie gestrichen werden, einer Zusatzbestimmung gemäß auch Schubertsche Lieder mit Texten von Heine sowie Opern und Operetten mit »jüdischen« Libretti usw. Die Einbußen für die Schallplattenindustrie wurden auf viele Millionen geschätzt.

Der Reclam Verlag präsentierte sich im Januar 1938 als »judenrein«: Aus dem Autorenverzeichnis seien alle jüdischen Namen – vor allem Heinrich Heine – ausgemerzt. Der *Völkische Beobachter* stellte jedoch fest, daß einige jüdische Dichter, darunter auch Hugo von Hofmannsthal, vergessen worden waren. Die im Auftrage der

Heidelberger Akademie von Carl Gebhardt im Jahre 1925 herausgegebene vierbändige Spinoza-Ausgabe, die der Spinoza-Forschung in der ganzen Welt als Grundlage diente, blieb vergriffen – die deutsche Regierung gestattete keine Neuauflage.

Die »Reichskristallnacht«

Am 7. November 1938 wurde in Paris der deutsche Botschaftsangehörige Ernst vom Rath durch den Juden Herschel Grynzspan ermordet.

Am 9. November feierte die Parteiprominenz mit den »Alten Kämpfern« in München den gescheiterten Putschversuch von 1923. Beim Abendessen im Alten Rathaussaal erfuhr Hitler, daß vom Rath gestorben sei. Nach einem längeren eindringlichen Gespräch mit Goebbels verließ Hitler den Saal – er wollte mit den weiteren Ereignissen offiziell nichts zu tun haben. Wenig später hielt Goebbels eine Rede, aus der für die Anwesenden deutlich wurde, daß »spontane« Volksaktionen erwünscht seien – die Parteiinstitutionen sollten die Fäden ziehen, ohne daß dies offensichtlich werde. Die anwesenden Gauleiter und SA-Führer griffen zu den Telefonen; noch in der Nacht lief der verordnete Pogrom an.

Die SS und die Gestapo hielten sich im Hintergrund, denn Himmler lehnte die Aktion als politisch inopportun ab; auch Göring zeigte sich später empört, »man hätte lieber 200 Juden erschlagen sollen, statt solche Werte zu vernichten«. Das waren taktische Differenzen in der Parteispitze, die aber einer effizienten Arbeitsteilung nicht entgegenstanden: Die Gestapo verhaftete nach vorbereiteten Listen gegen 30 000 vorzugsweise wohlhabende Juden, von denen viele in KZ eingewiesen, dort gefoltert und auch ermordet wurden; wer Wochen später wieder entlassen wurde, hatte dafür zumeist sein Eigentum eingebüßt.

In der Nacht und am Vormittag des 10. November wurden Hunderte von Synagogen niedergebrannt oder gesprengt, 7300 Läden und gegen 200 Wohnhäuser verwüstet, etwa 100 Juden umgebracht, und viele begingen Selbstmord. Entsprechend ihren Befehlen beschränkte sich die Polizei darauf, gegen Plünderer einzuschreiten.

Die Feuerwehr sah ihre Aufgabe allein darin, umliegende Gebäude zu schützen.

Am 10. November 1938 notierte Reichspropagandaminister Joseph Goebbels in seinem Tagebuch: »Die Synagoge brennt. Wir lassen nur so weit löschen, als das für die umliegenden Gebäude notwendig ist. Sonst abbrennen lassen ... Aus dem ganzen Reich laufen nun die Meldungen ein: 50, dann 75 Synagogen brennen. Der Führer hat angeordnet, daß 20 000 bis 30 000 Juden sofort zu verhaften sind ... In Berlin brennen fünf, dann 15 Synagogen ab. Jetzt rast der Volkszorn ... laufen lassen.« Am nächsten Tag wurde gemeldet: »Die Aktion selbst ist tadellos verlaufen. 100 Tote. Aber kein deutsches Eigentum beschädigt.«

Der amerikanische Konsul in Leipzig berichtete: »Nachdem sie Wohnungen demoliert und den größten Teil des Mobiliars auf die Straße geworfen hatten, warfen die unersättlich sadistischen Täter viele der zitternden Bewohner in einen kleinen Bach, der durch den Zoologischen Garten fließt, und forderten die entsetzten Zuschauer auf, sie anzuspeien, mit Lehm zu besudeln und sich über ihre Not lustig zu machen ... Das geringste Anzeichen von Mitleid rief auf Seiten der Täter einen regelrechten Zorn hervor.«

Hans Robinsohn vom Modehaus Gebr. Robinsohn in Hamburg erinnert sich: »Erdgeschoß und erster Stock sahen wie nach einer Beschießung aus. Sämtliche Fenster waren eingeschlagen. Im Lichthof waren die schweren Schränke und Tische vom ersten Stock in das Parterre geworfen worden. Schreibmaschinen waren mit Brecheisen auseinandergebrochen, sämtliche Kardexkartothekzüge verbogen, alle Schaufensterpuppen durch die Fenster in den hinter den Häusern gelegenen Alsterkanal geworfen, große Stoffballen denselben Weg gegangen. Alle Glastische und -schränke waren zerstört. In einem Treppenaufgang waren systematisch sämtliche Toilettenanlagen in Scherben geschlagen worden. Die Glas- und Holzsplitter lagen so hoch, daß wir zwei Verbandsstationen einrichteten, in denen den aufräumenden Mitarbeitern Wunden an Füßen, Beinen, Händen und Armen verbunden wurden.«

Die deutsche Presse reagierte mit Hetzartikeln auf das Attentat, das sie der jüdischen »Emigrantenclique« und ihren Hintermännern, zu denen auch Churchill gehöre, zuschrieb. »Schwerste Folgen« für die einheimischen Juden werden von den Zeitungen am 8. November mit »lückenloser Übereinstimmung« prophezeit, was sich – wie der Korrespondent der *Neuen Zürcher Zeitung* schlußfolgerte – »nur durch eine Instruktion von amtlicher Seite erklären läßt«.

Unter Berlins Juden herrschte Panik; die Auswanderungsbüros der jüdischen Hilfsorganisationen wurden den ganzen Tag über belagert. Erste Ausschreitungen, so in Kassel und Hersfeld, waren bereits am 8. November erfolgt; die Initiative lag aber vorerst bei den örtlichen Funktionsträgern der Nationalsozialisten.

Den Gipfel des Zynismus bildete die »Sühneleistung« für den Mord an vom Rath, die am 12. November der jüdischen Gemeinschaft in Deutschland in Höhe von einer Milliarde RM auferlegt wurde. Die Schäden der »Reichskristallnacht« mußte sie auf eigene Kosten beheben, während der Staat die Versicherungszahlungen (225 Millionen RM) konfiszierte. Gleichzeitig wurde eine »Verordnung zur Ausschaltung der Juden aus dem deutschen Wirtschaftsleben« erlassen; ein hemmungsloser Bereicherungswettbewerb setzte ein.

Die *NZZ* berichtete fortan wiederholt unter dem Titel »Wirtschaftlicher Vernichtungsfeldzug« über die seit der Vermögensanmeldung geplante Enteignung, deren Gewinn wohl für militärische Zwecke eingesetzt werde. Das Ziel bestehe in der Proletarisierung des deutschen Judentums: Im Sommer sei jüdisches Eigentum im Wert von sieben Milliarden RM angemeldet worden, wovon laut Reichswirtschaftsminister Walther Funk bis November 1938 bereits zwei Milliarden in »arischen« Besitz übergegangen seien. Die Schäden der »Reichskristallnacht« würden sich auf gegen zwei Milliarden RM belaufen, zu der Buße von einer Milliarde kämen noch Kosten für Reparaturen und Mietfortzahlungen hinzu – obwohl die Juden die entsprechenden Immobilien ohnehin abtreten müßten.

In einem Leitartikel über den »Novembersturm« erinnerte die *NZZ* am 18. November an das Kriegsende von 1918, das genau 20 Jahre zurücklag. Das NS-Regime deutete es als »Novemberverbrechen«, für das man das »Weltjudentum« ebenso verantwortlich mache wie für Grynzspans Attentat. »Wird die Geschichte so milde oder so kurzsichtig sein, daß sie dieses ebenso wohlüberlegte und planmäßige wie brutale Vernichtungswerk in ihren Annalen als den deutschen ›Novemberpogrom‹ wortkarg registrieren und es bei der nüchternen Feststellung bewenden lassen wird, daß eines der höchstkultivierten und am meisten bewunderten Völker Europas und der Menschheit in einem Augenblick von größter Machtfülle einen unwillkürlichen, schicksalsmäßigen Rückfall erlitten habe?«

In der Pogromnacht wurde das komplette Instrumentarium ausgebildet, das in dem 1941 beginnenden Prozeß der Vernichtung der Juden seine grausame Wirkung tat. Die Juden waren recht- und schutzloses Objekt staatlichen Handelns. Werner Best, der Justitiar der SS, verfügte die Einweisung von Juden in Konzentrationslager als tatbestandslose Maßnahme ohne Haftbefehl. In einer Verfügung des Reichsführers SS vom 10. November 1938 heißt es lapidar: »Die verhafteten Juden sind in Staatspolizeigefängnissen unterzubringen. Verhaftungsbefehle sind nicht notwendig.«

»Der staatlich angeleitete Angriff auf die Rechtspositionen der Juden«, so Joachim Perels, »der in Sachbeschädigungen, Körperverletzungen und Tötungen zum Ausdruck kam, wurde vom Justizministerium durch ein internes Schreiben vom 19. November 1938 der Strafverfolgung grundsätzlich entzogen. Nur wer eigennützige Motive bei der Vergewaltigung von jüdischen Frauen, bei Plünderungen verfolgt hatte, konnte – ohne öffentliches Aufhebens – verfolgt werden.«

Der zuständige Referent im Justizministerium, Günther Joel: »Der Reichsjustizminister hat darauf hingewiesen, daß es natürlich unmöglich sei, diese Sachen in der üblichen justizförmigen Weise abzuwickeln. Wenn man zunächst die Rechtsordnung von oben her aufhebe, sei es nicht möglich, dann die an der Ausführung beteiligten Personen strafrechtlich zu belangen. Rechtlich begründet ist das unter anderem damit, daß den Tätern das Bewußtsein der Rechtswidrigkeit gefehlt hat, weil sie ja auf Anordnung gehandelt haben.«

In der Stenographischen Niederschrift der Besprechung über die Judenfrage unter Vorsitz von Hermann Göring im Reichsluftfahrtministerium am 12. November 1938 ist zu lesen: »Meine Herren, die heutige Sitzung ist von entscheidender Bedeutung. Ich habe einen Brief bekommen, den mir der Stabsleiter des Stellvertreters des Führers Bormann im Auftrag des Führers geschrieben hat, wonach die Judenfrage jetzt einheitlich zusammengefaßt werden soll und so oder so zur Erledigung zu bringen ist. Durch telefonischen Anruf bin ich gestern vom Führer noch einmal darauf hingewiesen worden, jetzt die entscheidenden Schritte zentral zusammenzufassen.

Da das Problem in der Hauptsache ein umfangreiches wirtschaftliches Problem ist, wird hier der Hebel angesetzt werden müssen. In der Sitzung, in der wir damals zum ersten Mal über diese Frage sprachen und den Beschluß faßten, die deutsche Wirtschaft zu ›arisieren‹, den Juden aus der Wirtschaft heraus und in das Schuldbuch hineinzubringen und auf die Rente zu setzen, haben wir leider Gottes nur sehr schöne Pläne gefaßt, die dann aber nur sehr schleppend verfolgt worden sind. Wenn heute ein jüdisches Geschäft zertrümmert wird, wenn Waren auf die Straße geschmissen werden, dann ersetzt die Versicherung dem Juden den Schaden – er hat ihn gar nicht –, und zweitens sind Konsumgüter, Volksgüter zerstört worden. Wenn in Zukunft schon Demonstrationen, die unter Umständen notwendig sein mögen, stattfinden, dann bitte ich nun endgültig, sie so zu lenken, daß man sich nicht in das eigene Fleisch schneidet. Denn es ist irrsinnig, ein jüdisches Warenhaus auszuräumen und anzuzünden, und dann trägt eine deutsche Versicherungsgesellschaft den Schaden, und die Waren, die ich dringend brauche – ganze Abteilungen Kleider und was weiß ich alles –, werden verbrannt und fehlen mir hinten und vorn. Da kann ich gleich die Rohstoffe anzünden, wenn sie hereinkommen.«

Im *Schwarzen Korps* der SS hieß es am 24. November 1938: »Im Stadium einer solchen Entwicklung (der Lage der Juden) ständen wir daher vor der harten Notwendigkeit, die jüdische Unterwelt genauso auszurotten, wie wir in unserem Ordnungsstaat Verbrecher eben auszurotten pflegen: mit Feuer und Schwert. Das Ergebnis wäre das tatsächliche und endgültige Ende des Judentums in Deutschland, seine restlose Vernichtung.«

Und Hitler erklärte wenige Tage vor seiner berüchtigten Reichstagsrede vom 30. Januar 1939 gegenüber dem tschechischen Außenminister, die Juden würden in Deutschland vernichtet werden.

1939: Völlige Ausschaltung und Emigration

1939 waren erneut zahlreiche behördliche Maßnahmen gegen die Juden ergriffen worden, die in erster Linie dazu dienten, die Enteignung zu vollenden. Durch die »Verordnung über den Einsatz des jüdischen Vermögens« vom 3. Dezember 1938 war den Juden auferlegt worden, ihren Besitz an Wertpapieren und Devisen in einem Depot bei einer Devisenbank einzulegen. Am 19. Januar 1939 wurde ergänzend verordnet, daß die Verwahrung der Wertpapiere als »verschlossenes Depot« oder in einem Safe unstatthaft sei. Es müsse in jedem Augenblick die Möglichkeit bestehen, das jüdische Vermögen nachzuprüfen. Im übrigen habe jeder jüdische Depotkunde seine Bank nochmals ausdrücklich darauf aufmerksam zu machen, daß er Jude ist, auch wenn dieser Zustand der Bank bereits hinlänglich bekannt sei.

Am 8. Februar 1939 wurde in der deutschen Presse ein Runderlaß des Reichsfinanzministers über die »technische Durchführung der Vermögensabgabe der Juden« (»Kontribution«) bekanntgegeben. Darin wurde bestimmt, »daß die für den ersten Teilbeitrag der Kontribution getroffenen Anordnungen allgemein für die weiteren Teilbeträge der Vermögensabgabe gelten. Insbesondere die Bestimmung, wonach nur solche Wertpapiere in Zahlung genommen werden, die in dem für die jeweilige Zahlung maßgebenden Kurszettel aufgeführt sind. Es wurde weiter grundsätzlich verlangt, daß Abgabepflichtige vor der Inzahlungsgabe von Wertpapieren und Grundstücken ihren Besitz an Kostbarkeiten und Kunstgegenständen zu veräußern und das erlöste Bargeld zur Entrichtung der Vermögensabgabe zu verwenden hätten. Das gelte jedoch nicht, wenn der Erinnerungswert des Gegenstandes im einzelnen höher liege als der erzielbare Verkaufserlös.«

In den Bestimmungen über die Vermögensabgabe zeigt sich das Durcheinander und die totale Bürokratisierung bei der Ausplünderung der jüdischen Minderheit. Ende November hatte die Regierung angekündigt, daß eine »Ankaufsstelle für Juwelen, Schmuck- und Kunstgegenstände aus jüdischem Besitz« errichtet werde. Diese Ankaufsstelle trug zwar bereits den Namen »Ankaufsstelle für Kulturgut, Berlin«, war aber noch nicht tätig geworden, als es hieß, alle öffentlichen, von den Gemeinden oder Gemeindeverbänden betriebenen Pfandleihanstalten gälten nunmehr als Annahmestelle.

Geschah die Veräußerung von Wertgegenständen noch einigermaßen freiwillig, war sie sogar bei vorhandenem Bargeld zu umgehen, erschien bereits 14 Tage später, am 21. Februar 1939, (Reichsgesetzblatt Nr. 32) eine »Dritte Anordnung zur Verordnung über die Anmeldung des Vermögens von Juden«, in der bestimmt wurde, daß alle Juden deutscher Staatsangehörigkeit und alle staatenlosen Juden die ihnen gehörenden Gegenstände aus Gold, Silber und Platin sowie Edelsteine und Perlen binnen zwei Wochen nach Inkrafttreten der Verordnung an die eingerichteten öffentlichen Ankaufsstellen abzuliefern hätten. Die Ablieferung sollte gegen Entschädigung erfolgen. Folgende Gegenstände waren von der Zwangsablieferung ausgenommen: die eigenen Trauringe und die eines verstorbenen Ehegatten; silberne Armband- und Taschenuhren; gebrauchtes Tafelsilber, und zwar je zwei vierteilige Eßbestecke, bestehend aus Messer, Gabel, Löffel und kleinem Löffel, je Person; darüber hinaus Silbersachen bis zum Gewicht von 40 Gramm je Stück und einem Gesamtgewicht bis zu 200 Gramm je Person; Zahnersatz aus Edelmetall, soweit er sich im persönlichen Gebrauch befand. Die Abgabefrist wurde dann vom 7. bis zum 31. März verlängert, weil die Pfandleihanstalten der Aufgabe organisatorisch nicht gewachsen waren und weil es vielen Juden auch nach vielstündigem Warten nicht gelang, die enteigneten Wertsachen loszuwerden. Dann wurden wieder einige Ausnahmen zugelassen: Juden, die in einer »Mischehe« lebten, brauchten Wertgegenstände nicht abzuliefern, wenn die aus der Ehe hervorgegangenen Kinder nicht als Juden betrachtet wurden, sie waren aber abgabepflichtig, wenn die Kinder als Juden galten.

1939 meldeten sich beim Reichswirtschaftsministerium Schmuck-Firmen aus Idar-Oberstein, Hanau und Umgebung, um bei der »Verwertung von angefallenem Schmuck etc. aus jüd. Besitz ... nicht wieder zu spät zu kommen«, wie die Firma Carl Rudolph Becker ganz offen schrieb. Im Oktober 1939 gründeten 25 Betriebe, darunter bekannte Namen wie Ph. Hahn Söhne, Wilhelm Schmidt & Co., Gerhard Wild & Co., Walter Reidenbach, Falz & Hahn, Gebr. Traxel, die Firma Diamant-Kontor GmbH, die Geschäfte mit der »Verwertung der aus Judenablieferungen stammenden Juwelen und Diamanten« machte. Die Steine wurden aus dem abgelieferten Schmuck oft ausgebrochen, umgeschliffen und gegen Devisen in die Schweiz sowie nach USA verkauft. Der »führende Juwelen-Großhändler« Ernst Färber aus Berlin schätzte 1939 den Wert der abgelieferten Juwelen auf rund eine halbe Milliarde RM. Das ist sicherlich zu hoch gegriffen, aber schon 1940 waren ansehnliche Beträge in Devisen eingegangen, und weitere Partien befanden sich in Amerika zum Verkauf durch die Firmen Fuchs & Co. in New York und die Pioneer Import Corp.

Die zweite Rate der Milliardenbuße für den Mord an vom Rath, die bis zum 15. Februar fällig war, hatte dem Reich viel weniger bares Geld eingebracht als die erste. In der Hauptsache wurde Effekten- und Immobilienbesitz der wenigen noch bemittelten Juden zugunsten des Reichs abgeschrieben. Seit Dezember 1938 waren verschiedene Durchführungsverordnungen und Anordnungen zu Durchführungsverordnungen über die »Ausschaltung der Juden aus der Wirtschaft und über den Einsatz des jüdischen Vermögens« herausgekommen, die zeigten, daß das Regime dem Raubzug organisatorisch nicht recht gewachsen war. »Entjudungen« konnten nun auch zwangsweise durchgeführt werden. Vorbehaltlich einer Sonderregelung für den land- und forstwirtschaftlich genutzten Grundbesitz wurde angeordnet, daß die Anwendung von Zwangsmitteln sich vorläufig nur auf die »Entjudung« gewerblicher Betriebe und dazugehörender Betriebsgrundstücke beschränken sollte.

Nachdem die Juden aus dem Einzelhandel, selbständigen Handwerk und Marktverkehr bereits ausgeschaltet worden seien, sei es nunmehr Aufgabe der höheren Verwaltungsbehörden, mit Hilfe ihrer Vollmachten im Benehmen mit den zuständigen Parteistellen dafür zu sorgen, daß diejenigen Betriebe des Großhandels und der Industrie, die noch gemäß Reichsbürgergesetz wegen maßgebender jüdischer Beteiligung als jüdische Gewerbebetriebe galten, in volkswirtschaftlich vernünftiger Weise »entjudet« würden.

Von einer zwangsweisen »Arisierung« solcher Minderheitsbeteiligungen, die den Gewerbebetrieb nicht zu einem jüdischen machten, sowie von zwangsweiser Überführung jüdischen Streubesitzes an Aktien und sonstigen Wertpapieren sei vorläufig abzusehen. Ebenso sei, wie der Erlaß bestimmte, die zwangsweise »Gesamtentjudung« des nicht land- oder forstwirtschaftlich genutzten Grundbesitzes nach ausdrücklicher Anordnung des Beauftragten für den Vierjahresplan im Augenblick noch nicht in Angriff zu nehmen. Die Durchführung dieser Aufgabe werde zentral angeordnet, sobald die »Entjudung« der gewerblichen Wirtschaft zu einem gewissen Abschluß gekommen sei.

Schließlich werde die Beteiligung der Partei an dem »Entjudungsverfahren« durch Einschaltung des Gauleiters der NSDAP geregelt. Über den Erfolg der »Arisierungsaktion« war in der *Frankfurter Zeitung* vom 26. Januar 1939 zu lesen: »Die Auflösung des jüdischen Einzelhandels und der Übergang in ›arischen‹ Besitz war in der Hauptsache mit Beginn dieses Monats abgeschlossen. Abgesehen von geringfügigen Berichtigungen nach dem endgültigen Stand kann man, wie in der ›Zeitschrift des Vereins Berliner Kaufleute und Industrieller‹ mitgeteilt wird, jetzt feststellen, daß von den 3750 jüdischen Einzelhandelsunternehmungen, die am 1. August in Berlin noch gezählt wurden, 1200 als zur ›Arisierung‹ geeignet befunden wurden. Jedoch sind nur 700 in deutsche Hände übergegangen. Für 500 fanden sich keine Bewerber, so daß in Berlin insgesamt 3050 Einzelhandelsgeschäfte zu bestehen aufgehört haben.«

Neben den hier angeführten reinen Enteignungsmaßnahmen waren weitere Schritte zur völligen Ausschaltung der Juden aus dem Berufsleben, zu ihrer Entrechtung auf juristischem Gebiet und zur Vernichtung des jüdischen Kulturlebens eingeleitet worden. Am 31. Januar erloschen die Bestallungen bzw. Approbationen der jüdischen Zahnärzte, Tierärzte und Apotheker. Den jüdischen Ärzten war die Bestallung bereits mit Wirkung vom 30. September 1938 entzogen worden. Als Hilfskräfte in der Gesundheitspflege waren sie auf die Betreuung ihrer »Rassengenossen« beschränkt.

Am 3. Januar 1939 bestimmte der Reichswirtschaftsminister im Einvernehmen mit dem Reichsminister des Innern, Juden zu den gesetzlichen Prüfungen der Industrie- und Handelskammern und der Handwerkskammern nicht mehr zuzulassen. Auswanderwilligen Juden konnten jedoch Arbeitsbescheinigungen und Bescheinigungen über ihre Berufsausbildung ausgestellt werden.

Allen deutschen »Rechtswahrern«, gleichgültig, ob sie der NSDAP angehörten oder nicht, war seit dem 7. Januar 1939 die »Vertretung von Juden grundsätzlich verboten«. Da den jüdischen Anwälten die Anwaltschaft entzogen worden war, kam somit nur noch die Vertretung durch die wenigen zugelassenen jüdischen Rechtskonsulenten in Frage. Am 14. Februar hatte der Reichswirtschaftsminister in einem Runderlaß auch den Devisenberatern untersagt, Juden in Devisensachen Hilfe zu leisten.

Es wurde eine »Reichsvereinigung der Juden in Deutschland« geschaffen, der jeder Jude als Mitglied angehören sollte. Alle übrigen jüdischen Organisationen hatten zu bestehen aufgehört, mit Ausnahme der jüdischen Gemeinden, des Jüdischen Kulturbundes und des Palästina-Amts, das korporativ der Reichsvereinigung angegliedert wurde. Auf Grund der polizeilichen Anordnung hatten 160 000 Juden ihre Vornamen ändern oder ihrem bisherigen Namen die Beinamen Sara bzw. Israel hinzufügen müssen.

Die Banken wurden genötigt, für die »Arisierung« jüdischer Geschäfte an Nationalsozialisten größere Kredite zu geben, und zwar unter Verzicht auf die sonst übliche Deckung, also sogenannte Blankokredite. Dadurch sollten möglichst viele Parteigenossen in die Lage versetzt werden, jüdische Geschäfte zu erwerben. Alle jüdischen Hausbesitzer wurden zu den Notaren der DAF bestellt und mußten ihre Häuser für zehn Prozent des Einheitswertes »verkaufen«. Der Kaufpreis wurde nicht ausgezahlt, sondern bei der Bank der DAF (früher Arbeiterbank) hinterlegt.

Die wirtschaftliche Vernichtung der deutschen Juden war 1939 so weit fortgeschritten, daß immer mehr Wirtschaftszweige als »judenrein« gemeldet werden konnten. So hatte z.B. der »Reichsstand des deutschen Handwerks« im April mitgeteilt, daß die Juden nunmehr aus dem deutschen Handwerk völlig ausgeschaltet seien. (Nach den statistischen Ermittlungen waren im Dezember 1938 im »alten Reich« noch 5822 jüdische Handwerksbetriebe in der Handwerksrolle eingetragen; in der sogenannten Ostmark gab es im März 1938 noch 9538 jüdische Handwerksbetriebe.)

Von der »Arisierungsaktion« waren nach offiziellen Angaben im Kleinhandel Tausende jüdische Geschäfte betroffen. Wegen der allgemeinen Übersetzung des Kleinhandels blieben etwa zwei Drittel davon ganz geschlossen. Von der Weiterführung ausgenommen waren von vornherein die Geschäfte, die nach dem Pogrom im

November 1938 bis zum 1. Januar 1939 noch nicht wieder geöffnet worden waren. Allein in Berlin wurden 2650 jüdische Handwerksbetriebe »arisiert«, darunter 976 Schneidereien, 364 Kürschnereien, 248 Putzmachereien, 137 Schustereien, 114 Uhrmacherwerkstätten, 49 Gold- und Silberschmieden, 56 Friseure, 53 Glasereien, 23 Fleischereien und 15 Bäckereien.

Am 5. Juni meldete die *Essener National-Zeitung*, daß auch die deutsche Bekleidungsindustrie im Reich »von Juden völlig frei sei«, und daß in der Ostmark »jeder Tag eine stetig zunehmende Bereinigung bringt«.

Am 21. April hatte der Reichswirtschaftsminister einen neuen Runderlaß über die jüdische Auswanderung herausgegeben. Danach durften Auswanderer nur solche Sachen als Umzugsgut mitnehmen, die sie bereits vor dem 1. Januar 1933 besessen hatten. Wenn sich ein Auswanderer zu einem späteren Zeitpunkt etwa neue Kleidungsstücke gekauft hatte, so konnte die Erlaubnis zur Mitnahme davon abhängig gemacht werden, daß er einen Betrag in Höhe des Anschaffungspreises an die Reichskasse zahlte.

Im Reichsgesetzblatt vom 4. Mai 1939 war ein »Reichsgesetz über die Mietverhältnisse mit Juden« veröffentlicht worden, das den Behörden die Möglichkeit gab, Juden auch gegen ihren Willen aus »deutschen Wohnstätten« zu entfernen. Die jüdischen Hausbesitzer wurden verpflichtet, obdachlos gewordene Juden bei sich aufzunehmen. Außer der Befugnis zum zwangsweisen Abschluß von Miet- und Untermietverträgen zwischen Juden stand der Gemeindebehörde das Recht zu, die Anmeldung solcher Räume zu verlangen, die an Juden vermietet waren oder für die Unterbringung von Juden in Frage kamen. Jüdische Vermieter oder Untervermieter konnten Verträge, die auf Verlangen der Gemeindebehörde geschlossen worden waren, nur mit deren Genehmigung kündigen. Auch die Neuvermietung von Wohnungen jüdischer Hausbesitzer mußten von der Gemeinde genehmigt werden.

Zwar wurde in den Ausführungsbestimmungen zu diesem Gesetz betont, die neuen Bestimmungen dürften »nicht zu einer unerwünschten Ghettobildung führen«, aber der Ghettobildung wurde durch das Bestreben Vorschub geleistet, die Juden aus den besseren Wohnvierteln aller Städte zu entfernen. So waren in Berlin folgende

Straßenzüge und Wohnviertel für Juden gesperrt: Potsdamer Straße, Lützow-Platz, Tiergarten-Viertel, Hansa-Viertel, die Häuserblocks in unmittelbarer Nachbarschaft der großen Moabiter Kasernen, die großen Straßenzüge des Berliner Westens, Tauentzienstraße, Kleiststraße, Kurfürstendamm sowie das Bayerische Viertel.

Wer noch konnte, wanderte aus. Aber Frankreich, die Schweiz, auch Belgien, die Niederlande und Luxemburg, die 1933 einem großen Teil der Flüchtlinge aus Deutschland Asyl gewährt hatten, drängten auf Weiterzug der Emigranten nach Palästina oder in überseeische Länder. Sie nahmen seit 1934/1935 nur noch in sehr beschränktem Umfang neue Flüchtlinge auf.

Lediglich die britische Regierung gewährte den Verfolgten nach der »Kristallnacht« großzügig Aufnahme. Von den rund 100 000 Juden, die zwischen November 1938 und dem Kriegsausbruch im September 1939 Deutschland verließen, erhielten 40 000 Asyl in Großbritannien, das außerdem noch etwa 20 000 Flüchtlinge aus Österreich und 10 000 aus der Tschechoslowakei aufnahm. Kein anderes Land kam damals den verfolgten und vertriebenen Juden in gleicher Weise zu Hilfe.

Gideon Hausner beurteilt die Reaktionen im Ausland, besonders der Presse und der führenden Staatsmänner wie Roosevelt (USA) und Chamberlain (Großbritannien): »Die Kristallnacht-Pogrome des 9. November 1938 rüttelten die Welt auf. Die Flammen der brennenden Synagogen ließen die Leiden der Juden in düsterem Feuerschein aufleuchten; ihre ersten Opfer kündeten in unheilvoller Weise die Zukunft an. Von einer empörten Presse gedrängt, beschlossen die Demokratien wieder einmal ›zu handeln‹. Sechs Tage später prangerte Roosevelt den Gewaltausbruch in scharfen Worten an und rief den amerikanischen Botschafter ›zur Berichterstattung und Beratung‹ nach Washington, und Chamberlain gab am 17. November im Parlament bekannt, mittellosen Juden werde von nun an gestattet, sich in Tanganijka niederzulassen. Der Plan des US-Diplomaten George Rublee, daß jedes der Evian-Länder sich bereit erklären solle, 25 000 Flüchtlinge aufzunehmen, wurde von den betreffenden Ländern abgelehnt. Die Juden saßen in der Falle. Nach der Reichskristallnacht, als die zweite Welle der Enteignungen anlief, waren bereits 40 000 von etwa 100 000 jüdischen Betrieben

›arisiert‹. Von 50 000 Einzelhandelsgeschäften waren noch 9000 übrig. Fest steht, daß während der Nazi-Zeit Milliarden ›umverteilt‹ wurden. 1933 war das jüdische Vermögen auf ca. zwölf Milliarden RM geschätzt worden, nach heutigen Berechnungen zwischen 120 und 150 Milliarden DM. Schon im April 1938 war das jüdische Vermögen halbiert, danach kaum noch vorhanden.«

1939–1945:
Krieg und Raubkapitalismus

Am 1. September 1939 begann mit dem Überfall der deutschen Wehrmacht auf Polen der Zweite Weltkrieg. Im Unterschied zum Ersten Weltkrieg, der territoriale Arrondierungen, Sicherung und Erweiterung des Zugriffs auf Ressourcen und die künftige Rolle in einem neu geformten Mächtekartell zum Ziel hatte, ging es den NS-Ideologen im Zweiten Weltkrieg um eine »radikale Neuordnung der Welt«. Die Auslöschung ganzer Völker und Staaten und ihre Herabwürdigung auf den Status rechtloser Sklaven wurden bewußt als Kriegsziele verfolgt. Damit markiert der Zweite Weltkrieg auch einen moralischen Tiefpunkt der bisherigen Menschheitsgeschichte.

Hitler war von Anfang an zum Krieg entschlossen. Der Weltkrieg war die Realisierung eines schon in *Mein Kampf* formulierten außenpolitischen Programms. Der Angriff auf die Sowjetunion war kein Präventivschlag, sondern eine planmäßige Umsetzung der Ziele der nationalsozialistischen Rasse- und Lebensraumpolitik. Trotzdem war der Zweite Weltkrieg nicht »Hitlers Krieg« allein: Ein Offizierskorps, erzogen im Machtstaatsdenken des Kaiserreichs, stimmte trotz Kritik im Detail mit den Kriegszielen des NS-Regimes überein. Bereitwilliger Gehorsam führender Militärs und die Einsatzbereitschaft von Diplomaten und Beamten ließen die Kriegsmaschinerie funktionieren. Die deutsche Wirtschaft profitierte von dem Krieg. Ohne das reibungslose Zusammenwirken von Wehrmacht, Verwaltung und Wirtschaft hätte die nationalsozialistische Führung weder Krieg führen noch den Judenmord organisieren können.

Die Anfangserfolge in den »Blitzkriegen« gegen Polen und die westeuropäischen Länder verschafften dem Regime die nötige Loyalität der anfangs keineswegs kriegsbegeisterten deutschen Bevölkerung.

Mit Kriegsbeginn wurde die Rationierung von Lebensmitteln, Kleidung, Energie und Grundstoffen angeordnet. Am 17. März 1940 wurde das Reichsministerium für Bewaffnung und Munition unter Fritz Todt gebildet, das zum Ausgangspunkt für die weitgehende Zentralisierung der Wirtschaft wurde. Aufgrund der Erfahrungen aus dem Ersten Weltkrieg waren die Rationierungsmaßnahmen seit 1934 systematisch vorbereitet worden, und sie wurden bis 1944 weitgehend auf dem festgelegten Niveau durchgehalten. Deutsche sollten nicht hungern oder frieren, und das war nur dadurch möglich, daß die Nahrungsmittel der besetzten Länder rigoros dem deutschen Markt zugeführt wurden. Nur 1942 gab es eine Kürzung bei wichtigen Grundnahrungsmitteln, die dann ab 1945 in zunehmendem Maße durch Substitute ersetzt wurden.

Auf industriellem Gebiet konnte der Ausstoß an Kriegsmaterial in etwa gehalten werden, obwohl in Deutschland die Investitionen laufend zurückgingen und 1944 nur noch 40 Prozent des Standes von 1938 erreichten. Die Differenz mußten die besetzten Länder liefern.

Um den enormen Finanzbedarf zu sichern, wurden seit Kriegsbeginn die Steuern laufend erhöht. Weitere Geldquellen erschlossen sich die Nationalsozialisten in den besetzten Ländern. Die hatten die hohen Kosten für ihre Besetzung zu bezahlen, die sich zwischen 1940 und 1944 auf 84 Milliarden RM beliefen.

Neben den Industriekonzernen waren es die Banken, die an der Finanzierung und Vorbereitung des Kriegs und dann an der Ausbeutung der besetzten Länder großen Anteil hatten und kräftig daran verdienten. In den besetzten Gebieten erweiterten Banken und Konzerne ihren Einfluß durch den Erwerb von Beteiligungen, Errichtung von Tochtergesellschaften und günstigste Pachtverträge. Z.B. waren 70 Prozent des jährlich in Frankreich produzierten Eisens und ebenso große Mengen von Edelmetallen wie Kupfer, Blei und Zinn an die deutsche Kriegswirtschaft abzuliefern. Lastwagen, Pkw und Werkzeugmaschinen wurden requiriert und nach Deutschland abtransportiert. Auf Anweisung der deutschen Besatzer wurden durch das Vichy-Regime die Juden ihrer Rechte beraubt und vielfach nach Auschwitz deportiert. Zehntausende Wohnungen wurden von den Besatzern leergeräumt, Möbel und Hausrat nach

Deutschland transportiert, darunter allein mindestens 8000 Klaviere und Flügel. Dieses Beutegut von Juden aus Frankreich soll insgesamt 40 000 Eisenbahnwaggons gefüllt haben. Über 100 000 Kunstwerke wurden von den Deutschen beschlagnahmt. 61 233 davon kehrten nach dem Krieg nach Frankreich zurück, wovon 45 441 wieder in den Besitz der früheren Eigentümer gelangten.

Auf ähnliche Weise wurden alle anderen besetzten Länder ausgebeutet: Belgien und die Niederlande, Dänemark und Norwegen und natürlich der Osten Europas. »Besonders die Deutsche Bank wurde zum aktiven Vertreter und häufig auch zum Partner der deutschen Regierung und der großen industriellen Aktiengesellschaften bei deren Anstrengungen, Deutschlands wirtschaftliche Herrschaft über den Kontinent zu errichten«, schreibt der O. M. G. U. S.-Bericht. »Sie reichen von der Unterstützung führender deutscher Konzerne wie z. B. I. G. Farben, Mannesmann, Vereinigte Glanzstoff-Fabriken und ähnlichen bei deren Übernahme bedeutender Unternehmen im eroberten Europa bis zur engen Zusammenarbeit mit dem Reich bei der Schaffung von Monopolgesellschaften zur Ausbeutung der Mineralreichtümer des östlichen und südöstlichen Europas. Diese Tätigkeiten wurden durch die Bemühungen der Deutschen ergänzt, Obligationen ausländischer Regierungen in ihre Herkunftsländer zurückzuführen, um dadurch an Devisen zu gelangen. Die Überweisungen in die Heimatländer der in Deutschland lebenden Fremdarbeiter gab den Naziökonomen ein Mittel an die Hand, aus den mit den Satellitenstaaten getroffenen Verrechnungsabkommen zusätzlich betrügerischen Nutzen zu ziehen.«

Im Bericht des amerikanischen Kilgore-Ausschusses heißt es: »Vor dem Anschluß Österreichs hatte die I. G. Farben jahrelang versucht, die Pulverfabrik Skoda-Werke Wetzler, eine große chemische Fabrik in Österreich, von der Creditanstalt, einer damals von der Rothschild-Gruppe kontrollierten führenden Wiener Bank, zu erwerben. Auf Grund dieser Plünderung durch die Nationalsozialisten und im vollen Bewußtsein dessen, was geschehen war, konnte die I. G. Farben die langersehnten Skoda-Werke Wetzler bekommen.«

Die Haupttreuhandstelle Ost (HTO) wurde von Göring im Rahmen des Vierjahresplans, der sich auch mit der wirtschaftlichen Ausbeutung Polens befaßte, gegründet. Sie war für die Beschlagnahmung,

Verwaltung und Liquidierung polnischen Eigentums verantwortlich. Die Deutsche Bank kooperierte prächtig mit der HTO, sie erwarb für diese Regierungsbehörde französische Anteile an polnischen Unternehmen und erhielt ihrerseits Aktiva von der HTO, die aus politischen und »rassischen« Gründen beschlagnahmt worden waren.

Durch die Neuerwerbungen entwickelte sich die von der Deutschen Bank zusammengeraffte Berg- und Hüttenwerke-Gesellschaft zu einem mächtigen Trust, der in Berghütte-Konzern umbenannt wurde und sich in die folgenden Gesellschaften gliederte: Berghütte, Berg- und Hüttenwerks-Gesellschaft, Teschen, Berg- und Hüttenwerks-Gesellschaft Aktiengesellschaft, Teschen (alle Kohlengruben), Königs- und Bismarckhütte Aktiengesellschaft, Königshütte (für Eisenwalzwerke und Gießereien), Osmag Oberschlesische Maschinenbau-AG, Kattowitz (für Eisenverarbeitungsanlagen) und eine Reihe weiterer Tochtergesellschaften. Die Deutsche Bank kaufte also nicht nur Vermögen im Auftrag und auf Rechnung der HTO, sondern profitierte auch noch von der »Entpolonisierung« und den Beschlagnahmungspraktiken der Haupttreuhandstelle Ost.

Die Firma Mannesmann erwarb die meisten ihrer größten ausländischen Tochtergesellschaften im Gefolge der deutschen Aggression unter besonderer Mitarbeit der Deutschen Bank. Mannesmann wollte die Prager Eisen-Industrie-Gesellschaft komplett schlucken und erwarb in den Jahren 1939–1941 große Aktienpakete, die teilweise jüdisches Eigentum waren.

1939 wurde die Max Graber & Sohn AG, Preßburg, eine jüdische Firma, vom Mannesmann-Konzern mit Hilfe der Union-Bank, Preßburg, erworben. Im Jahre 1940 verhalf die Böhmische Union-Bank den Mannesmannwerken zum Kauf von 51 Prozent der Aktien der Böhmischen Montangesellschaft AG, Prag. 1940 arrangierte dieselbe Bank den Verkauf der »arisierten« Metallwalzwerk AG, Mährisch-Ostrau, und ihrer Tochtergesellschaften an die Mannesmannwerke.

1940 kauften die Mannesmannwerke 48,9 Prozent des Grundkapitals der Waagtaler Syenit-Asbestzementschieferfabrik & Bergbau AG, Puchov. Ein Teil der erworbenen Aktien war beschlagnahmtes jüdisches Eigentum und befand sich dann in den Händen der Creditanstalt–Bankverein Wien, der Tochtergesellschaft der Deutschen Bank.

Im Jahre 1940 erwarb der Mannesmann-Konzern Fabriken, Land, Gebäude und Maschinen in Straßburg. Ein Teil des übernommenen Eigentums war in jüdischen, ein Teil in französischen Händen gewesen; dann war es von den Nationalsozialisten beschlagnahmt und unter Zwangsverwaltung gestellt worden.

1941 half die Generalbank Luxemburg, die von der Deutschen Bank kontrolliert wurde, den Mannesmannwerken beim Erwerb von drei Gesellschaften in Luxemburg und Lothringen, nämlich der EMETA, Luxemburg, der EIWAG, Esch-Alzig, und Tochtergesellschaften sowie der MEQUISA AG, Hagendingen. Der größte Kapitalanteil war im Besitz von Dr. Alfred Ganz, einem Juden, der seine Aktien zu Tarnzwecken im Jahre 1936 an einen Schweizer Staatsangehörigen »verkauft« hatte. Als die Mannesmannwerke diesen Komplex von Gesellschaften erwarben, mußte Dr. Ganz auf alle künftigen Ansprüche hinsichtlich eines späteren Rückkaufs verzichten.

1942 war H. Albert de Bary, Amsterdam, den Mannesmannwerken beim Kauf eines Teils des in den Niederlanden, in Frankreich und Belgien gelegenen van-Deer-Konzerns behilflich. Der Besitzer war Jude und wollte das von den Nationalsozialisten besetzte Land verlassen. Und ebenfalls 1942 versuchte der Mannesmann-Konzern, das ausschlaggebende Aktienpaket der Uzinele Metalurgica Unite »Titan Nadrag Galan« S. A. R., Bukarest, zu erwerben und die Leitung dieser Gesellschaft unter seine Kontrolle zu bringen.

Die Deutsche Bank und auch der Mannesmann-Konzern stehen hier lediglich als Beispiele. Alle waren dabei, im Rücken der Front ihre Besitztümer zu arrondieren: die Dresdner Bank, Friedrich Flick, Reemtsma, I. G. Farben, Degussa, die zwischen 1933 und 1944 23 Firmen »arisierte«, zunächst in Deutschland, später auch in den besetzten Gebieten. Darunter so renommierte Unternehmen wie die Metallgesellschaft in Frankfurt.

Der letzte Akt

Mit dem Beginn des »Unternehmens Barbarossa«, dem deutschen Angriff auf die Sowjetunion am 22. Juni 1941, erhielt der Krieg eine neue Dimension. Bis 1941 hatte sich die deutsche Kriegführung im

Westen, sieht man von der Verfolgung der Juden ab, in großen Zügen noch an das überkommene Kriegsvölkerrecht gehalten. Die besetzten Staaten Westeuropas wurden als künftige untergeordnete Partner Deutschlands in einem »Neuen Europa« gesehen.

Der Krieg gegen die Sowjetunion war von Anfang an als Eroberungs- und Vernichtungskrieg angelegt, für den es keine völkerrechtlichen Schranken gab. Der »Generalplan Ost« sah langfristig die zwangsweise Umsiedlung von Millionen von Menschen vor, die man in unwirtliche Gebiete abschieben wollte, um Platz für »deutschen Siedlungsraum« zu schaffen. Der Hungertod der Mehrheit dieser Menschen war dabei einkalkuliert. Das kurzfristige Ziel des Kriegs war es, die »Nahrungsmittel- und Rohstoffreserven« der Sowjetunion für die deutsche Kriegswirtschaft einzusetzen. Unter der Regie von Görings Ministerium für den Vierjahresplan hatten Experten des »Wehrwirtschaftsstabs Ost« dazu einen Plan ausgearbeitet, der bereits Ende Mai 1941 in mehreren tausend Exemplaren gedruckt und an alle künftigen Militärbefehlshaber und Verwaltungsbeamten der künftigen »Reichskommissariate Ostland und Ukraine« verteilt worden war. Wegen des grünen Einbands sprach man bald nur von Görings »Grüner Mappe«. Diese Planung teilte die westlichen Gebiete in eine Waldzone und eine Schwarzerdzone ein. Die Menschen in der nördlichen Waldzone und die Bewohner der Städte in der zweiten südlichen Zone sollten verhungern, damit genug Nahrungsmittel für den Zwangsexport nach Deutschland bereitstünden.

Für die wirtschaftliche Ausplünderung der besetzten sowjetischen Gebiete wurden ein »Wirtschaftsstab Ost« und eine Reihe von »Ostgesellschaften« gegründet, an denen die großen Konzerne und Banken beteiligt waren.

Die wichtigsten Gesellschaften für den Rohstoffexport waren die Berg- und Hüttenwerksgesellschaft Ost GmbH (BHO) und die Kontinentale Öl-AG (Konti Öl). Im Vorstand dieser Gesellschaft saßen Ernst Rudolf Fischer (I. G.-Farben), Karl Blessing (Deutsche Bank) und Hans Brochhaus (Wintershall-Konzern). Dem Aufsichtsrat gehörten Hermann Josef Abs (Deutsche Bank), Heinrich Bütefisch und Carl Krauch (I. G.-Farben), Karl Rasche (Dresdner Bank), August Rosterberg (Wintershall-Konzern), Karl Schirner (DEA),

Hans Weltzien (Berliner Handelsgesellschaft) und Heinrich Wisselmann (Preußag) an. Im Verwaltungsrat der BHO saßen die Spitzen der Deutschen Schwerindustrie wie Friedrich Flick, Alfred Pott und Alfried Krupp. Sowjetische Nahrungsmittelbetriebe wurden von der Zentralhandelsgesellschaft Ost übernommen und dann vorläufig an deutsche Einsatzfirmen wie Bahlsen, Coca Cola, Helvetia, Kraft und Hengstenberg übertragen.

In Westeuropa hatten die Nazis noch zwischen »jüdischen« und »nichtjüdischen« Firmen unterschieden. Die Sowjetunion wurde wie ein jüdischer Gesamtkapitalist behandelt, dessen Firmen man ohne weiteres »arisieren« konnte. Wegen der unsicheren Zukunft mußten hier nicht einmal reduzierte Preise gezahlt werden.

Die Nazi-Führung hatte zunächst darauf gesetzt, die Sowjetunion in einem »Blitzkrieg« binnen Monaten niederkämpfen zu können. Doch der Angriff war Ende 1941 vor Moskau zum Stehen gekommen. Am 21. März 1942 wurde Fritz Sauckel, bisher Gauleiter und Reichsstatthalter von Thüringen, zum Generalbevollmächtigten für den Arbeitseinsatz ernannt. Aufgabe des neuen Amtes war es, als Ersatz für die zur Wehrmacht eingezogenen Facharbeiter Arbeitskräfte aus den besetzten Gebieten anzuwerben. In Wirklichkeit ging es um die Aufstellung eines Heeres von insgesamt zwölf Millionen Zwangsarbeitern aus 20 Nationen.

Die »Anwerbung« wurde in Westeuropa durch eine Mischung von Drohung und Versprechen vorgenommen, und die »Fremdarbeiter«, so der neue Begriff, erhielten einen Lohn, der dem ihrer deutschen Arbeitskollegen entsprach. Die Anwerbemethoden in der Sowjetunion glichen mehr denen eines Sklavenmarkts. Die »Fremdarbeiter« aus der Sowjetunion nannte man »Ostarbeiter«, sie lebten in mit Stacheldraht gesicherten Barackenlagern, mußten in Kolonnen zu ihren Fabriken marschieren und erhielten nur 20 Prozent des Vergleichslohns deutscher Arbeiter, der ihnen nur in »Lagermark« ausbezahlt wurde. Im Jahr 1942 verschleppten die Nazis fast drei Millionen Menschen zur Zwangsarbeit nach Deutschland, zwei Drittel davon aus der Sowjetunion. Die niedrigen Lebensmittelrationen und die harte Arbeit führten dazu, daß viele an Entkräftung starben. Insgesamt waren mehr als drei Millionen sowjetische Bürger als Zwangsarbeiter eingesetzt. Nach der Nazi-

Ideologie waren sie »Minderwertige«, die deshalb auf ihrer Kleidung sichtbar den Aufnäher »Ost« zu tragen hatten.

Mit dem Krieg gegen die Sowjetunion setzte 1941 auch eine neue Phase der Judenverfolgung ein. Im Rücken der Wehrmacht operierten Einsatzgruppen der SS, die massenhaft Juden ermordeten. In Berlin wurde inzwischen die »Endlösung der Judenfrage« geplant. Nach der Wannsee-Konferenz vom 20. Januar 1942 begann der industriell betriebene Massenmord an den europäischen Juden. Der Vorbereitung der Deportation in die Konzentrationslager diente die am 2. September 1941 verordnete Pflicht der Juden in Deutschland, sich den »Judenstern« anzuheften. Ohne polizeiliche Erlaubnis durften sie ihre Wohnorte nicht mehr verlassen. Am 23. Oktober 1941 wurde Auswanderung generell verboten. Und die 11. Verordnung zum Reichsbürgergesetz vom 25. November 1941 bestimmte, daß Juden, die im Ausland wohnten oder dorthin »ausreisten«, die deutsche Staatsangehörigkeit verloren. Damit verfalle ihr Vermögen dem Staat. Die besetzten Ostgebiete galten als Ausland.

Im Oktober 1941 hatte mit den ersten Deportationen der letzte Akt der Beraubung und Vernichtung der jüdischen Nachbarn begonnen. Der größte Räuber war der Staat. Willig kollaborierten die Devisenstelle der Oberfinanzdirektion und der Zoll mit Gauwirtschaftsberater, Gestapo und Partei. Zahllose Formulare organisierten den staatlichen Raubzug. Ein bürokratischer Apparat verfügte und erließ, listete auf und vollstreckte. Und den Erwerbern jüdischer Vermögen fehlte jedes Unrechtsbewußtsein. Sie hatten Möbel, Gemälde, Gold und Silber vom Staat erworben. Und der tut schließlich kein Unrecht. Bereits am 4. November 1941 hatte der Reichsminister der Finanzen ein Schreiben an die Oberfinanzpräsidenten verschickt. Sie wurden beauftragt, das dem Staat verfallene Vermögen der Juden zu verwalten und zu verwerten. Die Vorgehensweise wurde bis ins letzte Detail vorgeschrieben. Der Oberfinanzpräsident teilte seinerseits den unterstellten Finanzämtern mit, wie weiter zu verfahren sei. Er informierte auch über die nächsten Abschiebungen.

Häuser und Grundbesitz der enteigneten Juden weckten Begehrlichkeiten bei den Volksgenossen. Die zahlreichen Kaufbewerber störten die geordneten Abläufe der Finanzämter. Sie beschieden die zahlreichen Anfragen mit der Auskunft, die Frontsoldaten sollten nicht benachteiligt werden. Erst nach dem »Endsieg« sollten Grundstücke und Häuser aus ehemals jüdischem Besitz verkauft werden. Lediglich Friedhöfe und Synagogengrundstücke wurden sofort verkauft. So an die Giftgasproduzenten I. G. Farben in Krefeld-Uerdingen (heute Bayer-Uerdingen), die nun das Gelände eines jüdischen Friedhofes nutzen konnten.

Die Finanzbehörden legten Akten über die zu deportierenden Juden an. Sie begannen mit einer »Verfügung«, in der der zuständige Regierungspräsident sich auf Gesetze, Verordnungen und Erlasse berief, die bestimmten, daß »Reichsfeinde« zu enteignen seien. Der zuständige Gerichtsvollzieher stellte die Verfügung jedem einzelnen Juden zu, gleichgültig ob Erwachsener oder Kind. Bevor sie ihre Wohnungen verließen, mußten sie eine detaillierte Vermögenserklärung ausfüllen. Und in der Finanzbehörde wurden »Judenkarteien« angelegt, die Auskunft gaben (und geben!) über den Zeitpunkt der Deportation, über den Aufenthalt im Sammellager und über den »ordnungsgemäßen Abschluß« der Vermögensverwertung.

Mit dem Krieg und den Bombenangriffen fielen die letzten Hemmungen. Jüdischer Besitz jeder Art war jetzt zu Schleuderpreisen zu haben. Im Hamburger Freihafen standen fast 4000 Frachtkisten mit dem Umzugsgut jüdischer Emigranten, das wegen des Kriegsbeginns nicht mehr verschifft werden konnte. 1941 beschloß die Gestapo, sie versteigern zu lassen. Hamburgs Auktionshäuser erhielten fünf Prozent Provision, ein lohnendes Geschäft: 7,2 Millionen RM erlösten die Auktionatoren.

Ein endloser Zug von Eisenbahnwaggons und Frachtschiffen brachte den Hausrat deportierter Juden aus den besetzten Gebieten direkt bis vor die Tür der Deutschen. Die erhaltenen Frachtbriefe geben präzise Auskunft über die Herkunft der »Judensachen«. Richtig los ging es mit den Auktionen im Frühjahr 1942, als im Rahmen der »Aktion M« (Möbel-Aktion) zunächst vor allem Gemälde und Kunstgegenstände der belgischen, französischen und niederländischen Juden unter den Hammer kommen sollten. Hitler selbst jedoch befahl eine Ausweitung der Aktion und ließ alles beschlagnahmen, was in Wohnungen von Juden in den besetzten

Westgebieten zu finden war. Er wollte damit den eroberten Osten ausstatten. Allein aus den Niederlanden kamen fast 30 000 Tonnen Stühle, Schränke, Bettwäsche und Kleider auf Schiffen nach Hamburg. 2700 Eisenbahnwaggons liefen in der Hansestadt ein.

Das Hamburger Auktionshaus Schlüter bot Anfang Oktober 1942 in den Ausstellungshallen des Zoos die Ladung von vier Kähnen aus den Niederlanden an und nahm in wenigen Tagen 60 000 RM ein. Die bombengeschädigte Bevölkerung, aber auch Behörden und verschiedene Institutionen und Firmen wurden versorgt. Die Finanzbehörden benachrichtigten die Bevölkerung über die lokale Presse. Die Versteigerungen wurden »ordnungsgemäß« von den Finanzbeamten durchgeführt, das eingenommene Geld floß in die Finanzkassen. Verbucht wurde das als »Vermögen einiger« oder »versch. Juden«. Daß es sich um ehemals jüdischen Besitz handelte, wurde trotz des Tarnnamens »Aktion 3« offen ausgesprochen.

Der Düsseldorfer Sozialwissenschaftler Wolfgang Dreßen hat als erster die Akten der Finanzbehörden ausgewertet: »Neben diesen Versteigerungen fanden auch ›freihändige Verkäufe‹ statt. Das Städtische Waisenhaus Köln kaufte günstig das Mobiliar des jüdischen Kinderheims. Nähmaschinen wurden in das Ghetto Litzmannstadt verschickt, damit die Deportierten ihre Zwangsarbeit an vernünftigen Maschinen fortsetzen konnten. Auch bei diesen ›freihändigen‹ Verkäufen achteten die Behörden auf die Einhaltung des gesetzlich festgelegten Verfahrens. So durften Angehörige der Polizei ›entjudete‹ Gegenstände nur nach Einholung eines sachverständigen Gutachtens erwerben. Der Staat sollte nicht um mögliche Gewinne geprellt werden. Der ›SS Unterstuf. u. Pol. Sekr.‹ hielt sich peinlich genau an solche Vorschriften und bemühte sich für den Kauf eines Grammophons mitten im Krieg um das Gutachten eines Sachverständigen. Kostbare Dinge gelangten an höhere Stellen. Der Oberbürgermeister von Köln erwarb einen Gobelin, an anderer Stelle wird über den Kauf ›antiker Schränke‹ Buch geführt. Im Februar 1944 brauchten jüdische Schüler keine Schulbänke mehr. Der Konrektor Korte sah eine Chance und erwarb 74 Bänke. Aber auch die korrekten Finanzbeamten bedienten sich bei Bedarf, so der an leitender Stelle in ›Entjudungsgeschäften‹ tätige Oberregierungsrat Dr. Thomas. Das Juristische Seminar der Universität Bonn sorgte für die Ausbildung der zukünftigen Rechtswahrer und kaufte Bücher für seine Bibliothek. Gebildete Reichsbürger sahen auf Qualität. Sie erwarben Inselbücher, Gedichte von Rilke, die Noten des *Requiems* von Mozart oder die *Oeuvres complètes* von Tschaikowsky. Betuchte Bewerber kauften Gemälde. Die Beispiele lassen sich fortsetzen und umfassen alle Bereiche des öffentlichen Lebens. Käufer von ehemals jüdischem Besitz waren in Köln das Diakonissenheim, das St. Marien-Hospital, die Musikhochschule oder die Volksbücherei, die Ford-Werke, Klöckner & Humboldt oder Bartels & Rieger, die sich eifrig um Mikroskope bewarben.«

Vom Krieg abgestumpft, dachten sie nur an ihren Vorteil. »Das Eigentum von insgesamt 30 000 jüdischen Haushalten ist in Hamburg versteigert worden – und allzu viele machten mit«, schreibt der Hamburger Historiker Frank Bajohr. »In der Regel, das zeigen die Versteigerungslisten, teilten sich etwa zehn Erwerber einen Haushalt. Folglich gab es rund 300 000 Käufer. Offen bleibt allerdings, wie viele sich mehrfach bedient haben und wer alles aus dem Umland zum Shoppen anreiste. War etwa Carl M. aus Lingen an der Ems, der am 19. Oktober 1942 bei Auktionator Schlüter per Postkarte anfragte, wann wieder ›aus Holland Sachen kommen‹, eine Ausnahme?«

Bajohr schätzt, daß sich insgesamt 100 000 Hamburger bereicherten. Am Ende des Kriegs dürfte demnach in fast jedem zweiten Hamburger Wohnzimmer Mobiliar aus jüdischem Besitz gestanden haben. Und es war bekannt, woher die schönen Stücke kamen. Ganz offen wiesen Auktionatoren in Anzeigen darauf hin, daß die Vorbesitzer Juden waren. Auch die Gestapo ließ in der Presse über »jüdisches Umzugsgut« berichten.

Die ehemaligen jüdischen Nachbarn waren bekannt, sie waren ja erst vor wenigen Tagen deportiert worden. Nach der öffentlichen Ankündigung erschienen die Finanzbeamten und boten den Hausrat an, von den Möbeln bis zu den Einmachgläsern mit Inhalt oder den Zwiebeln, nur die Familienfotos der deportierten Juden fanden keine Abnehmer und wurden vernichtet. »Wenn die Ersteigerer später sagen werden, sie hätten nichts gewußt, so liegt in diesem Nichtwissen der Skandal«, betont Wolfgang Dreßen. »Sie hatten gesehen, daß die Juden deportiert und enteignet worden waren. Sie hatten daraus ihren Nutzen gezogen, streng legal. Und sie gingen davon aus, daß diese Juden niemals zurückkehren werden, um sie zur Rechenschaft zu ziehen. Angesichts dessen war es ihnen völlig gleichgültig, was mit den Juden geschehen war.«

Durch den Eintritt der USA und Japans war der Krieg 1941 zum Weltkrieg geworden. Die völkerrechtswidrige Kriegsführung Deutschlands und der Terror gegen die Juden führten dazu, daß die Alliierten die Reichsregierung nicht mehr als legale Regierung Deutschlands, mit der man hätte verhandeln können, anerkannten. Als sich 1942/43 durch die Schlacht bei Stalingrad und die Landung der Alliierten die Kriegswende abzeichnete, proklamierten der britische Premier Churchill und der US-Präsident Roosevelt am 24. Januar 1943 als Kriegsziel die Forderung nach einer »bedingungslosen Kapitulation« Deutschlands. Wenige Monate nach der Invasion in der Normandie am 6. Juni 1944 wurde Deutschland im Osten und Westen zum Schlachtfeld. Der Zweite Weltkrieg endete mit der bedingungslosen Kapitulation der Deutschen, die vom Oberkommando der Wehrmacht am 7. Mai 1945 in Reims gegenüber dem alliierten Oberbefehlshaber Eisenhower und am 8. Mai 1945 in Berlin-Karlshort gegenüber dem sowjetischen Oberbefehlshaber Schukow vollzogen wurde.

1945–1949:
Befreiung und Neubeginn

Am 5. Juni 1945 übernahmen die Oberkommandierenden der vier Siegermächte mit der »Berliner Erklärung« die Regierungsgewalt in Deutschland. Damit begann die internationale Zwangsverwaltung des besiegten Landes. Die vier mächtigsten Männer in Deutschland waren der Oberbefehlshaber General Dwight D. Eisenhower (USA), Marschall Georgij Schukow (UdSSR), Feldmarschall Bernard Law Montgomery (Großbritannien) und General Jean de Lattre de Tassigny (Frankreich). In einem weiteren Dokument wurden die Umrisse des Besatzungsregimes über Deutschland festgelegt, und in einem dritten Schriftstück wurde beschlossen, »sich mit den Regierungen anderer Nationen gelegentlich der Ausübung der Macht über Deutschland« zu beraten.

Die Alliierten übten die oberste Gewalt in der jeweiligen Besatzungszone durch den dortigen Oberbefehlshaber aus, der darüber ausschließlich seiner Regierung gegenüber Verantwortung trug. Im Alliierten Kontrollrat wurden »alle Deutschland als ein Ganzes betreffenden Angelegenheiten« verhandelt. Gemeinsam und einstimmig sollten die vier Oberbefehlshaber in diesem Gremium für eine angemessene Einheitlichkeit des Vorgehens in allen Besatzungszonen sorgen.

Lage und Hoffnungen der Überlebenden

Von einstmals ungefähr 17 000 Hamburger Juden lebten bei Kriegsende noch 300 in der Stadt. In ganz Mitteleuropa hatten nur etwa fünf Prozent der Juden Verfolgung und Krieg überlebt. Rund 200 000 jüdische Flüchtlinge waren in den Jahren nach dem Kriegsende in insgesamt 63 Lagern allein in der amerikanischen Zone gestrandet. Eine verschwindend geringe Anzahl europäischer Juden hatte die Vernichtungslager und Hungermärsche nach Auflösung der Konzentrationslager überstanden und landete nun wieder in Lagern, gemeinsam mit deutschen Vertriebenen aus Ostpreußen und Schlesien, Kollaborateuren aus der Ukraine und ehemaligen Zwangsarbeitern aus den von Nazis okkupierten Ländern. Wohin sollten sie überhaupt gehen? In nahezu allen von den Nationalsozialisten besetzten Ländern, vor allem aber in Polen, hatten sie erleben müssen, wie die Bevölkerung mit den Besatzern zusammenarbeitete. Die USA nahmen aufgrund ihrer rigiden Einwanderungsbedingungen nur sehr wenige Emigranten auf, und Palästina war aufgrund der Politik des britischen Mandatsträgers weitgehend versperrt.

Am 26. Juni 1945 wurde die Charta der Vereinten Nationen unterzeichnet, und schon im Juli 1945 trafen Mitarbeiter der United Nations Relief and Rehabilitation Administration (UNRRA) in Deutschland ein. Die UNRRA unterstand in der amerikanischen Besatzungszone der US-Armee. Ihre Aufgaben bestanden in der Erfassung, Betreuung und Repatriierung von Menschen, die während des Kriegs zur Zwangsarbeit nach Deutschland verschleppt worden waren, »Displaced Persons« (DPs). Die US-Armee übernahm die Verantwortung für alle hier lebenden verschleppten, geflüchteten und befreiten KZ-Häftlinge.

Die erste Aufgabe war die Erfassung der DPs. Besonders der Gesundheitszustand der Juden war in den allermeisten Fällen katastrophal. Die wenigen, die in ihre östliche Heimat zurückkehrten, flohen aber spätestens 1946 wieder nach Westen, weil ihnen erneute Pogrome das Leben in der alten Heimat unmöglich machten. So blieb nur die Auswanderung nach Palästina oder Amerika, denn auch im »Land der Mörder« wollten die wenigsten bleiben. Vom 14. Mai 1948 an stand den Juden dann der neugegründete Staat Israel offen.

Am 30. Juni 1947 beendete die UNRRA ihre Tätigkeit in der US-Zone, ihre Nachfolgerin wurde die International Refugees Organisation (IRO), ebenfalls eine Hilfsorganisation der UN für verschleppte und vertriebene Menschen. Die *Süddeutsche Zeitung* schrieb im April 1949: »In München leben außerhalb der IRO-Lager zur Zeit 33 700 Ausländer, von denen zwei Drittel aus europäischen

Ländern östlich des ›Eisernen Vorhangs‹ einschließlich Sowjetunion stammen. Die meisten dieser Leute wollen keineswegs hierbleiben, sondern warten auf die Möglichkeiten der Auswanderung. Die Furcht vor einer Rückkehr in den Osten ist fast allen gemeinsam.« Ende Januar 1952 stellte die IRO ihre Arbeit in München ein und übergab die Betreuung des letzten jüdischen DP-Lagers in Geretsried sowie der Funkkaserne an die bayerische Staatsregierung.

Während in der britischen Besatzungszone die Hilfe für jüdische Flüchtlinge nur zögerlich anlief, verbesserte sich nach dem Harrison-Bericht die Lage im amerikanisch besetzten Gebiet erheblich. In den ersten Juliwochen des Jahres 1945 hatte eine amerikanische Kommission unter Leitung des früheren Einwanderungsbeauftragten Earl Harrison die Flüchtlingslager in Deutschland besucht, um die Situation der jüdischen Displaced Persons zu prüfen. Sein Bericht erschütterte die Öffentlichkeit in den USA: »In verschiedenen Camps, darunter auch frühere Konzentrationslager, lebten jüdische DPs unter Bewachung hinter Stacheldraht. In manchen Fällen wohnten die Opfer der Konzentrationslager mit ihren früheren Bewachern und Folterern unter einem Dach ... Sie hatten keine neuen Kleidungsstücke erhalten, so daß viele immer noch ihre alte KZ-Kleidung oder ehemalige deutsche Uniformen trugen, die man ihnen gegeben hatte. Es gab keine Bemühungen zur Familienzusammenführung; DPs durften keine Briefe schreiben und empfangen.« Harrison kam zu dem Schluß, daß »wir die Juden allem Anschein nach nicht anders als die Nazis behandeln, nur daß wir sie nicht vernichten.« Die Amerikaner richteten daraufhin eigene Camps für jüdische DPs ein, Hilfsorganisationen und viele Freiwillige wurden aktiv, um das Los der Flüchtlinge zu erleichtern.

Die überlebenden Juden forderten dreierlei: Sie bestanden auf der Rückerstattung des »arisierten« und beschlagnahmten Vermögens, einer Entschädigung für Überlebende, die Schaden und Unbill erlitten hatten, und sie beanspruchten »Wiedergutmachungsleistungen« für die Eingliederung von DPs. So jedenfalls schrieb Chaim Weizmann (Jewish Agency for Palestine) an die Regierungen der USA, Großbritanniens, der UdSSR und Frankreichs am 20. September 1945. Es ging nur um die Opfer, die überlebt hatten. Für die Ermordeten und ihr Erbe gab es auf lange Zeit keine Forderungen.

Das Wort »Wiedergutmachung« ist zwar ein Euphemismus und stammt ursprünglich aus dem Wortschatz der Nationalsozialisten, wie der Hamburger Autor Arie Goral herausfand, aber es hat sich nach 1945 als Bezeichnung bei allen Beteiligten durchgesetzt. Üblicherweise spricht das Recht von »Schadensersatz«, bei dem »Naturalrestitution« zu leisten, also der ursprüngliche Zustand wiederherzustellen ist. Wenn das nicht möglich ist, so ist Schadensersatz in Geld zu leisten. Unter dem Oberbegriff »Wiedergutmachung« ist zwischen »Rückerstattung« und »Entschädigung« zu unterscheiden. Während Rückerstattung sich auf die Rückgabe der von den Nationalsozialisten den Juden und anderen Verfolgten geraubten Vermögenswerte (Immobilien, Einrichtungen, Wertgegenstände) bezieht, werden unter Entschädigung materielle Ausgleichszahlungen für die einem Opfer direkt, seinem Leben, seinem Körper, seiner Gesundheit oder seiner beruflichen Existenz zugefügten Schäden verstanden. Eine Entschädigung wird entweder gegenüber dem einzelnen Betroffenen bzw. seinen Angehörigen (»Individualentschädigung«) oder Staaten und Organisationen (»Globalentschädigung«) geleistet. Globalentschädigung erhielten neben dem Staat Israel und der Jewish Claims Conference als Dachorganisation der jüdischen Organisationen in der Diaspora auch einige von Deutschland im Zweiten Weltkrieg besetzte Staaten (s. Israel-Abkommen).

US-Besatzungsprogramm: »Wiedergutmachung«

In der »Direktive des Generalstabs der Streitkräfte der Vereinigten Staaten an den Oberbefehlshaber der Besatzungstruppen der Vereinigten Staaten hinsichtlich der Militärregierung für Deutschland (JCS 1067)« vom 26. April 1945 war klar formuliert worden, wie sich die USA eine Politik im besetzten Nachkriegsdeutschland vorstellten:

»Deutschland wird nicht besetzt zum Zwecke seiner Befreiung, sondern als ein besiegter Feindstaat. Ihr Ziel ist nicht die Unterdrückung, sondern die Besetzung Deutschlands, um gewisse wichtige alliierte Absichten zu verwirklichen ... Das Hauptziel der Alliierten ist es, Deutschland daran zu hindern, je wieder eine Bedrohung des Weltfriedens zu werden.« Vor allem im Punkt (d) der Direktive war schon an eine Form der später so genannten »Wiedergutmachung« gedacht: »Andere alliierte Ziele sind die Durchführung des Reparations- und Rückerstattungsprogramms, Nothilfe für die durch den Naziangriff verwüsteten Länder und die Betreuung und Rückführung der Kriegsgefangenen und Verschleppten der Mitgliedstaaten der Vereinten Nationen.«

Am 27. November 1942 hatten die Alliierten die Achsenmächte wegen der brutalen Methoden gewarnt, mit denen Länder und Völker vollkommen willkürlich überfallen und ausgeraubt wurden. Die Enteignung von Juden und anderen Nazi-Opfern wurde zwar nicht eigens erwähnt, aber in der Londoner Deklaration vom 5. Januar 1943 beschlossen die 17 Unterzeichner-Staaten, auch solche Enteignungen zu beanstanden, die vorgeblich legal oder freiwillig erfolgt seien. Allerdings bezog sich das nur auf die eroberten Gebiete und nicht auf die Enteignungen in Deutschland selbst.

Das Militärregierungsgesetz (MRG) Nr. 52 regelte nach der deutschen Kapitulation im Mai 1945 die Eigentumskontrolle, die Sperre und Kontrolle von bestimmten Vermögenswerten. Es war zunächst in der US-Zone in Kraft getreten und sollte unter anderem die Restitution sicherstellen. Gesperrt und der Kontrolle unterworfen wurden das Vermögen des Reiches, der NSDAP und ihrer Gliederungen, das Vermögen der Regierungen der anderen Achsenmächte und ihrer Bürger, das Vermögen der Kriegsverbrecher, der aufgelösten Organisationen, der aus Deutschland abwesenden nicht deutschen Eigentümer sowie solches Vermögen, das »Gegenstand von Zwang, rechtswidriger Maßnahmen der Beschlagnahme, Besitzentziehung oder Plünderung in Gebieten außerhalb Deutschlands gewesen ist, gleichgültig, ob dies auf Grund der Gesetzgebung, von Verfahren, die rechtliche Formen zu beachten vorgaben, oder auf andere Weise geschehen ist«.

Dieses Gesetz war eine Umsetzung, Präzisierung und Erweiterung der Londoner Deklaration vom 5. Januar 1943, nunmehr sollten auch innerhalb Deutschlands entzogene Vermögen in die Kontrolle einbezogen werden. In der Fassung der US-Zone wurden die Worte »außerhalb Deutschlands« gestrichen; in der britischen Fassung des Gesetzes wurde ausdrücklich formuliert »entweder in

Deutschland oder in Gebieten außerhalb Deutschlands«. Hier wurde zum ersten Mal eine »Wiedergutmachung« zunächst in der Form der Rückerstattung Bestandteil der Besatzungspolitik.

Das MRG Nr. 52 definierte allerdings nicht, ob es nur um von der öffentlichen Hand weggenommene Vermögen oder aber auch das unfreiwillig weggegebene Vermögen gehen sollte. Die Formulierung der Londoner Deklaration »... selbst wenn sie (die Parteien der Rechtsgeschäfte) vorgaben, daß sie freiwillig erfolgt seien« war vom MRG Nr. 52 – leider – nicht übernommen worden. Ein deutscher Kommentar aus dem Jahre 1947 erläuterte: gemeint seien »insbesondere Vermögen, die z.B. jüdischen oder in Konzentrationslager verbrachten Personen in Deutschland unrechtmäßig entzogen worden sind«. Die zahllosen Zwangsverkäufe blieben in diesem 392 Seiten umfassenden Kommentar unerwähnt.

Potsdamer Abkommen

Vom 17. Juli bis 2. August 1945 trafen sich im Schloß Cecilienhof in Potsdam die Regierungs- bzw. Staatschefs der drei Großmächte zu ihrer letzten Kriegskonferenz. Aus Washington war der neue US-Präsident Harry S. Truman gekommen, Premierminister Winston Churchill vertrat Großbritannien. Allerdings erlitt er während der Konferenz eine Wahlniederlage und wurde durch den Führer der siegreichen Labour Party, Clement Attlee, ersetzt. Dazu kam Stalin als einziger Regierungschef der Anti-Hitler-Koalition, der seit 1943 dabei gewesen war.

Das Abschlußprotokoll basierte im wesentlichen auf der US-Direktive JCS 1067 vom 26. April 1945 und regelte die Behandlung des besiegten Deutschland: die völlige Abrüstung und Entmilitarisierung, die Auflösung der NSDAP sowie von SA und SS und die Entfernung aller ihrer Mitglieder aus öffentlichen Ämtern sowie Aburteilung der Kriegsverbrecher, die Demokratisierung und Entnazifizierung der Bevölkerung und die Dezentralisierung der deutschen Verwaltung.

Die die Wirtschaft betreffenden Beschlüsse verboten die Rüstungsproduktion und erlaubten die Demontage von Produktionsanlagen. Die Wirtschaft sollte unter alliierter Kontrolle entflochten werden. Der Wiederaufbau sollte gefördert und Deutschland als wirtschaftliche Einheit behandelt werden. Die Sowjetunion sollte ihre und die polnischen Ansprüche an Reparationen aus ihrer Besatzungszone befriedigen, die Ansprüche der Westmächte und aller anderen Gläubiger sollten aus den westlichen Besatzungszonen erfüllt werden. Die Sowjetunion sollte darüber hinaus Industrieausrüstungen und andere Reparationsleistungen aus den Westzonen erhalten. Rückerstattung und Entschädigung finden im Abschlußprotokoll keine Erwähnung.

Gebietsveränderungen wurden vorbehaltlich einer endgültigen Regelung in einem Friedensvertrag verfügt: In jedem Fall sollte Nord-Ostpreußen an die UdSSR übergeben und die anderen Gebiete östlich der Oder-Neiße-Linie unter polnische Verwaltung gestellt werden. Die Ausweisung der deutschen Bevölkerung aus Osteuropa und den deutschen Ostgebieten sollte »in geordneter und humaner Weise« erfolgen.

Verhängnisvoll für die Opfer des Nationalsozialismus in Osteuropa sollte sich die Aufspaltung Deutschlands in zwei Reparationsgebiete auswirken. Die Mehrzahl der Opfer von Krieg, Verfolgung und Zwangsarbeit lebte in Osteuropa, und die Sowjetunion sah die Reparationen zuerst als Mittel an, um den eigenen wirtschaftlichen Wiederaufbau voranzutreiben.

Nürnberger Prozesse

Führende Persönlichkeiten des »Dritten Reichs« aus Politik, Wirtschaft, Justiz, Wehrmacht, SS und Polizei mußten sich vom 6. Oktober 1945 an vor einem Internationalen Militärtribunal in Nürnberg wegen Verbrechen gegen den Frieden, Kriegsverbrechen, Verbrechen gegen die Menschlichkeit und Mitgliedschaft in verbrecherischen Organisationen verantworten. Tausende Dokumente, Protokolle Hitlers und seiner engsten Mitarbeiter, Fotos und Filmmaterial ließen keinen Zweifel am Vorhaben der Verantwortlichen, Angriffskriege gegen andere europäische Länder geführt sowie ethnische und religiöse Minderheiten verfolgt und vernichtet zu haben, und belegten damit deutlich den verbrecherischen Charakter des Regimes.

Viele von denen, die zwischen 1933 und 1945 in Spitzenpositionen gewesen waren, gingen davon aus, daß die Alliierten nun auch die gesamte deutsche Führungsebene liquidieren würden, so wie sie selbst es in Polen und der Sowjetunion gehalten hatten. Einige brachten sich – wie ihr »Führer« – um, andere setzten sich ins Ausland ab. Die erste Zeit nach der Kapitulation verbrachten ca. 250 000 Angehörige von Organisationen, die später in Nürnberg als verbrecherisch eingestuft wurden, in Internierungslagern der Alliierten. Andere, die sich noch in den von der Roten Armee besetzten Territorien aufhielten, wurden aufgespürt und teilweise hingerichtet. Etwa 6000 Nationalsozialisten, die an Verbrechen in osteuropäischen Ländern beteiligt waren, wurden von den Westalliierten an diese Staaten ausgeliefert, wo ihnen der Prozeß gemacht wurde. Etwa 8000 Täter wurden von alliierten oder deutschen Gerichten bis 1948 verurteilt. Aber viele von denen, deren Namen den Alliierten zunächst unbekannt waren, versuchten unterzutauchen und ihre Identität zu wechseln.

Vom 20. November 1945 bis zum 1. Oktober 1946 tagte im Schwurgerichtssaal (Saal 600) des Nürnberger Justizgebäudes in der Fürther Straße das Internationale Militärtribunal (IMT). Im Auftrag des US-Präsidenten Truman organisierte der amerikanische Bundesrichter Robert H. Jackson, der während des Prozesses US-Hauptankläger war, das gesamte Verfahren.

Angeklagt war die Führungselite des NS-Regimes im »Hauptkriegsverbrecherprozeß«, darunter der ehemalige »Reichsmarschall« Hermann Göring, Hitlers Stellvertreter Rudolf Heß, Außenminister Joachim von Ribbentrop, Generalfeldmarschall Wilhelm Keitel, der Herausgeber des antisemitischen Hetzblatts *Der Stürmer* Julius Streicher, der Großadmiral und Hitlernachfolger Karl Dönitz, der Reichsinnenminister Wilhelm Frick, Rüstungsminister Albert Speer, Generaloberst Alfred Jodl und weniger bedeutende wie der Abteilungsleiter im Reichspropagandaministerium Hans Fritzsche, Hitlers Vizekanzler Franz von Papen und Reichsbankpräsident Hjalmar Schacht. Die drei Letztgenannten wurden freigesprochen. Verhältnismäßig glimpflich davon kamen unter anderem

Dönitz (zehn Jahre Gefängnis), der »Reichsjugendführer« Baldur von Schirach und Hitlers Leibarchitekt und Rüstungsminister Speer (20 Jahre Gefängnis). Rudolf Heß mußte seine lebenslange Haft als einziger ganz verbüßen. Alle anderen Angeklagten wurden zum Tode durch den Strang verurteilt. Das Urteil wurde im Morgengrauen des 16. Oktober 1946 vollstreckt. Hermann Göring jedoch hatte sich am Vorabend seiner Hinrichtung Gift verschafft und so das Leben genommen.

Die Richter erklärten die Führung eines Angriffskrieges als strafbar im Sinne des Völkerrechts. Die alliierten Siegermächte waren sich der Problematik bewußt, daß in Nürnberg Sieger über Besiegte zu Gericht saßen. Richter Jackson: »Leider bedingt die Art der hier verhandelten Verbrechen, daß in Anklage und Urteil siegreiche Nationen über geschlagene Feinde zu Gericht sitzen. Die von diesen Männern verübten Angriffe, die die ganze Welt umfaßten, haben nur wenige wirkliche Neutrale hinterlassen. Entweder müssen also die Sieger die Geschlagenen richten, oder sie müssen es den Besiegten überlassen, selbst Recht zu sprechen. Nach dem Ersten Weltkrieg haben wir erlebt, wie müßig das letzte Verfahren ist.«

Es folgten weitere zwölf Verfahren, die die Amerikaner in Nürnberg unmittelbar im Anschluß an das Hauptkriegsverbrecher-Tribunal führten. Diese zwölf »Nachfolgeprozesse« dauerten bis Mitte 1949: Im Ärzteprozeß ging es um »Euthanasie« und Menschenversuche, im Milchprozeß (benannt nach dem Generalinspekteur der Luftwaffe Erhard Milch) um die Kriegsrüstung, im Flickprozeß um Zwangsarbeit und Raub ausländischen Eigentums, im Südost-Generäle-Prozeß standen Geiselerschießungen auf dem Balkan zur Debatte, im Fall Acht waren Mitarbeiter des »Rasse- und Siedlungshauptamts der SS« wegen der Ermordung von Juden und Polen angeklagt, im Wilhelmstraßenprozeß standen Diplomaten und andere Funktionäre vor Gericht, im Einsatzgruppenprozeß waren die Mordaktionen an Juden in den besetzten Ostgebieten Gegenstand der Anklage.

Fehlschlag der Entnazifizierung

Die Deutschen waren von einem nationalen Selbstreinigungsprozeß weit entfernt. Die NSDAP zählte etwa 8,5 Millionen Mitglieder, und eigentlich wollten die Alliierten alle unterschiedslos einer politischen Säuberung bzw. der Entnazifizierung unterziehen. Gemäß der amerikanischen Anordnung, die »Säuberung von Nazis und Nazitum mit allen zu Gebote stehenden Mitteln« voranzutreiben, nahmen Spruchkammern entsprechende Kontrollen in der amerikanischen Besatzungszone vor. »Unverdächtige Personen« sollten die politische Säuberung durchführen, was den Prozeß der Entnazifizierung schon vom Ansatz her fast unmöglich machte. Emigranten waren vielfach noch nicht aus ihrem Exil zurückgekehrt, außer ihnen gab es nur wenige Deutsche, die dem NS-Regime gegenüber keinerlei Zugeständnisse gemacht hatten. Dieser kleine Kreis stieß auf die »Interessenpolitik« all derer, die »sich belastet und irgendwie möglicherweise angreifbar« fühlten, »weil irgend etwas in ihrer Vergangenheit ist, das sie weg wünschen«, wie Karl Jaspers schrieb.

Im Ergebnis wurde schließlich die politische Säuberung so durchgeführt, daß die Fragebogen zur einer »Unverbindlichkeit der Bewältigungsliteratur« (Günter Gaus) wurden. Der Wirtschafts- und Verwaltungsapparat blieb im wesentlichen unberührt. Ein amerikanischer *Bericht über die Entnazifizierungs-Auswirkung* vom September 1947 ergab, daß »der Anteil der aufgrund politischer Vorbelastung Entlassenen ... bei Behörden selbst in den höheren Beamtenrängen kaum über 0,5 Prozent und im Durchschnitt bei 0,24 Prozent lag«. An den Privatbetrieben ging die Entnazifizierung völlig vorbei: Der Anteil der Entlassenen war hier mit 0,32 Prozent bei den Eigentümern am höchsten und pendelte sich – nach der Einkommenshöhe gestaffelt – auf einen Durchschnitt von 0,04 Prozent ein. Konsequent bezeichnete der Bericht die wirtschaftlichen Entnazifizierungsfolgen als eine Quantité négligeable. Der Bericht stellte fest, daß der »Entnazifizierungsprozeß den wirtschaftlichen Wiederaufstieg in der US-Zone nicht hinauszögert«.

Besatzungspolitik als Mangelverwaltung

Im Vordergrund der alliierten Besatzungspolitik stand zunächst die Überwindung der katastrophalen Lage in den kriegszerstörten vier Zonen, die ja auch die Haushalte der Sieger über Gebühr strapazierten. Viele Deutsche – in der Mehrzahl Frauen und Kinder – waren auf der Flucht. Bis Oktober 1946 mußten fast zehn Millionen Menschen aus den abgetrennten Ostgebieten in den vier Besatzungszonen zusätzlich zu den Einheimischen versorgt werden, dazu kamen die aus Krieg und Kriegsgefangenschaft zurückkehrenden Soldaten. Die britische Zone hatte bis zum 1. April 1947 einen Bevölkerungszuwachs von 3,67 Millionen (oder 18 Prozent) zu verzeichnen. Die Einwohnerzahl der US-Zone vergrößerte sich um 3,25 Millionen (23 Prozent), die der sowjetischen Zone um 3,16 Millionen (16 Prozent). Die französische Zone nahm dagegen nur wenige Flüchtlinge widerwillig auf. Die Gesamtbilanz verzeichnet über 16 Millionen Menschen, die nach dem Ende der NS-Herrschaft fliehen mußten oder vertrieben wurden und in der BRD sowie in der DDR eine neue Heimat fanden. Den größten Teil nahmen die ländlichen Regionen Mecklenburg-Vorpommern, Schleswig-Holstein, Niedersachsen und Bayern auf, weil dort die Ernährung und Unterbringung eher möglich waren als in den Industriegebieten.

Mehr als acht Millionen Deutsche waren am Ende des Zweiten Weltkriegs als Kriegsgefangene im Gewahrsam der Siegermächte. 1946 waren fünf Millionen von ihnen bereits wieder entlassen worden. Neben zahlreichen Todesopfern gab es außerdem eine große Anzahl von Vermißten, deren Verbleib nicht mehr geklärt werden konnte. Weit über 1,5 Millionen solcher Schicksale ehemaliger Wehrmachtsangehöriger verzeichneten die Statistiken, der Suchdienst des Roten Kreuzes hatte 1,086 Millionen deutsche Soldaten für tot erklärt.

Die Alliierten hatten sich darüber verständigt, daß ein Teil der deutschen Kriegsgefangenen zum Wiederaufbau und zur Wiedergutmachung angerichteten Schadens eingesetzt werden sollte, deshalb übergaben Amerikaner und Briten etwa eine Million Gefangene an Frankreich. In Lagern der Sowjetunion wurden deutsche Kriegsgefangene bis 1956 als Arbeitskräfte festgehalten.

Produktion und Handel in Deutschland waren bei Kriegsende zusammengebrochen. Durch erhebliche Zerstörungen des Eisenbahnnetzes, der Schiffahrts- und anderer Transportwege und -mittel kam der Güter- und Personenverkehr fast völlig zum Erliegen. Etwa ein Fünftel der Wohnungen in den vier Besatzungszonen war vollkommen zerstört, ein Viertel schwer beschädigt. In den Groß- und Mittelstädten waren die Arbeiterwohnviertel am stärksten von den Kriegsschäden betroffen.

Die Industrieanlagen waren weit weniger zerstört. Die wirtschaftlichen Kapazitäten Westdeutschlands waren durch Kriegsfolgen und Demontagen um höchstens 20 Prozent vermindert worden; in der sowjetischen Zone dagegen war das industrielle Potential allein durch Kriegseinwirkungen zu ca. 50 Prozent zerstört. Die Anlagen der Eisenindustrie in den Westzonen (Bergbau und Stahlerzeugung) waren zu zehn Prozent, die chemische Industrie und der Maschinenbau jeweils zu zehn bis 15 Prozent, die Textilindustrie zu 20 Prozent zerstört. Erklärbar ist das einmal mit Auslagerungen von kriegswichtigen Produktionsstätten während des Krieges – z.B. auch die mit Hilfe von Zwangsarbeitern unter die Erde verlegten Produktionsstätten –, zum anderen mit kriegstaktischen und wirtschaftlichen Interessen der Westalliierten. Mit gezielten Luftangriffen auf deutsche Großstädte sollte die Moral der Bevölkerung untergraben werden; die westdeutsche Schwerindustrie – obwohl Grundlage der deutschen Rüstungswirtschaft – wurde im Interesse der wirtschaftlichen Nutzung nach Kriegsende durch Unternehmen der Alliierten von Zerstörungen weitgehend geschont. So blieben z.B. die riesigen I. G.-Farben-Anlagen in dem zu drei Vierteln zerstörten Frankfurt am Main fast unversehrt, ebenso die Ford-Werke in Köln und die Röchling-Eisenwerke in Saarbrücken.

Während des Kriegs war die Nahrungsmittelversorgung vor allem durch die Ausplünderung der besetzten Gebiete gesichert worden; die Ernährungslage verschlechterte sich ab Frühjahr 1945 drastisch. Der harte Winter 1946/47 und die Dürreperiode 1947 führten zu einer schweren wirtschaftlichen Notlage und zu einer akuten Versorgungskrise. Das Eingreifen der Besatzungsmächte – im wesentlichen Großbritanniens und vor allem der USA – verhinderte eine Katastrophe.

Rückerstattung

Die Amerikaner drängten im Konrollrat auf »Wiedergutmachung«, denn die Verfolgten und Beraubten warteten immer noch auf eine Entschädigung. Nach dem Scheitern der Initiative im Kontrollrat regelte das Gesetz Nr. 59 vom 10. November 1947 über die »Rückerstattung im Zuge der ›Arisierung‹ der Wirtschaft geraubten Vermögens« die Rückgabe von Grundstücken, Fabriken und Wertpapieren durch die deutschen »Ariseure«, die sich an dem unter Preis und unter Zwang verkauften jüdischen Eigentum bereichert hatten. Das Gesetz war zwar von deutschen Juristen ausgearbeitet worden, es wurde aber nicht als deutsches, sondern als Gesetz der Militärregierung erlassen, und diesen Beigeschmack von Siegerrecht verlor es nie. Otto Küster, württembergischer Staatsbeauftragter für die »Wiedergutmachung«: »Es wird verzweifelter Anstrengungen bedürfen, wenn das deutsche Volk nun trotzdem die Rückerstattung als einen notwendigen Rechtsakt und nicht nur als Folge des verlorenen Krieges empfinden soll.«

Am 12. Mai 1949 trat auch in der britischen Zone ein Entschädigungsgesetz in Kraft, eine in vielen Einzelheiten vereinfachte und verbesserte Regelung. Die französische Verordnung wurde zu einem vollständigen Rückerstattungsgesetz ausgebaut, in das später zahlreiche Paragraphen aus dem US-Rückerstattungsgesetz übernommen wurden.

Das Rückerstattungsrecht befaßte sich mit der Rückgewähr feststellbarer Vermögensgegenstände, das Entschädigungsrecht mit dem Ersatz sonstiger Personen- und Vermögensschäden. Die gesetzgeberische Lösung der mit der »Wiedergutmachung« nationalsozialistischen Unrechts im Zusammenhang stehenden Fragen konnte nicht bis zur Entstehung eines wie auch immer gearteten deutschen Staatswesens warten. Bis zur Errichtung der Bundesrepublik Deutschland wurden auf dem Gebiet der »Wiedergutmachung« alle hierfür kompetenten Gesetzgebungsorgane tätig, vor allem die Besatzungsmächte, die Gemeinden und seit ihrer Entstehung die Länder. Am 26. April 1949 wurde dann als zoneneinheitliches Gesetz vom Süddeutschen Länderrat das Gesetz zur Wiedergutmachung nationalsozialistischen Unrechts (Entschädigungsgesetz – USEG) erlassen, das im August 1949 durch besondere Landesgesetze in Bayern, Bremen, Württemberg-Baden und Hessen verkündet wurde. Diese Landesgesetze wurden nach Errichtung der Bundesrepublik Deutschland und nach Inkrafttreten des Grundgesetzes gemäß Artikel 125 GG als Bundesrecht übernommen.

Die juristische Position der »Arisierten« war im Prinzip gut – es war zurückzugeben. Aber wie und in welcher Form – das war Quell von zum Teil jahrzehntelangem juristischem Streit. Und die »Ariseure« wehrten sich: Die Verfasser des ersten Kommentars zum USREG (US-Rückerstattungsgesetz), Reinhardt und Hans von Godin, hatten 1948 geschrieben: »Das USREG gewährt allen denkbaren Ansprüchen der Geschädigten überreiche Genugtuung ... es verläßt die Grenzen der Gerechtigkeit und wird nach menschlicher Voraussicht leider nicht dazu beitragen, die ... unter der Asche schwelende Glut endgültig auszulöschen ... vielmehr dem glimmenden Brand ... neuen Sauerstoff zuführen: z.B. wenn ein Ausgebombter, der mit öffentlicher Unterstützung Hausrat erworben hat, diesen wieder herausgeben muß, weil er jüdischer Besitz war, der Eigentümer selbst aber verstorben und seine Sippe verdorben ist.« Sie beklagten, daß eine 1939 auf einem Grundstück in »jüdischer Hand« eingetragene Hypothek gelöscht werden müsse, »dessen Besitzer weitblickend das Weite gesucht hat«, und daß auch ein gutgläubiger Besitzer selbst dann nicht erwarten dürfe, in Ruhe gelassen zu werden, wenn sich kein Geschädigter mehr meldet, sei es, daß er sich nicht um den Gegenstand kümmern will, sei es, daß er mit seiner ganzen Sippe zugrunde gegangen ist.

Die Rückerstattungsgesetze waren auf den oberen Mittelstand zugeschnitten; sie umfaßten materielle Werte, die in identifizierbarer Form erhalten geblieben waren. Für alle diejenigen, die solche nie besessen hatten, gab es auf lange Zeit kein Entschädigung. Der Masse der Juden, die ihre Verwandten verloren und ihre Gesundheit, ihre Freiheit und ihre wirtschaftlichen Chancen eingebüßt hatten, nützten die Rückerstattungsgesetze nichts. Diesen Juden konnte man nur durch eine Geldzuwendung helfen, und eine solche Zahlung mußte aus öffentlichen Mitteln des Landes geleistet werden, das für die Not dieser Juden verantwortlich war: Deutschland.

Allianz versichert

In der »Reichskristallnacht« war die Wohnungseinrichtung des Rastatter Juden Max Levy zertrümmert worden. Er war bei der Allianz-Versicherung gegen Schäden durch Aufruhr versichert. Nach der »Kristallnacht« kassierte die Regierung mit einer Verordnung zur Wiederherstellung des Straßenbilds 50 Prozent der fälligen Regulierungen für jüdische Versicherte. Die anderen 50 Prozent durften die Versicherungen behalten.

Im Jahre 1949 beantragte Max Levy in Stuttgart bei der dortigen Kammer Schadensersatz nach § 30 des Rückerstattungsgesetzes der US-Zone, nach dem die Nutznießer des Vermögens eines Verfolgten, das sie ihm durch unsittliche und widerrechtliche Geschäfte entzogen hatten, zivilrechtlich für Schadensersatz zu haften hatten. Die Versicherung hatte im Dezember 1938 geltend gemacht, der Schadensfall in Höhe von 30 000 RM sei gar nicht eingetreten, schließlich habe sich ein Aufruhr im Sinne der Versicherungsbedingungen gar nicht ereignet. Die »Wiedergutmachungskammer« pflichtete der Allianz insoweit bei, »daß die Vorgänge im November 1938 nach der damaligen Rechtsauffassung den Tatbestand des Aufruhrs oder des Landfriedensbruchs nicht erfüllten, also gar keine Ansprüche vorhanden waren«.

Im »Dritten Reich« war Aufruhr verboten, folglich waren Aufruhrversicherungen nicht nötig. Ein Vertreter des Finanzministeriums Baden-Württemberg war sicher, die Regierung habe 1938 die Levysche Versicherungsprämie nicht beansprucht. Aber, so die Kammer, der Versicherungsschutz sei über den Zusammenbruch hinaus gültig, Max Levy könne seine 30 000 RM jetzt beanspruchen. Aber Levy wollte hundertprozentigen Schadensersatz wegen Widerrechtlichkeit von Anfang an, denn seit der Umstellung von RM auf DM in der Währungsreform waren alle Geldforderungen zu 90 Prozent liquidiert – 30 000 RM waren noch knapp 3000 DM wert.

Max Levy wandte sich an den in Nürnberg tagenden United States Court of Restitution Appeals, der bis 1955 die »Wiedergutmachungsurteile« deutscher Gerichte kontrollierte. Der Court of Appeals bestätigte, die Allianz sei vertragsbrüchig geworden, Levys

Schadensersatzforderung im Sinne des USREG zulässig. Das Landgericht Stuttgart beschied im Juni 1952, es sei an das US-Diktum des Vertragsbruchs gebunden, das Rückerstattungsgesetz verlange allerdings einen solchen, der »gegen die guten Sitten verstoßen« habe. Jörg Friedrich in seinem Buch *Die Kalte Amnestie*: »Es gibt also offenbar sittliche und unsittliche Vertragsbrüche.« Das Landgericht urteilte, daß die Allianz »mit ihrem Schreiben vom 30.12.1938 nicht gegen die guten Sitten verstieß«. Die Allianz »war damals in ihren Entscheidungen nicht frei. Mit Recht weist sie darauf hin, daß ihr verantwortlicher Sachbearbeiter von der Gestapo zur Rechenschaft gezogen worden wäre, wenn er durch Auszahlung der Versicherungssumme gegenüber einem Juden anerkannt hätte, daß die Vorgänge vom 9. und 10. November 1938 einen rechtswidrigen und daher strafbaren Aufruhr darstellten. Man kann es daher der Allianz nicht zum Vorwurf machen, daß sie den Versicherungsschutz ablehnte. Fehlt es aber an der Verwerfbarkeit und damit an einem Verschulden der Allianz, so kann von einem Sittenverstoß bei ihr erst recht keine Rede sein. Ein Rückerstattungsanspruch ist daher nicht gegeben.«

Aber hatte nicht ein Unrechtsstaat die Versicherung an der Erfüllung ihrer Vertragspflicht gehindert? Mußte also nicht die Bundesrepublik als Rechtsnachfolger den Schaden zahlen? Stuttgart bescheinigte dem »Dritten Reich« einen »bewußt falschen Rechtsstandpunkt, daß die Unruhen vom November 1938 weder Aufruhr noch Landfriedensbruch darstellten«. Jörg Friedrich: »Durch diesen Rechtsfehler Hitlers mußte ihm notgedrungen entgehen, daß zwischen Levy und der Allianz eine Aufruhrversicherung bestand. Weil das Deutsche Reich von dem Versicherungsverhältnis nichts wußte, konnte es auch keinen Entzug daran verüben. So mußte auch der gegen das Reich gerichtete Anspruch als unbegründet abgewiesen werden. Das Reich, das unsittlich nötigte, hatte nichts erbeutet, die genötigte Beutemacherin Allianz hingegen war nicht unsittlich.«

Die SBZ

In der sowjetischen Besatzungszone (SBZ) wollte die Besatzungsmacht auf ihrem Territorium ganz andere soziale und politische Strukturen durchsetzen und eine »neue Gesellschaft« schaffen. Das nannte sich zunächst »antifaschistisch-demokratische Umwälzung« und zielte auf eine »Revolution der gesellschaftlichen und politischen Zustände«.

In der ersten Zeit nach Beendigung des Zweiten Weltkriegs wurden Sozialisierungen in Form von Enteignung als Entmachtung der Ausbeuterklasse und Bestrafung von Kriegsverbrechern unmittelbar auf Veranlassung der sowjetischen Besatzungsmacht durchgeführt. Die wichtigsten Maßnahmen waren hier die 1945 auf der Grundlage von Länderverordnungen eingeleitete Bodenreform, durch die alle privaten landwirtschaftlichen Betriebe mit über 100 ha entschädigungslos enteignet wurden. Dazu kam die auf der Grundlage des Befehls Nr. 124 der SMAD vom 30. Oktober 1945 und des Befehls Nr. 64 vom 17. April 1948 erfolgte Beschlagnahme der wichtigsten Industrie- und Gewerbebetriebe und ihre Überführung in Volkseigentum.

In Sachsen wurde am 30. Juni 1946 ein »Volksentscheid über die entschädigungslose Enteignung der sequestrierten Betriebe der Kriegsverbrecher und aktiven Faschisten« durchgeführt. Bis zum Frühjahr 1948 wurden über 9200 Unternehmen entschädigungslos enteignet, darunter mehr als 3800 Industriebetriebe, das war ein Anteil von rund 40 Prozent an der Bruttoproduktion.

Eine individuelle »Wiedergutmachung« nationalsozialistischen Unrechts erfolgte in der SBZ/DDR nicht, weder für Vermögensschäden noch in Form von Haftentschädigungen. Auch mit anderen Staaten wurden keine »Wiedergutmachungs«-Abkommen geschlossen. Die in der SBZ/DDR lebenden, anerkannten Verfolgten des Naziregimes genossen – im Gegensatz zu den Westzonen und der späteren BRD – allerdings schon frühzeitig einige Vorteile, v. a. Gesundheitshilfe sowie Mehrurlaub. Dazu kamen Vorrechte bei der Zuteilung von Wohnraum, bei der Beschaffung von Hausrat und durch Gewährung von Studienbeihilfen für Kinder. Bis zum 30. April 1965 erhielten Opfer des Nationalsozialismus bei Erwerbsminderung Leistungen aus der Sozialversicherung, die denen bei Arbeitsunfällen glichen, auch wenn sie keine Versicherungszeiten aufweisen konnten. Danach erhielten anerkannte »Kämpfer gegen den Faschismus« und »Verfolgte des Faschismus« aus dem Staatshaushalt über die Sozialversicherung der Arbeiter und Angestellten Ehrenpensionen. Die Ehrenpension für »Kämpfer« betrug 800 Mark, für »Verfolgte« 600 Mark monatlich. An Witwen und Waisen wurden Hinterbliebenenpensionen gezahlt.

Neben der Ehrenpension erhielten »Kämpfer« und »Verfolgte« vom Erreichen der vorgezogenen Altersgrenze an oder bei Invalidität eine Alters- oder Invalidenrente. »Kämpfer gegen den Faschismus« und »Verfolgte des Faschismus« bekamen bei Krankheit, Arbeitsunfall und Berufskrankheiten für die gesamte Dauer Krankengeld in Höhe des Nettodurchschnittsverdienstes.

Die Verfolgten des NS-Regimes erhielten in der DDR zwar Vergünstigungen, aber das weggenommene oder weggegebene Vermögen wurde zumeist vom Staat übernommen, sogar wenn es ihnen vorher rückerstattet worden war. Verfolgte, die nicht in die DDR zurückgekehrt waren, erhielten ihren vom Reich entwendeten Besitz zwar formell zurück, konnten aber nicht darüber verfügen. Er wurde von einem Treuhänder verwaltet und später in vielen Fällen enteignet, Erträge wurden auf Sperrkonten überwiesen. »Wiedergutmachung« war eine mißbilligte politische Maßnahme und wurde deshalb nicht unterstützt mit dem Argument: »Die Wiedergutmachung dient der Wiederherstellung des amerikanischen Monopolkapitalismus.«

Kalter Krieg und Währungsreform

US-Präsident Harry S. Truman stellte in einer Kongreßrede am 12. März 1947 ein außenpolitisches Programm vor, in dem die USA anderen »freien« Staaten materielle und wirtschaftliche Hilfe gegen Bedrohungen von innen oder außen zusagte. Die Truman-Doktrin war Bestandteil der Containment-Politik gegenüber der Sowjetunion bzw. allen kommunistischen Staaten während des Kalten Kriegs. Sie betonte die Verpflichtung der USA, »alle freien Völker zu unterstützen, die sich der Unterwerfung durch bewaffnete Minderheiten oder durch Druck von außen widersetzen«. Das Ende des antifaschistischen Konsenses war erreicht. Die Westalliierten vollzogen einen Schwenk hin zur Unterstützung der Deutschen als zukünftige Verbündete in der Auseinandersetzung mit der Sowjetunion. Schließlich setzte ein Strom von Hilfsgütern und Krediten aus den Vereinigten Staaten ein, gestaltet und gefördert durch den Marshall-Plan vom 3. April 1948. Der Kalte Krieg war in vollem Gange, und die Nahtstelle zwischen den Systemen verlief mitten durch Deutschland.

Als Folge der gescheiterten alliierten Konferenzen des Jahres 1947 begann in beiden Teilen Deutschlands eine Entwicklung, die 1949 zur Gründung der Bundesrepublik Deutschland und der DDR führte. Im Westen wurde die Bi-Zone mit dem Wirtschaftsrat geschaffen, im Osten die Deutsche Wirtschaftskommission. Als Ersatz für die umfassende Lösung eines aus den vier Besatzungszonen bestehenden deutschen Nachkriegsstaats, wie er seit der Potsdamer Konferenz vom Sommer 1945 angestrebt worden war, drängten seit Frühjahr 1948 die Amerikaner und Briten auf die Errichtung eines Staats auf dem Gebiet der drei westlichen Besatzungszonen.

Das »Dritte Reich« hatte den Krieg zu großen Teilen mit der Notenpresse finanziert. Wenn sich die deutsche Wirtschaft nach dem Ende des Zweiten Weltkriegs 1945 erholen sollte, war eine Normalisierung im Verhältnis von Warenangebot und Geldmenge dringend angezeigt. Die Reichsmark (RM) hatte rapide an Wert verloren, die Waren waren vom Markt verschwunden und nur überteuert auf dem Schwarzmarkt zu haben. Am 20. Juni 1948 erhielten die Bewohner der Westzonen ein Kopfgeld von 40 Deutschen Mark (DM) und im August noch einmal 20 DM. Gehälter und Renten wurden im Verhältnis 1:1 weiter gezahlt, Guthaben wurden im Verhältnis 100 RM : 6,50 DM umgestellt.

Ein Großteil der Reichsschulden wurde indirekt durch die Währungsreform bezahlt. Damit schloß sich der Kreislauf: Von den etwa 45 Milliarden RM Spargeldern blieben ganze 2,2 Milliarden DM übrig. Diese Umstellung war eine der schärfsten Maßnahmen in der deutschen Währungsgeschichte; selbst die Umstellung 1923, die auch eine gewaltige Umverteilung zugunsten des Kapitalbesitzes brachte und einseitig zu Lasten der Konsumenten und kleinen Sparer ging, war harmloser. Insofern war die Währungsreform 1948 einer der rücksichtslosesten Akte des Klassenkampfs von oben in der deutschen Sozialgeschichte.

Den Sachwert- und Produktionsmittelbesitzern dagegen war nicht nur der Besitz gesichert, sondern auch die Möglichkeit gegeben worden, die Warenvorräte mit beträchtlichen Gewinnen ein- bzw. abzusetzen. Mit dem »Gesetz über die Eröffnungsbilanz in Deutscher Mark und die Kapitalneufestsetzung« wurde das Anlagekapital der Unternehmen erhalten bzw. aufgewertet. Es ermöglichte eine nahezu verlustlose Umstellung von RM auf DM, zahlreiche Unternehmen konnten ihr Aktienkapital sogar 1:1 und höher umstellen. Den Alt-Besitzern wurden Aktienanteile der Nachfolge-Gesellschaften im Verhältnis ihres früheren Besitzes zugeteilt. Aktionäre, die 15 Prozent der Aktien der alten Unternehmungen besaßen oder schon mit fünf Prozent einen entscheidenden Einfluß ausübten, konnten die Aktien der Nachfolgegesellschaften praktisch ohne Begrenzung übernehmen.

Auf diese Weise errangen die belasteten Väter bzw. deren Söhne wieder die Mehrheitsanteile der neuen Gesellschaften. Auf die Söhne Flicks z. B. ging die Majorität bei der Maximilianshütte und der Monopol-Bergwerks-A.G. über, die Thyssen-Erbinnen tauschten einen Teil ihrer Stahlverein-Aktien gegen zwei Fünftel der Anteile der Deutschen Edelstahlwerke und der Rheinischen Röhrenwerke ein. Dabei übertraf die Aktienumstellung nach der Währungsreform die kühnsten Erwartungen der »neuen« Alt-Besitzer bzw. der alten »Neu-Besitzer«. Für 1000 RM alter Aktien erhielten sie bei den Vereinigten Stahlwerken neue Effekten im Nennwert von 3070 DM. Die Anteilseigner waren – im Gegensatz zu den Geldsparern – also gut über die Runden gekommen.

Kurt Schumacher sagte auf dem SPD-Parteitag im Mai 1950: »Dieselben Kreise, die die Nutznießer der Inflationsperiode waren und die dadurch auch die politische Macht erhielten, dieselben Kreise sind heute noch die Nutznießer durch den Kapitalismus und der Gewinnquoten in einem früher nicht gekannten Umfange.«

BRD und »Wiedergutmachung«

Die Bundesrepublik Deutschland übernahm mit ihrer Gründung die »Wiedergutmachungsgesetzgebung« der Alliierten Mächte und der Länder und erweiterte sie. Die Alliierten aber blieben mißtrauisch gegenüber dem »Wiedergutmachungswillen« der Deutschen.

Die BRD hatte sich im dritten und vierten Teil des am 26. Mai 1952 mit den Besatzungsmächten geschlossenen Überleitungsvertrages verpflichtet, die Rückerstattungsgesetze der Alliierten Mächte beschleunigt durchzuführen und die gegen das Deutsche Reich gerichteten Ansprüche zu befriedigen; des weiteren verpflichtete sie sich, auf der Grundlage des in der amerikanischen Besatzungszone geltenden Rechts bundeseinheitliche Rechtsvorschriften für die Entschädigung zu erlassen und hierbei alle Personen, »die wegen ihrer politischen Überzeugung, aus Gründen der Rasse, des Glaubens oder der Weltanschauung verfolgt wurden« (typisches NS-Unrecht), gleich zu behandeln sowie für dauernde Körperschäden solcher Personen, die aus Gründen der Nationalität unter Mißachtung der Menschenrechte verfolgt wurden und politische Flüchtlinge waren, eine angemessene Entschädigung zu gewähren.

Aber die »Ariseure« wehrten sich: Am 30. April 1950 erschien als Monatszeitschrift *Die Restitution* mit dem Untertitel »Die Zeitschrift zur RE«. Sie wurde von der »Bundesvereinigung für loyale Restitution« getragen. Walter Schwarz, Herausgeber eines regierungsamtlichen, sechsbändigen Werks über die »Wiedergutmachung«: »Der geschickt formulierte Titel schützte die Gegner der RE in der Form, wie sie nach den bestehenden Gesetzen gehandhabt wurde, vor der gefährlichen Kritik, sie seien prinzipiell gegen die RE, die sie grundsätzlich zwar bejahten; sie wollten nur die Gewichte anders lagern. Sie wehren sich dagegen, daß auch der anständige Erwerber von RE-pflichtigem Besitz Opfer erbringen müsse. Es ist schwer auszumachen, was daran damals wirklich ›loyal‹ oder nur die massive Wahrung wirtschaftlicher Interessen war.« In einer Einführung der Zeitschrift schrieb Ernst Schlapper, damals Oberbürgermeister von Baden-Baden und Mitglied des Badischen Landtags: »Man muß den Mut haben, auszusprechen, daß es nicht genügt, wenn der einzelne sich auf das Schicksal von vielleicht Millionen Rasse- und Glaubensgenossen beruft, um für sich persönlich jetzt Anspruch auf Nichtigerklärung eines von ihm abgeschlossenen Rechtsgeschäfts zu erzwingen, nur weil das für ihn einen persönlichen Vorteil bedeutet.« Der Leser sollte den Eindruck gewinnen, für die Juden sei die RE »nur ein Geschäft«. Explizit waren ausschließlich die Juden, nicht die politisch Verfolgten, wie die Kirchen und die oppositionellen Parteien, hier angesprochen.

Auch die deutsche Industrie wollte Änderungen durchsetzen: keine Rückerstattung von Eigentum, das vor dem 9. November 1938 erworben wurde; Zulässigkeit des Einwandes, in gutem Glauben gehandelt zu haben; für den Rückerstatter günstige Umstellungsverhältnisse; keine Zinszahlungen auf Differenzbeträge; keine Rückerstattung von Erlösen und Gewinnen; keine Haftbarkeit für Wertminderung außer in Fällen von grober Fahrlässigkeit; ausschließliche Zuständigkeit deutscher Gerichte. Die Industriellen gründeten ihre Erwartungen auf die Annahme, den Engländern und Franzosen werde bald die Geduld ausgehen. Außerdem hofften sie auf ein Nachlassen des »Einflusses jüdischer Kreise in Amerika«. Der Versuch aber scheiterte im großen und ganzen.

Jeder Vermögenswert war rückerstattungspflichtig, die ursprüngliche Übertragung galt als unvollständig, und dem Anspruchsberechtigten wurde die Möglichkeit eingeräumt, entweder die Transaktion endgültig abzuschließen oder sie für ungültig zu erklären. Im ersten Fall konnte der Verkäufer den Erwerber als Schuldner behandeln und die Differenz zwischen dem ursprünglichen Kaufpreis und einem angemessenen Marktwert zuzüglich Zinsen verlangen; im zweiten Fall konnte der anspruchsberechtigte Eigentümer den derzeitigen Besitzer als Treuhänder ansehen und das ihm verlorengegangene Eigentum zusammen mit den angehäuften Gewinnen zurückerlangen, indem er den ursprünglichen Kaufpreis zuzüglich angemessener Unterhaltskosten rückvergütete. Da die meisten Anspruchsberechtigten nicht mehr in Deutschland lebten, war anzunehmen, daß sehr viele von ihnen sich eher für Bargeld entscheiden würden und nicht für den beschwerlichen Weg, der – über Rückvergütung, Wiederinbesitznahme und schließlichen Verkauf – theoretisch zum gleichen Ergebnis führen konnte.

Der Bundestag als Gesetzgeber tat innerhalb von fünf Jahren zunächst aber erst einmal alles, um – die schwerwiegendsten kriminellen Fälle ausgenommen – ehemalige Nazis zu entlasten und in den neuen demokratischen Staat zu integrieren: Der sogenannten Bundesamnestie von 1949 folgten ein Jahr später die Empfehlungen des Bundestages zum Abschluß der Entnazifizierung, dann 1951 das 131er-Gesetz, kraft dessen die ehemaligen Nazibeamten, sogar ehemalige Gestapobeamte, wieder in den öffentlichen Dienst übernommen werden konnten, und fand seinen Abschluß im Straffreiheitsgesetz von 1954. Eine kontinuierliche legislative Abwicklung, deren Ergebnis der Historiker Norbert Frei so bewertet: »Mitte der 50er Jahre mußte fast niemand mehr befürchten, ob seiner NS-Vergangenheit von Staat und Justiz behelligt zu werden ... fast alle waren jetzt entlastet und entschuldigt.«

Vorrangig regelte der Bundestag die Wiedereinstellung von ehemaligen Angehörigen der NSDAP in den Staatsdienst nach Art. 131 GG. Gleichzeitig verabschiedete er auch ein Gesetz zur Regelung der Wiedergutmachung für Angehörige des öffentlichen Dienstes (BWGöD), nach dem die unter Hitler entlassenen Beamten Entschädigung nach einem bundeseinheitlichen Gesetz erhielten. Diese Entschädigung war sehr viel großzügiger als die für Nichtbeamte nach dem späteren Bundesentschädigungsgesetz (so gibt es beispielsweise im BWGöD keinerlei Ausschlußfristen).

Die alten Nationalsozialisten kamen wieder in Amt und Würden und erhielten auch ihre Pensionsansprüche zurück. Diese Regelung nach Artikel 131 GG sanktionierte, was nach der Entnazifizierung schon üblich war: Im Jahr 1949 waren in Bayern von 49 121 Beamten 14 443 ehemalige NSDAP-Mitglieder, hingegen waren seit 1945 nur 265 politisch und 92 »rassisch« Verfolgte wieder in den Staatsdienst eingestellt worden. Im Auswärtigen Amt arbeiteten nach Gründung der Bundesrepublik mehr »Pgs« als unter Ribbentrop. Mit dieser Regelung fanden über 90 Prozent der nach 1945 entlassenen Nazibeamten wieder zurück in den Staatsdienst. So wurde die Mitgliedschaft in der NSDAP geradezu eine Voraussetzung für die Einstellung in den öffentlichen Dienst. Denn bevor nicht die Beamten mit alten Ansprüchen versorgt waren, konnte man ja auch keine neuen einstellen. Der juristische und administrative Unterbau war fertig, bevor sich die Bundesrepublik etabliert hatte.

1956 beantragte der aus Landsberg entlassene SS-General Sepp Dietrich Heimkehrerentschädigung, der NS-Polizeipräsident von Lübeck forderte zu seinen bereits gesicherten 1000 DM Monatspension 100 000 DM Entschädigung, und Edda Göring klagte gegen die Stadt Köln um einen kostbaren Lucas Cranach (Madonna mit dem Kind), den Köln 1938 ihrem Vater geschenkt hatte. Gleichzeitig wurde elf Jahre nach Kriegsende materielle »Wiedergutmachung« an den Opfern des Nationalsozialismus nach wie vor verschleppt, verzögert und sabotiert. Der Generalsekretär des Zentralverbandes der Juden in Deutschland, Dr. Hendrik G. van Dam, sagte, es handle sich hier um die Entschädigung für ein deutsches »Staatsunrecht«, und man dürfe diese Angelegenheit nicht in dem bieder und neutral klingenden »Ausgleich von Kriegsfolgen« untergehen lassen. Van Dam wies darauf hin, daß zwar zurückkehrende Generäle, obwohl sie alsbald hohe Pensionen erhielten, ihre 6000 DM Heimkehrerhilfe ohne Anrechnung auf ihre Pension ausbezahlt bekamen, daß man aber politisch Verfolgte, wenn sie je durch irgendein Wunder eine kärgliche Nothilfe erhielten, strengsten Verrechnungsbestimmungen unterwerfe.

Der Journalist Ernst Müller-Meiningen kommentierte 1956: »Was – neben der Frage der grundsätzlichen Bewertung – das Tempo der Wiedergutmachung anlangt, so liegen entscheidende Hemmnisse beim Gesetzgeber selbst. Zwar hat der erste Deutsche Bundestag noch unmittelbar vor Ende seiner Amtszeit ein Entschädigungsgesetz verabschiedet, das am 1. Oktober 1953 in Kraft trat. Es vertröstete aber nicht nur sehr viele Entschädigungsberechtigte bis zum Jahre des Heils 1962, also auf 17 Jahre nach Hitlers Untergang, sondern es war auch so flüchtig und unvollkommen gezimmert, daß nun ein abschließendes Gesetz Frieden schaffen soll. Zur gleichen Zeit, da der berüchtigte Schläger Sorge aus dem nationalsozialistischen KZ Sachsenhausen, genannt der ›Eiserne Gustav‹, aus russischer Gefangenschaft zurückkommt und an der Grenzstation alsbald die ersten 600 Mark kassiert (offiziell firmieren sie unter dem Kennwort ›Treuegabe der Bundesregierung‹); zur gleichen Zeit, da die Zeitschrift *Die Anklage* die Männer des deutschen Widerstands schmäht oder, die Wahrheit zielstrebig verfälschend, die Behauptung aufstellt, es seien ja nicht sechs Millionen, sondern ›nur‹ 300 000 Juden gewesen, die von den Nazis vergast, erhängt und erschossen wurden; zu eben jenem Zeitpunkt haben wir zwar wieder die ersten deutschen Soldaten, die ohnehin dürftige materielle Wiedergutmachung aber ist noch immer kaum über den Nullpunkt hinaus, ungeachtet des guten Willens mancher Politiker und etlicher fairer Wiedergutmachungsrichter. Wiedergutmachung? Ob sie, so wie die Dinge liegen, nicht mit Automatismus zu einer Wiederschlechtmachung, und zwar am Ende für ein ganzes Volk, zu werden verspricht?«

Inzwischen ging es in »Wiedergutmachungsverfahren« fast nur noch um »kleine Leute«. Wer Vermögen hatte, konnte das gewöhnlich auch nachweisen – Grundbuchauszüge, Handelsregister, alles war zumeist vorhanden und belegte die Ansprüche. Deshalb ging die Rückerstattung großer Vermögen zunächst auch ziemlich geräuschlos vonstatten, zumal die »Ariseure« ja nicht kriminalisiert wurden. Man verhandelte untereinander nach den Regeln ehrbarer Kaufleute, und manchmal stockt einem der Atem, wenn man sieht, wie sie alle wieder miteinander umgingen, wie z.B. die Familie Schocken mit »Arisierer« Helmut Horten verhandelte. Gestritten, und das jahrelang, wurde um die Höhe von Rückerstattung und Entschädigung, um den sogenannten Goodwill, also den nicht materiellen Wert eines Geschäfts, den guten Ruf, die Mitarbeiter, den Kundenstamm.

Ganz schwer hatten es die Opfer, die keinen schriftlichen Nachweis eines Vermögensverlusts oder einer verhinderten oder abgebrochenen beruflichen Karriere erbringen konnten. Ingeborg Hecht, eine – nach damaliger Nomenklatur – »Halbjüdin« aus Hamburg, deren Vater als Rechtsanwalt Berufsverbot hatte, beschrieb ihren langjährigen Irrweg bis 1991 auf der Suche nach ein bißchen Wiedergutmachung: »Wiedergutmachung – dieses furchtbare Wort hat sich für uns niemals mit Sinn erfüllt. Denn – und auch diesen neuen Begriff mußten wir lernen und kapieren – wir waren nur mittelbar geschädigt. Für uns begann eine alptraumartige Wanderung durch die Dschungel der Wiedergutmachungsgesetze. Die Behörden waren offenbar überfordert – und sie überforderten uns, bis zum heutigen Tag übrigens. Jedes Detail unseres auf der Hand liegenden ›mittelbaren Schadens‹ sollten *wir* nachweisen und immer wieder nachweisen. Die Karten aus Theresienstadt reichten nicht und nicht die Todeserklärung. Nicht die bekannten Sondergesetze. Man wollte Briefe, Bescheinigungen, eidesstattliche Erklärungen haben, immer wieder und für alles. Ich bekam schließlich meine vom Gesetz vorgesehene Ausbildungsbeihilfe, auch bekamen mein Bruder und ich zusammen die gesetzliche Haftentschädigung für den Vater, vom Tag der Deportation an bis zum Datum der Todeserklärung im Mai 1945 – DM 150 für den Monat. Wir waren rechtlos gewesen, haben nichts Gescheites lernen, keine Existenz aufbauen können und nicht heiraten dürfen. Wir haben die Angst mit denen geteilt, die die Verfolgung nicht überlebten – und wir haben die Scham erleiden müssen, es besser gehabt zu haben als der Vater, die Verwandten, die Freunde, die Kameraden. Wir haben das nicht unversehrt überstanden.

Wenn ich jetzt zurückdenke und mir die Wiedergutmachungsakten angeguckt habe, die ich zum Teil vernichtet habe, weil sie mich so aufgeregt haben, dann haben wir doch von Ende der 50er Jahre an gekämpft und irgendwie Ende der 60er oder Anfang der 70er habe ich dann verzweifelt irgendeinen Vergleich unterschrieben.

Die Wiedergutmachung war ja überhaupt im Ganzen eine Katastrophe für alle Menschen, die nicht nachweisen konnten, daß sie Häuser, Grundbesitz und große Firmen hatten. Eine kleine Anwaltspraxis sagte da nichts, und auch mein Onkel in seinem Rembrandthaus hat, wie mir mein Vetter jetzt erzählt hat, über die Wiedergutmachung später 4000 US-$ gekriegt, für ein Antiquitätengeschäft mit Inhalt! Und bei uns haben sie einfach gesagt, man hat Ihnen Ihr Haus in der Hochallee 73 ja nicht weggenommen, Sie haben es ja zwangsversteigern lassen, das kann ja unter gar keinen Umständen unter das Thema Wiedergutmachung fallen.

Ich habe später erfahren, daß mein Vater eigentlich nur, als er mit seiner Praxis anfing, das Haus kaufen konnte von dem, was er ausgezahlt kriegte als Erbe. Es war also kein Vermögen da, das war eindeutig, und die Praxis hatte ja gar nicht erst die Kraft, richtig Vermögen anzusammeln. Das hat uns natürlich unterschieden von alten Anwaltspraxen, so daß 1934, als die deutschen Beamten nicht mehr zu ihm gehen durften und er auch das sogenannte Armenrecht entzogen kriegte, wirklich ganz schnell der soziale Abstieg kam, und dann wurde das Haus eben zwangsversteigert.

Also bei uns ist das irgendwie nicht sonderlich gut gegangen. Und eben nur bei mir ab 1991. Aber das lag wirklich an zwei Leuten. Das lag an dem Freund, der hier für diese Notgemeinschaft der durch die Nürnberger Gesetze Verfolgten, diesen Antrag noch mal eingereicht hat in Stuttgart. Und in Stuttgart gab es einen Beamten, Herrn Marschall, der hatte 1971 die Wiedergutmachungsakten von ganz Baden bekommen. Er hat mir das am Telefon erzählt, und er hat gesagt, soviel Ungerechtigkeit, wie er da gefunden hat, das hat ihn krank gemacht. Dann hat er sich mit den Ministerien in Verbindung gesetzt, und dann hat man wirklich andere Vorstellungen gehabt. Man hat Präzedenzfälle aus Amerika und Israel geholt, und er hätte in Baden sehr vielen Familien auf die Weise helfen können. Dem habe ich neulich noch mal geschrieben, weil ich einfach dankbar bin, daß ich nicht mehr solche Sorgen habe. Ich habe bis 1991 immer Sorgen gehabt, nur habe ich mir, die klugen Finanzleute finden das sicher nicht gut, ich habe mir nicht soviel draus gemacht, was sollten wir tun.«

Die Affäre Auerbach

Am 27. Januar 1951 hatte die bayerische Polizei auf Veranlassung des bayerischen Justizministers Josef Müller, genannt »Ochsensepp«, das Gebäude des Landesentschädigungsamtes in München besetzt und wollte etwa 175 000 »Wiedergutmachungsakten« auf Fälschungen und Betrügereien überprüfen. Das bayerische Entschädigungsamt hatte die Anträge von mehr als 100 000 Displaced Persons aus den großen bayerischen DP-Lagern zu bearbeiten. Flüchtlingshilfeorganisationen versorgten die DPs mit Naturalien, mit denen einige einen blühenden Schwarzhandel trieben, insbesondere mit Zigaretten und Kaffee. Die Möhlstraße, das Zentrum des Schwarzhandels, war, so meinten die Münchner, fest in Händen der DPs. Nun war natürlich nicht jeder DP ein armes, geschundenes Opfer, so mancher Trittbrettfahrer war darunter, und natürlich lockten die erwarteten Wohltaten allerlei zwielichtige Gestalten an.

Der Behördenleiter Philipp Auerbach war Jude und hatte Auschwitz überlebt. Die Polizeibeamten nahmen die Amtsräume zehn Wochen lang in Beschlag, und dadurch kam die Bearbeitung der Entschädigungsanträge praktisch zum Erliegen; Zahlungen an die Verfolgten mußten eingestellt werden. Man warf Auerbach vor, es seien 1,3 Millionen DM an Wiedergutmachungsgeldern aufgrund von gefälschten Dokumenten ausbezahlt worden; Anfang März wurde er wegen Flucht- und Verdunkelungsgefahr und wegen Verdachts der Untreue verhaftet. Kurz darauf mußte der ermittelnde Oberstaatsanwalt aber einräumen, für »eine kriminelle Beteiligung Auerbachs« und »für Untreue im Sinn einer Unterschlagung von Staatsgeldern besteht kein Anhaltspunkt«. Auerbach blieb in Haft.

Auerbach hatte befürchtet, daß die Vorzugsbehandlung von DPs antisemitische Ressentiments in der Bevölkerung schüren könnte und war deshalb an der baldigen Auswanderung der DPs interessiert, die er mit am Rande des Legalen liegenden Methoden zu befördern suchte. In den vier Jahren seiner Amtszeit war es ihm gelungen, 80 000 von 126 000 DPs zur Auswanderung zu verhelfen. Der bayerische Staat zahlte Entschädigungsbeträge von mehr als 600 US-$ nicht in voller Höhe aus. Eine erste Rate gab es in bar, eine zweite in Form von Entschädigungsschecks oder Feststellungsbescheiden, die erst am 1. Januar 1954 eingelöst werden konnten. Die DPs brauchten aber für ihre Auswanderung sofort Geld und verkauften deshalb diese Schuldscheine für 30 bis 50 Prozent ihres Werts an ein Konsortium wohlrenommierter bayerischer Banken, die dabei einen beträchtlichen Schnitt machten. Die Lagerkameraden, die blieben, vermittelten in der Regel diesen Verkauf für eine Provision von ein bis drei Prozent. Der bayerische Ministerpräsident Hans Ehard hatte im Jahr 1950 ausdrücklich diese Transaktionen geduldet. Auch Auerbach wußte von diesem Handel und unternahm nichts dagegen, da er sonst den auswanderungswilligen DPs nicht zu Geld hätte verhelfen können.

Gestürzt wurde Auerbach, weil er angezeigt hatte, daß in einigen bayerischen Gemeinden ein schwunghafter Handel mit gefälschten Aufenthaltsbescheinigungen getrieben wurde. Sogar Polizeidienststellen in München sollten Aufenthaltsbescheinigungen gefälscht haben. Nur wenn man am 1. Januar 1947 in einer der Gemeinden ansässig war, konnte man nach dem Gesetz eine Entschädigung erhalten. Justizminister Müller versuchte, Auerbach die Fälschungen anzulasten. Aber bei der Durchsuchung seiner Amtsräume fand sich kein belastendes Material; im Gegenteil: Auerbach drohte, er werde auspacken, was er über die Verwicklung Müllers und seiner Helfer in die Geschäfte mit den DPs wisse. Daraufhin wurden die Ermittlungen wegen Betruges eingeleitet: Die Justizpressestelle beim Oberlandesgericht München verkündete, Auerbach habe Entschädigungsgelder für 111 nicht existierende verschleppte Personen vom Staat kassiert. Es gab aber jene 111 DPs tatsächlich, nur fielen sie in den Zuständigkeitsbereich des baden-württembergischen Entschädigungsamtes, und dessen Leiter Otto Küster bestätigte prompt, daß er dem bayerischen Amt ordnungsgemäß Gelder zur Auszahlung an die DPs überwiesen habe. Am 4. April 1951 widerlegte auch der baden-württembergische Ministerpräsident Reinhold Maier offiziell im Landtag die Anschuldigungen gegen Auerbach.

Kurze Zeit später löste sich ein weiterer Anklagepunkt in nichts auf. Da das Land Bayern dem Entschädigungsamt nie einen ausreichenden Etat zugestanden hatte, hatte Auerbach mit ungewöhnlichen finanziellen Transaktionen die erforderlichen Mittel für die Entschädigungszahlungen beschafft, so über vom Staat garantierte Kredite, die durch Nazieigentum gedeckt waren. Ende April 1951 erklärte der Staatssekretär im bayerischen Finanzministerium, Richard Ringelmann, eine außerordentliche Prüfung des Obersten Bayerischen Rechnungshofes für die Zeit von Herbst 1945 bis Juni 1950 habe ergeben, daß Auerbach sich bei der Kreditvergabe »völlig korrekt« verhalten habe. 17 Monate lang ermittelte die Staatsanwaltschaft. Auerbach war in der Haft erkrankt, ein Antrag auf Haftverschonung wurde abgelehnt.

In der Hauptverhandlung führte ein von Müller außerplanmäßig für diesen Prozeß ernannter Richter den Vorsitz, Landgerichtsdirektor Dr. Josef Mulzer, ein ehemaliger Oberkriegsgerichtsrat und früherer Mitarbeiter in Müllers Anwaltskanzlei. Ein Beisitzer des Gerichts war ein ehemaliger SA-Mann, der Staatsanwalt ein ehemaliges Mitglied der NSDAP. Ein vom Gericht beauftragter psychiatrischer Sachverständiger, ebenfalls ehemaliges NSDAP-Mitglied, der Auerbach auf seinen Geisteszustand untersuchen sollte, bezeichnete diesen als »pseudologischen Psychopathen und Phantasten«, als »egozentrisch, undiszipliniert, in der Pubertät steckengeblieben, impulsiv, wehleidig, hysterisch«, jedoch nicht als vermindert zurechnungsfähig.

Von der Anklage blieb nichts übrig, außer daß Auerbach zu Unrecht einen Doktortitel getragen und die Mittel für die Entschädigungszahlungen am Rande der Legalität auf ebenso geniale sowie unorthodoxe Weise zu beschaffen verstanden hatte. Persönliche Bereicherung konnte ihm nicht nachgewiesen werden. Obwohl die Anklage im wesentlichen zusammengebrochen war, wurde Auerbach zu zweieinhalb Jahren Haft und einer Geldstrafe verurteilt.

Er nahm sich in der Haft das Leben. Justizminister Müller mußte während des Verfahrens wegen seiner Verwicklung in die »Affäre Auerbach« zurücktreten. Außerdem wurde bekannt, daß der sich immer als Widerstandskämpfer gerierende Bayernparteiler dem SD angehört hatte. Von allen Zeitzeugen wird bestätigt, daß Auerbach kein einfacher Mensch gewesen sei. Er hatte Schwächen, er hatte »die Manieren einer Primadonna« mit einer »Vorliebe für Rang und Titel«, eine »Sucht nach Publizität«.

Er hatte als Regierungsrat in der britischen Besatzungszone die NS-Vergangenheit des späteren Bundesinnenministers Dr. Robert Lehr an die Öffentlichkeit gebracht. In mehreren Rundfunkreden forderte er die Vollstreckung des Todesurteils an den in Nürnberg verurteilten Kriegsverbrechern Pohl, Ohlendorf und anderen. Er nannte sie Männer, »die bis zu den Ellbogen mit Blut beschmiert sind«. Daß es der bayerischen Justiz gelang, ihn zum Betrüger zu stempeln, hatte schwerwiegende Folgen für die weitere »Wiedergutmachung«. Unter seinem Amtsnachfolger Dr. Franz Zdraiek behielt die Polizei ihr Prüfungsbüro mit dem Recht, im Amt alle Akten zu kontrollieren. In zahlreichen anderen Landesentschädigungsämtern wurden unter Hinweis auf den Fall Auerbach Kontrollstellen eingerichtet, die die Entscheidungen jedes Sachbearbeiters auf ihre Korrektheit zu prüfen hatten.

Die »Affäre Auerbach« schlug hohe Wellen: Die Deutschen sahen sich in ihrem diffusen Gefühl bestätigt, daß die Juden mit der »Wiedergutmachung« krumme Geschäfte machten, und man glaubte bestätigt zu sehen, wohin es führte, wenn man die Verfolgten ihre Entschädigung selbest verwalten ließ. Auch wurden Forderungen laut, die DPs ganz von der Entschädigung auszuschließen. Philipp Auerbach wurde später in aller Form rehabilitiert.

Westintegration und Wiederbewaffnung

Die globale Entwicklung des Kalten Kriegs beschleunigte das am meisten umstrittene Element der Westintegration, die Aufstellung einer eigenen westdeutschen Armee im Rahmen eines westlichen Bündnisses. Im Juni 1950 hatte der Krieg in Korea begonnen, der wegen der Parallelen – auch Korea war ein geteiltes Land – die Diskussion um die Verteidigung Westeuropas neu entfachte. In einem Sicherheitsmemorandum bat Konrad Adenauer im August 1950 um eine Verstärkung der militärischen Präsenz der Westalliierten in der Bundesrepublik und sagte ein deutsches Truppenkontingent für den Fall zu, daß es zur Bildung einer europäischen Armee kommen sollte. Als Diskussionsbasis diente ein französischer Vorschlag für eine Europäische Verteidigungsgemeinschaft (EVG), der sogenannte Pleven-Plan (benannt nach dem damaligen französischen Verteidigungsminister René Pleven). Mit dem Beitritt zur EVG sollte die Beendigung des Besatzungsstatuts und die Herstellung der inneren und äußeren Souveränität der Bundesrepublik verbunden sein. Der Deutschlandvertrag, der am 26. Mai 1952 in Bonn unterzeichnet wurde, beinhaltete diese Punkte. Einen Tag später wurde der daran gekoppelte EVG-Vertrag in Paris unterzeichnet, aber im Frühjahr 1953 sollte das französische Parlament zunächst die Ratifizierung und dann am 30. August 1954 das Vertragswerk ablehnen. Immerhin war durch die ausgedehnten Verhandlungen die Bundesrepublik als Partner der Westmächte aufgewertet worden.

Die Zementierung der Westintegration war im Oktober 1954 erreicht, als in Paris gleichzeitig folgende Komplexe vertraglich geregelt wurden: die Neufassung des Deutschlandvertrags zwischen der Bundesrepublik und den drei westalliierten Mächten zur Ablösung des Besatzungsstatuts mit Zusatzverträgen über die Stationierung ausländischer Streitkräfte in Westdeutschland; der Beitritt der Bundesrepublik zur Westeuropäischen Union (WEU); die Aufnahme der Bundesrepublik in die NATO.

Mit Beendigung des Besatzungsstatuts in der Bundesrepublik am 5. Mai 1955 trat mit dem Deutschlandvertrag ein Überleitungsvertrag »Zur Regelung aus Krieg und Besatzung entstandener Fragen« in Kraft, der quasi als Friedensvertrag der Bundesrepublik mit den Westalliierten fungierte. Er beseitigte auf strafrechtlichem Gebiet noch bestehende Beschränkungen für die deutsche Justiz hinsichtlich der Aburteilung von NS-Gewaltverbrechern. Art. 3, 3 sah allerdings vor, daß Täter, die von britischen, französischen oder amerikanischen Gerichten verurteilt oder freigesprochen oder gegen die Ermittlungsverfahren von den Alliierten eingestellt worden waren, nicht mehr für die fraglichen Taten vor Gericht gestellt werden konnten, auch dann nicht, wenn der Schuldbeweis später möglich gewesen wäre. Aufgrund der alliierten Begnadigungspraxis, die im Hinblick auf den gewünschten deutschen Wehrbeitrag recht großzügig war, kam es deshalb zu Fällen, in denen hohe SS-Offiziere vor Gericht als Zeugen gegen Untergebene auftraten, die zu langen Haftstrafen verurteilt wurden, während die – weit schuldigeren – Befehlsgeber den Gerichtssaal als freie Männer verlassen konnten.

Großbritannien, Frankreich und die USA erkannten in einer Erklärung, der sich die anderen NATO-Länder anschlossen, die BRD als einzigen deutschen Staat an und garantierten deren Sicherheit ebenso wie die Westberlins. Gefordert wurde von ihnen ferner eine friedensvertragliche Regelung für Gesamtdeutschland.

Mit dem Tag des Inkrafttretens der Pariser Verträge am 5. Mai 1955 wurde die BRD ein souveräner Staat bis auf einige Deutschland als Ganzes betreffende alliierte Vorbehalte. Am 9. Mai erfolgte der Beitritt zur NATO. Vorgesehen war ein militärisches Kontingent von maximal 500 000 Mann.

In diesen eng miteinander verzahnten Vertragswerken hatte vollends das Londoner Schuldenabkommen, von Deutschbanker Hermann Josef Abs sehr geschickt herausgehandelt, zur Kreditwürdigkeit der jungen Republik beigetragen. Am 27. Februar 1953 unterzeichnete die Bundesrepublik in London einen Vertrag mit 18 Staaten, zu denen später noch 14 weitere traten, über Anerkennung, Regulierung und Tilgung der seit dem Ersten Weltkrieg entstandenen deutschen Schulden (Auslandsanleihen, Reparationen, Marshallplan-Gelder u. a.). Das am 24. August per Gesetz angenommene und am 16. September 1953 in Kraft getretene Londoner Schuldenabkommen stützte sich auf den Anspruch der Bundesrepublik, Rechtsnachfolgerin des Deutschen Reichs zu sein, was die Übernahme der Schulden des deutschen Gesamtstaats einschließen mußte, die auf 15,28 Milliarden DM festgelegt wurden. Sie sollten in Raten abgezahlt werden. Auf diese Weise gelang es, Vertrauen zurückzugewinnen, neue Kapitalmärkte zu erschließen und den Handelsverkehr zu erleichtern. Vor allem konnten alle weiteren Ansprüche – so die der Zwangsarbeiter – in die Zukunft auf den noch abzuschließenden Friedensvertrag vertagt werden.

Treffen Goldmann-Adenauer

Im Dezember 1949 hatte der World Jewish Congress in einer Grundsatzerklärung die Anerkennung der moralischen und politischen Verantwortung für die NS-Verbrechen seitens der Deutschen, eine materielle »Wiedergutmachung«, die Bekämpfung des Antisemitismus, die Umerziehung der deutschen Jugend sowie die Überprüfung aller nationalsozialistischen Tendenzen im westdeutschen Regierungsapparat gefordert. Nach Aufnahme von inoffiziellen Kontakten zwischen der BRD und Israel durch Mittelsmänner hatte Bundeskanzler Adenauer am 27. September 1951 in einer Regierungserklärung zur »Wiedergutmachung am Judentum« gesagt: »Die Bundesregierung und mit ihr die große Mehrheit des deutschen Volkes sind sich des unermeßlichen Leides bewußt, das in der Zeit des Nationalsozialismus über die Juden in Deutschland und in den besetzten Gebieten gebracht wurde. Im Namen des deutschen Volkes sind jedoch unsagbare Verbrechen begangen worden, die zur moralischen und materiellen Wiedergutmachung verpflichten. Hinsichtlich des Umfangs der Wiedergutmachung müssen die Grenzen berücksichtigt werden, die der deutschen Leistungsfähigkeit durch die bittere Notwendigkeit der Versorgung der zahllosen Kriegsopfer und der Fürsorge für die Flüchtlinge und Vertriebenen gezogen sind.«

Zwei Monate nach dieser Erklärung fand am 6. Dezember 1951 im Londoner Hotel Claridge's ein geheimes Treffen zwischen Adenauer und Nahum Goldmann, dem Präsidenten des World Jewish Congress und der Claims Conference statt. Auf diesem Treffen sagte Adenauer zu, die von Israel geforderten vier Milliarden DM zur Grundlage der Besprechung zu machen. Die offiziellen Verhandlungen zwischen Israel, der Claims Conference und der Bundesrepublik Deutschland begannen dann am 21. März 1952 in Den Haag im ehemaligen Hauptquartier des Reichskommissars in den besetzten Niederlanden, Seyss-Inquart.

Die Verhandlungspartner auf beiden Seiten hatten Angst vor den Reaktionen der Bevölkerung, Protest begleitete jede Debatte über »Wiedergutmachung« oder Entschädigung für NS-Opfer seit 1945. Vielleicht griff die Bundesregierung auch deswegen zu einem Trick, um geraubtes Eigentum an jüdische Überlebende zurückzugeben und es zugleich den Tätern möglich zu machen, ihre bürgerliche Reputation zu bewahren. Sie baute »eine Integrationsbrücke«, so nennt das der Freiburger Historiker Ulrich Herbert, und stellte die Restitution wie eine honorige Vereinbarung unter Kaufleuten dar. Eine strafrechtliche Verfolgung mußten die Täter nicht fürchten. Grundstücke und Wohnungen wurden zurückgegeben, die Enteigner blieben in der jungen Republik gesellschaftsfähig. Und auch deshalb hat sich Rückgabe und Entschädigung mehr oder weniger lautlos in den Büros der Anwälte und in den »Wiedergutmachungskammern« abgespielt. Der »Ariseur« jedenfalls sah sich in der neuen Republik nicht kriminalisiert.

Man befürchtete, die Ansprüche der Geschädigten würden in die Milliarden gehen. Die BRD wurde nicht müde, darauf hinzuweisen, sie habe gar kein ausreichendes Vermögen, diese Schäden »wiedergutzumachen«. Man verwies auf die großen Schäden, die durch den Krieg entstanden seien – darin lag aber ein entscheidender Denkfehler: der Hinweis auf die Kriegsschäden bedeutete nichts anderes, als daß in erster Linie für die Täter gesorgt werden müsse und dann erst für die Opfer.

Israel-Abkommen

Am 10. September 1952 schloß die BRD ein Abkommen mit dem Staat Israel, in dem sie sich verpflichtete, als Eingliederungshilfe für entwurzelte und mittellose jüdische Flüchtlinge aus Deutschland und den ehemals unter deutscher Herrschaft stehenden Gebieten eine globale Entschädigung von mehr als drei Milliarden DM an Israel zu zahlen. Am selben Tag wurden mit der Jewish Claims Conference zwei weitere Abkommen über 450 Millionen DM geschlossen. Diese Abkommen bezogen sich auf die Entschädigung von Vermögenswerten. Außerdem wurden mit den in der Conference on Jewish Material Claims against Germany (Claims Conference) zusammengefaßten 23 jüdischen Organisationen zwei weitere Abkommen geschlossen, die als Haager Protokoll Nummer 1 und Nummer 2 bekanntgeworden sind. Im Protokoll Nummer 1 wurden die Grundsätze zur Verbesserung der geltenden Gesetzgebung auf dem Gebiet der Entschädigung und der Rückerstattung festgelegt. Wie schon im Überleitungsvertrag verpflichtete sich die Bundesregierung auch hier, die Rechtslage für die Verfolgten durch ein Bundesergänzungs- und Rahmengesetz nicht weniger günstig als nach dem USEG zu gestalten.

Die Zahlungen waren überaus umstritten. Am 6. September 1952 sagte Bundeskanzler Adenauer vor dem Bundesparteiausschuß der CDU: »Ich erachte es für eine der vornehmsten moralischen Verpflichtungen des deutschen Volkes, daß es nach Kräften das tut, was man tun muß, durch eine meinetwegen symbolhafte Handlung doch zu zeigen, daß es nicht einverstanden ist mit dem, was in den Jahren des Nationalsozialismus dem Judentum angetan worden ist. Der Bundestag hat wiederholt in einstimmigen Entschließungen Bekundungen des Bedauerns über diese Freveltaten ausgesprochen. Nun, wer den Mund spitzt, muß auch pfeifen. Worte sind billig. Es müssen den Worten auch Taten folgen.«

Adenauer hatte früh begriffen, daß es für den moralischen Rückhalt und die internationale Reputation der neuen Republik unabdingbar war, der Verantwortung aus der Vergangenheit nicht zu entfliehen. Aber gleichzeitig feilschte sein Finanzminister um jeden Pfennig und ließ sich von der »deutschen Frontgeneration« in der *National- und Soldatenzeitung* als Wahrer ihrer Interessen feiern. Und ein Abgeordneter aus seiner Partei, Franz-Josef Strauß, versuchte zwei Jahre später die Ratifizierung des Luxemburger »Wiedergutmachungsabkommens« mit dem Staat Israel und der Claims Conference zu torpedieren. Strauß erklärte im Verbandsblatt der chemischen Industrie: »In der Vorbereitung des Israel-Abkommens ist der Herr Bundeskanzler von seiner diplomatischen Umgebung schlecht beraten und in eine außerordentlich schwierige Situation gebracht worden. Man muß sich darüber klar werden, daß es die wichtigen Einfuhrgüter Erdöl und Baumwolle sind, die wir aus den arabischen Staaten beziehen. Es läßt sich an Hand der rapiden wirtschaftlichen Entwicklung in diesen Ländern nur abschätzen, welche rasch zunehmende Bedeutung sie für unseren Export erlangen werden, insbesondere für die Bauwirtschaft, für den Stahlbau, für die Maschinen- und Elektroindustrie, für die chemische und optische Industrie. Es ist nicht übertrieben anzunehmen, daß sich für uns im Laufe der nächsten fünf Jahre allein in die arabischen Länder eine Exportmöglichkeit von fünf bis sechs Milliarden DM ergibt, die heute auf dem Spiele steht.«

»Die stärksten Verbündeten der Wiedergutmachungsgegner waren das Bundesfinanzministerium, federführende Behörde in der Wiedergutmachungsgesetzgebung, und das deutsche Volk, das in seiner übergroßen Mehrheit keine Sympathien für die Opfer des Nationalsozialismus hegte«, so resümierte Christian Pross in seinem Buch *Wiedergutmachung – Der Kleinkrieg gegen die Opfer*. »Der Bundestag repräsentierte in seinen Debatten um die Wiedergutmachung und in der Gesetzgebung, so beschämend sie heute auch erscheinen mögen, keinesfalls die Meinung der Wähler, er war ihr weit voraus und fungierte als Gewissen einer Nation, die keines hatte. Die gesamte Geschichte der Wiedergutmachung muß man im Licht dieser Kräfteverhältnisse sehen.« Finanzminister Schäffer, aber auch viele Abgeordnete der Union befürchteten, Bonn werde den finanziellen Belastungen nicht gewachsen sein. Bei der Abstimmung über den Israel-Vertrag enthielten sich denn auch 39 Unionsabgeordnete der Stimme.

Das Bundesentschädigungsgesetz

Das BEG wurde am 19. September 1953 erlassen. Seine Grundstruktur wurde vom Entschädigungsgesetz der amerikanischen Besatzungszone übernommen. Obwohl Geld von der Bundesregierung bewilligt werden sollte, war im Gesetz vorgesehen, daß gleichzeitig alle Bundesländer ihren Beitrag im Verhältnis zu ihrer Bevölkerung leisten sollten. Diese Aufteilung der finanziellen Belastung sollte eine Revision zugunsten der Opfer politisch erschweren, auch deshalb dauerte es fast drei Jahre, ehe einige der Unzulänglichkeiten des Gesetzes beseitigt werden konnten.

Seine endgültige Form fand es im »Bundesgesetz zur Entschädigung für Opfer der nationalsozialistischen Verfolgung« vom 29. Juni 1956. Darin werden als Verfolgte diejenigen Personen bezeichnet, die wegen ihrer politischen Überzeugung, aus Gründen der Rasse, des Glaubens oder der Weltanschauung verfolgt wurden und dadurch bestimmte Personen- oder Sachschäden erlitten haben.

Anspruchsberechtigt sind nur solche Personen, die am 31. Dezember 1952 ihren Wohnsitz oder dauernden Aufenthalt im Geltungsbereich des Gesetzes hatten (Territorialprinzip). Bei nach 1945 Ausgewanderten, bei Deportierten oder Ausgewiesenen reichte eine örtliche Anknüpfung an das Gebiet des Deutschen Reiches in den Grenzen von 1937. Zu den Anspruchsberechtigten zählten auch die Flüchtlinge und aus den Konzentrationslagern befreiten Opfer, die am 1. Januar 1947 in den sogenannten DP-Lagern waren. Es wird geschätzt, daß rund eine Million Menschen Entschädigung nach dem BEG erhalten haben. 360 000 Verfolgte haben Renten erhalten. Bund und Länder teilen sich die Entschädigungslast. Da der Bund aber einige Leistungen allein finanzierte und wegen der besonderen Situation West-Berlins liegt der Anteil des Bundes an der Gesamtleistung bei etwa 60 Prozent. Von den Zahlungen gingen 20 bis 25 Prozent an Menschen im Inland, 40

Prozent an Opfer in Israel und weitere 35 bis 40 Prozent ins restliche Ausland. Nach seriösen Schätzungen wurde insgesamt höchstens ein Drittel des deutschen jüdischen Vermögens von 1933 zurückerstattet.

Zum Territorialprinzip hieß es im *Bericht der Bundesregierung über Wiedergutmachung und Entschädigung für nationalsozialistisches Unrecht sowie über die Lager der Sinti, Roma und verwandter Gruppen* vom 31. Oktober 1986: »Eine Ausdehnung der entschädigungsrechtlichen Tatbestände auf in allen Staaten lebende Verfolgte konnte nicht in Betracht kommen. Ihre finanziellen Auswirkungen wären, wenn auch nicht exakt abschätzbar, so doch jedenfalls ohne Zweifel von nicht tragbarem Umfang gewesen.« Mit dem Zwei-plus-Vier-Vertrag vom 12. September 1990 fiel das Territorialprinzip allerdings faktisch weg und gab den bisher nicht berücksichtigten Opfern wie Zwangsarbeitern wieder Hoffnung auf eine Entschädigung.

Zur »Wiedergutmachung« gehörte auch die Regulierung des Schadens, den die Sozialversicherten durch die Verfolgungsmaßnahmen in ihren Ansprüchen und Anwartschaften aus der gesetzlichen Unfall- und Rentenversicherung erlitten haben. Von den privaten Versicherungen wurden aber nur spezielle Entschädigungs-regelungen für Lebensversicherungen gerechnet, zu denen der Gesetzgeber auch die Kapital- und Rentenversicherung zählte. Für Schäden an Versicherungsverhältnissen außerhalb der Lebensversicherung wurde keine spezielle Entschädigung nach dem Bundesentschädigungsgesetz gezahlt.

Das Bundesentschädigungsgesetz gilt nur für Deutsche. Entschädigungen für Nichtdeutsche sind eine Frage von Reparationen, die 1953 im Londoner Schuldenabkommen bis zu einem Friedensvertrag zurückgestellt worden waren. Es gab ein paar Ausnahmen. 1953 gingen 3,5 Milliarden DM an Israel und eine halbe Milliarde an die nicht-israelischen Juden, vertreten durch die Jewish Claims Conference. Einige Firmen haben ihren überlebenden Zwangsarbeitern einige Millionen DM gezahlt, darunter Krupp, wo Berthold Beitz darauf drängte. Gegen Ende der 50er Jahre merkten die westeuropäischen Staaten, daß die Westdeutschen auf lange Sicht den verfolgten Belgiern, Franzosen, Norwegern und den anderen keine Entschädigung zahlen würden. Daraufhin gab es sogenannte Pauschalabkommen; sie umfaßten insgesamt etwa eine Milliarde DM. Nach der Wiedervereinigung sind an die Sowjetunion und an Polen 1,5 Milliarden DM bezahlt worden. Insgesamt hat die Bundesrepublik Deutschland 100 bis 120 Milliarden DM an Entschädigungen aufgebracht. Davon sind über 90 Prozent an Deutsche gegangen. 90 Prozent der vom Nationalsozialismus Verfolgten waren aber Nichtdeutsche.

Diese Opfer waren bis zum Ende des Kalten Kriegs buchstäblich hinter dem Eisernen Vorhang verschwunden. Entscheidend für die individuelle »Wiedergutmachung« war der Wohnsitz im Westen. Zunächst betraf das auch nur Verfolgte, die in der Bundesrepublik oder in Israel lebten. Sie konnten bis zum Juni 1969 Anträge auf eine Rente stellen, die heute höchstens 500 DM beträgt. Jüdische Organisationen stießen sich nicht nur an dieser Ausschlußfrist, sondern auch an einer offensichtlichen Ungleichbehandlung, denn nach deutschem Recht wurden und werden Kriegsopfer oder deren Angehörige weitaus besser versorgt. Ja, wegen der typisch deutschen Rechtssystematik kommen auch »deutsche Kriegsopfer«, die an Verbrechen gegen die Juden beteiligt waren, ehemalige hohe Nationalsozialisten oder Angehörige der SS in den Genuß von Zahlungen.

Das BEG war eng und kleinlich und mußte mehrfach nachgebessert werden. Otto Küster, einer der Gesetzesmacher von 1947, hatte schon 1953 vor der Gesellschaft für christlich-jüdische Zusammenarbeit in Frankfurt gesagt: »Da wird eingestuft und gleichgestellt, werden Prozentsätze von Prozentsätzen gewährt, werden Muß-, Soll-, Kann- und Härteleistungen unterschieden, Höchstbeträge ersonnen sowohl für jedes Jahr der Verfolgung wie für den Anspruch insgesamt und für mehrere Ansprüche einer Person insgesamt und für die Ansprüche mehrerer irgendwie zusammengefaßter Personen insgesamt, werden Erben sortiert und Testamente zensiert, werden Ansprüche nur zugestanden, wenn andere von Rechtswegen danebenstehende nicht erhoben werden; es wird mit fuchtelnder Schere geschnitten und geschnipfelt, und man spürt, wie dem Gesetzgeber recht eigentlich erst wohl wird, wenn der immense Paragraph über den Härteausgleich erreicht ist, wo er nun alles, was er vorher beschnitten, zerstückelt und vergessen hat, mit der Gebärde des Spenders mild bereinigt. Alle Parteien gebärden sich, als stehe hier, wie bei den ungezählten Verteilungs- und Versorgungsgesetzen, an ihrer Spitze der Lastenausgleich, ein Akt des Ausschüttens in Frage, orientiert am Bedarf oder gar an der Bedürftigkeit, an allerlei Würdigkeit und am Vergleich mit dem, was andere ›bekommen‹. Die Elementarfunktionen des Rechts scheinen abzusterben.«

Küster umriß einen grundsätzlichen Konflikt, der sich bis heute durch die gesamte Geschichte der »Wiedergutmachung« zieht: Von staatlicher Seite wurde immer wieder versucht, die Entschädigungsleistungen als Versorgung bzw. Hilfe für Bedürftige zu deklarieren, als Teil des sozialen Netzes, während die Verfolgten und ihre Anwälte zu Recht darauf bestanden, daß es sich um einen klaren Rechtsanspruch handelte.

Die Ämter hatten die Bearbeitung der Anträge nach dem neuen Gesetz kaum in Angriff genommen, da machte Bundesfinanzminister Schäffer erneut Stimmung gegen die »ausufernden Kosten« der »Wiedergutmachung«: »Die Wiedergutmachungsgesetze, die vom Bundestag einstimmig angenommen wurden, sind in ihren Auswirkungen sicherlich von den Abgeordneten nicht voll und ganz überlegt worden. Es wird sich wahrscheinlich herausstellen, daß innerhalb der nächsten vier bis fünf Jahre nicht sieben bis acht Milliarden DM aufgewendet werden müssen, wie ursprünglich angenommen, sondern mindestens 16 bis 17 Milliarden.« Schäffer und seine Verbündeten lancierten Pressemeldungen, wonach die »Wiedergutmachungs«-Zahlungen zwangsweise zu einer Entwertung der DM führen müßten.

Im Dezember 1957 legte Schäffer auf einer Veranstaltung der niederbayerischen CSU in Plattling nach, weil für den »tatsächlichen Schaden keine Beweispflicht, sondern nur die Glaubwürdigkeit erforderlich« sei. Keine Stelle wage hier etwas zu unternehmen »aus Angst vor dem Vorwurf der Judenfeindlichkeit«. Der protestantische Probst Grüber antwortete Schäffer in einem Leserbrief, der alte Nazigeist sei nicht tot, und die, die ihm anhängen, hätten sich zu einer Solidarität zusammengefunden. Schäffers Ausführungen seien in gefährlicher Weise geeignet, schlummernde Ressentiments wieder zum Leben zu erwecken und der sogenannten »kochenden Volksseele« eine ganz bestimmte Richtung zu geben.

Der Chefredakteur der *Deutschen Zeitung*, Hans Hellwig, schrieb, die Novellierungsforderungen für das BEG grenzten »ans Phantastische«, der nachdenklichere Teil der Bevölkerung wende sich zunehmend »von der geschäftstüchtigen Vergangenheitsbewältigung mit Ekel ab«. Die deutschen Soldaten seien schließlich nicht freiwillig in den Krieg gezogen und in Gefangenschaft gegangen, aber »sie müssen heute die Riesensteuern für alle möglichen, oft in gar keinem Kausalzusammenhang mit deutschen Untaten stehenden Entschädigungsleistungen aufbringen«.

Und auch die *Die Zeit* meinte, die Forderungen der Verfolgtenverbände führten zu einer ungeheuren Zahl neuer Verfahren und Prozesse: »In der – auch jetzt noch – geschlossenen Welt der Verfolgten, vor allem der Emigranten, summt es wie ein Bienenschwarm. Neue Begehrlichkeiten werden geweckt.« Die Erhöhung der Pauschale für Ausbildungsschäden sei z.B. für »das eigenartige Volk der Zigeuner« völlig fehl am Platze, denn Zigeuner legten ja grundsätzlich keinen Wert auf eine Ausbildung, also brauchten sie für eine versäumte Ausbildung auch nicht entschädigt zu werden. Statt die »Wiedergutmachung« »zu verewigen«, sollte man sie laut *Zeit* endlich abschließen, damit »ein neues Kapitel ohne Belastung durch die Vergangenheit« begonnen werden könne.

Die Sachbearbeiter in den Entschädigungsbehörden reagierten auf die Meinung ihres obersten Vorgesetzten, der fürchtete, die »Wiedergutmachungs«-zahlungen könnten eine Inflation nach sich ziehen. Kleinlichkeit war die Folge, schikanöse Beweisauflagen und Mißtrauen der Entschädigungsbehörde wurden auf diese Weise angestachelt und legitimiert. Tatsächlich registrierten Vertreter der URO nach Schäffers Plattlinger Rede laut den Recherchen von Christian Pross ein starkes Anwachsen der Ablehnungen von Entschädigungsanträgen.

Der »Führer« ging – die Nazis blieben

Es war eine bittere Erfahrung für viele Opfer, daß nicht einmal das Personal ausgewechselt worden war: Derselbe Beamte, der die Verwertung des restlichen Besitzes geregelt hatte, saß nun als »Fachmann für Judensachen« im »Wiedergutmachungs«-amt. Derselbe Mediziner, der Sterilisierung und Euthanasie verantwortet hatte, begutachtete nun die gesundheitlichen Schäden der Opfer. Derselbe Gerichtsvollzieher, der »Judensachen« versteigert und derselbe Finanzbeamte, der die finanzielle Ausplünderung organisiert hatte, traten nun als scheinbar neutrale Sachverständige in den Restitutionsverfahren auf.

In einer »Wiedergutmachungs«-sache aus dem Jahre 1961 wurde der Fall einer Jüdin verhandelt, die nach der Ermordung ihrer Eltern im August 1945 in ihr früheres Heimatdorf zurückgekehrt war und nun versuchte, wenigstens den versteigerten Hausrat zurückzuerhalten. Sie wurde vom Oberfinanzpräsidenten Düsseldorf »in schärfster Form gerügt« und auf das gesetzliche Verfahren verwiesen. Die »arischen« ehrlichen Erwerber dagegen durften das ersteigerte Gut behalten oder erhielten bei einer Rückgabe das Versteigerungsgeld von der Finanzbehörde zurück. Und alle hatten gegenüber diesen und anderen Forderungen das gute Gewissen des ehrbaren deutschen Kaufmanns.

Im September 1950 wurde ein Steuerinspektor vernommen. Er bezeichnete die von ihm geleitete Versteigerung aus dem Jahre 1942 als »ordnungsgemäß«. Die Versteigerung sei notwendig gewesen, weil die Herkunft der Dinge unbekannt war. Alle hatten vergessen, daß der jüdische Eigentümer bis dahin mitten im Dorf gelebt hatte. Das Wort vom »Unrechtsstaat« wurde geboren, um die bürgerlichen Rechts- und Besitzverhältnisse auch weiterhin zu schützen.

Die umstandslose Wiedereingliederung ehemaliger Nationalsozialisten machte die merkwürdigsten Karrieren in der jungen Republik möglich. Ein Beispiel nur: Ernst Féaux de la Croix war als leitender Ministerialbeamter an der Entstehung der Entschädigungsgesetze maßgeblich beteiligt. Der 1906 geborene Volkswirt und Jurist hatte ab 1934 in der völkerrechtlichen Abteilung des Reichsjustizministeriums gearbeitet und war Mitglied der vom späteren Generalgouverneur im besetzten Polen, Hans Frank, geleiteten Akademie für Deutsches Recht, in dessen »Unterausschuß für terminologische Angelegenheiten« er im Juni 1938 eine Denkschrift über *Rasse, Volk, Staat und Raum in der Begriffs- und Wortbildung* mitverfaßt hatte. Nach 1945 arbeitete er zunächst als Steuerberater und wurde 1949 als Spezialist für die finanzielle Regelung der Kriegsfolgelasten in das Bundesfinanzministerium berufen.

Sein Wortschatz aus der Nazizeit war unbeschädigt: Nach seiner Pensionierung verwendete er in einer seriösen regierungsamtlichen Publikation aus dem Jahr 1985 fortgesetzt Begriffe wie »Weltjudentum«, »jüdische Presse«, »Judenschaft«, und schrieb über Juden, die die »Weltmeinung lenkten«. Die »Wiedergutmachung« sei der Preis dafür, »daß die amerikanische Judenschaft es ihrem Präsidenten gestattete, die Bundesrepublik als Partner in die Gemeinschaft der westlichen Staaten aufzunehmen«. Auch ließ »die Judenschaft jedoch nicht locker«, als in Bonn die Hoffnung aufkeimte, die »spätere Haltung der großen Alliierten zur jüdischen Wiedergutmachungsforderung – vor allem die der Sowjetunion« ließe »vermuten, daß man auf alliierter Seite einem jüdischen Reparationsanspruch skeptisch, wenn nicht sogar ablehnend gegenüber stand«. Das »Weltjudentum«, gesteuert durch seine »Zentralen«, habe Konrad Adenauer die Hand beim Schreiben geführt, die »jüdische Presse« habe deutsche Unterhändler als Nazis diffamiert und die Deutschen mit Bombendrohungen und Massendemonstrationen erpreßt: »Drei jüdische Grundbedingungen stellten sich heraus: Die Anerkennung der Verantwortung des deutschen Volkes für die NS-Verbrechen, die Erklärung einer Bereitschaft zur materiellen Wiedergutmachung, eine deutsche Einladung an Israel und an das Weltjudentum zur Aufnahme von Gesprächen. Nach grundsätzlicher Annahme dieser Punkte durch

Adenauer wurde in langwierigen Erörterungen – wieder unter ständiger Mitprüfung in Jerusalem und in den Zentralen der jüdischen Verbände – der Inhalt einer von Adenauer abzugebenden Erklärung festgelegt.« Für ihn wurden so die Deutschen quasi zu Opfern der Juden.

Seit 1950 wurde keinem Naziverbrecher die Rente entzogen. Ausländer, die bei den Hilfseinheiten der SS waren, haben jetzt Anspruch auf Rente und erhalten sie auch. Nach dem Zusammenbruch der kommunistischen Regierungen in Osteuropa reichten sie bei der deutschen Regierung Rentenanträge ein. Bei diesen Rentenansprüchen gibt es keine Verjährung, ganz im Gegensatz zu den Ansprüchen auf Entschädigung.

Etwa fünf Prozent der als »Kriegsopfer« anerkannten Rentenempfänger sind ehemalige Kriegsverbrecher. *Die Zeit* rechnete nach: Danach zahlt das Finanzministerium jährlich an 78 215 Naziverbrecher oder deren Witwen monatliche Renten. Diese Zahlen wurden im Bundestag am 30. Januar 1997 zitiert und nicht widerlegt. Nach Schätzungen, die sich auf diese Angaben beziehen, zahlte das deutsche Finanzministerium, seit dieses Gesetz vor etwa 47 Jahren erlassen wurde, ca. 35 Milliarden DM als laufende monatliche Renten an die Naziverbrecher, die durch das Gesetz zu »Kriegsopfern« geworden sind.

Vom Freundeskreis SS zum Bundesverdienstkreuz

Die Mitgliederliste vom »Freundeskreis des Reichsführers SS« und die lange Liste der Wehrwirtschaftsführer um Göring liest sich wie ein Who is Who der wirtschaftlichen Nachkriegselite. Beide zeigen deutlich, wie eng die Leiter der größten deutschen Banken und Industriekonzerne mit der SS verbunden, wie unbekümmert die führenden Persönlichkeiten der Wirtschaft auf Tuchfühlung mit den Verwaltern des Terrors und der Vernichtungslager, ja selbst mit den Henkern, den Vollstreckern der Befehle zum Massenmord gegangen waren. Und ihre Mitgliedschaft im Freundeskreis stand einer Nachkriegskarriere nicht im mindesten im Weg – einige wenige wurden in Nürnberg verurteilt, bald aber wieder freigelassen, viele andere standen der jungen Republik mit ungebrochener Tatkraft zur Verfügung.

1964 wurde Dr.-Ing. Heinrich Bütefisch, dem ehemaligen Vorstandsmitglied der I.G. Farben, Verhandlungspartner der SS und selbst SS-Obersturmbannführer, das Große Verdienstkreuz des Verdienstordens der Bundesrepublik verliehen. Auch andere Naziprotagonisten und ausländische Diktatoren wurden mit dem »Bundesblech« geehrt: Hans Maria Globke, einer der Kommentatoren der Nürnberger Rassengesetze und Staatssekretär Konrad Adenauers; Felix Alexander Prentzel, im Reichswirtschaftsministerium Vizechef der Abteilung »Besetzte Gebiete Ost« und später Bonner Ministerialdirigent; Alfred Schickel, der sich als rechtsradikaler Historiker um die Entschuldung des Nationalsozialismus mühte und Manuel Fraga Iribarne, Informationsminister der Franco-Diktatur, sowie Vizepräsident Luis Carrero Blanco, ausgewiesene spanische Faschisten.

Den Geschäftsleuten gelang es am schnellsten, sich von ihrer Vergangenheit zu befreien. Flick gründete eine neue Holdinggesellschaft mit Kapitalanlagen in Frankreich und Belgien; Krupp übernahm wieder die Kontrolle über sein Industrieimperium und handelte mit den Alliierten einen eigenen Friedensvertrag aus; die früheren Herrscher von I.G. Farben und I.G. Auschwitz – Ambros, Bütefisch, Dürrfeld und ter Meer – wurden sämtlich in die Verwaltungsräte neuer Unternehmen gewählt. Ambros zum Beispiel bekleidete schließlich den Posten eines Direktors von sechs deutschen Unternehmen und fungierte noch als Aufsichtsratsvorsitzender der Firma Knoll, einer Tochtergesellschaft der BASF. Außerdem wirkte er als Berater für Distillers, Ltd. of England, für die französische Firma Pechiney, für Dow Europe in der Schweiz und das U.S. Department of Energy. Bis Ende 1981 arbeitete Ambros auch für die amerikanische Firma W.R. Grace and Company. Als ein amerikanischer Korrespondent ihn 1981 in seiner Mannheimer Wohnung nach seiner Tätigkeit während des Krieges fragte, erwiderte Ambros: »Das ist doch schon so lange her. Es hatte mit Juden zu tun. Wir denken darüber nicht mehr nach.«

Über Fritz ter Meer heißt es heute im Munzinger-Archiv: »Als das väterliche Unternehmen im Jahre 1925 in der I.G. Farbenindustrie AG aufging, wurde er ordentliches Vorstandsmitglied dieses

Chemiekonzerns. Im gleichen Jahr trat er in das Direktorium der Betriebsgemeinschaft Niederrhein ein, einer der fünf großen Erzeugungsgruppen innerhalb der I.G. In den Folgejahren galt sein besonderes Interesse dem Kunststoffgebiet, das er nach der wissenschaftlichen wie nach der produktionstechnischen Seite hin in entscheidender Weise gefördert hat. Als dem Leiter der nach Umsatz und Ertrag bedeutendsten Produktionsgruppe ›Sparte II‹ unterstand ihm das Gebiet der Farbstoffe, Pharmazeutika, der Kunststoffe, der neuen synthetischen Waschmittel, der Gerbstoffe und Schädlingsbekämpfungsmittel. 1932 wurde t. M. Leiter des technischen Ausschusses der I.G. und Mitglied des Zentralausschusses, des obersten Vorstandsgremiums. In jenen Jahren gab t. M. besonders auf dem Gebiet der Kunststoffe und des Kautschuks der Forschung und Entwicklung richtungsweisende Impulse. Seiner persönlichen Initiative ist vor allem der rasche Aufbau der Großerzeugung von Buna (synthetischer Kautschuk) zu verdanken.

Nach dem Zusammenbruch Deutschlands wurde t. M. zusammen mit anderen leitenden Angestellten der I.G. Farben wegen Kriegsverbrechen angeklagt und in Nürnberg vor Gericht gestellt. Nach mehrmonatigen Verhandlungen wurde er zu sieben Jahren Haft verurteilt, auf Grund einer Überprüfung der seinerzeit gefällten Urteile aber bereits am 16. August 1950 entlassen.

Nach der Aufhebung der alliierten Kontrolle über die Nachfolgewerke der I.G. Farbenindustrie wählten die Farbenfabriken Bayer AG Leverkusen t.M. in den Aufsichtsrat. 1956 übernahm er darin den Vorsitz. Als er im Mai 1964 dieses Amt niederlegte, wurde er ›in Anerkennung seiner großen Leistungen‹ zum Ehrenvorsitzenden der Farbenfabriken Bayer ernannt. Er saß zuletzt noch im Aufsichtsrat der Commerzbank AG in Düsseldorf und war Ehrendoktor der TH Karlsruhe. t.M. starb am 21. Oktober 1967 im 84. Lebensjahr in Büderich bei Düsseldorf.«

So liest sich in der Bundesrepublik Deutschland der Lebenslauf eines tadellosen Wirtschaftsführers – kein Wort natürlich von der Buna-Produktion im polnischen Monowitz, kein Wort von Zwangsarbeit und tausendfachem Mord.

Die Industrie war aber auch Auffangbecken hochbelasteter Funktionäre des NS-Regimes; Werner Best zum Beispiel, über den der

Freiburger Historiker Ulrich Herbert eine beeindruckende Biografie vorgelegt hat. Best hatte das Reichssicherheitshauptamt mit aufgebaut und koordinierte 1939 die wegen ihrer Mordtaten berüchtigten Einsatzgruppen im besetzten Polen. Er hatte Vorschläge zur »Endlösung« erarbeitet und war 1941 Mitorganisator der Deportation der französischen Juden. Dazu war der promovierte Jurist bis Anfang 1940 Reinhard Heydrichs Stellvertreter.

Die nächsten Stufen auf der Karriereleiter: Chef der Zivilverwaltung im besetzten Paris und während der letzten 30 Monate des Krieges »Reichsbevollmächtigter« in Kopenhagen. Die Dänen verurteilten ihn 1950 rechtskräftig als Kriegsverbrecher zu zwölf Jahren Haft, allerdings nur für seine dortigen Taten. Nach zähen Interventionen des Auswärtigen Amtes begnadigte ihn der dänische König 1951.

Der ranghöchste Überlebende des NS-Terrorapparats, der dritte Mann nach Heydrich und Himmler, stand – trotz angestrengter Versuche der Ermittlungsbehörden – nie vor einem deutschen Nachkriegsgericht. Nach seiner Entlassung aus Dänemark fand er ein gutes Auskommen zunächst als Sozius der Kanzlei von Ernst Achenbach in Essen. Zusammen mit seinem ehemaligen Pariser Mitarbeiter und nunmehrigen FDP-Granden versuchte er, die NRW-FDP zu einer Tarnorganisation für Altnationalsozialisten zu machen. 1953 wurde er Justitiar der Firma Hugo Stinnes Jr. und machte sein Büro zur Zentrale für eine großangelegte Amnestiekampagne, die er 1952 mit der Denkschrift *Zur Liquidation der politischen Strafsachen einer abgeschlossenen Epoche* vorantrieb. Darin verwies er auf den Westfälischen Frieden, forderte endlich einen Schlußstrich, führte Wehklage über die »Siegerjustiz«. Das »lügnerische Frauenzimmer« Marion Gräfin Dönhoff verleitete ihn zu Klagedrohungen.

Best förderte erfolgreich die Wiedereingliederung seiner Gestapo-Beamten in den Öffentlichen Dienst der Bundesrepublik. Der *Spiegel* nannte ihn einen »Aussagen- und Gedächtnislücken-Koordinator« und führt Beispiele an: ›Deportierungen und Selektionen für die KZ würde ich bestreiten‹, riet er 1957 in einem Rechtsstreit um die Wiedereinstellung eines Gestapomanns, den ein tschechoslowakisches Gericht in Abwesenheit zum Tode verurteilt hatte. Ein früherer SS-Offizier, der sich gelegentlich einer schriftlichen Aufforderung zur ›Kameradenhilfe‹ partout an den tatsächlichen Sinn des Begriffs ›Judenevakuierung‹ erinnern wollte, kam für ihn 1968 ›leider als Zeuge nicht in Frage‹. Der ungelehrige Zeuge blieb eine Ausnahme, denn meist beantworteten die Adressaten die Rundschreiben ihres einstigen Personalchefs in der gewünschten Form: ›Es erscheint mir wichtig‹, so hatte Best suggestiv vorformuliert, ›daß möglichst viele ehemalige Stapoleiter bestätigen können, daß ihnen in jener Zeit nichts von der ›Endlösung‹ bekannt war. Können Sie dies ggf. auch bestätigen?‹«

Ein Berliner Staatsanwalt sah in ihm »die Spinne im Netz« der Entlastungslügen. Es gelang ihm, Abgeordnete, höchste Chargen des Justizministeriums, zu überzeugen, und nebenbei sorgte der auskunftsfreudige Jurist dafür, daß seine geglättete Version der Ereignisse zwischen 1933 bis 1945 Eingang in die Zeitgeschichtsforschung fand. Hans Buchheim, Heinz Höhne, Eberhard Jäckel oder Shlomo Aronson stützten Teile ihrer einschlägigen Arbeiten auf Gespräche und Korrespondenzen mit Werner Best.

Als die Berliner Entnazifizierungskammer schließlich wenigstens eine Sühneleistung von 70 000 DM gegen ihn verhängt hatte und sie in Westdeutschland nicht beitreiben konnte, nutzte Best seine engen Beziehungen zum nordrhein-westfälischen Finanzminister Willi Weyer (FDP), der seinen Finanzbehörden wunschgemäß verbot, weiterhin Amtshilfe in Sachen Entnazifizierung zu leisten – denn das waren »Bütteldienste für die Berliner Amokläufer«, wie sich der in FDP-Kreisen damals gern gesehene Best ausdrückte.

1989 starb Werner Best, der 1903 geboren worden war. Er hatte zur Generation der sogenannten Kriegsjugend gehört, die zwar am Ersten Weltkrieg nicht mehr teilgenommen hatte, aber von dessen Wirkungen geprägt wurde. Als Jurastudent schloß er sich einer der aus der Jugendbewegung hervorgegangenen völkischen Gruppen an der Universität an. Hier bildete sich die Ideologie von der Höherwertigkeit des Volks den Individuen und auch dem Staat gegenüber in rabiater Verneinung aller liberalen Traditionen seit 1789 heraus. Ihr Antisemitismus war scharf und kalt. Die Juden wurden als gegnerisches Volk klassifiziert, das aus dem eigenen Volkskörper effizient zu entfernen sei.

Eine unendliche Geschichte

Ein Bericht des Bundesfinanzministers »über die haushaltsmäßigen Auswirkungen« der sozialdemokratischen und grünen Anträge zur »Wiedergutmachung« stellte 1986 fest, alle Anträge zur angemessenen Versorgung von NS-Opfern seien ganz einfach zu teuer. Überhaupt nicht zu denken sei an eine Entschädigung von Zwangsarbeitern: »Auch die bescheidenste gesetzliche Regelung würde nicht absehbare Kosten verursachen.« Der Bericht kam zu dem Schluß, daß die »Wiedergutmachung« als eine »insgesamt befriedigende und damit abschließende Regelung betrachtet werden müsse«. Der Bericht löste bei den Abgeordneten der Opposition Empörung aus, die dazu führte, daß zum 1. November 1986 ein neuer Bericht über den Stand der »Wiedergutmachungs«-leistungen gefordert wurde.

Inzwischen hatte auch in der Politik ein Generationenwechsel stattgefunden, und besonders die Grünen machten die Sache der nicht entschädigten Opfer zu der ihren. Es meldeten immer noch Opfer Ansprüche an, und die Anträge von SPD und Grünen strebten rentenartige Regelungen an. Wichtig war ihnen die Abkehr vom Nachweis des Zusammenhangs von Verfolgung und Schädigung und die Sicherung eines einigermaßen würdigen Lebensabends der Opfer. Das aber wollte die Regierung nicht, eine solche Regelung widerspreche dem Gleichheitsgrundsatz. Wer also jetzt eine Entschädigungsleistung forderte, wurde abgewiesen, weil andere, namenlose NS-Opfer ja auch nichts erhalten hatten.

Es häuften sich die Proteste der Betroffenen. Die VVN verlangte erneut eine Anhörung der Opfer. Sollte dieser Bericht das letzte Wort bei der »Wiedergutmachung« sein, dann wäre er der unwürdige, aber adäquate Abschluß jener »zweiten Verfolgung«. Ein Hearing im Innenausschuß im Juni 1987 war die Antwort. Daß Sinti und Roma, die Homosexuellen, die »Sozialverfolgten«, die Zwangssterilisierten, die Sklavenarbeiter von der Wiedergutmachung durch das Bundesentschädigungsgesetz diskriminiert und ausgeschlossen worden waren, war seit langem bekannt. Ebenso die Tatsache, daß die Opfer am Ende ihres Lebens standen und neben einer geringen finanziellen Entschädigung vor allem eine Geste der Anerkennung einklagten. Zum ersten Mal nach mehr als 40 Jahren fanden die Vertreter der Verfolgten vor einem Organ des Bundestags, dem Innenausschuß, Gehör. Und: Die unterschiedlichen Verfolgtengruppen hatten auch zum ersten Mal eine neue Solidarität, eine gemeinsame Sprache gefunden.

1995, noch einmal acht Jahre später, wies die Bundestagsvizepräsidentin und Bündnisgrüne Antje Vollmer darauf hin, daß auch 50 Jahre nach dem Ende der nationalsozialistischen Herrschaft ganze Gruppen ehemaliger Verfolgter immer noch nicht rehabilitiert und entschädigt seien, die äußerst restriktiven Kriterien der Entschädigungsgesetze hätten zahllose Opfer von materieller »Wiedergutmachung« ausgeschlossen oder mit winzigen Geldsummen abgefunden. Ignatz Bubis, damals Vorsitzender des Zentralrats der Juden in Deutschland, forderte, es müsse endlich jenen Gerechtigkeit widerfahren, »über die die Zeit hinweggegangen ist, ohne daß man ihr Schicksal anerkannt hat«.

Bubis würdigte, daß die Bundesrepublik in den vergangenen Jahrzehnten zwar rund 100 Milliarden DM »Wiedergutmachung« geleistet habe. Das seien zwar im Durchschnitt zwei Milliarden pro Jahr, aber doch erheblich weniger, als Bonn derzeit jährlich für die Folgen der Wiedervereinigung ausgebe. Der Zentralratsvorsitzende sagte, »alte Kreise« machten Stimmung gegen die Opferentschädigung, verschwiegen aber noch heute erbrachte Leistungen für ehemalige NS-Juristen, Mitglieder der Waffen-SS, KZ-Bewacher oder Naziwitwen.

Romani Rose, Vorsitzender des Zentralrats deutscher Sinti und Roma, schilderte, welchen Demütigungen NS-Opfer ausgesetzt seien, die um Entschädigung nachsuchen. Klara Nowak vom Bund der Zwangssterilisierten und Euthanasiegeschädigten klagte, die Politikerreden zum 50. Jahrestag der Befreiung Deutschlands seien leere Worte, wenn man bedenke, wie wenig die Regierung für die Opfer tue. Karl Brozik von der Jewish Claims Conference appellierte an die deutsche Industrie, sich an den Entschädigungszahlungen für

NS-Zwangsarbeiter zu beteiligen. Wenn man bedenke, wie reich beispielsweise der Industrielle Friedrich Karl Flick nicht zuletzt durch Ausbeutung von Zwangsarbeitern geworden sei, handele es sich bei den von den Opfern geforderten Millionen um einen »Klacks«, sagte Brozik. Die Experten – darunter auch Vertreter der Opfer der NS-Militärjustiz, des Schwulenverbandes und der Zwangsarbeiter – begrüßten den Plan der Bündnisgrünen, eine umfassende Entschädigungsregelung für die vergessenen und zu kurz gekommenen NS-Opfer zu initiieren.

Ganz schwer hatten es die Opfer, die gesundheitliche Schäden davon getragen hatten. Zum Beispiel Benjamin Nucher. Der war 27 Jahre alt und wog nur noch 37 Kilo, als er nach zwei Jahren aus dem Konzentrationslager Buchenwald befreit wurde. Er war der einzige Überlebende einer jüdisch-polnischen Familie. Immerhin bekam Nucher, der nach dem Krieg nach Israel ausgewandert war, eine einmalige Zahlung von 2200 DM. Eine Rente, die dem inzwischen alten, kranken Mann nach dem Bundesentschädigungsgesetz (BEG) zustehen würde, erhielt er allerdings nie. Darum kümmert sich der Münchner Rechtsanwalt Michael Witti, der bis 1995 insgesamt 1400 Mandate von NS-Opfern übernommen hatte.

Der Jurist kritisiert die Entschädigungspraxis. Gegenüber dem Magazin *Focus* sagte er: »Wenn Frauen, die mit Silikon behandelt wurden, erfolgreich gegen die Ärzte klagen, wird dies allgemein als gerechtfertigt angesehen. Daß aber ehemalige KZ-Insassen um ihre Rechte kämpfen, wird oft als eine Zumutung empfunden.«

Benjamin Nucher, inzwischen 76, hatte den sogenannten Stichtag verpaßt, an dem er seine Rentenansprüche hätte geltend machen sollen. »Er war zum falschen Zeitpunkt am falschen Ort und konnte sich gegen die bürokratische Mühle der Entschädigungsbehörde nicht durchsetzen«, sagte Witti und forderte eine Änderung des Wiedergutmachungsgesetzes. So sollten bei offensichtlich gesundheitlich geschädigten KZ-Opfern allein formale Fehler bei der Antragstellung keine Rolle spielen dürfen. Witti plädiert zudem für eine Mindestrente, unabhängig davon, ob die NS-Opfer einen Stichtag versäumt oder ihr Formular falsch ausgefüllt hätten. Witti schätzt die Zahl der noch offenen Fälle auf 50 000.

Oder die drei Brüder Zabludowicz. Von einer achtköpfigen jüdischen Familie aus Ostpreußen haben nur sie Auschwitz überlebt. Mit 51 Jahren mußte Chanan Zabludowicz aus Gesundheitsgründen seine Arbeit aufgeben. Das Amt für »Wiedergutmachung« in Rheinland-Pfalz erkannte zwar die Verschlimmerung des gesundheitlichen Zustands der Brüder an, weigerte sich aber, Rente zu zahlen (rund 600 DM pro Monat), da die »Zugehörigkeit zum deutschen Sprach- und Kulturkreis nicht einwandfrei festgestellt werden konnte«. 50 Jahre danach mußten die Brüder Zabludowicz ihre Deutschkenntnisse nachweisen.

Eine Witti-Mandantin mußte mit ansehen, wie ihr neugeborenes Baby erschlagen wurde, und die Behörden fordern heute von ihr den Beweis, psychische Schäden erlitten zu haben. Im Fall von Frank Romer, einem Überlebenden der Schindler-Liste, der in Australien lebt, erkannte das Gericht, daß der Mann unter einem schweren Trauma und an einer durch die Verfolgung bedingten Krankheit leidet; doch sei die Verschlechterung des Gesundheitszustands zwei Jahre zu spät eingetreten, um Zusatzzahlungen zu rechtfertigen.

Auch den überlebenden Opfern der Menschenversuche in Buchenwald und in anderen Konzentrationslagern, mit denen letztlich wirtschaftliche Ziele verfolgt wurden und die deshalb in den Zusammenhang »Arisierung« gehören, wird es bei der Antragstellung besonders schwer gemacht. »Einer der Überlebenden wollte entschädigt werden. Er bekam vom Bundesminister für Finanzen, der paradoxerweise für die Wiedergutmachung zuständig ist, die Antwort, der Versuch müsse Bestandteil einer ›therapeutischen Maßnahme‹ gewesen sein«, berichtet Ernst Klee in seinem 1997 veröffentlichten Buch *Auschwitz, die NS-Medizin und ihre Opfer*.

Hauptauftraggeber von Menschenversuchen waren Pharmaindustrie und Wehrmacht. Das belastende Material über die pharmazeutischen Versuche aus dem KZ Buchenwald ist von Washington aus an Hoechst, Bayer und die Behring-Werke vor Jahren zurückgegeben worden. Aber Aufklärung und Entschädigung lassen auf sich warten. Mitgemacht hatten die kleinen SS-Ärzte wie auch die medizinische Elite. Bemühungen der Justiz, die Medizinverbrechen des »Dritten Reichs« zu verfolgen, scheiterten regelmäßig daran, daß Gutachter gebraucht wurden. Und die waren nicht selten selbst in die Verbrechen verstrickt.

Zwangsarbeit:
»Arisierung« von Arbeitskraft

Bei den »Arisierungen« ging es nicht nur um die Wegnahme großer Vermögen und die Bereicherung breiter Kreise der Bevölkerung. Wenn man davon ausgeht, daß die Arbeitskraft das Kapital des sogenannten kleinen Mannes ist, dann ist Zwangsarbeit die »Arisierung« von Arbeitskraft. Das Geld, das an Löhnen für die Zwangsarbeiter nicht gezahlt wurde und auch nicht gezahlt werden durfte, führte natürlich zu größeren Gewinnen der Firmen. Schon Ende 1941 hatte es auf dem freien Arbeitsmarkt keine Deutschen mehr gegeben, nur noch Ausländer. Im Sommer 1944 war jede dritte bis vierte Arbeitskraft in der Industrie ein Zwangsarbeiter.

Etwa zehn Millionen Menschen mußten während des Zweiten Weltkriegs in Deutschland und den besetzten Ländern Zwangsarbeit leisten, davon sechs bis sieben Millionen aus Osteuropa und der Sowjetunion. Auch Kriegsgefangene und KZ-Häftlinge wurden häufig dazu gezwungen. Eingesetzt wurden die Zwangsarbeiter in fast allen Branchen und selbst in Privathaushalten; in der Landwirtschaft und der Rüstungsindustrie stellten sie 1944 rund die Hälfte aller Beschäftigten. Die Behandlung war sehr unterschiedlich: Während Arbeiter aus Westeuropa vergleichbare Löhne wie Deutsche erhielten, bekamen die Ostarbeiter keine oder nur geringe Bezahlung. Am schlechtesten ging es den jüdischen Sklavenarbeitern. Von ihnen starben die meisten. Heute leben noch schätzungsweise ein bis zwei Millionen Betroffene, davon etwa 80 Prozent in Osteuropa und den GUS-Staaten.

Ein erheblicher Teil unseres Wirtschaftswunders beruhe auch auf der Ausbeutung Europas und der Zwangsarbeiter, wenngleich das rechnerisch schwer nachzuweisen sei, meint der Freiburger Historiker Ulrich Herbert. Die Industrie hatte nach 1945 immer wieder betont, sie hätte nichts zu sagen gehabt, sei Teil einer staatlichen

Planwirtschaft gewesen. Aber diese Theorie hielt schon in den Nachfolgeprozessen der Nürnberger Prozesse nicht stand. Ulrich Herbert stellte fest, er habe bisher kein einziges Unternehmen kennengelernt, das keine Zwangsarbeiter hatte, ausgenommen Banken und Versicherungen. Bis in die 90er Jahre hinein sei die Maxime der Bundesregierungen gewesen, dieses schwelende Problem der Entschädigung ausländischer NS-Opfer möglichst nicht anzutasten, sondern sich still zu verhalten und zu hoffen, daß sich das Problem von allein, nämlich biologisch, löst. Die Frage »Wieso erst jetzt?« müsse sich eigentlich an die Politik unserer Regierungen richten, nicht an die NS-Opfer, deren Ansprüche jahrzehntelang ignoriert wurden, weil es niemanden gab, der sie mit politischem Nachdruck vertreten konnte.

Man muß dem Wirtschaftshistoriker Thomas Kuczynski nicht völlig zustimmen, aber seine besonders vom Haushistoriker der Deutschen Bank befehdeten Musterrechnungen über die Gewinne aus der Zwangsarbeit sind teilweise bestechend. In einem seiner Tischmonologe hatte Hitler gemeint, »man müsse nur einmal errechnen, wie viel dadurch gewonnen würde, daß der ausländische Arbeiter statt RM 2000 wie der Inlandsarbeiter nur RM 1000 jährlich verdiene«. Dabei ist die Frage sogar ohne Wurzelziehen und Infinitesimalrechnung ganz einfach zu beantworten: Läßt man mehr als vier Millionen Menschen ein Jahr lang für sich arbeiten, hat man mehr als vier Milliarden zusätzlich verdient, und wenn man das vier Jahre lang tut, dann sind das mehr als 16 Milliarden.

Gutachter Kuczynski betont: »Wären die Lohnkosten für Zwangsarbeitskräfte so hoch gewesen wie die für deutsche Zivilarbeitskräfte, so bestünde kein Entschädigungsanspruch. Dann wäre tatsächlich ›nur‹ die historisch-moralische Verantwortung derer gefragt, die sich an jenem Prozeß beteiligt haben, den wohl als erster der Reichsführer SS, Heinrich Himmler, mit dem Begriff ›Vernichtung durch Arbeit‹ charakterisiert hat. Die nach Deutschland Verschleppten haben insgesamt über 21 Millionen Jahre in deutschen Wirtschaftsunternehmen gearbeitet, präziser: 64 Milliarden Stunden – ein Volumen, für das nach den damaligen Arbeitszeitregelungen über 26 Millionen Deutsche ein ganzes Jahr hätten arbeiten müssen. Genauso viele von ihnen waren tatsächlich 1940 in der deutschen Wirtschaft beschäftigt. 64 Milliarden Stunden, von deutschen Zivilarbeitskräften geleistet, hätten nach den damaligen Lohnsätzen mehr als 36 Milliarden Reichsmark gekostet. Durch den Einsatz der Zwangsarbeitskräfte wurden über 16 Milliarden RM eingespart. Das war zwar nicht ganz der von Hitler anvisierte Satz von 50 Prozent, aber es waren doch immer 44,5 Prozent.

Am einträglichsten war der Einsatz von KZ-Häftlingen und sowjetischen Kriegsgefangenen, hier konnten über 75 Prozent der Kosten gespart werden. Am ›teuersten‹ waren die zivilen Zwangsarbeitskräfte aus Westeuropa, denn dort konnten ›nur‹ 30 Prozent der Kosten gespart werden. Bei den polnischen und den deutsch-jüdischen Zwangsarbeitskräften, den ›Ostarbeitern‹ aus der Sowjetunion und den Kriegsgefangenen aus Westeuropa lag die ›Sparquote‹ zwischen 42 und 47 Prozent.

Von den genannten 16 Milliarden RM gewann die öffentliche Hand über sechs Milliarden bzw. 37,3 Prozent, und zwar allein durch überhöhte Steuern, durch neu eingeführte Sondersteuern sowie durch die von den Unternehmen eingeforderten Gebühren für die Überlassung von Kriegsgefangenen und KZ-Häftlingen. Aber auch die Wirtschaftsunternehmen der öffentlichen Hand konnten immerhin 2,66 Milliarden beziehungsweise 16,4 Prozent der zusätzlichen Gesamteinnahmen auf ihren Konten verbuchen. Noch davor rangierten allerdings die privaten Industrieunternehmen, die fast fünf Milliarden oder mehr als 30 Prozent vereinnahmen konnten, und auch die privaten Agrarunternehmen gingen mit 1,8 Milliarden zusätzlicher Einnahmen oder elf Prozent vom Gesamt nicht leer aus.

Während KZ-Häftlinge überhaupt keinen Lohn erhielten und Kriegsgefangene ein paar Groschen in ›Lagergeld‹ ausgezahlt bekamen, erhielten die zivilen Zwangsarbeitskräfte ordentlich reduzierte Löhne. In der Landwirtschaft wurde kurzerhand verfügt, daß ›Polenarbeiter‹ nur die Hälfte vom Barlohn der Deutschen erhalten durften. ›Ostarbeiter‹ aus der UdSSR erhielten noch weniger. Und in beiden Fällen strichen den Löwenanteil der Gewinne die Agrarunternehmen ein. Ähnlich war es bei den Kriegsgefangenen. In der Industrie waren die Methoden etwas subtiler: Auf Grund der Tatsache, daß deutsche Zivilarbeitskräfte im Durchschnitt Löhne erhielten, die um mehr als 27 Prozent über den Tarifen lagen, konnte man es sich durchaus leisten ›tarifgerecht‹ zu zahlen – und damit mehr als ein Fünftel der ursprünglichen Lohnsumme einbehalten. Allein auf diese Weise haben deutsche Industrieunternehmen über sieben Milliarden als Gewinn verbuchen können.

In der Industrie ging Hitlers Rechnung ziemlich genau auf: 49,1 Prozent dessen, was deutsche Zivilarbeitskräfte gekostet hätten, wurden in den Unternehmen als Gewinn bzw. in der Staatskasse als zusätzliche Einnahmen verbucht, Arbeitsjahr für Arbeitsjahr 1134,85 RM. Solche Beträge konnten in der Landwirtschaft nie erreicht werden, denn sie lagen weit über dem, was deutsche Landarbeiter und Landarbeitsmädchen je erhielten. Aber immerhin, es waren fast 300 RM, die jedes Jahr vor allem in die Taschen der Unternehmen flossen – 300 RM oder 32 Prozent der Summe, die Zivilarbeitskräfte aus Deutschland gekostet hätten.

Diese wenigen Daten zeigen, daß die deutschen Privatunternehmen wie auch die Öffentliche Hand in nahezu unvorstellbarem Maße an den nach Deutschland verschleppten Zwangsarbeitskräften profitiert haben. Um das Maß vorstellbar werden zu lassen, müssen die in Reichsmark berechneten Beträge in Deutsche Mark umgerechnet werden. Im allgemeinen wird für solche Umrechnungen der von der Deutschen Bundesbank berechnete RM : DM-Kurs von 1 : 5,9 verwendet. Hiernach wären die im Text nachgewiesenen 16 230,5 Millionen RM äquivalent einem Betrag von 95,76 Milliarden Mark. Diese Summe wäre der von der Bundesregierung vorgeschlagenen Stiftungsinitiative deutscher Unternehmen: Erinnerung, Verantwortung und Zukunft zur Verfügung zu stellen.«

Man muß der Berechnung nicht in allem zustimmen, möglicherweise gibt es zu viele Unbekannte und Variablen, die der Gutachter allerdings auch einräumt – trotzdem nimmt sich vor der gewaltigen Zahl von 100 Milliarden DM das Gezerre um den Entschädigungsfonds noch beschämender aus, als es sowieso schon ist.

Der Staat war der größte Profiteur, aber die Bundesrepublik hatte bis 1999 immerhin 104 Milliarden DM staatliche Entschädigungen für NS-Opfer gezahlt. 20 Milliarden DM werden in den nächsten Jahren noch fällig. Der Großteil der Gelder nach dem Bundesentschädigungsgesetz (BEG) floß an jüdische Opfer in Deutschland oder in westlichen Staaten. Im Osten lebende NS-Opfer konnten bis zum Fall der Mauer keine Anträge stellen. 3,5 Milliarden DM gingen ab 1952 als Wiedergutmachung an Israel und jüdische Organisationen, eine weitere Milliarde floß über Globalabkommen in elf westeuropäische Staaten. Nach 1990 erhielten Stiftungen in Polen, Rußland, der Ukraine und Weißrußland 1,5 Milliarden DM. Der deutsch-tschechische Zukunftsfonds (deutscher Anteil 140 Millionen DM) ist zum Teil ebenfalls für NS-Verfolgte bestimmt.

Deutsche Unternehmen hatten sich in der Regel geweigert, Entschädigungen an ihre früheren Zwangsarbeiter zu leisten. Sie beriefen sich darauf, daß sie vom NS-Staat gezwungen worden seien, diese Menschen zu beschäftigen, auch wenn sie kräftig an ihnen verdienten. Nur wenige Firmen zahlten bislang, meist unter erheblichem Druck, darunter Krupp, Daimler-Benz, AEG, Rheinmetall und der ehemalige I.G.-Farben-Konzern. VW und Siemens stellten voriges Jahr jeweils 20 Millionen DM für einen Entschädigungsfonds zur Verfügung. VW hatte bis Anfang 1999 rund 2000 Schreiben von früheren Zwangsbeschäftigten erhalten und an über 100 von ihnen je 10 000 Mark ausgezahlt. Vorangegangen waren umfangreiche historische Forschungen über die Rolle von VW in der Nazizeit, die der Autokonzern selber in Auftrag gegeben hatte.

Mit großer Mehrheit hat der Bundestag am 6. Juli 2000 in Berlin das Gesetz zur Einrichtung einer Stiftung für die Entschädigung von NS-Zwangsarbeitern verabschiedet. Mit der Stiftung »Erinnerung, Verantwortung und Zukunft« will sich Deutschland zu seiner moralischen Verantwortung für das Unrecht unter den Nationalsozialisten bekennen. An dem mit zehn Milliarden DM dotierten Fonds beteiligen sich Staat und Wirtschaft je zur Hälfte. Die Wirtschaft bislang nur zögerlich.

Von den zehn Milliarden DM sollen für die individuelle Entschädigung der Zwangsarbeiter am Ende etwa 8,1 Milliarden zur Verfügung stehen. Eine weitere Milliarde ist für den Ausgleich von Vermögensschäden vorgesehen – soweit bislang noch keine Zahlungen erfolgten. 700 Millionen DM sollen in den Fonds »Erinnerung und Zukunft« fließen. Daraus sollen soziale Projekte für Holocaust-Opfer sowie der Erhalt historischer Stätten und der Jugendaustausch gefördert werden. Etwa 200 Millionen DM sind für Verwaltungskosten vorgesehen.

Opfer, die im Zuge rassischer Verfolgung unter Beteiligung deutscher Unternehmen Vermögensschäden erlitten haben und dafür bislang noch keine Leistungen erhalten haben, können ebenfalls bis zu 15 000 DM erhalten. Die Regelung gilt unter anderem für die »Arisierung« jüdischer Betriebe.

Das Kapitel »Arisierung« wird also damit in Deutschland zu einem gewissen Abschluß gebracht, wobei die Frage, ob die Lösung einen wirklich angemessenen Anteil am seit 1945 akkumulierten Vermögen in Deutschland darstellt, rhetorisch ist.

Vielleicht rächt es sich jetzt, daß deutsche Industriekonzerne, Versicherungen und Banken zu lange jegliche juristische und moralische Verantwortung ihrer Beteiligung an nationalsozialistischen Verbrechen geleugnet haben. Die zögerliche Bereitschaft, einen Entschädigungsfonds einzurichten, hat nichts mit besserer Einsicht zu tun; hier wird ausländischem Druck nachgegeben, vor allem aus den USA. Maßstab ist die Rechtssicherheit. Neben einer nicht wegzudiskutierenden moralischen Schuld bleibt als Erblast des »Dritten Reichs« trotz aller geleisteten »Wiedergutmachung« eine immer noch nicht getilgte materielle Schuld.

Durch die Fron der Zwangs- und Sklavenarbeiter oder durch »Arisierung« sind riesige Privatvermögen angehäuft worden. Aber weil das Kapital sehr beweglich ist, wurde die blutbefleckte Hinterlassenschaft längst gewaschen. Doch die Erben haben Namen, zum Beispiel Flick. Friedrich Flick senior hat sich mit den Nazis eingelassen. Wahrscheinlich nicht einmal aus Überzeugung, wie nach dem Krieg in Bonn, stattete er die Größen der ihm nützlichen Parteien mit Barem aus. Bis 1945 auch die NSDAP. Sein Konzern wurde zum wichtigsten Lieferanten der Wehrmacht, und weil taugliche Arbeitskräfte schon für die Front gebraucht wurden, ließ der Konzernherr im Hinterland Sklavenarbeiter für sich schuften – in einem Geschäftsjahr etwa 40 000. Flick sen. war kein Dämon, er berief sich später darauf, daß er sich die Arbeit in den Blutorgien des Kriegs nicht ausgesucht habe. »Ich bin kein Kriegsverbrecher«, rief der Kriegsverbrecher 1947 im Nürnberger Prozeß aus.

Nun wird darüber debattiert, ob nicht doch die Schuld der Großväter auf die Enkel kommt und ob beim Geld jeglicher Dreck abge-

Zwangsarbeit: »Arisierung« von Arbeitskraft

waschen ist, solange es nur lange genug in der Familie bleibt. Der Senior hat der Familie Flick viel Geld vererbt, denn er war schließlich mal der reichste Deutsche. Man schätzte sein Vermögen auf eine zweistellige Milliardensumme. In der Öffentlichkeit wird diskutiert, warum sich die Flicks bislang nicht am Fonds zugunsten der Zwangsarbeiter beteiligt haben. Nicht, weil sie sich schuldig gemacht hätten. Aber haftet nicht auch ein Vermögen?

Anfang der 60er Jahre waren Abgesandte von rund 1300 ungarischen Jüdinnen erschienen, ehemalige Zwangsarbeiterinnen in Flicks Fabriken. Flicks Vertreter handelten eine Entschädigung von fünf Millionen DM aus. Er aber wollte einen Handel mit den Opfern: Sie sollten ihm eine Ehrenerklärung ausstellen und anerkennen, daß es weder humanitäre noch moralische Gründe für eine Zahlung gebe. Erst 1986, der Flick-Konzern war für rund 5,3 Milliarden DM an die Deutsche Bank verkauft worden, wurde das Geld überwiesen.

Die Nachkommenschaft findet sich in den Verzeichnissen der wirklich Reichen. Sohn Friedrich-Karl Flick ist mittlerweile 74 Jahre alt, hat seinen Steuersitz in Österreich; sein Privatvermögen wird auf mindestens zehn Milliarden DM geschätzt. Die Enkel des Alten, Gert-Rudolf (genannt Mick) und Friedrich-Christian (Muck), wurden vom *manager magazin* jüngst auf je 1,4 Milliarden DM Vermögen taxiert. Der Besitz ihrer Schwester Dagmar wird auf 500 Millionen geschätzt. Rund hundert Millionen DM sind der Mutter Barbara geblieben.

Im Familienrat ist durchaus gelegentlich über Zwangsarbeit und Entschädigung gesprochen worden, aber Schwiegertochter Barbara Flick findet, daß die Zwangsarbeiter vergleichsweise gut behandelt wurden. Die jüngeren Mick und Muck sind Weltbürger mit jüdischen Freunden. Beide scheuen Konflikte und die Öffentlichkeit. Muck, der im Stadtteil South Kensington eines der schönsten Häuser Londons bewohnt, hat vor Jahren der Universität von Oxford rund 800 000 DM gespendet, um einen Lehrstuhl für »Europäisches Denken« zu finanzieren. 1995 erschien in der *Times* der Artikel eines hochgeachteten britischen Historikers: »Warum Ehre für einen Kriegsverbrecher?« Eine Diskussion über die »Sünden des Großvaters« *(Daily Telegraph)* setzte ein, und schließlich zog der Enkel, der von so herausragenden Männern wie Lord Weidenfeld und dem Philosophen Isaiah Berlin unterstützt worden war, die Spende zurück.

Friedrich-Christian Flick schrieb einen offenen Brief, in dem er sich »mit tiefer persönlicher Scham« von den Taten des Großvaters distanzierte, und erklärte dem *Jewish Chronicle*, es sei »durchaus möglich«, daß die Überlebenden des Holocaust von einem Flick entschädigt würden. Er sei aber nur ein Mitglied der Familie, und über solch wichtige Angelegenheiten müsse der Familienrat entscheiden. Dafür sei die Zeit nicht reif und überhaupt: Könne man menschliche Tragödien mit Geld bezahlen?

Mick schrieb Ende 1997 an seinen Onkel Friedrich-Karl, er habe den Wunsch, mit »meinen Kindern und Nachkommen eine konstruktive und sinnvolle Möglichkeit zur neuen Identifikation mit unserem Namen aufzubauen«. Deshalb engagiere er sich »intellektuell und finanziell« für eine Sammlung moderner und zeitgenössischer Kunst, die bereits jetzt zu den bedeutendsten privaten Kunstsammlungen der Welt zähle. Er sei davon »überzeugt, daß mit dieser kulturellen Leistung der Name Flick auf eine neue und dauerhafte positive Ebene gestellt« werden könne. Er schlug vor, daß sich der Onkel oder dessen Familie »partnerschaftlich« an der Sammlung beteilige. Er denke da zunächst an eine »Größenordnung« von ein- bis zweihundert Millionen DM. Egal, ob der Onkel mitmache, er werde seine »Vision auf alle Fälle realisieren«.

Etwa von 2004 an will Gert-Rudolf Flick, zu dessen Sammlung Werke von Gerhard Richter, Paul McCarthy, Jason Rhoades, Franz West, Sigmar Polke, Pipilotti Rist gehören, seine Exponate auf 6000 Quadratmetern in der Züricher Hardturmstraße präsentieren. Aber darf der Enkel des Täters die Form der »Wiedergutmachung« bestimmen? Mit einiger Heftigkeit wird in Zürich über Flick, die Stadt und das Blutgeld diskutiert. Kann sich Mick freikaufen, wenn er einen Beitrag zur Entschädigung der Zwangsarbeiter leistet?

Es ist eine Ironie der Geschichte. Die bislang wichtigste Arbeit über das Martyrium der Zwangsarbeiter bei Flick wurde mit Hilfe eines anderen Erben publiziert: Jan Philipp Reemtsma, dessen Vater auch von den Nazis profitiert hatte, brachte 1986 das von einer jungen Historikerin verfaßte Werk *Vom Notstand eines Haupttäters* heraus.

Der junge Reemtsma ist Chef des Hamburger Instituts für Sozialforschung. Die Einrichtung zeichnete u. a. verantwortlich für die Ausstellung über die Verbrechen der deutschen Wehrmacht in der Sowjetunion, die viel Aufsehen erregte und gegenwärtig neu konzipiert wird. Die Ausstellung wirkte »wie ein Reiz, der Geschichten zum Vorschein bringt, die abgekapselt waren, weggedrängt, verleugnet«, sagt Reemtsma, dem die Konservativen gleich vorwarfen, er habe Millionen geerbt. Und das hat er zwar, aber Reemtsma gibt sein Geld auch dafür aus, daß »Leute gut und genau denken«.

Reemtsma: »Ich sehe die Wehrmachtsausstellung im Kontext mit zwei anderen medienwirksamen Ereignissen: der Publikation der Klemperer-Tagebücher und dem Buch von Goldhagen. Diese drei publizistischen Ereignisse haben etwas thematisiert, was in der elitenorientierten Geschichtsschreibung zu kurz kommen mußte, nämlich den Zusammenhang von Regime und Volksgemeinschaft.«

Das Buch und die Thesen Daniel Goldhagens behaupten, die Täter hätten ihre Verbrechen begangen, weil sie sie für richtig hielten. Reemtsma hat Goldhagen ergänzt und behauptet, die Täter hielten die Taten deshalb für richtig, weil sie sie getan hätten. Goldhagen sagte, so Reemtsma: »Wo es einen Massenmord in der Geschichte gibt, ist man überzeugt, daß die Täter davon ausgingen, daß es richtig war, was sie taten. Nur im Schrifttum über den Holocaust wird vorausgesetzt, daß die Täter das eigentlich nicht wollten, und man sucht eine Erklärung, warum sie es doch getan haben. Es bleibt ja ein interessantes Phänomen, auf das Goldhagen mit aller Vehemenz hingewiesen hat, daß es geschehen konnte, daß in Teilen der Geschichtsschreibung aus der Analyse des Holocaust der Antisemitismus verschwunden war. Das ist im Grunde eine bemerkenswerte Leistung. Mir haben die Lektüre von Goldhagen und die Debatte um sein Buch die Sinne geschärft für eher unscheinbare Textdetails. Wenn etwa die Erklärung einer bestimmten Tat von vornherein – ohne entsprechenden Beleg – unterstellt, der Täter habe sich zur Tat erst durchringen müssen. Nehmen Sie als Beispiel den Einsatz von Zwangsarbeitern in deutschen Unternehmen. Sehr oft wird so geschrieben, als sei die Entschlußbildung zum Zwangsarbeitereinsatz in irgendeinem Unternehmen ziemlich mühselig gewesen. Es gibt aber keine Belege dafür, daß das Thema im Vorstand oder im Aufsichtsrat kontrovers diskutiert wurde. Im Gegenteil.«

Schluß

Warum also dieses Buch? Ganz bestimmt nicht, um Horten und Neckermann, den Pharmariesen, Flick und Krupp und Mannesmann wieder und wieder ihre Sünden vorzuhalten. Aber das Gewürge um Entschädigung im Angesicht einer prosperierenden Wirtschaft der letzten Jahre der wenigen Überlebenden der Hitler-Tyrannei ist Anlaß für Zorn und Scham. Hier sterben täglich bis zu 200 Menschen unter den armseligsten Umständen. Für die Sünden der Väter kann meine Generation nicht, für diese Republik aber ist sie mitverantwortlich. Und deshalb dieses Buch, um so den Zorn produktiv zu machen.

Ich verstehe nicht, warum am Vermögen, an der Gesundheit Geschädigte, am beruflichen Fortkommen Gehinderte ständig und immer wieder Belege beibringen mußten für Ausmaß und Folgen der Verfolgung. Daß ganze Opfergruppen wie Sinti und Roma, Zwangssterilisierte und Homosexuelle so lange von jeder »Wiedergutmachung« ausgeschlossen wurden. Ich verstehe nicht, warum den Opfern eines der brutalsten Unrechtsregimes der Menschheitsgeschichte eine kleine Entschädigung vorenthalten wird für den Popanz Rechtssicherheit, die, wie Fachleute urteilen, doch nicht hundertprozentig zu haben sein wird, denn es liegt doch gerade im Wesen des Rechtsstaats, daß in Amerika die Richter frei darin sind, Klagen zu akzeptieren oder abzulehnen.

Ein Hamburger Pfarrer, sehr engagiert in allen Angelegenheiten der »Wiedergutmachung«, meinte auf meine häufig wütenden und moralisierenden Einwände, so seien eben die Menschen. Aber man wird das doch noch bedauern dürfen.

Frühestens um das Jahr 2030, »wenn auch die jüngsten Überlebenden gestorben sein werden«, wird die Holocaust-Debatte ein Ende finden, so Ignatz Bubis.

Am Sonnabend schlagen wir los!

Boykott der jüdischen Warenhäuser und Geschäfte — Gegen die jüdischen Aerzte und Juristen — Lest keine jüdischen Zeitungen!

Die hemmungslose Hetze und Verleumdung, mit der das Weltjudentum Deutschland bekämpft, kann nicht länger hingenommen werden. Alles, was da zum Anlaß genommen wird für die Boykottierung deutscher Waren und deutschen Lebens, ist niederträchtige Lüge. Eins aber beweist diese Hetze in der Welt mit aller wünschenswerten Deutlichkeit: Der immer wieder geleugnete enge Zusammenhang des Judentums in der Welt besteht tatsächlich. Der deutsche Teil dieses internationalen Judentums hat es sich selbst zuzuschreiben, wenn das deutsche Volk jetzt gegen ihn vorgeht. Deutschland will den Frieden, aber wenn es angegriffen wird, dann wehrt es sich. Die nationalsozialistische deutsche Volksbewegung führt auch diesen Kampf; sie beginnt ihn durch folgenden

Aufruf der Reichsparteileitung

an alle Organisationen der Bewegung:

Nach 14jähriger innerer Zerrissenheit hat das deutsche Volk seine Stände, Klassen, Berufe und konfessionellen Zeiten politisch überwunden und eine Erhebung durchgeführt, die dem marxistisch-jüdischen System ein Ende bereitet. In den Wochen nach dem 30. Januar hat sich eine einzigartige nationale Revolution in Deutschland vollzogen.

Trotz langer schwerster Bedrückungen und Verfolgungen haben die Millionen Massen, die hinter der Regierung der nationalen Revolution stehen,

in vollster Ruhe und Disziplin der neuen Reichsführung die legale Deckung

gegeben zur Durchführung der Reformen der deutschen Nation an Haupt und Gliedern. Am 5. März hat die weitaus überwiegende Mehrzahl der wahlberechtigten Deutschen dem neuen Regiment das Vertrauen ausgesprochen. Die Vollendung der nationalen Revolution ist damit zu der Forderung des Volkes geworden.

In jämmerlicher Feigheit haben die jüdisch-marxistischen Bonzen ihre Machtstellung geräumt. Trotz allem Geschrei wagte kein einziger von ihnen Widerstand zu leisten. Zum größten Teil haben sie die von ihnen verführten Massen im Stich gelassen und sich unter Mitnahme ihrer aufgefüllten Depots ins Ausland geflüchtet.

Nur der beispiellosen Disziplin und Ruhe, mit der sich dieser Akt des Umsturzes vollzog, haben es die Urheber und Nutznießer unseres Unglückes zuzuschreiben,

Der Kampf gegen die jüdischen Geschäfte

Ueberall in Deutschland hat die Hetze und Verleumdung, die von den Juden des Auslandes betrieben wird, das Volk aufs Höchste empört, und diese Empörung wirkt sich in spontanen Aktionen gegen die jüdischen Warenhäuser und Geschäfte aus. Ueberall empfindet man eben, daß die Judenpropaganda im Auslande nur möglich ist, weil die deutschen Juden die ihnen gewährte Gastfreundschaft mißbrauchten. Wir bringen nachfolgend aus verschiedenen Teilen des Reiches Meldungen über die dort spontan getroffenen Gegenmaßnahmen.

Kiel:

Vor mehreren jüdischen Warenhäusern und Ladengeschäften in der Holstenstraße sammelten sich am Dienstag große Menschenmassen an, ohne daß es indes zu gewaltsamen Störungen oder sonstigen Zwischenfällen kam. Gegen 18 Uhr schlossen die betreffenden Geschäfte von sich aus ihre Betriebe.

Göttingen:

Die jüdische Propaganda im Ausland hat eine spontane Gegenaktion verursacht, die sich am Dienstag zwischen 19 und 20 Uhr gegen die jüdischen Geschäfte richtete.

In fast sämtlichen jüdischen Geschäften der Stadt wurden die Schaufenster eingeschlagen. Auch im Warenhaus Karstadt wurden mehrere der großen Spiegelscheiben zertrümmert.

Die Straßen im Zentrum der Stadt wurden gegen 20 Uhr durch die Polizei und durch SA-Leute abgesperrt, um Plünderungen zu verhüten. Der Autobusverkehr in der Stadt ist infolge der Vorgänge lahmgelegt.

Ruhrgebiet:

In Durchführung der nationalsozialistischen Gegenmaßnahmen gegen die Greuelpropaganda im Auslande sind in Essen, Duisburg, Bochum und anderen Städten des Niederrheingebietes und Westfalen

die Warenhäuser, Einheitspreisgeschäfte und jüdischen Geschäfte geschlossen

worden. Zu Zwischenfällen ist es nirgends gekommen. SA und SS sorgen für Ordnung und geregelten Verkehr in den Hauptstraßen. Lediglich in Witten sind in der Nacht Schaufensterscheiben von Unbekannten zertrümmert worden.

Gleiwitz:

Die jüdischen Geschäfte haben mittags ihre Pforten geschlossen. Das gleiche wird aus anderen oberschlesischen Städten berichtet. Zwischenfälle haben sich nicht ereignet.

Wittenberge:

SA-Leute nahmen vor den jüdischen Geschäftshäusern Aufstellung und verhinderten das Betreten der Läden. Die Geschäfte wurden daraufhin von den Inhabern geschlossen.

Zwei Artikel aus dem *Hamburger Tageblatt* vom 29. März 1933.

Erklärung

Um Irrtümern vorzubeugen, teilen wir allen unseren Lesern mit, daß die **Salamander-Schuhfabrik AG.**, Kornwestheim, ein rein deutsches Unternehmen ist, das in Interessengemeinschaft mit der Schuhfabrik Mercedes seit langer Zeit eng zusammen arbeitet. Es werden hier 6—8000 Arbeiter beschäftigt und erfahrungsgemäß hervoragende Qualitätsware hergestellt, was von allen Verbrauchern anerkannt wird. Die Firma Salamander stellt ihre gesamten Schuhe aus deutschem Material mit deutschen Arbeitern her, in ihren Verkaufsniederlagen werden nur die in eigenen Betrieben hergestellten Schuhwaren verkauft. Die Aktienmajorität ist im Besitze der deutschen Familie **Siegle**. Die gesamte Verkaufsleitung der Firma ist deutsch. Auf Anordnung der Reichsleitung der NSDAP wurde eine ganze Reihe jüdischer Geschäftsführer abgebaut, wir haben also **praktische nationalsozialistische Politik** auch in diesen Betrieben durchgeführt.

Da die Firma Salamander also unter deutscher Leitung steht, nur deutsches Material verbraucht und nur deutschen Arbeitern Lohn und Brot gibt, außerdem eine hervorragende Qualität liefert, kann ihr gerechterweise die Propagandamöglichkeit in der nationalsozialistischen Presse nicht mehr versagt werden. Das Einschalten der Anzeigen dieser Firma in der nationalsozialistischen Presse geschieht auf Anordnung der Reichsleitung in München, was wir an dieser Stelle unseren Lesern nochmals bekannt geben.

Klarstellung

Schuhhaus Elsner ist deutsch.

An unsere Leser!

Um falschen Gerüchten entgegenzutreten, teilen wir auch an dieser Stelle allen unseren Lesern mit, daß das „Schuhhaus Gustav Elsner" ein rein deutsches Unternehmen ist. Inhaber sind die Herren Gustav Elsner senior und Müller-Elsner, echte deutsche und christliche Männer.

Salamander und Elsner garantieren christlich-deutschen Fußkomfort; Artikel im *Hamburger Tageblatt* vom 30. März 1933.

Die Abwehraktion im Reich

Berlin, 1. April.

Die Abwehraktion gegen die jüdische Greuel- und Boykotthetze hat am Sonnabend früh pünktlich um 10 Uhr im ganzen Reiche eingesetzt. Sie ist bekanntlich zunächst auf den heutigen Tag beschränkt worden. In Berlin waren bereits am Freitagabend große Plakate an den Anschlagsäulen angebracht worden, die die Bevölkerung ersuchten, nicht in jüdischen Geschäften zu kaufen. Die Plakate mit großer roter Schrift auf weißem Grunde erregten starkes Aufsehen. Die örtliche Leitung der Bewegung liegt hier, wie in allen übrigen Städten in den Händen des Kampfbundes des gewerblichen Mittelstandes.

Seit Tagen waren die Vorbereitungen getroffen worden, um einwandfrei festzustellen, welche Geschäfte, Warenhäuser usw. sich in jüdischen Händen befinden, um durch den Boykott keine christlichen Geschäftsinhaber zu treffen. Die Verzeichnisse wurden der SA und SS übergeben.

Am Sonnabend früh war zunächst in den Straßen Berlins kaum eine Veränderung gegenüber den gewöhnlichen Werktagen festzustellen. Die schwarz-weiß-roten und Hakenkreuzfahnen waren zur Erinnerung an Bismarcks Geburtstag gehißt worden. Zwischen 8 und 9 Uhr öffneten die Geschäftshäuser wie üblich. Es waren verhältnismäßig wenig jüdische Geschäfte, die es vorzogen, während des ganzen Tages geschlossen zu halten. Selbst die großen jüdischen Warenhäuser und Einheitspreisgeschäfte, die auf alle Fälle damit rechnen mußten, daß der Boykott sich in erster Linie gegen sie richten würde, hatten zum Teil versucht, wenigstens noch bis 10 Uhr den Betrieb aufrechtzuerhalten. So war noch um 9 Uhr, selbst ½10 Uhr kaum eine Veränderung im Straßenbild sichtbar. In der großen Kaufstraße Berlins, der Leipzigerstraße, war das große Wertheimhaus zunächst geöffnet, das Warenhaus Tietz dagegen geschlossen. SA- und SS-Leute hatten sich am frühen Morgen in ihren Verkehrslokalen eingefunden, nahmen dort die Plakate und Transparente in Empfang und zogen damit zu den nach einem neuen Organisationsplan im voraus bestimmten Standplätzen. Sie waren sämtlich mit großen roten Plakaten ausgerüstet, die die Aufschrift trugen: „Deutsche, wehrt Euch, kauft nicht bei Juden."

In Mengen wurden weiße Plakate an die großen Schaufensterscheiben der Geschäfte geklebt mit der deutschen und englischen Aufschrift „Deutsche, verteidigt euch gegen die jüdische Greuelpropaganda, kauft nur bei Deutschen."

Artikel aus dem *Hamburger Tageblatt* vom 2. April 1933.

Karstadt wieder ein rein christliches Unternehmen

Berlin, 1. April.

Aus dem Aufsichtsrat der Rudolf Karstadt AG. Berlin sind Dr. Gustav Gumpel, Dr. Norbert Labowsky, Julius Oppenheimer, Albert Schönborff, Dr. Fritz Warburg und Dr. Arno Wittgensteiner ausgetreten. Da bekanntlich aus dem Vorstand und aus den Geschäftsleitungen der Filialen und Kaufhäuser dieser Firma, soweit bisher überhaupt jüdische Mitglieder tätig waren, diese ausgeschieden sind, ist nunmehr der Karstadt-Konzern wieder ein rein christliches Unternehmen.

Karstadt »entjudet«; Meldung aus dem *Hamburger Tageblatt* vom 2. April 1933.

Der Regierungspräsident klärt über Besitzverhältnisse auf;
Anzeige im *Hamburger Tageblatt* von 1933.

Bekanntmachung!

Es ist unter keinen Umständen angängig, daß Mitglieder der Partei oder ihrer Unterorganisationen in Uniformen oder mit Partei-Abzeichen in jüdischen Warenhäusern kaufen. Ein solches Verhalten schädigt das Ansehen der Bewegung. Die Betroffenen sind sofort durch Uschla-Verfahren aus der Partei oder ihrer Unterorganisation auszuschließen.

N. S. D. A. P. Gau Hamburg
Gauleitung
i. A.: H. Meyer

Hamburg, den 2. Januar 1934.

Anzeige aus dem *Hamburger Tageblatt* vom 6. Januar 1934.

Der „arme" Jude

4,57mal mehr Vermögen als ein Deutscher

Berlin, 18. November.

Die Ungeheuerlichkeit der bisherigen Besitzverteilung an Deutsche und Juden kommt in ihrer Kraßheit erst vollständig zum Ausdruck, wenn man den durchschnittlichen Anteil am Gesamtvermögen auf den Kopf der deutschen und der jüdischen Bevölkerung ausrechnet. Das deutsche Volksvermögen beläuft sich auf 200 Milliarden Reichsmark, in das sich 80 Millionen Volksgenossen teilen. Im Reich gibt es 700 000 Juden, in deren Händen sich nach genauen Feststellungen nicht weniger als acht Milliarden befinden. Auf den einzelnen Deutschen entfallen also im Durchschnitt 2500 Reichsmark, auf den Juden aber im Durchschnitt 11 428 Mark. Jeder einzelne Jude besitzt demnach 4,57 oder mehr als 4½mal so viel wie der deutsche Volksgenosse! Ist da Anlaß zu solch erbärmlichem Wehgeschrei? Nein, eine Ungerechtigkeit ist wiedergutzumachen, geraubtes Geld zurückzugeben!

Das jüdische Vermögen in Deutschland betrug 1918 etwa vier Milliarden Reichsmark, es hat sich also in der Nachkriegszeit verdoppelt, und zwar auf Kosten des deutschen Volkes. Weiter ist daran zu erinnern, daß allein in der Inflationszeit über die Hälfte des Berliner Grundbesitzes in jüdische Hand übergegangen ist, so daß heute mehr als die Hälfte von Berlin den Juden gehört, obwohl sie nur 3,8 v. H. der Bevölkerung ausmachen. Dieses, dem deutschen Volk durch Betrug genommene Vermögen wird durch die auferlegte Geldstrafe zu einem kleinen Teil wieder in den Besitz des deutschen Volkes zurückgeführt.

So ist es also mit den „armen" Juden in Deutschland bestellt: Sie besitzen im Durchschnitt 4½mal so viel Vermögen wie ein Deutscher. Diese nüchternen Zahlen reden eine eindrucksvollere Sprache als die verlogenen Phrasen der internationalen Menschenrechtler, die jetzt sogar noch die ungeheuerliche Forderung erhoben haben, Washington möge im Namen der schmerzerfüllten Menschheit bei der Reichsregierung einen Protestschritt unternehmen.

Ein Artikel aus den *Hamburger Nachrichten* vom 18. November 1938 klärt über die »wahren« Besitzverhältnisse auf.

Der Zusatz »früher Speier« weist auf eine »Arisierung« des Geschäfts hin; Anzeige aus dem *Hamburger Tageblatt* von 1938.

Anzeige aus den *Hamburger Nachrichten* vom 21. November 1938.

Unger inseriert in den *Hamburger Nachrichten* vom 8. Dezember 1938.

»Früher Alsberg« weist auf die »Arisierung« durch Horten hin.

»Früher Kaufhaus Hess« weist auf die »Arisierung« durch Horten hin.

Commerz- und Privat-Bank
Aktiengesellschaft
Kapital 80 Millionen RM
Reserven 10 Millionen RM

Filiale Duisburg
REICHSBANK-GIRO-KONTO
Postscheck-Konten: Essen Nr. 2200, Köln Nr. 15204
Telegramm-Anschrift: HANSEBANK
Fernsprecher:
Für Ortsverkehr Sammelnummer 22515
Für Fernverkehr Sammelnummer 22543
—o—
Sekretariat

Duisburg, den 22. Februar 1937.
Düsseldorfer Straße 10

An die
Nationalsozialistische Deutsche Arbeiterpartei
Gauleitung Westfalen-Süd,
B o c h u m i.W.
Wilhelm-Str. 15-17.

Der Gauwirtschaftsberater

Ihr Zeichen: IX/261 Dr.G./K.

Betr: Firma Helmut Horten K.G., Duisburg.

        Auf Ihr Schreiben vom 19.cr. erwidern wir Ihnen höflichst, dass die Firma Helmut Horten K.G., Duisburg, seinerzeit unter unserer ausschlaggebenden Mitwirkung gegründet worden ist. Die Frage, dass es sich um ein rein arisches Unternehmen handelt, ist seinerzeit von dem für den hiesigen Bezirk zuständigen Kreis- und Gauwirtschaftsberater auf das gründlichste geprüft und einwandfrei geklärt worden.

        Herr Horten, der in der Firma als Komplementär und Geschäftsführer auftritt, ist ein tüchtiger Fachmann und entstammt einer altangesehenen Kölner Richterfamilie (Vater zur Zeit Landgerichtsdirektor in Köln). Das Geld für die von ihm gemachte Einlage von R.Mk. 50.000.-- ist ihm von seinen vermögenden Verwandten zur Verfügung gestellt worden.

        Bei den beiden Kommanditisten Rump und Pieger handelt es sich ebenfalls um hochangesehene und vermögende Herren, (Rump gilt als Millionär) an deren Arier-Eigenschaft keinerlei Zweifel bestehen.

Commerz- und Privat-Bank
Aktiengesellschaft
Filiale Duisburg

Die Commerzbank war an der Gründung von Horten K.G. beteiligt.

Nationalsozialistische Deutsche Arbeiterpartei
Gauleitung Essen

Gaugeschäftsstelle:
Essen, Friedrichstraße 1 / Thomashaus
Fernruf Sammel-Nr. 51661
Postscheckkonto Essen 1570

Unsere Tageszeitung: „National-Zeitung"
Verlag: Oktavier Straße 65
Schriftleitung: Herhuestraße 5/7
Fernruf Sammel-Nr. 30151

Der Gauwirtschaftsberater

Essen, den 22. Oktober 1936

Ihr Zeichen
VIII/623
Ba/B.

Unser Zeichen
(bei Antwort angeben)
T.

An den
Gauwirtschaftsberater
des Gaues Westfalen-Süd der NSDAP.,
B o c h u m
Wilhelmstr. 15/17

T.B.No. ︴1013⁹.

Betrifft: Übernahme der Firma Gebr. Alsberg durch die
Firma Franz Fahning G.m.b.H., Duisburg.

Mein Kreiswirtschaftsberater von Duisburg teilt mir zu obiger Angelegenheit folgendes mit:

"In Erledigung der vorbezeichneten Anfrage teile ich Ihnen mit, dass die Übernahme der Firma Cohen & Eppstein durch die zuvor genannte G.m.b.H. durch den Gauamtsleiter Vogt der NS-Hago geprüft worden ist. Die Prüfung wurde in Gemeinschaft mit dem Pg. Hilger aus Düsseldorf vorgenommen. Ich selbst bin bei dieser Sache nicht in Anspruch genommen worden.
Die Ausdehnung der Firma F a h n i n g G.m.b.H. ist zutreffend und muss auch von hier als durchaus unerwünscht bezeichnet werden."

Ich habe meinen Kreiswirtschaftsberater beauftragt, den Inhabern der Firma zu erkennen geben, dass sie sich nach der Politik der NSDAP zu richten haben und nicht nach ihrem Gewinnstreben.

Heil Hitler!
Paul Hoffmann.

Fahnings Gewinnstreben bei der Übernahme von Alsberg ging selbst der NSDAP zu weit: Brief vom 22. Oktober 1936.

Das Modenhaus Hirschfeld wurde von Franz Fahning »arisiert«; Eröffnungsanzeige vom November 1938.

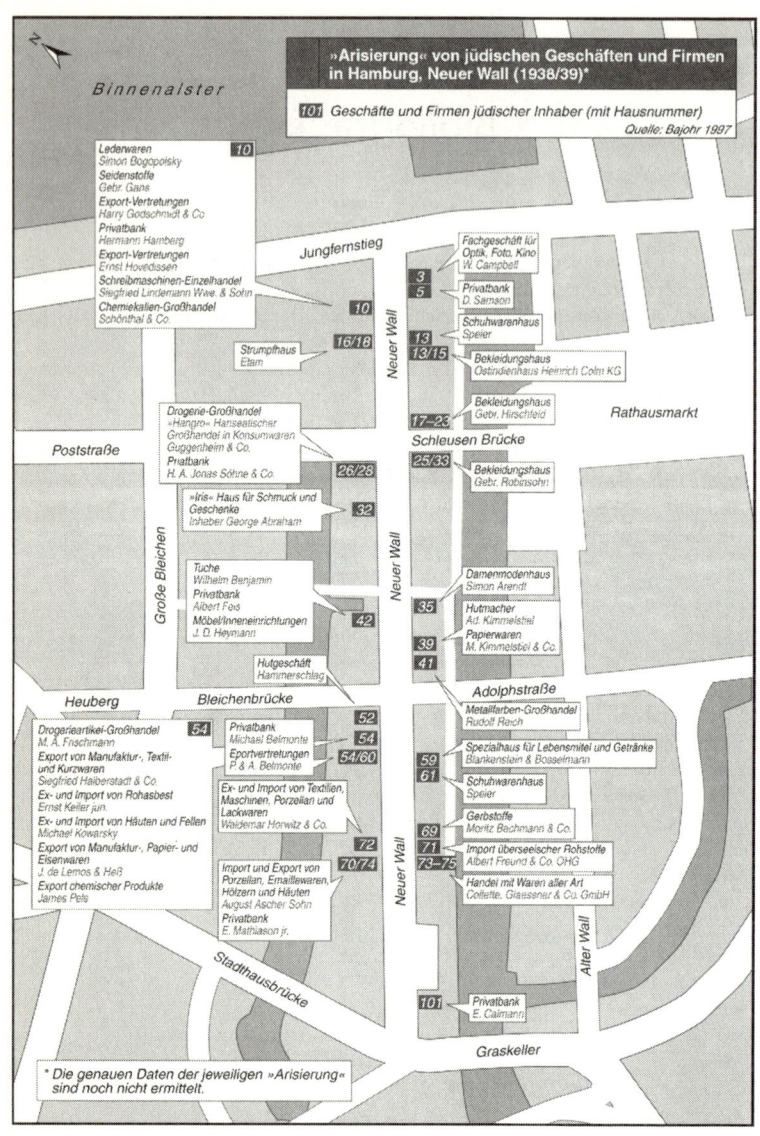

Diese Straßenkarte bietet einen Überblick über die »arisierten« Geschäfte in der Hamburger Einkaufsstraße Neuer Wall.

Bibliografie

Adler, H. G., Der verwaltete Mensch. Studien zur Deportation der Juden aus Deutschland, Tübingen 1974.
Aly, Götz, »Endlösung«. Völkerverschiebung und der Mord an den europäischen Juden, Frankfurt am Main 1991.
ders./Heim, Susanne, Vordenker der Vernichtung. Auschwitz und die deutschen Pläne für eine neue europäische Ordnung, Hamburg 1991.
Arnim, Gabriele, Das große Schweigen, München 1989.
Asmussen, Nils, Der kurze Traum von der Gerechtigkeit, Hamburg 1987.
Bajohr, Frank (Hg.), Norddeutschland im Nationalsozialismus, Hamburg 1993.
ders., Gauleiter in Hamburg. Zur Person und Tätigkeit Karl Kaufmanns, VfZ 43 (1995), S. 267–295.
ders./Szodrzynski, Joachim (Hg.), Hamburg in der NS-Zeit. Ergebnisse neuerer Forschungen, Hamburg 1995.
ders., »Arisierung« in Hamburg, Hamburg 1997.
Bankier, David, Die öffentliche Meinung im Hitler-Staat. Die »Endlösung« und die Deutschen. Eine Berichtigung, Berlin 1995.
Baring, Arnulf, Am Anfang war Adenauer, München 1971.
Barkai, Avraham, Das Wirtschaftssystem des Nationalsozialismus, Frankfurt am Main 1988
ders., Vom Boykott zur »Entjudung«. Der wirtschaftliche Existenzkampf der Juden im Dritten Reich 1933–1943, Frankfurt am Main 1987.
Bauer, Yehuda, Freikauf von Juden?, Frankfurt am Main 1996.
Bauman, Zygmunt, Dialektik der Ordnung. Die Moderne und der Holocaust, Hamburg 1992.
Becker, Franziska, Gewalt und Gedächtnis. Erinnerungen an die nationalsozialistische Verfolgung einer jüdischen Landgemeinde, Göttingen 1994.
Becker-Jäkli, Barbara u. a., Versteckte Vergangenheit. Über den Umgang mit der NS-Zeit in Köln, Köln 1994.
Benz, Wolfgang (Hg.), Die Juden in Deutschland 1933–1945, München 1988.
Bering, Dietz, Kampf um Namen. Bernhard Weiß gegen Joseph Goebbels, Stuttgart 1991.
Boberach, Heinz (Hg.), Meldungen aus dem Reich. Die geheimen Lageberichte des Sicherheitsdienstes der SS 1938–1945, Herrsching 1984.
Boehmer, Christian, Grete Schickedanz: vom Lehrmädchen zur Versandhandhauskönigin, Berlin 1996.
Boelcke, Willi A., Die deutsche Wirtschaft 1930–1945. Interna des Reichswirtschaftsministeriums, Düsseldorf 1983.
Bower, Tom, Das Gold der Juden, München 1998.

Bracher, Karl Dietrich, Die deutsche Diktatur, Frankfurt am Main 1969.
Bracher/Eschenburg/Fest/Jäckel (Hg.), Geschichte der Bundesrepublik Deutschland, 5 Bde., Stuttgart/Wiesbaden 1983.
Brochhagen, Ulrich, Nach Nürnberg, o. O. 1994.
Broszat, Martin, Der Staat Hitlers. Grundlegung und Entwicklung seiner inneren Verfassung, München 1969.
ders./Fröhlich, Elke/Grossmann, Anton (Hg.), Bayern in der NS-Zeit, Bd. III, München 1981.
Brückler, Theodor (Hg.), Kunstraub – Kunstbergung und Restitution in Österreich 1945 bis heute, Wien 1999.
Bruns-Wüstefeld, Axel, Lohnende Geschäfte. Die »Entjudung« der Wirtschaft am Beispiel Göttingens, Hannover 1997.
Bruss, Regina, Die Bremer Juden unter dem Nationalsozialismus, Bremen 1983.
Büttner, Ursula (Hg.), Die Deutschen und die Judenverfolgung im Dritten Reich, Hamburg 1992.
Chernow, Ron, Die Warburgs. Odyssee einer Familie, Berlin 1994.
Comité des Délégations Juives (Hg.), Das Schwarzbuch. Tatsachen und Dokumente. Die Lage der Juden in Deutschland 1933, Paris 1934.
Czichon, Eberhard, Der Bankier und die Macht, Köln 1969.
ders., Wer verhalf Hitler zur Macht?, Köln 1967.
Determann, Andreas u. a. (Hg.), Verdrängung und Vernichtung der Juden in Westfalen, Münster 1994.
Deutschland-Berichte der Sozialdemokratischen Partei Deutschlands (Sopade) 1934–1940, 7 Bde., Frankfurt am Main 1980.
Diehl-Thiele, Peter, Partei und Staat im Dritten Reich. Untersuchungen zum Verhältnis von NSDAP und allgemeiner innerer Staatsverwaltung 1933–1945, München 1969.
Diner, Dan (Hg.), Ist der Nationalsozialismus Geschichte? Zu Historisierung und Historikerstreit, Frankfurt am Main 1987.
Dippel, John V. H., Die große Illusion, Weinheim/Berlin 1997.
DosPassos, John, Das Land des Fragebogens, Reinbek 1999.
Dt. Bundestag (Hg.), Wiedergutmachung und Entschädigung für nationalsozialistisches Unrecht, Bonn 1987.
Dreßen, Wolfgang, Betrifft Aktion 3 – Deutsche verwerten jüdische Nachbarn, Berlin 1999.
Ebbinghaus, Angelika/Linne, Karsten, Kein abgeschlossenes Kapitel: Hamburg im »Dritten Reich«, Hamburg 1997.
Eichholtz, Dietrich (Hg.), Verfolgung – Alltag – Widerstand. Brandenburg in der NS-Zeit, Berlin 1993.
Enzyklopädie des Nationalsozialismus, Berlin 1999 (CD-Rom).
Erhard, Ludwig, Wohlstand für alle, Düsseldorf 1957.
Etzersdorfer, Irene, Arisiert: eine Spurensuche, Wien 1995.
Ferencz, Benjamin B., Lohn des Grauens, Frankfurt am Main/New York 1981.
Fischer, Albert, Hjalmar Schacht und Deutschlands Judenfrage, Köln 1995.
Frei, Norbert u. a., Geschichte vor Gericht, München 2000.
ders., Vergangenheitspolitik, München 1992.
Freimark, Peter/Jankowski, Alice/Lorenz, Ina S. (Hg.), Juden in Deutschland. Emigration, Integration, Verfolgung und Vernichtung, Hamburg 1991.

Friedländer, Saul, Das Dritte Reich und die Juden, München 1998.
ders., Wenn die Erinnerung kommt, München 1998.
Friedrich, Jörg, Die Kalte Amnestie, München 1994.
Fritz Bauer Institut (Hg.), Arisierung im Nationalsozialismus, Frankfurt am Main 2000.
Fröhlich, Elke (Hg.), Die Tagebücher von Joseph Goebbels. Sämtliche Fragmente, Teil I und II, München 1987–1996.
Fuchs, Konrad, Ein Konzern aus Sachsen, Stuttgart 1990.
ders., Jüdische Unternehmer im Deutschen Groß- und Einzelhandel, o. O. 1990.
Galerie Morgenland (Hg.), »Wo Wurzeln waren ...«. Juden in Hamburg-Eimsbüttel 1933–1945, Hamburg 1993.
Gall, Lothar u. a., Die Deutsche Bank 1870–1995, München 1995.
Gay, Peter, Meine Deutsche Frage, München 1999.
Genschel, Helmut, Die Verdrängung der Juden aus der Wirtschaft im Dritten Reich, Göttingen 1966.
Goldhagen, Daniel Jonah, Hitlers willige Vollstrecker. Ganz gewöhnliche Deutsche und der Holocaust, Berlin 1996.
Goral-Sternheim, Arie, Im Schatten der Synagoge, Hamburg 1989.
Goschler, Constantin, Wiedergutmachung. Westdeutschland und die Verfolgten des Nationalsozialismus (1945–1954), München 1992.
Graml, Hermann, Reichskristallnacht. Antisemitismus und Judenverfolgung im Dritten Reich, München 1988.
Gritschneder, Otto, Fachlich geeignet, politisch unzuverlässig, München 1996.
Haffner, Sebastian, Germany. Jekyll und Hyde, München 1998.
Händler-Lachmann, Barbara/Werther, Thomas, Vergessene Geschäfte – verlorene Geschichte. Jüdisches Wirtschaftsleben in Marburg und seine Vernichtung im Nationalsozialismus, Marburg 1992.
Hanke, Peter, Zur Geschichte der Juden in München zwischen 1935 und 1945, München 1967.
Hecht, Ingeborg, Als unsichtbare Mauern wuchsen, Hamburg 1984.
Herbert, Ulrich, Best. Biographische Studien über Weltanschauung, Radikalismus und Vernunft 1903–1989, Bonn 1996.
Herzig, Arno (Hg.), Die Juden in Hamburg 1590 bis 1990, Hamburg 1991.
ders./Lorenz, Ina (Hg.), Verdrängung und Vernichtung der Juden im Nationalsozialismus, Hamburg 1992.
Hilberg, Raul, Die Vernichtung der europäischen Juden, 3 Bde., Frankfurt am Main 1990.
Hirschfeld, Lothar (Hg.), Der »Führerstaat«: Mythos und Realität, Stuttgart 1981.
Hitler, Adolf, Mein Kampf, 17. Aufl., München 1933.
ders., Sämtliche Aufzeichnungen 1905–1924, hg. v. Eberhard Jäckel u. a.
Institut für Zeitgeschichte (Hg.), Akten der Parteikanzlei der NSDAP Teil I und II, München 1983–1992.
Jäckel, Eberhard, Hitlers Weltanschauung. Entwurf einer Herrschaft, Stuttgart 1981.
James, Harold, Deutschland in der Weltwirtschaftskrise 1924–1956, Stuttgart 1988.
Jochmann, Werner, Nationalsozialismus und Revolution. Ursprung und Geschichte der NSDAP in Hamburg 1922–1933. Dokumente, Frankfurt am Main 1963.

Justizbehörde Hamburg (Hg.), »Für Führer, Volk und Vaterland ...« Hamburger Justiz im Nationalsozialismus, Hamburg 1992.
Kempner, Robert M. W., Ankläger einer Epoche, Berlin 1986.
Kershaw, Ian, Der NS-Staat, Reinbek 1999.
ders., Der NS-Staat. Geschichtsinterpretationen und Kontroversen im Überblick, Reinbek 1994.
Kilz, Hans/Preuss, Joachim, Flick. Die gekaufte Republik, Reinbek 1983.
Klee, Ernst, Persilscheine und falsche Pässe, Frankfurt am Main 1991.
ders., Auschwitz, die NS-Medizin und ihre Opfer, Frankfurt am Main 1997.
Klemperer, Victor, Ich will Zeugnis ablegen bis zum letzten. Tagebücher 1933–1945, 2 Bde., Berlin 1995.
Knight, Robert, Ich bin dafür, die Sache in die Länge zu ziehen, Wien 1996.
Knipping, Ulrich, Die Geschichte der Juden in Dortmund während der Zeit des Dritten Reiches, Dortmund 1977.
Koch, Peter, Konrad Adenauer, Reinbek 1985.
Kogon, Eugen, Der SS-Staat, München 1974.
Kommission zur Erforschung der Geschichte der Frankfurter Juden (Hg.), Dokumente zur Geschichte der Frankfurter Juden 1933–1948, Frankfurt am Main 1963.
Kopper, Christopher, Nationalsozialistische Bankenpolitik am Beispiel des Bankhauses M. M. Warburg & Co. in Hamburg, Bochum 1988.
ders., Zwischen Marktwirtschaft und Dirigismus. Bankenpolitik im »Dritten Reich« 1933 bis 1939, Bonn 1998.
Kratzsch, Gerhard, Der Gauwirtschaftsapparat der NSDAP. Menschenführung – »Arisierung« – Wehrwirtschaft im Gau Westfalen-Süd, Münster 1989.
ders./Teppe, Karl/Determann, Andreas (Hg.), Verdrängung und Vernichtung der Juden in Westfalen, Münster 1994.
Kühnl, Reinhard, Der deutsche Faschismus in Quellen und Dokumenten, Köln 1975.
Landeshauptstadt München (Hg.), Jüdisches Leben in München, München 1995.
Lenz, Rudolf, Karstadt. Ein deutscher Warenhauskonzern 1920–1950, Stuttgart o. J.
Lessing, Theodor, Ausgewählte Schriften II, »Wir machen nicht mit«, o. O. 1997.
Ley, Michael, »Zum Schutze des deutschen Blutes ...«, Berlin 1997.
Loren, N., Die Juden in Hamburg zur Zeit der Weimarer Republik. Eine Dokumentation, 2 Bde., Hamburg 1987.
Loht, Wilfried (Hg.), Deutscher Katholizismus im Umbruch zur Moderne, Stuttgart 1991.
Ludwig, Johannes, Boykott – Enteignung – Mord. Die »Entjudung« der deutschen Wirtschaft, Hamburg 1989.
Mensing, Björn/Prinz, Friedrich (Hg.), Irrlicht im leuchtenden München? Der Nationalsozialismus in der »Hauptstadt der Bewegung«, Regensburg 1991.
Meyer, August, Hitlers Holding, Hamburg/Wien 1999.
Meyer, Beate/Simon, Hermann, Juden in Berlin, Berlin 2000.
Meyer, Michael A. (Hg.), Deutsch-Jüdische Geschichte in der Neuzeit, Bd. IV, München 1997.
Mitscherlich, A. u. M., Die Unfähigkeit zu trauern, München 1977.
Mommsen, Hans, Das Volkswagenwerk und seine Arbeiter im Dritten Reich, Düsseldorf 1996.
ders., Der Mythos von der Modernität, Essen 1999.

Bibliografie 303

Müller, Arnd, Geschichte der Juden in Nürnberg 1146–1945, Nürnberg 1968.
Müller-Meiningen jr., Ernst, Das Jahr Tausendundeins, Basel/Frankfurt am Main 1987.
Neil, Gregor, Stern und Hakenkreuz, Berlin 1997.
Nürnberger Prozeß, Der, Berlin 1999 (CD-Rom).
O.M.G.U.S., Ermittlungen gegen die Deutsche Bank, Nördlingen 1985.
dies., Ermittlungen gegen die Dresdner Bank, Nördlingen 1986.
dies., Ermittlungen gegen die I. G. Farben, Nördlingen 1986.
Ogger, Günter, Friedrich Flick der Große, Bern/München 1971.
Pehle, Walter H. (Hg.), Der Judenpogrom 1938. Von der »Reichskristallnacht« zum Völkermord, Frankfurt am Main 1988.
Petzina, Dietmar, Die deutsche Wirtschaft in der Zwischenkriegszeit, Wiesbaden 1977.
Pritzkoleit, Kurt, Das kommandierte Wunder, München/Wien/Basel 1959.
ders., Männer, Mächte, Monopole, Düsseldorf 1953.
ders., Gott erhält die Mächtigen, Düsseldorf 1963.
Pross, Christian, Wiedergutmachung – Der Kleinkrieg gegen die Opfer, Frankfurt am Main 1988.
Rabinovici, Doron, Instanzen der Ohnmacht, Frankfurt am Main 2000.
Robinsohn, Hans, Justiz als politische Verfolgung. Die Rechtsprechung in »Rassenschandefällen« beim Landgericht Hamburg 1936–1943, Stuttgart 1977.
ders., Ein Versuch, sich zu behaupten, in: Tradition, 3. Jg., Heft 4/1958.
Rosenbaum, Eduard/Sherman, A. J., Das Bankhaus M. M. Warburg & Co. 1798–1938, Hamburg 1978.
Rusinek, Bernd-A., Gesellschaft in der Katastrophe. Terror, Illegalität, Widerstand Köln 1944/45, Essen 1989.
Rüthers, Bernd, Entartetes Recht, München 1994.
Safrian, Hans, Die Eichmann-Männer, Wien 1993.
Sandkühler, Thomas, »Endlösung« in Galizien. Der Judenmord in Ostpolen und die Rettungsinitiativen von Berthold Beitz 1941–1944, Bonn 1996.
Scherpe, Klaus R. (Hg.), In Deutschland unterwegs, Stuttgart 1982.
Schneider, Michael, Die Wiedergutmachung, Köln 1985.
Scholem, Gershom, Von Berlin nach Jerusalem. Jugenderinnerungen, Frankfurt am Main 1977.
Schreiber, Marion, Stille Rebellen, Berlin 2001.
Schwarz, Hans-Peter, Adenauer. Der Aufstieg, Stuttgart 1986.
Schwarz, Walter, Rückerstattung nach den Gesetzen der Alliierten, Stuttgart 1974.
Seydelmann, Gertrud, Gefährdete Balance, Hamburg 1996.
Shirer, William, Berliner Tagebuch, Leipzig 1991.
Sielemann, Jürgen, Hamburger jüdische Opfer des Nationalsozialismus. Gedenkbuch, Hamburg 1995.
ders., Fragen und Antworten zur »Reichskristallnacht« in Hamburg, in: Eckardt, Hans Wilhelm/Richter, Klaus (Hg.), Bewahren und Berichten. Festschrift für Hans-Dieter Loose zum 60. Geburtstag, Hamburg 1997.
Steinberg, Jonathan, Die Deutsche Bank und ihre Goldtransaktionen während des Zweiten Weltkriegs, München 1999.
Stürmer, Michael, Wägen und Wagen – Sal. Oppenheim jr. & Cie., Stuttgart 1991.
Taylor, Telford, Die Nürnberger Prozesse, München 1994.

Thamer, Hans-Ulrich, Verführung und Gewalt. Deutschland 1933–1945, Berlin 1986.
Thieleke, K.-H. (Hg.), Fall Fünf, Berlin 1965.
Timpke, Henning (Hg.), Dokumente zur Gleichschaltung des Landes Hamburg 1933, Frankfurt am Main 1967.
Uhlig, Heinrich, Die Warenhäuser im Dritten Reich, Köln 1956.
Van der Zee, Nanda, Um Schlimmeres zu verhindern, München 1999.
von Roden, Günter, Geschichte der Duisburger Juden, Duisburg 1986.
von Viereck, Stefanie, Hinter weißen Fassaden. Alwin Münchmeyer – Ein Bankier betrachtet sein Leben, Hamburg 1988.
Walk, Joseph (Hg.), Das Sonderrecht für die Juden im NS-Staat, Heidelberg/Karlsruhe 1981.
Warburg, Eric M., Times and Tides, Hamburg o. J.
Warburg, Max, Aus meinen Aufzeichnungen, hg. v. Eric Warburg, New York 1952.
Weitz, John, Hitlers Bankier – Hjalmar Schacht, München/Wien 1998.
Wilson, Derek, Die Rothschild-Dynastie: Eine Geschichte von Ruhm, Wien 1989.
Wippermann, Wolfgang, Die nationalsozialistische Judenverfolgung (Das Leben in Frankfurt am Main zur NS-Zeit, Bd. I), Frankfurt am Main 1986.
Wistrich, Robert, Wer war wer im Dritten Reich, München 1983.